JN078218

東映動画史論

The historical study of Toei animation

経営と創造の底流

木村智哉
Tomoya Kimura

日本評論社

はじめに

「東映動画」という名称に覚えのある読者はどれだけいるのだろうか。現在は「東映アニメーション」と改称している、二〇一六年に発足から六〇周年を迎えた老舗のアニメーション制作会社である。

テレビアニメから例を挙げるならば、『ゲゲゲの鬼太郎』『サイボーグ009』『ひみつのアッコちゃん』『マジンガーZ』『キャンディ・キャンディ』『銀河鉄道999』『キン肉マン』『ドラゴンボール』『美少女戦士セーラームーン』『金田一少年の事件簿』『ONE PIECE』『デジモンアドベンチャー』『おジャ魔女どれみ』『ふたりはプリキュア』など、各時代に著名な作品を制作しているから、社名は知らずとも番組名なら見覚えのある読者も多いのではないだろうか。また、「東映まんがまつり」や「東映アニメフェア」といった、春休みや夏休みの映画プログラムを記憶している人もいるだろう。

アニメーションに詳しいならば、スタジオジブリの監督として名高い宮崎駿や高畑勲、あるいは二〇一九年に『未来のミライ』でアニー賞を受賞した細田守といった人々が、そのアニメーション業界人としてのキャリアを始めたスタジオとして知る人もいるかもしれない。

いまや東映アニメーションは二〇一九年三月期の決算で、連結での売上高が五五〇億円以上に達しており、アニメーション制作会社としては数少ない株式上場を維持している企業である。しかし、アニメーション業界が様々な要因から厳しい状況に置かれてきたことを、ニュースなどで耳にしたことのある読者も少なくないだろう。東映アニメーションも例外ではなく、「東映動画」の頃から大小さまざまな危機に見舞われながら、現在に至っている。

本書ではその足跡を、作品や作家ではなく企業の動向から追うことで、アニメーション制作会社やそれを取り巻く業界、引いては映像文化の創造に関わる組織と人が、歴史的にどのような経験と思考、実践を蓄積してきたのかを論じてみたい。

そこには、これまで東映動画についてしばしば言及されてきた「創業者の先見の明」や「ジブリの源流」といった要素だけに帰すことのできない、複雑だが豊かな営みが見られるだろう。

現代社会で職業人として、アニメーションに限らず何らか文化の創造に携わっている、あるいはこれから携わろうとする人々は、決して少なくないだろう。しかしおそらくその道程は、決してなだらかなものではなく、そこで誰もが脚光を浴びるわけでもない。

本書の記述には、その道の困難さ自体の叙述とともに、それに様々な立場から挑んだ人々の記録が含まれている。それに目を向けることで本書は、一見華やかな文化創造の過程を、むしろ慎ましやかに支える営みの価値を見直したいと思う。

はじめに……001

序

……007

問題設定……008
先行研究……009
大衆文化研究の手法／アニメーション史研究の視座／文化生産の場における「労働」
方法論と史料……016
語句の用法……018
本書の構成……020

I 発足と模索

……023

東映動画発足の背景……024
教育映画製作から東映動画設立へ／東映株式会社の事業拡大／海外輸出への注目／アニメーション認識をめぐって
初期作品における模索……040
企画／営業／制作体制

労働組合の成立……068
組織化とその背景／労働組合の解散／再結成過程と公然化／結成の効用

II 増産と蓄積……093

劇場用作品……095
増産の模索／B作の登場／興行と宣伝

テレビシリーズ制作とその影響……104
『狼少年ケン』の制作開始／テレビシリーズ制作と契約者／テレビシリーズ制作事業の特質／演出家の増加と分化
「演出中心主義」の成立

労使関係……133
「実力主義」と労働組合／CM部門の変遷と分離／制作部門の管理をめぐる紛争

III 開花と破綻……155

長編製作規模の縮小……158
「東映まんがまつり」興行の定着と変遷／長編企画の変化／『太陽の王子ホルスの大冒険』の制作／劇場用作品製作の構造

テレビシリーズの拡大と制作体制の合理化……183
企画の変容と制作本数の増減／表現技術の進展／制作体制の再検討

輸出と合作の実態……194
東映による輸出事業／合作の実現
経営危機と人員削減……200
大川体制の内実とその終焉／不採算要因としての間接費／契約者組合の結成／人員削減の実行とその基準／「臨時休業」中の職員たち／人員流出の意義

IV 改革と復興

改革と復興……237
経営の再建……239
経営者とその方針／版権事業の強化／企画の細分化と版権事業／企画・制作体制の再編／「演出中心主義」の定着
市場と経営規模の拡大……264
劇場用アニメーション映画の大作化／「東映まんがまつり」の変容／海外展開の本格化／国際的受発注体制の確立
新人採用の再開へ……286
「今田路線」の推移／制作部門の再増強

補 東映アニメーションへ

東映アニメーションへ……317
九〇年代以降の作品群……319
テレビシリーズ／劇場用作品

雇用と教育……326
専属性の強化／教育機関の設置
フィリピン発注の開始と定着……330
デジタル技術の開発と導入……333
株式上場……337
小括……339

終

……345
理論との架橋……346
普遍性と特殊性……348
企画の経路依存性／生産ラインの維持／冗長性の確保／演出中心主義／労働条件／版権事業
今後の課題……352

おわりに……355

人名索引……363

事項索引……365

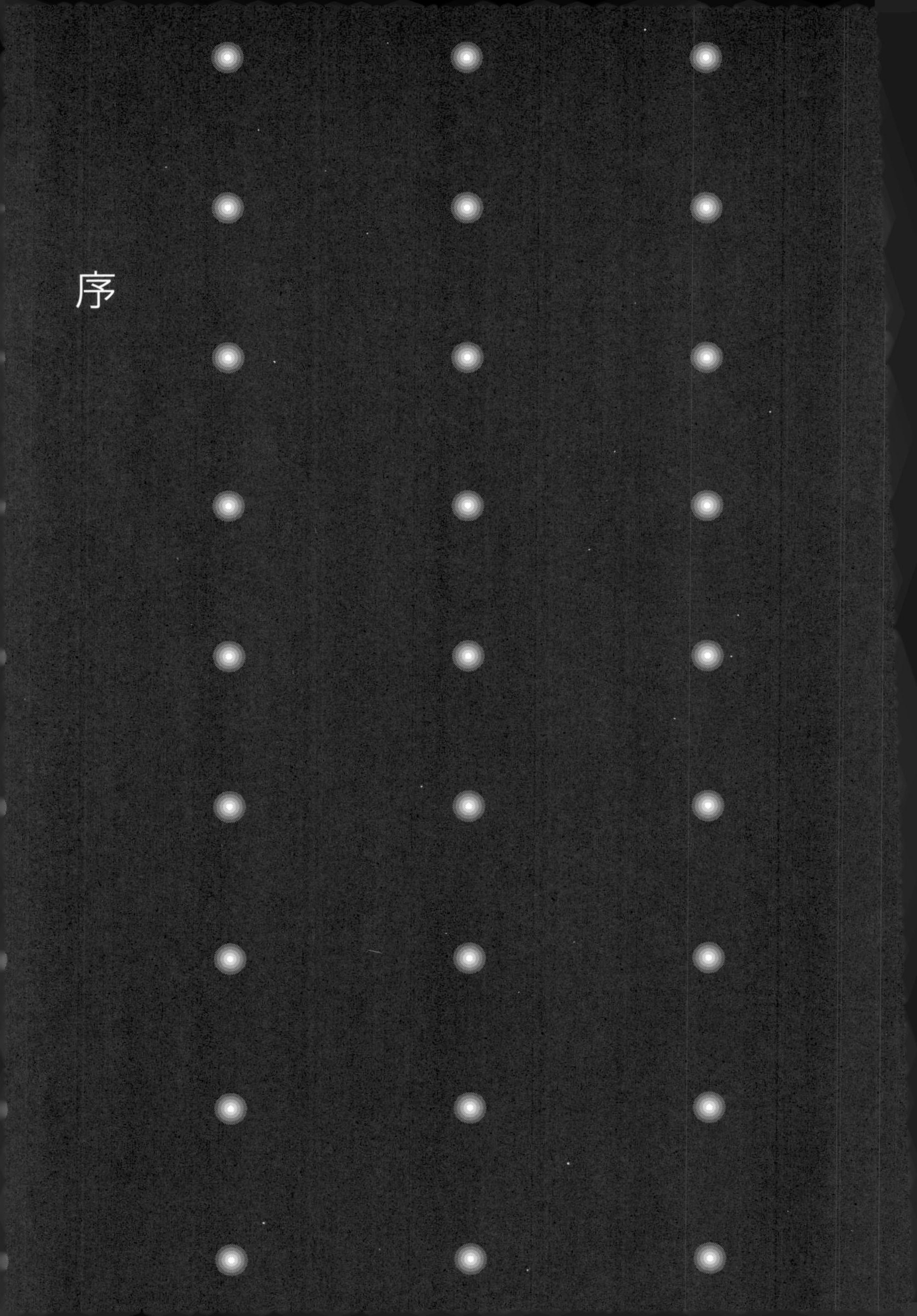

序

問題設定

本書は、アニメーション制作会社である東映動画株式会社（現・東映アニメーション株式会社。以下、東映動画）の企業史を記述・分析することを通し、産業構造の中でアニメーションという文化と、その生産過程が、いかなる動因によっていかなる史的変化を経てきたか、実証的な解明を行うことを目的とする。

あらかじめ注意を促すならば、東映動画の総合的な通史を記述することには、主たる目的を置いていない。本書で重視するのは、史的経緯の記述を蓄積することを通し、そこから普遍的な構造や法則性を導き出し、あるいは東映動画に特有な現象を峻別することである。

アニメーション制作事業は、一般的に労働集約的な形態をとると言われる[*1]。これは東映動画にも当てはまる。一九七二年に人員削減を試みた東映動画が労使間裁判に提出した資料から具体的な数値をあげるならば、六九年から七一年までの東映動画における人件費の対収入比率は五〇％前後で推移しており、労働力に過剰に依存する傾向が顕著だった。

実写映画を制作する親会社の東映株式会社（以下、東映）と比較すると、東映動画の従業員数の多さは、より明瞭になる。六四年に東映動画は、五七五名の従業員数で約五億円の収入を得ていたが[*2]、同年の東映は、二一四九名の従業員で約一二〇億円の収入があった[*3]。一般的にアニメーション制作は、実写作品より多くの人員と長期の期間を必要とするため、その能率は決して高いものではない。不採算要因は他にも考えられるとはいえ、特に人件費の問題は重くとらえられ、様々な対策が図られた。その結果はそこで働く職員たちに有形無形に波及して、時に様々な工夫を生み出し、あるいはそれが未解決のまま引き継がれ、場合によっては重大な破綻をもたらすことさえあった。

映画やテレビ番組などの映像制作は、作品を市場に供して得られる収入から利益を上げるプロセスを継続させることによって、企業活動として成立する。したがって、アニメーション制作事業とその史的変遷を分析することは、商業的に生産される文化が、いかに市場と企業の論理によって拘束されてきたか、そしてその論理が制作実務に携わる多くの人々に、いかに作用してきたかを検証することにつながるだろう。これは現代文化を分析するための有効な視点を、人文学や社会科学の領域へ提示しうる試みとなる。

先行研究

大衆文化研究の手法

従来、アニメーションに限らず大衆文化に関する研究は、作品論や作家論の視点に傾斜しがちだった。この傾向を引き継いだ学術研究も、作品や作家のフィルモグラフィを、哲学や社会思想と関連させ、テクスト分析を行う表象文化論が主たる領域を形成し、その成果を蓄積させてきた。

これが歴史研究として行われる場合は、その参照軸が社会史や思想史となり、その史的変動の表徴がテクストに見出される。しかしこれは、ともすれば歴史や社会を論ずる挿絵として大衆文化を用いた記述に陥る危険性を胚胎している。ここでの記述はしばしば、商業ベースで生産された文化が変動していく内的なメカニズムを解明するものというよりも、社会史や思想史の記述の応用や反復となりがちである。

マンガ批評の領域では夏目房之介が、「時代・社会・大衆の反映として表現文化の意味内容を解読すること」の意義自体は否定しないものの、その「反映」の過程には「無数ともいえる媒介項が介在」することに注意を促し、「からまった糸玉のような諸条件の中で、表現成立の因果関係を単線的に決定することは不可能」だと指摘して、作家の内的な「表現」の形成過程を焦点化する「マンガ表現論」を提唱した*4。ただしこれは、夏目自身が認めるように、作品が流通するメディア形態や市場への視座をあらかじめ捨象して成立したものだった*5。このことは、大衆文化を捉える際、それが文化産業独自の構造に拘束されながら生産され、また流通している商品であるという点が、あえて等閑視されたことを意味している。

本書では、市場と企業の論理に拘束された文化の、いわば商品としての側面にも着目することで、その内在的な変動の構造を歴史著述によって描き出し、もって大衆文化研究の手法を提起することを試みる。したがって、個々の作品論や、これに携わったスタッフ、用いられたアイディアなどについてのエピソードには必ずしも重きを置かず、アニメーションの創造と、その基盤となる企業の経営に賭した人々の営みが、歴史的にいかなる変動を遂げてきたかについての記述を重視する。

アニメーション史研究の視座

アニメーション史研究は主として、作品とその内容の史的展開を編年的に記述すること、そして作品の制作過程に関わった人物と用いられた技術、あるいはそれを包含した会社やグループに言及することによって行われてきた。筆者はすでに別の論考で、その歴史研究としての問題点を指摘したので[6]、ここでは簡単に本書の関心と視座について記しておきたい。

作品や作り手に向けられた関心から歴史著述を行おうとすれば、そこでは既存の評価基準に従って対象を取り上げることが優先される。自然、その記述は「傑作」や「大家」についての列伝的なものになりがちである。

無論これは、長らくアニメーション史研究が学術領域において行われず、その蓄積を個人的な関心に基づく調査活動や、それを取り上げる商業媒体での記事に依存してきた結果でもある。あらかじめ価値を認められた対象を取り上げることは、価値ある記事を生み出すひとつの根拠だからである。しかし、学術的アプローチを採るアニメーション史研究は、そこに留まるべきだろうか。

東映動画はしばしば、戦後日本の商業アニメーションの源流のように語られてきた。「はじめに」でも触れたように宮崎駿（みやざきはやお）や高畑勲（たかはたいさお）が輩出したことに加え、東映動画に戦前からアニメーションを制作していた作家とその弟子たちが流入していたことや、そこでキャリアを開始したスタッフが後に他社へ移籍したり、あるいは独立して新たな会社を立ち上げたりした事例も多いことから、同社は日本の商業アニメーション史の正統にして原点と考えられてきた。

二〇〇四年に東京都現代美術館などで開催された「日本漫画映画の全貌」展は、その代表的な成果であった。ここではまさに、そうした観点に立ち、戦前からのセルアニメーション作家から東映動画、そしてスタジオジブリの作品までが、連続的するひとつの潮流として提示された。こうした観点のもとでは、とりわけ東映動画の初期の長編群や、それに携わった人々のエピソードがカノン(聖典)化され、重点的に記述することが自明視されてきた。しかしこれは多分に、現場の職員たちの個々の師弟関係や、作風の関連性などを軸とした、いわば批評的な見方である。

本書は東映動画とそこから生み出された作品群に、芸術的ないし商品的な価値を見出し、あるいはその作り手たちを顕彰せんとするために、これを取り上げようというのではない。これを取り上げるのは、ひとつにはこの会社が、短編映画制作から始まり、長編制作に至った後、テレビシリーズへと進出し、またマーチャンダイジングなどの関連事業を強化していった、その史的経緯が、アニメーション制作会社だけにとどまらず、映像産業の史的変遷を見るうえで、ひとつのモデルケースとみなせるのではないかと考えたからである。

ひとつのモデルケースとして東映動画を見るということは、これを絶対的に正統な事例として見るのではなく、むしろ相対化するということでもある。本書で記述していくように、東映動画はアニメーション制作会社としての独自の構造だけでなく、東映という親会社からの無数の影響をも受けて、その事業を変化させてきた。そうした複雑な変化の内的要因を、アニメーション産業の普遍的な要素と同一視することは、いかにも過大評価である。本書では普遍的な条件と、東映のグループ企業であることから来る特殊な条件とを峻別し、日本のアニメーション史の記述において重大な源流とみなされてきた東映動画を、数多ある事例のひとつへと引き下ろすことを試みたい。

東映動画についての史的言及はまた、概ね七〇年代初頭までをその主たる関心の対象としてきた。これは、七二年に起こる人員削減と労使紛争に前後して、現在では著名になったアニメーション業界の関係者たちが、少なからず東映動画を去って行き、また会社の発足時から続けられてきた劇場用長編作品の継続的制作が停止されたからである。七一年には高畑勲や宮崎駿らが退社し、また八〇分規模での最後の劇場用作品『どうぶつ宝島』が封切られている。これ以降、既存のアニメーション史の記述は、東映動画を主たる関心の対象から外してしまう。たとえば高畑や宮崎らのフィルモグラフィを追おうとするならば、それは他の制作会社での仕事を取り上げることになるからである。

しかし本書では、概ね八〇年代までの東映動画を、通貫的な視点のもとに記述している。これは七二年以降の東映動画の史的展開に、それ以前から連続した施策や関心の成果が表れ、あるいは類似した現象が反復したような事例さえ見られるからである。カノンに拠らざる歴史著述を試みた結果として、本書は少なくとも八〇年代までを対象とすることが必要になった。

他方、七〇年代以降の東映動画の作品については、その制作に社外の人員が主な役割を果たすものも多いため、従来の作品とスタッフに重きを置いた個別研究や批評では、そうした人々へ焦点が当てられてきた。しかし本書の趣旨は東映動画を定点観測することにより、長期的な変動のモデルを描き出すことにある。そのため、むしろ継続的に勤務した社内人員に注目することとし、社外人員については必要最小限度の言及に留めて、その個別具体的な分析は行っていない。ただし、これももちろん芸術的評価によるものではない。

この意味で本書は、作品や作り手への評価によらざるアニメーション史の記述の手法と視点をも、提示する試みとなるだろう。

文化生産の場における「労働」

商業アニメーション制作に携わる人々が、しばしば低収入や長時間労働といった厳しい労働条件のもとに置かれていることは、繰り返し話題にされてきた。しかし、その実態の構造的分析や議論が共有されているとは言い難い。クリエイティヴ産業論の観点からアニメーション制作事業が取り上げられることはあるが、多くは現状分析が対象となっており、過去の事例や動向が一次史料に基づいて分析されることは少ない。実際には経営者や事業者団体、労働組合などが、それぞれの立場から繰り返し産業構造の問題を指摘してきたのだが、その議論の蓄積に目が向けられる機会は、ほとんどない。そもそもアニメーション制作に携わる人々を「労働者」として捉えること自体に、異論を唱える人々も少なくないだろう。

しかし様々な方法論のもとに、芸術や文化の創造に関わる人々の「労働者」としての側面を捉える研究成果が蓄積されてきたことも確かである。

古くはマルクス主義の影響下に、通俗的な下部構造決定論を退けつつも、個人の知的営為の成果ではなく企業の内部において、集団性や分業を伴って生み出される芸術の創造過程を捉えようとした、美学的ないし社会学的な分析が見られる[*7]。ここで映画は、様々な専門的職能者による企業内労働の集約された成果として捉えなおされ、個人作家の営為とは異なるそうした「労働」の特性や意義が考察されることになった。

このようなアプローチを発展させてきたのが芸術社会学であろう。ハワード・S・ベッカーは、「アート作品は、個人の創造者、つまり、稀少で特別な才能に恵まれた『アーティスト』による産物ではない」として[*8]、その創造に中核的な寄与をした人物のみならず、熟練した専門的職人や業者との協働、さらには批評論壇のようなミクロコスモスから国家の文化政策のようなマクロな政治的制度まで、様々な要件の相互作用をとりあげ、「集合的行為の特徴的な現象としての美的判断」そのものを検証している[*9]。

こうした対象の拡大は、「文化」という概念が拡張されてきた必然的な結果であろう。今や「文化」とは、知的エリートの思考やその実践の成果としての作品を意味するのみならず、ある特定の生活様式そのものを指して用いられる用語になっているからである[*10]。

アニメーション作品が、一人の作家によって生み出されるのではなく、様々な専門家たちによる中間的素材の総合した成果物として完成するものであることは言うまでもない。したがってその生産過程に協働性を見出すことはたやすいであろう。

もっとも本書においては、ひとまず批評や文化政策といった要件は分析の対象としていない。そこまで一息に対象を拡張することは筆者の手に余り、個別の要件に関する実証的分析を手薄なものにする恐れがある。したがってあくまで本書は、具体的な作品とそれを構成する素材が生産される現場と、そこに直接的に影響を与える企業そのものの動向に焦点をあてることになる。

ではこのように対象を限定した場合、そこに見られる様々な人々の働きを、はたして「労働」と捉えられるであろうか。これらの人々は「労働者」ではなく、やはり「芸術家」ではないのか、という疑問がまず浮かぶかもしれない。

しかしジャネット・ウルフは、歴史的には労働一般が自由と創造性を失うにつれて、芸術的労働が真に創造的なものとみなされるようになり、同時に芸術家が社会的な周辺へと追いやられたと述べている。本来、潜在的な類似性を伴っていた芸術と労働が分かたれたのは、資本主義社会の生産関係のもとで労働の分業化が進行し、そこから「潜在的に創造の局面が侵食され」たがゆえに、逆説的に芸術が理想化された結果だというのである[*11]。ならば、芸術的営為か労働かの二分法自体が恣意性を伴っているのであり、むしろ二者を相互に混ざり合った不可分なものとして考える方が適切であろう。

アニメーションを具体的な対象とした近年の研究では、松永伸太朗がエスノメソドロジーの手法により、アニメーターには独創性を発揮するクリエイターとしての規範よりも、上流工程の指示に従う職人としての規範の方が優位であり[*12]、また彼らは賃金よりもキャリア継続に意義を見出しているために、低賃金や長時間労働を受忍している場合があることを明らかにしている[*13]。この研究によりアニメーターは、夢を追い収入を問わないような芸術家としての意識を利用され搾取されているのではないことが明らかになった。これはアニメーターを芸術家とみなすことで労働者性を否認する見解だけでなく、現状を問題視しながらも、議論を「芸術家」としての地位や権利、待遇をめぐるものへ収斂させてしまうことの過誤をも指摘した成果と言える。

分業によって成り立つ商業アニメーションの制作過程は、芸術的側面とともに労働としての側面を併せ持ち、その二者が絶えず相互に葛藤する場と言えないだろうか。井上雅雄は東宝争議を扱った著作において、映画を一般的に「巨額の資本投下を前提として企業的組織のもとに創出される文化財」と定義し、「そこには興行的採算を重視する経営側と作品の芸術的昇華に賭する演出家等との間に、文化生産の価値序列をめぐる緊張・相克が潜在している」と指摘した[*14]。東宝という映画会社での労働争議を取り上げながらも、その対立軸は経営と芸術との間のそれに集約されているが、ここで企業組織による文化生産に潜在する葛藤の構造が明瞭に指摘された意義は大きい。このように捉えたとき、映像制作の現場は、企業の論理と芸術的創造の論理、そして労働の論理とが互いに折衝し合う場としても見えてくるからである。

では本書で記述を試みるこうした事象は、社会的に特殊なものであろうか。芸術的営為と労働とが不可分なものであるとして、それ自体を特殊な事例とみなし、一般的労働と峻別すべきであろうか。

吉澤弥生はアートプロジェクトに関わるフリーランサーなどの事例を対象に、マネジメントスタッフやアーティストが、実質的に発注者側との権力関係の中に置かれており、限りなく労働者性がある状態に近い就労形態が生じていると指摘している。一定の従属性を持ちながら雇用保障や社会保障のない「芸術労働者」は、「社会生活のあらゆる場面で芸術的な能力、創造性（クリエイティヴィティ）を求められ」「自身の知性や感性など身体的能力のあらゆる面を二十四時間態勢で切り売りせざるをえない状態」に置かれている。吉澤はこれが、いわゆるポストフォーディズム体制の一端が表れたもので、すでに社会的に特殊な事例ではないと述べる[*15]。本書もまた、アニメーション制作という文化生産の場における「労働」を、社会的に特殊な事例としてではなく、芸術的営為としての側面を持ちながらなお、現代にも通じる普遍的な労働としての側面を伴う事例として捉えている。

とはいえ本書のアプローチは、理論的なものであるよりも、むしろ史料に基づく実証性を重んじたものであるから、いくつかの定点観測の対象を設けて、その史的変遷を見ることになる。したがって、アニメーション制作過程における労働という側面を取り上げるにあたっては、東映動画労働組合の活動に、一定の紙数を割くことになった。しかし本書は、労働組合運動史を記述することは目的としていない。

東映動画労働組合については、高畑勲や宮崎駿らの関与という極めて限られた情報が、半ば伝説的に語られ、一面的な評価の対象となってきた。本書はこれに対し、組合の一次史料に基づいた実証的な再検討を行うが、同時に経営側の史料の検証も行い、双方の内部における葛藤を含めて、様々な要因が相互に絡み合い変化する創造の場のあり方を活写することを通し、商業的に生産されるアニメーションという映像文化と、その歴史を見る視点そのものを提示することを目指す。

方法論と史料

本書は主として、ごくオーソドックスな歴史研究の手法をとっているが、必要に応じて社会学や経営学などの理論を用いた部分もある。アニメーションに関する学術研究は、未だその領域も方法論も確立されておらず、特定の「学」の方法論から対象を分析し、そこへ成果を還元する水準には至っていない。したがって、あくまで研究対象に沈潜し、その分析に必要な方法論を適宜、学際的に参照していくほかないからである。

史料としては、まず公刊物として当該企業の社史、各時代に発行されてきた新聞・雑誌記事、業界報、年鑑、統計資料、有価証券報告書などがある。また、公刊されない一次史料として、社内報や社内文書、労働組合の定期大会議案書、ガリ版刷りのニュースや編纂資料、労働委員会での調停時の議事録、裁判時に労使双方が提出した準備書面とその附帯資料などを用いた。後者の非公刊物は、関係者へのインタビューの実施や、労働組合への調査によって入手したものである。また、オーラルヒストリーの成果物である口述史料も適宜用いるが、これについてはあらかじめ留意すべき点を申し述べておきたい。

歴史学の領域においてオーラルヒストリーの重要性が意識されて、すでに四半世紀以上が経過した。この間、歴史研究のみならず、社会学のライフヒストリー論などを含め、様々な方法論が検討され、口述史料を文字史料よりも重要性や確度の低いものとして扱う価値観は一掃されたと言っていいだろう。しかし本書では、オーラルヒストリーの成果を用いる局面に、一定の制限を設けた。本書が分析の対象とするのは、主としてアニメーション制作事業の構造的ないし制度的な変化の側面だからである。

オーラルヒストリーが、その意義を十全に発揮するのは、制度自体がどのようなものであったかを記述するときより、その制度下において人々がどのような経験をしたか、またその制度や、それによって構築された環境をどのように見て、どのような行動をとったか、といったことを記述するときではないだろうか。したがって本書では、個別具体的な事例について統括的な立場にいた人物の発言を用いるときか、あるいは複数の人物の発言と史料とが、同一の事象や類似した構造を示し、「個人の特殊性」を突き抜けた「層の体験」が表れたような場合[*16]、換言するならば「飽和のプロセス」が生じた際に[*17]、特に証言に重要な意義を与えることとし、事実関係一般の特定のために個人の回想を重用することには慎重でありたい。これは文字史料の収集より、著名人へのインタビューの採取が優先されてきた対象を扱ううえでの、本書での基本的方針である。

日本におけるアニメーション史の研究は、長らく学術領域で進められてきたものではなかったから、いくつかの先駆的な事例を除き、関係者の談話が社会科学的な検証過程を経ることなく、並列的に参照されがちだった。そのため、充分な史料批判を経たとは言い難い風説が伝聞を重ね、確定された事象のように流布されていることも珍しくない。たとえば本書では、これまで制作に関わった人々の談話をもとに、しばしば失敗に終わったと言われてきた劇場用長編『太陽の王子ホルスの大冒険』の興行成績について、極めて限られた史料群からではあるが、異なる実相を浮かび上がらせている。これは関係者の証言であっても、適切な地位で関わった人物のそれを文字史料とともに再検証しない限り、その証言には確実性を見出し難いことを意味していよう。

本書では、まことしやかに語り継がれてきた伝説であっても、これを裏付けられるだけの具体的史料が得られなかった事象については記述を控え、どうしても必要な場合には、あくまで当事者の立場からそのように見られたものとして記すことにした。そうした個別事例については、後進の研究者によって再検証が行われることを期待したい。

語句の用法

アニメーションに関する語句は、学術的定義を経て使用されてきたものではなく、すべて制作現場から生じたものであるから、厳密な意味の統一がなされているとは言い難い。ある語句が特殊な含意をもって使われたかと思えば、違う語句が同じ意味で使われていることもある。

〝アニメーション〟と〝アニメ〟の相違は象徴的だろう。二者に異なる意味が与えられ、後者を前者のサブジャンルとみなす場合もあれば、単純に後者を前者の略語として用いる場合もある。

小山昌宏は、この二つの語句の定義を四つに細分化して整理しているが[*18]、これは記述に利用するには、いかにも煩雑である。もとより、西村智弘の研究が示したように、現在の〝アニメーション〟に相当する概念や、それを示す言葉自体が、歴史的には自明のものではなく、不定形かつ曖昧なものであった[*19]。ここで時代ごとに語句の定義と区分を行いながら歴史著述を行えば、それはかえって難解さをもたらしかねない。

加えて東映動画の劇場用作品については、その一部を「漫画映画」と呼びならわす慣習もある。しかし津堅信之がその用法について、「暗号、もしくは合言葉のようなもので、それをそれと理解できる同好の士でなければ使えない」と喝破したように[*20]、批評において一定の含意を与えられてきた用語を、安易に用いることは避けるべきだろう。

したがって本書では〝アニメーション〟を一貫して用いることにした。ただし、連続放映されるテレビシリーズや、単発の長編番組であるテレフィーチャーなど、テレビ媒体で公開され、物語性を持つジャンルの作品については、適宜その総称を〝テレビアニメ〟としている。これを〝テレビアニメーション〟と記述しないのは、略記による特殊な意味づけを行ったためではなく、単純に字数を僅かでも削減するためである。

またここでは、アニメーションとは何かという原論的な定義には立ち入らない。あくまで記述する時代に、東映動画をはじめとした制作会社が手がけた作品を論考の対象として扱うものとする。本書の目的に照らし合わせれば、その中にアニメーションと分類できないものがあったとしても、定点観測の対象から生み出されたものであれば、論及の意義が見出せるからである。

いまひとつ、〝リミテッドアニメーション〟と〝フルアニメーション〟の区分も悩ましい。本来〝リミテッドアニメーション〟とは、四〇年代の米国で、ディズニーに代表される自然主義的なアニメーション表現からの脱却をはかった、UPA（United Production of America）により積極的に用いられたような、グラフィカルかつ平面的な描画のスタイルを指した。これは主として表現上の欲求から生み出されたものだったが、そのスタイルは作画作業の省力化をもたらしたため、テレビシリーズ制作にも応用された。そして現在では、テレビ用の省セル技法や、撮影時の秒間コマ数の区分を意味する語句としても利用されている[*21]。これもまた、史的経緯の中でその定義が様々に変化し、あるいは新たな意味が付け加えられてきたものと言える。したがって、歴史著述を行う際に厳密さをもって用いることは難しいと考え、本書では利用を控える。

同様に、時代や対象によって用法や含意が変化してきたのが「制作」と「製作」である。現在ではこれは、前者が実際に作品を生み出す作業工程を指して用いられるのに対し、後者は資金調達や管理からその回収までを指す用語となっている[*22]。本書の目的は、こうした語句を定義することや、用法の推移を分析することではないため、基本的には現在の用法に倣って記述を行ったが、当然ながら史料からの引用や当時の用法、固有名詞については、その表記を採用せざるを得ない。このように歴史的用法と現在の用法が混在する以上、二者の完全な区分が困難であったことには留意されたい。

企業名の記述についても注意を促しておきたい。東映動画は東映の子会社であり、前者は後者の経営意思に従属する構造を持ってきたとはいえ、二社は一体ではない。この区分は本書において極めて重要な意味を持つから、本書では東映動画を「東映」と略記することは一切していない。「東映」ないし「本社」と記載した場合は、すべて東映株式会社を指したものである。

本書の構成

本書は左記のような構成からなっている。事項によって扱う時期にある程度の前後はあるが、それぞれの論述対象は、次の通りである。

Ⅰでは東映動画の発足経緯と、その初期に見られた企画・営業・制作体制の模索および、労働組合の組織化過程について記述している。時期としては五〇年代から、概ね六〇年代前半までとなる。節の構成としては、基本的に東映上層部の動向から徐々に、その経営判断が波及する末端である制作現場へ、既述の対象が移る形をとった。

Ⅱでは劇場用作品の増産が始まるとともに、テレビシリーズの制作が開始された六三年からの数年間について、商業アニメーションにまつわる様々な枠組みと経験とが蓄積されていく過程を論じている。なお、Ⅱ以降ではⅠと節の構成が異なる。これは作品とともに発表メディアが増加したため、媒体ごとに問題を整理する必要があったからで、むしろ節ごとに、経営方針と制作現場の実情とが、往還的に影響を与え合う様を追跡する記述の構造をとることとした。

Ⅲでは東映動画の模索と蓄積の成果が一気に開花する六〇年代末葉から、経営危機により、それまでの枠組みが一度激しく動揺した七〇年代前半までを取り上げている。

Ⅳでは七〇年代から八〇年代の東映動画を対象に、その経営改革と復興が、経営危機以前の施策との連続性をもって実現していく過程を、通貫的な視点のもとに記述している。本書が取り組む長期的変動についての歴史著述の意義は、これまであまり顧みられることのなかった、この時代のそれに、最も表れるだろう。

補では東映動画が「東映アニメーション」と改称し、現在まで続く作品群を生み出す九〇年代以降について記述している。ただし、これ以降の時代についてては分析を行うことを主眼としておらず、まだその結果が見えない事項も多いため、それぞれ編年的にトピックを列記し、その流れを概観することに重きを置いた。

＊1　勇上和史「アニメ産業における労働」『日本労働研究雑誌』四月号、四九頁、二〇〇六年
＊2　「アニメに賭けた創業の初心に立ち返る」『AVジャーナル』七月号、二六頁、一九九六年
＊3　『有価証券報告書』東映、六-七頁、一九六四年一月三〇日
＊4　夏目房之介「マンガ表現論の「限界」をめぐって」ジャクリーヌ・ベルント編『マン美研―マンガの美／学的な次元への接近』醍醐書房、一四頁、二〇〇二年
＊5　夏目前掲稿、四頁
＊6　木村智哉「アニメ史研究原論―その学術的方法論とアプローチの構築に向けて」小山昌宏、須川亜紀子編著『アニメ研究入門【応用編】』現代書館、一九七-二二二頁、二〇一八年
＊7　ヴァルター・ベンヤミンの「複製技術時代の芸術作品」や、中井正一の「委員会の理論」などの諸論考は、映画の集団制作ないし集団鑑賞という形態の社会哲学的な意義を考察した。また芝田進午らは、文学、音楽、映画、美術など様々な領域での労働の事例報告と分析を、マルクス主義的観点から行った（芝田進午編『芸術的労働の理論 上巻 芸術的労働の社会学』青木書店、一九八三年。同編『芸術的労働の理論 下巻 芸術的創造の理論』青木書店、一九八四年）。
＊8　ベッカー、ハワード・S『アート・ワールド』慶應義塾大学出版会、四〇頁、二〇一六年
＊9　ベッカー前掲書、四四頁
＊10　「文化」という用語と概念については以下を参照。ウィリアムズ、レイモンド『完訳 キーワード辞典』平凡社、八三-八九頁、二〇〇二年。バーク、ピーター『増補改訂版 文化史とは何か』法政大学出版局、四四-四六頁、二〇一〇年
＊11　ウルフ、ジャネット『芸術社会学』玉川大学出版部、三〇-三三頁、二〇〇三年
＊12　松永伸太朗『アニメーターの社会学―職業規範と労働問題』三重大学出版会、一一七-一二九頁、二〇一七年
＊13　松永前掲書、二〇四-二〇五頁
＊14　井上雅雄『文化と闘争―東宝争議一九四六-一九四八』新曜社、九頁、二〇〇七年
＊15　吉澤弥生『芸術は社会を変えるか？―文化生産の社会学からの接近』青弓社、二一八-二一九頁、二〇一一年
＊16　吉沢南『私たちの中のアジアの戦争―仏領インドシナの「日本人」』有志舎、五三頁、二〇一〇年
＊17　ベルトー、ダニエル『ライフストーリー―エスノ社会学的パースペクティブ』ミネルヴァ書房、五六-五七、二二一-二二五頁、二〇〇三年
＊18　小山昌宏、須川亜紀子編著『増補改訂版 アニメ研究入門―アニメを究める9つのツボ』現代書館、九-一〇頁、二〇一四年
＊19　西村智弘『日本のアニメーションはいかにして成立したのか』森話社、一一-一四頁二〇一八年
＊20　津堅信之「アニメの歴史」高橋光輝、津堅信之編著『アニメ学』NTT出版、四四頁、二〇一一年

＊21　横田正夫、小出正志、池田宏編『アニメーションの事典』朝倉書店、四一-四二頁、二〇一二年
＊22　玉川博章「ライツビジネス構想論―アニメ産業分析の検討と転換への試論」小山、須川編前掲書、一四五頁

I 発足と模索

東映動画は、一九五六年に当時新興の大手映画会社だった東映が、日動映画株式会社を買収し発足させたアニメーション制作会社である。本章では東映が東映動画の発足にあたり、その事業にいかなる構想を抱いていたのか、そしてその構想は発足後の東映動画の実態とどのような齟齬をきたし、またそれがどのような模索によって解決をはかられたのかを検証する。

東映動画発足の背景

教育映画製作から東映動画設立へ

五五年三月、東映内に設けられた「漫画映画製作研究委員会」の議題として、十六ミリ映画部からアニメーション映画製作と、『うかれバイオリン』などの具体的な企画案が提出された。十六ミリ映画部は同年六月に教育映画部へと改組される部署で、後述する東横映画が、農山漁村での巡回上映のため設けていた「十六ミリ映写隊」が前身だった。この巡回上映は、同業他社の増加による競争の激化と、地方常設館復興に伴う活動地域の縮小に直面しており、並行して整備の進んだ視聴覚ライブラリーを対象とする事業への転換が企図されていた*1。

五〇年代半ばは、かつて占領下で民間情報教育局（CIE）が残した映画教育用の設備と施設、組織の再編と拡充が試みられた時期で*2、教育映画市場が拡大し、ある程度の規模が確保されるようになった。これは教育映画フィルムの販売数が確定しやすくなったことを意味した。販売数の確定は予測される一定の収益を前提とした予算管理を容易にし、また収入を安定化させる。そのため一定の資金を持つ企業にとって、教育映画は「損益分岐点を超えれば、あとは現像所でお金をプリントするような」*3、優良な商品となった。

さらに五四年には教育映画祭が開始されるなど、教育映画が社会的脚光を浴び始めた。この時期に教育映画の自主製作を始めたのが東映だった。東映は五四年九月に設置された教育映画自主製作配給委員会での検討を経て、その自主製作を開始した。これにより、営業部十六ミリ映画課は十六ミリ映画部として独立し、さらに翌年には教育映画部となったのである[*4]。

教育映画製作は興行映画に比して、事業の規模は小さかった。東映発足時でも長編劇映画一本には一〇〇〇万円を超える予算が投じられていたが、教育映画部では当初、一巻あたりの直接製作費を五〇万円と定めていたから[*5]、時間当たりで比較すれば半分以下の金額となる。

定期的にプログラムを入れ替える常設館での上映ではなく、学校や公民館などでの不定期な上映に依存した市場の不安定さは、従来教育映画の資金回収を困難にする要因だった。しかし東映教育映画部は、各地の視聴覚ライブラリーなどを通してフィルムが貸し出される十六ミリ市場を確保する傍らで、東映直営館を利用した販路の安定化をはかることができた[*6]。教育映画部長となる赤川孝一（あかがわこういち）は、「東映には直営館に映画教室があるので写真が悪いから採算がとれぬという心配はなく、安心して次の企画に移れます」と述べている[*7]。短編専門の企業による教育映画製作は販路確保に営業的困難があったが、独自の配給網と直営館を持つ東映の場合、劇場の上映プログラムの中に教育映画を組み込むことが可能で、資金回収の目途がつけやすかった。

また、教育映画製作による企業イメージの転換や向上も目指された。当時は未だ映画自体を教育上好もしくないものとみなし、学童・学生の映画館入場に厳しい視線を向ける地域も少なくなかった[*8]。わけても東映が得意とした剣劇主体の時代劇映画は集客に利しても、ともすれば俗悪と見られがちで、これと対照的な教育映画を製作・配給することは、東映にとって社会的認知や評価の向上をもたらすものだった。先述の赤川は、従来の東映の映画は子どもには喜ばれたものの「善意のお父さんお母さんには喜ばれない」傾向があったため、「安心して子供にみせられ」かつ海外輸出が可能なものというねらいから、教育映画製作を始めたとも述べている[*9]。教育映画製作には自社の社会的ステイタスの向上と、海外市場への進出可能性という二つの魅力が見出されていたのである。

東映社長である大川博（おおかわひろし）に内在した個人的な動機も考えられる。大川には元々教育に関心を持っていたという回想も見られるが[10]、これは教育映画製作や、あるいは自身が一時期社長を務めた日本教育テレビ（NET、現・テレビ朝日）などの諸事業について、後から一貫した説明を付した感が強く、教育映画製作を事業化し、さらにアニメーション映画製作にまで乗り出した主要因とみなすことは難しい。あくまで東映動画発足当時の大川個人に、児童向けの教育映画を製作した動機を探るならば、その私生活上の不幸が目にとまる。

大川の次男・晃は五五年三月、修学旅行中に鉄道からの転落事故で急逝した。大川が鉄道省の官僚から東京急行電鉄（以下東急）に転じて企業人となったことを考えれば、自身が経営する企業の成長期に鉄道事故で次男を失ったことは、大きな失意をもたらしただろう。

大川晃の追悼文集には知人や業界関係者のみならず、一般市民から寄せられた手紙も掲載されており、その中には教育映画製作について触れたものも見られる[11]。大川博個人にとって、児童向けの教育映画製作は、利益や社会的ステイタスを得られる事業であるとともに、失った次男への追悼の意味をも持つ、良心的な慈善事業としての意義があったのではなかろうか。

様々な背景が東映に、教育映画製作事業の確立と拡充を促した。その中で教育映画のラインナップとバリエーションを充実化する手段として、アニメーション映画が注目された。東映内での会議記録によれば、アニメーション製作の趣旨は「児童劇映画等の教育映画の自主製作開始に伴い、漫画映画の需要増加を考慮」したことにあった[12]。

五五年一一月には、十六ミリ映画部による教育用のアニメーション映画『うかれバイオリン』の制作が、アニメーションを専門とする小規模な制作会社である日動映画へ委託された。日動映画はアニメーションを専門とする小規模な制作会社で、戦前からのベテランアニメーターである山本善次郎（やまもとぜんじろう）（早苗）が社長を務めていた。

当時の短編映画制作者たちは、未だ極小な教育映画市場と、参入の困難な興行映画市場との間で不安定な経営を余儀なくされていた。日動映画は、日本動画株式会社が、映画のタイトル制作などを手掛けていた東宝図解映画社の解散後、その一部スタッフを受け入れて、五二年に改称した会社であった[13]。

日動映画の経営も決して思わしいものではなく、制作能力はあっても営業力がないことから経営難が続いた*14。したがって興行映画の巨大な配給網を持つとともに、教育映画市場の拡充や高度経済成長の開始に伴うPR映画需要の増加、テレビ放映開始に伴うCM市場の拡大に対応しうる営業力を持つ大手映画会社による買収は、この問題を一挙に解決しうる手段だった*15。

山本は短編アニメーション映画『うかれバイオリン』（一九五五年一〇月完成）が大川に気に入られ、また利益をあげたために日動映画の買収が実現したと述べている*16。十六ミリ映画部企画の成功は、委託製作に留まらない東映の積極性を引き出した。

五六年二月に開かれた「漫画映画製作研究委員会」の懇談会では、副委員長の山崎季四郎から長編製作の企業性について質問がなされた*17。続けて今田智憲（いまだちあき）が「海外市場の性格上、絶対に天然色で、長編漫画でなければ収入は揚がらない」と指摘すると、当時教育映画部管理課長だった赤川孝一が「夫々の製作担当部門に第一級のベテランを起用し得ば、外国作品の水準に決して劣らないものを作る自信あり」と回答した。

山崎と今田は、興行市場や海外へ向けた長編製作について、具体的検証の必要性を説いていた。しかし国内に長編アニメーション映画を継続的に制作した実績を持つ企業が存在しない以上、この発言は東映動画の事業そのものに関する疑念を婉曲に表明したものと考えられる。

続いて四月にも研究委員会が開かれ、教育映画部による「漫画映画製作の体制に関するメモ」で三案が提示された。A案は東映が企画主体となり外部スタジオと提携する案、B案は完全に外部委託とする案、C案は東映にスタジオを建設して自主製作を行う案だった。ただしA案とB案には東映側の企画主体性やスケジュール管理、質の維持といった「隘路」が指摘される一方、C案に関しては専ら「利点」と具体的な建設計画が記され、デメリットは指摘されていない。結論としてのスタジオ建設をあらかじめ念頭に置いて作成された資料といった感は否めまい。さらに懇談会での今田発言にもかかわらず、この時点では未だ長編製作の具体的検討が見られず、年間に短編三本と中編の前・後編を継続的に発表する旨が記されたのみで、事業性の検討は未熟な段階に留まった。

しかし同じ四月には長編の企画が動き始め、八月には東映が日動映画を、機材ごと三〇〇万円で買収した。このときの日動映画の資本金は一〇〇万円で、主要設備も「鉄製絵画撮影機二台、撮影機四台（パルボ二台・ユニバーサル二台）、写真機一台、そのほか映画・動画・幻燈画製作設備」に限られており、人員数も三〇名だったから[*18]、個々の作品の質はともかく制作能力はそれほど高いものではなく、企業としての価値が高く見積もられなかったのはやむをえまい。

翌五七年一月には、大泉の東京撮影所敷地内に動画スタジオが竣工した。一号棟だけで延べ面積三二三坪、鉄筋コンクリート製三階建てのビルであり[*19]、成城高校の空き教室を間借りしていた日動映画とは大きく規模が違った。さらに設備として、立体性のあるアニメーション表現を可能とする機械制御の多層式撮影台であるマルチプレーン・カメラ・スタンドや各種の録音機材をはじめ、当時最新鋭の設備が導入された。日動映画時代からのアニメーターだった森康二（もりやすじ）は、暖房設備や水洗トイレまで供えられた新社屋について、「今までの住まいとあまりにも違って　まるで　ヴェルサイユ宮殿のように　輝いて見えました」と回想している[*20]。

同年中に赤川孝一は、日動映画の演出家であった藪下泰司（やぶしたたいじ）と渡米視察に赴いた。このときにはディズニーのほか、パラマウント映画傘下のフェイマススタジオをはじめ、一六のプロダクションを見学したという[*21]。

こうした非常に手早い設立の経緯からして、東映動画の事業性の検討が十分に重ねられたとは言い難いだろう。池田宏（いけだひろし）は東映動画設立時の各委員会での検討資料を精査し、そこで参照されたデータが短編制作を前提にしたもので、発足後に行われた長編制作の実態と全く一致していないことから、その見通しの甘さを指摘している[*22]。

東映動画の発足はまず、主として教育映画部によって考案されたもので、その事業構想も本来は短編ないし中編の教育映画が想定されたものだった。これに対し営業側からは、国内外の興行市場へ向けた長編の必要性が説かれたが、それで東映動画発足への歩みが止まることはなく、見切り発車的に東映による日動映画の買収と、長編製作が開始された。

この経緯からはひとつの疑問が浮かび上がる。東映株式会社社長の大川博は、着任時に大きな負債を抱えた東映の経営を数年で再建した経営の名手として知られ、また厳密な予算管理の手法について自ら喧伝するほど、経済的合理性に基づく映画会社の経営を企図した人物だった。そのような大川が教育映画部の不十分な計画を、ただ事後的に承認する立場に留まったとは考え難い。

結論の一部を先取りするならば、大川体制の東映には、教育映画部とは別にアニメーション製作への関心が胚胎していた。これらの要因も、東映動画の発足を後押ししたのであった。

東映株式会社の事業拡大

東映株式会社は東横映画、太泉映画、東京映画配給の三社が五一年に合併して発足した。三社のうち、三八年に設立された東横映画株式会社は、東急を親会社として、鉄道利用を促すためにターミナル駅周辺の映画館を経営する企業だった[*23]。しかし四七年に劇映画の自社製作を開始しており、この際に根岸寛一やマキノ光雄など、第二次大戦中には満州映画協会に在籍していた映画人が迎えられている[*24]。このため東映には元・満映在籍者が多く[*25]、東映動画の関係者では赤川孝一のほか、社長を務めた山梨稔（やまなしみのる）や高橋勇（たかはしいさむ）、制作の笹谷岩男などが、満映での職歴を持っていた。

太泉映画株式会社は、四七年に創立した太泉映画スタジオが五〇年に改称したもので、後に東映東京撮影所となった。これは、かつての新興キネマ大泉撮影所の設備を利用した貸スタジオ業を行うべく、東宝や日活、東横映画といった映画会社や、多角経営に進出した後楽園スタジアム、洋画封切館の経営に一時転身していた吉本興業といった興行会社などが、共同で設立したものだった[*26]。後に二代目の東映動画スタジオ所長を務めた山崎眞一郎は、このとき吉本側から設立の働きかけを行い、太泉映画スタジオでは取締役に就任した。

太泉映画スタジオには設立当初から、貸スタジオ業のみならず自主製作を行う構想があり、四八年二月に第一回作である東宝と吉本の提携作品『タヌキ紳士登場』が封切られた後、「映画の製作配給」が定款に加えられた。しかし「製作能率が悪かった」ことから「自主製作はおろか他社との提携製作も皆無」となり、実質的には貸スタジオ業に専念することになった。四九年には、後述する東京映画配給の発足に伴い自主製作を再開したが、五〇年八月に再び、これを停止した[27]。東京映画配給株式会社は、東横映画と太泉映画の作品を配給する目的で、東急などの出資により四九年に設立された。これは東横映画と太泉映画が量産体制の未確立により、配給市場に確固たる地位を築くことができずにいたことへの対策だった。しかし洋画市場の拡大と新東宝の設立、さらに太泉映画の自主製作停止などにより、東京映画配給の計画は揺らぎ、五〇年からは赤字経営に転じた[28]。

東急会長である五島慶太（ごとうけいた）は専務の大川博に経営再建を命じ、上記三社は五一年四月に合併して東映が発足した[29]。初期は東宝や大映と提携し配給を行ったが、これは二本立て興行の利益配分上、新興企業の東映に不利であり、観客に好評な作品を製作しても提携先企業が大きな利益を得る結果となった。そのため東映は、五二年から二本立ての全プログラムを自主配給するよう転換した。当初はリバイバル上映や独立プロとの提携、作品買い取りなどで番線を埋めたが、やがて自主製作した新作の配給が軌道に乗り、また『ひめゆりの塔』などのヒットによって経営も再建され始めた。

全プロ二本立て配給により契約館を確保し、市場を安定させたことに加え、社長に就任した大川博が映画一本の製作費を一一〇〇万円と定め、またそこから二五〇〇万円以上の興行収入を得るように指示したこと[30]、それまでの負債を東急の資本を背景として低利の銀行へ振り替えて、返済計画を明確化したことも、東映の経営改善に資した[31]。製作費の上限を定めると同時に、営業努力による市場の拡大を促して確実な利益を確保し、さらに負債の累積を食い止めて着実な債務の返済を行ったのである。

五四年からは、契約館での二本立て興行を全て自社製作の作品で賄うため、さらなる増産が試みられ、「東映娯楽版」と呼ばれる中編によって、これが実現した。東映娯楽版は、三部作や五部作などシリーズ物の体裁をとった低予算の児童向け映画で、当初は二本立て興行における添え物の扱いだった。しかし東千代之介と中村錦之助を起用した『新諸国物語　笛吹童子』のヒットとともに、児童観客を強力に引き付ける作品群として認知され、契約館獲得に寄与することで東映の経営基盤を安定させた。五四年一月に封切られた東映娯楽版第一作『真田十勇士』三部作の総配収は四一〇七万四〇〇〇円だったが、『新諸国物語 笛吹童子』三部作の総配収は八五〇〇万円に達し、五五年末から正月映画として封切られた『新諸国物語 紅孔雀』五部作のそれは、二億円を突破した[32]。

経営が安定し、映画業界内でのシェアを拡大した東映は、五〇年代後半以降、傍系企業を次々と発足させて事業の多角化を進めた。五六年は東映動画発足の年であると同時に、東映が初めて年間配収で大手六社中首位についた年でもあった。以降も五九年には、劇場用CM映画の製作で東映動画と提携していた旺英社を買収して東映シーエムシネマ株式会社を[33]、小西六写真工業(現・コニカミノルタ)株式会社の傍系である日本色彩映画株式会社を買収して東映化学工業株式会社(東映化工、現・東映ラボ・テック)を、それぞれ発足させた[34]。東映動画の発足は、こうした新規事業への進出事例のひとつでもあった。

海外輸出への注目

東映がアニメーション製作に託した事業構想は、しばしば大川博の談話をもとに「東洋のディズニー」を目指したものとされてきた。この大川によるディズニーへの言及は、確かに『東映教育映画ニュース』第一四号に掲載された談話に見られる。

(前略)漫画映画の製作は近来各国に於て盛んに行われ、特に米国ディズニイプロは毎年長篇優秀作品を発表して世界の注目を浴び、またソ連及び欧州諸国に於ても活潑に漫画映画及び人形劇映画の製作が進められています。然るに我国に於けるこれら漫画映画は諸外国に較べて著しく立遅れ、僅かに一、二巻の白黒短篇物が年間十巻内外製作されているに過ぎず、従つて映画館に於ける漫画映画は殆どが外国作品に占められている現状であり、又視覚教育界に於ても久しく教育漫画の不足を訴えられて居りました。

ここに当社は昨年十一月自主作品として総天然色漫画映画「うかれバイオリン」(二巻)を日動映画株式会社に委託

して試作致しましたところ、はからずも各方面に於て好評を得ましたので、引続き研究を重ねた結果、将来はデイズニイプロに匹敵すべきものを製作出来る確信を得るに至ったのであります。この製作が本格的に開始されるときは、国内に於ける漫画映画の外国品独占から国産品発展の礎となり、また劇映画輸出の欠点とされていた日本語の非国際性を絵と動きで充分理解される漫画映画の外国市場進出も期待されるのであります。さらに当社はさきにテレビ放送の開局認可の申請を致しましたが、漫画映画は広告漫画と共にテレビと不可分の関係にありますので、この漫画映画を中心とし、児童向人形劇映画、影絵映画等の製作をも併せて開始する予定であります[*35]。

ここでは海外アニメーションの日本への浸透に対し、むしろ海外市場へ邦画を進出させ、さらに新たな映像媒体であるテレビ市場をも獲得することを企図して、アニメーションの自主製作へと乗り出すという見解が示されている。

その実態は別として、日本製アニメーションの海外での人気は、現在の一般的報道でも所与の前提となっている。したがってアニメーションの「国際性」や輸出可能性に触れた大川談話に、一種の先見の明を見出すことは容易に思えるかもしれない。しかし五〇年代の日本におけるアニメーション映画の位置づけや、東映が海外市場に向けるまなざしは、現在のそれとは文脈が異なる。ここでは大川談話における海外輸出への言及に着目し、東映が何故その手段としてアニメーションを選んだのかを検証したい。

五〇年代の日本映画産業は、邦画輸出に強い関心を持っていた。大川博によれば、東京映画配給の設立時には、既存の大手映画会社による配給系統は松竹、東宝、大映の三社のものに留まっており、市場規模からして「四系統が成立つ」と考えられていた。しかし翌五〇年には新東宝が独自配給を開始したため、国内大手は五系統となった。大川はこれが東京映画配給の行き詰まりの原因と見た[*36]。一方で大映の『羅生門』が五一年にヴェネツィア映画祭でグランプリを受賞すると、それまでの在外邦人向けの邦画輸出ではなく、外国人向けの輸出を通した市場拡大が目指され始めた[*37]。それは映画産業のみならず、戦後復興に必要な外貨獲得のため、政官財各界の関心をも誘った[*38]。そして東映も、ここにさらなる躍進の機会を見出したのである。

五三年四月一五日から二か月間、大川博は米英仏伊の視察を行った。当時の営業課長だった今田智憲は、この洋行により、それまで考慮に入れられていなかった輸出に関する認識が深められたと述べている[39]。そして赤川孝一によれば、その帰国後に大川から「国際性のある『漫画映画』の自主製作を提示され」たという[40]。

しかし実際のところ、大川がこの時点でアニメーション製作を指示するだけの意志を持っていたとは断じ難い。帰国後に大川が各種の雑誌で行った報告では、テレビやシネスコなどについての技術的報告と邦画輸出への関心こそ語られているものの、アニメーションへの直接的言及は見られないからである[41]。また、大川の経歴からしても、アニメーションについての知識を蓄積していたとは考えにくい。

大川の関心はアニメーション自体より、輸出適性の高い映画の製作に向けられていたと見るべきだろう。娯楽時代劇が中心だった当時の東映の映画企画は、海外輸出構想との間に矛盾を抱えていたからである。

従来の東映は、日系人の多い地域を主要な輸出先としており、六〇年の輸出本数内訳でも、ハワイを含むアメリカが一五七本、沖縄が一九四本、中国・香港・タイ・インドネシアのアジア諸国は合計八〇本で、ブラジルが三一本だった[42]。一方で大映は『羅生門』をきっかけに、ヨーロッパの映画祭に出品するための作品製作を重視していた。加えて社長の永田雅一は、アジア市場への進出を企図して「東南アジア映画製作者連盟」を組織し、五四年には第一回東南アジア映画祭を東京で開催した[43]。またこれに並行して『雪割草』を東南アジアやインドでも公開していた[44]。東映はこうした同業他社の動きに対応し、海外市場を輸出や現地企業との合作によって開拓しようとした[45]。

五四年七月にスイスで開催された映画界の国際会議に、日本映画連合会(映連、現・日本映画製作者連盟)の代表として出席した大川博は、その帰途に視察を行ったインドで『雪割草』のヒットを確認し、さっそく現地企業パテル社との合作を立案した[46]。しかしこの企画『ベンガルの黒豹』は、翌年二月には、製作費負担率と各地域の配収按分をめぐって中止された[47]。

欧米圏の映画祭への出品も思うように進まなかった。五六年に東映は、オールスター映画『赤穂浪士 天の巻 地の巻』をカンヌ映画祭に出品しようとしたが、映連内の「映画輸出委員会」では、「従来の経験上、時代映画の出品は、不利」と指摘され、候補から外された[*48]。「忠臣蔵」を題材としたこの映画は、東映創立五周年記念映画であり、国内興行市場では五五年の邦画配給収入でトップを記録していた。とはいえその内容は、当時の日本ならば多くの観客がすでに知っているストーリーと登場人物を、多彩なスターの配役で見せる作品であり、同じ時代劇でも『羅生門』のような物語性を追求した作品や、『地獄門』のような映画技術上の先端的実験作品ではなかった。自社の特性を生かした大作は、日本国内でさえ、欧米の映画祭には不向きとみなされたのである。

大川博が代表団長をつとめた五七年のニューヨーク日本映画見本市でも、東映が出品した時代劇映画『旗本退屈男 謎の幽霊船』は、アメリカ市場に向いておらず芸術的に低水準とした評が多く、同時出品して概ね好評だった教育映画『野口英世の少年時代』とは対照的な評価を得た[*49]。国内市場では高い興行成績を示す作品が、欧米では評価を得にくく、海外輸出に不利という、ねじれがあったのである。国際映画祭や見本市、国際会議などを訪れるようになっていた大川にとっては、実利的にも名誉的にも不本意だっただろう。

このため大川は、現代劇製作の強化を唱えた。それも映画館側からの要求が強い従来のアクションものや母ものではなく、「キネマ旬報ベストテンに入るような」作品の製作が試みられたのである[*50]。この方針のもとに製作された今井正の『米』や『純愛物語』、内田吐夢の『どたんば』、関川秀雄の『爆音と大地』といった作品は、五七年度のキネマ旬報ベストテン入りを果たした。特に今井の『米』は南米等に輸出され、五万ドル以上の収益をあげた。これは東映作品では異例の成績だった[*51]。

しかし国内では、『純愛物語』の観客には洋画ファンが多く、従来の東映作品の客層とは異なっていたことなどが指摘されている[*52]。社会的主題を扱う現代劇では、東映の持つ国内市場と海外市場のねじれは解消できなかったのである。

ここで先の大川談話が、アニメーション映画製作の国際的活況とディズニー作品への注目に言及していたことは、重要な意味を持つ。五〇年代の日本でディズニー作品の独占的配給権を持っていたのは、『羅生門』を製作した大映だった。大映社長の永田雅一は四九年に渡米した折、ディズニーなどメジャー傘下にない独立プロダクションとの交渉を行い、帰国後にＧＨＱ／ＳＣＡＰへ映画輸入と配給規制の緩和を持ちかけて、新設した洋画部の配給で『白雪姫』など三作品を封切った[*53]。大映の国際的な活動の中にアニメーション映画の配給が含まれていたことは、海外市場進出を試みながらも出遅れた東映にとって、看過しえない重要性をもって見えただろう。

つまり大川体制の東映は、アニメーション製作自体に関心があったというより、海外市場向け作品の必要性から、そのいち手段としてアニメーション映画を意識したと考えた方がいいと思われる[*54]。しかし、実写映画企画の弱点を補填するためのアニメーション映画製作という方針には、それを具体的にどのような企画によって進めるかという認識が欠けていた。このことは、映画の国際性をめぐる大川の発言に垣間見える。

（前略）映画はどうしても言葉のハンディキャップがある。海外にいつてもその言葉のハンディキャップがあつてうまくいかない。南米とか、ハワイ、沖縄、香港、シンガポールなどでは、日本の映画を上映してくれておりますけれども、アメリカの本国とか、いわゆる白人相手のところへはなかなか入れないんですよ[*55]。

時代劇では殿さまが家来に向つて「ユウ」というのは変でしょう。それに「近う近う」と呼ぶ場合に「カムヒヤ」と言つても、さつぱりわからないです。（笑）[*56]

ここに大川は「日本映画の非常な弱点」を見出し、対して「漫画はそうでもなく」言葉を「適当に直せる」ことを利点とした。しかしこの日本映画についての認識は、多分に自社の主要企画だった時代劇のそれに限定されていよう。大映の『羅生門』や『地獄門』もまた、まぎれもない時代劇だったからである。

東映の映画が国際市場、とりわけ欧米圏に進出し難かったのは、その企画が多分に日本人観客にとって既知の題材を扱った時代劇に限定されていたからであり、それは「風習」や「言葉のハンディキャップ」とは質の違う問題だった。この把握の曖昧さは、東映動画作品の企画をも、しばらく拘束することになる。

アニメーション認識をめぐって

日動映画で研修を受けて東映動画のアニメーターとなった大塚康生（おおつかやすお）によれば、大川は東映動画スタジオを訪れた際、そのスタッフに「漫画の諸君」と呼びかけて笑いをかっていたという*57。大川自身、「漫画を作る人、描く人は、優秀な人を雇ってこなければ」「そのためには日本国中の漫画家を全部集めようと思つている」との発言を残しているが*58、この「漫画家」という語句が、果たしてアニメーション制作の経験を持つ技術者の具体的イメージに基づいて用いられていたかは疑問が残る。

設立当初の東映動画には岡部一彦（おかべかずひこ）のような漫画家や、あるいは花野原芳明（かのはらほうめい）、蕗谷虹児（ふきやこうじ）のような画家も所属していた。こうした人々が動画スタジオへ招かれたのは、教育映画部の赤川孝一の意向によるものだったと言われている。アニメーターの大塚康生は、赤川が「動画」という言葉を積極的に用い、さらに前述の画家たちと「旧日動のグループのもつ技術を組み合わせて新しい作風を作りたい、と考えていたよう」だったと述べる*59。

確かに赤川が在籍していた満映では、アニメーション映画の製作が検討されていた*60。この点で赤川のアニメーションへの関心は、「漫画映画製作研究委員会」の他の参加者である営業畑や劇映画のプロデューサーに比べれば高かったと言えるかもしれない。ただしそれは、哲学的関心とでも言うべきものだった。先述の『東映教育映画ニュース』によせられた赤川のコメントに、それは色濃く表れている。

> 人形劇をみている。影絵人形劇をみている。そして漫画映画をみている。

みている私の感情は率直に、人形に通じている。又、漫画の中の環境や生きものの世界に遊んでいる。彼らには、その世界を他にして私生活がない。演技され、映写されている時間に限られて、私自身の生活にとつて大切な因縁をもつている。それが、深い感動を与えるものであればあるほど、私の生活にとつては、かけがえなく美となり、真となり、善となり、時には激情となり憎しみとなり、裏切りへの呪となる。それらの印象が私自身の生活感情の中に、しつかりと座を占める場合、最早、私以外の誰人とも共通しない印象として、私の中に根を植えつけている[*61]。

このようにアニメーションや人形劇、影絵の特徴を、登場人物の「私生活がない」ことに見出す赤川の論考は、具体的な事業性や技術の把握には及んでいない。

人形劇や影絵が同列に取り上げられていることも興味深い。西村智弘は五〇年代半ばまでは「作品がどのように見えるか」がジャンル区分の基準となっており、たとえば人形をコマ撮りで動かそうとライブアクションで撮影しようと、それは「人形映画」に分類されていたとしている[*62]。赤川の知見は、まさにそれに則っていよう。

赤川とは対照的に「動画」についての専門的かつ同時代的な認識を披瀝したのは、後に「上原信」の名義で『白蛇伝』の原案を提供した、教育映画部員で美学者の山根章弘（やまねあきひろ）だった。山根は人形劇団テアトル・プッペを主宰しており[*63]、教育映画部の短編人形映画『若返りの泉』や、影絵映画『王女とゆびわ　印度詩劇「シャクンタラー姫」』の脚本・演出を務めていた。実作においては山根も、旧来の分類に近い活動をしていたことになる。

しかし山根は『東映教育映画ニュース』に、上原名義で「動画映画の歴史」という論説を執筆している。これはエミール・レイノーのプラクシノスコープから始まり、ディズニーだけでなくロッテ・ライニガーの長編影絵アニメーション映画『アクメッド王子の冒険』や、チェコの人形アニメーションに言及し、さらにUPAの『ジェラルド・マクボイン・ボイン』、ノーマン・マクラレンの『線と色の即興詩』にも触れた、当時の水準から見て遺漏のない妥当な総論的内容だった[*64]。

赤川や山根のような人文的素養を持つ人々がアニメーションに関心を抱くことは、当時としては珍しいことではなかった。映画評論家のみならず、芸術家や美術・文芸に造詣の深い批評家が、アニメーションへの言及を行っていた時期だからである。

五〇年代の日本では、戦時期に外国映画の輸入制限によって未公開のままになっていた旧作から同時代の新作まで、海外のアニメーション映画が相次いで公開され、注目を集めていた。一般的な知名度ではディズニー長編が高かったが、ソ連の長編『せむしの仔馬』や、フランスの長編『やぶにらみの暴君』も公開された。

興味深いのは、その興行的成功に比して、ディズニー長編に対する批評上の評価がそれほど高くないことである。キネマ旬報ベストテン外国映画部門では、『白雪姫』が一八位（五〇年）、『ピノキオ』が一九位（五二年）、『シンデレラ姫』が二六位、『不思議の国のアリス』が二七位（いずれも五三年）、『ダンボ』が二四位（五四年）、『ファンタジア』が一四位（五五年）と、五一年に七位に入った『バンビ』を除く全てがベストテン圏外だった。

一方で『やぶにらみの暴君』は、五五年のベストテンで第六位に入賞した。本作の、専制的な君主の支配体制が居城の構造によって視覚化されるとともに戯画化され、やがてそれが民衆の蜂起によって崩壊するという筋書きは、知識人たちの興味をそそった。ディズニーと同様の長編アニメーション映画の領域で、しかし必ずしも児童向けでなく、ヨーロッパの芸術や思想の潮流に連なるアニメーション映画が存在しうることが示されたのである[*65]。また『せむしの仔馬』も、アメリカ製アニメーションが注視される中で、教育者、観客、批評家から好評を博し、興業上でも優秀な成績を収めた[*66]。

この対照的な評価の要因としては、制作時期と日本公開時期のタイムラグが考えられる。日本ではディズニー長編の公開が遅れたため、一般層への普及期に批評上では相対化と批判が進行したのである。

『白雪姫』や『ファンタジア』は、アメリカでの公開から一〇年以上を経て日本公開された。しかし五〇年代には、ディズニー長編のライブアクションを重視したアニメーション表現は、あまりに「自然主義」的なものとして古典視されるようになっていた。これは戦後の芸術表現が具象から抽象へと再び展開していく流れを踏まえた評価でもあった。この時期のアメリカにおけるアニメーションの様式をモダニズムの美学と結びつけた論考に見られるように[*67]、デザインや動きなどの表現上のスタイルは、アニメーションという手法に固有のものではなく、より広い視覚芸術の文脈上にあった。

この文脈を共有した芸術家や批評家ほど、ディズニー長編よりも、マクラレンやチェコの人形アニメーションなどを高く評価する傾向があった。若手芸術家たちの指導者的立場にあった美術批評家の瀧口修造は、マクラレンの作品を前衛芸術の文脈から紹介した[*68]。ここでアニメーションは、児童向けに物語を動く絵で示す手段ではなく、新たな芸術表現のためのフォームのひとつだった。

アニメーションを前衛芸術の実践と連続したものと捉える視点は、東映教育映画部にも共有されていた。『白蛇伝』の美術を担当した橋本潔(はしもときよし)は、先述の山根が招いた人形劇の経験を持つスタッフだったが、同時に瀧口が関わった芸術家たちの集団「実験工房」や「グラフィック集団」にも参加した経歴を持っていた。

また、「漫画映画製作研究委員会」に提出された資料では、劇伴に「新しいミュージック・コンクレートを使う等、新しい意慾をもった作曲家と密接に提携し」「テープによる諸種の操作、音や声を楽器の音と同位に使用」する提案が行われていた[*69]。ミュージック・コンクレートとは、録音された自然音を機器を通して加工した電子音楽で、当時の日本では黛敏郎などが手がけ始めたばかりだった。この時期の事例では松本俊夫が手がけた日本自転車工業会のPR映画『銀輪』での、武満徹と鈴木博義によるミュージック・コンクレートが著名である[*70]。

東映教育映画部は、同時代の新進的な芸術の潮流を敏感にとらえ、それを東映動画が制作すべきアニメーション映画の基調と考えていた。こうしたアニメーション観は確かに、欧米の現代芸術の情勢にまでつながる一種の国際的感覚の表れだった。

この点で、大川体制の東映が関心を抱いた海外輸出用の映画企画の需要を、アニメーション映画によって補う構想には、一定の説得性があった。ただし、その教育映画部によるアニメーション認識は、映画の市場価値の把握ではなく美学的価値に基づくものだった。このような教育映画部のアニメーション観の新進性と、事業としての計画の未熟さとは、東映動画がやがて直面するアンバランスさを先取りしたものでもあった。

初期作品における模索

企画

①教育映画部の関わり

東映および東映動画の機構図では、五六年八月の東映動画発足当初こそ、企画部が東映動画側に置かれたが、五九年七月の図では東映動画には製作部と管理課のみが残されている。一方、五七年六月の図では、東映内に動画部が置かれ、この中に企画課と営業課が設けられていることが確認できる。動画スタジオ側に企画部が戻ったことが分かるのは六一年八月の図であり、少なくとも同年七月までは、本社動画部に「動画企画者」と「動画企画課」が置かれていた[71]。

映画会社である東映にとって、企画権の所在は重要な意味を持つ。東映動画側に企画部が置かれた時期を含め、初期に製作された短編のほとんどに赤川孝一がクレジットされていることからすれば、実質的な企画権は教育映画部が掌握していたと見ていいだろう。

ここから本社機構内に新たに置かれた動画部が企画権を持つようになるのは、東映動画からすれば大きな変化ではない。東映動画は東映の機構内でアニメーション制作実務を受託する一事業所であって、企画の決定を行う本社の部署が移動したにすぎない。もちろん本社側には、アニメーターはもちろんキャラクターデザインや演出の担当者もいない以上、具体的な作業は東映動画で進められるが、企画自体の権限は、あくまで本社当該部署の職員にあった。

アニメーション映画の企画権を実質的に本社が掌握したことは、東映動画が制作する作品の路線が、本社の企画力によって拘束されることを意味していた。したがって、初期の作品群には、本社側の企画者の感覚が顕著に表れた。

アニメーションの新進性に関心を示していた赤川のもとでは、旧日動勢が中心に取り組んだ『こねこのらくがき』、児童向け書籍の挿絵などを描いていた花野原芳明が演出を担当した『かっぱのぱあ太郎』、画家の藷谷虹児が演出を務めた

『夢見童子』といった短編企画が実現した。しかし蕗谷らの手がけた作品は、必ずしもアニメーターに好評ではなかった。日動映画の最末期にアニメーター候補者として採用されていた大塚康生は、以下のように回想する。

蕗谷さんの『夢見童子』をやっている新入生たちが「おもしろくない」「こまかい中割りでつらい」などともらしているのが聞こえてきたり、『ぱあ太郎』が何度もやりなおしになり、試行錯誤をくりかえしていた[*72]（後略）

蕗谷らはあくまで一枚の静止画を描く仕事をしてきた職業画家であり、連続した絵の中で動きを表現するアニメーターとしての経験を積んでいたわけではなかった。蕗谷自身、アニメーション制作と一枚の絵を描くこととの違い自体は意識しており、以下のようなコメントを残している。

然し固定した一枚の「絵」と漫画映画とは質的にちがうと思います。漫画映画の「絵」の概念はあくまで動く絵としての価値なので、それはいろいろ劇映画とちがう処はあるにしても、動きという点では共通の性質のものだと思うのです。そしてこの「動き」の中にこそ、創造が秘められていると思います[*73]。

完成した『夢見童子』は、静止画のパンやオーバーラップによってイメージを提示するシーンの多い作品に仕上がった。当時新人として本作の動画に加わった永沢詢（ながさわまこと）は、「またつまらないんですよ。動きがないしね」と回想している[*74]。『夢見童子』には確かに、日本画調のデザインを映像として提示したという意味で、「動く絵」としての実験性を見出せる。しかしその手法は、制作過程を通してアニメーターの側にアニメーションの新たな可能性を示唆するには至らなかった。アニメーターと画家、動画と静止画といった方法論の多元的な混在は、このとき必ずしも表現の拡張にはつながらなかったのである。

②『白蛇伝』の成立

東映動画の長編第一作『白蛇伝』は、多くの要素が絡みあって完成されており、それぞれの局面で関わった人々が様々な証言を残している。ここでは『白蛇伝』という企画案の成立と、その製作枠組みの変遷についての整理を行いたい。

『白蛇伝』の製作は、五六年四月二日から始められた[*75]。ただしこの日程は、日動映画の買収はもちろん、「漫画映画製作研究委員会」にも先行しているから、実際には後に『白蛇伝』として固まる長編企画の構想が開始された日と解した方がよかろう。

『白蛇伝』は当初、香港の映画会社との合作になる構想だった。五六年六月一二日から一八日まで香港で開催された「第三回東南アジア映画祭」に出席した大川博が、「香港のフレイム会社」との合作として、その企画案を持ち帰ったのである。このときは「東映側が製作費の三分の二を負担する条件」になっていた[*76]。しかしこの構想は実現せず、最終的に東映が単独で『白蛇伝』を製作した。

とはいえ合作構想は、企画案の決定に影響を及ぼした。「白蛇伝」という説話は当時、東アジア圏でしばしば映画の題材として取り上げられており[*77]、五六年には東宝が、香港や東南アジア圏に巨大な配給網を持つショウ・ブラザーズとの合作で、劇映画『白夫人の妖恋』を公開していた。同作は一般公開に先立ち六月一二日からスカラ座でのロードショーが行われ、四日間で総動員数三万四二二五名、興収四四二万一〇八三円、収容人員に対する動員率一〇七%という好成績をあげた[*78]。大川が『白蛇伝』合作の話を持ち帰った東南アジア映画祭の開催と、『白夫人の妖恋』のロードショーは同じ時期だから、その興行成績が直接に『白蛇伝』の企画決定に影響を与えたとは考えにくいが、アジア圏で映画化の前例があり、日本の大手映画会社が合作を行った実績のある企画が選定されたものと思われる。

『白蛇伝』でキャラクターのデザイン原案などを担当した漫画家の岡部一彦は、「商売になるかならないかわからないから」香港企業との合作になっているため、「本社のほうから西遊記、水滸伝、白蛇伝のなかのどれかにしてくれという話が出た」と回想している[*79]。合作を前提に数作の中国古典が検討され、最終的に『白蛇伝』が選定されたことになる。

『白蛇伝』の内容をアニメーション映画用のそれへとアレンジを行ったのは上原信、すなわち山根章弘だったが、その手を離れた後も構成やカット割りなどの改変は続けられた。公開形態についても、長編制作がうまくいかなかった場合、教育映画部が三部作の短編シリーズとして発表する構想があった[*80]。東映にとって長編アニメーションの製作と配給は初めてのことであり、また東映動画発足前には、先述のように短編や中編の検討しか行われていなかった。長編製作への転換は、営業サイドからの指摘によって急遽実現したものだったから、こうしたリスクヘッジが試みられたと思われる。

このような製作枠組みの紆余曲折に加え、絵コンテ作業の進行中には制作現場での主導権が、赤川の人脈に連なる画家や漫画家たちから、旧日動勢を中心としたアニメーターたちへと移行したとされている。大塚康生によればこれは、当初主導権を握っていた漫画家や画家たちの絵コンテを撮影したフィルムが、試写の際に不評だったためだという[*81]。

とはいえ『白蛇伝』に、既存のアニメーション映画と異なる表現が見られないわけではない。冒頭に付与された、半立体の人形を用いたプロローグがそれである。これは橋本潔の手になるもので、本作が「お行儀のいい学校向け映画」にならないようにと、演出の藪下泰司と打ち合わせて実現したシーンだった[*82]。

『白蛇伝』の完成後、山根や橋本といった、教育映画部からアニメーション制作に関わった人々は、徐々に東映を去っていった。橋本が手がけた冒頭の影絵劇は、劇作家で当時アニメーション制作に携わっていた飯沢匡や、デザイナーの亀倉雄策から高く評価されたが[*83]、以降の長編に引き継がれることはなかった。また山根は、『白蛇伝』に続いてモンゴルを舞台にした新たな企画案『夜の虹』を提出していたが[図表1-1]、これも実現しなかった。

『白蛇伝』は、東映動画発足段階での構想と人的リソースが結実した長編として制作された。しかしそうした要素の多くは、制作過程で機能不全に陥り、あるいは完成後に東映から失われた。この意味で『白蛇伝』は、東映動画の長編第一作でありながら、その後に引き継がれない要素を多く含む特異な作品だった。

③東映本社の企画者たちとその傾向

長編第二作『少年猿飛佐助』の企画には、『白蛇伝』から続き高橋秀行と山本早苗がクレジットされている。高橋秀行は本作制作中に東映動画スタジオ所長に着任した、高橋勇のペンネームである。『白蛇伝』の企画陣からは赤川孝一だけが外れており、教育映画部の関与が薄まって、東映の意向がより強く反映された企画になったと言えよう。

「猿飛佐助」という題材は、大正期の児童向け講談読物として著名な立川文庫で人気を博したもので、東映娯楽版でもすでに利用されており、脚本の村松道平も『真田十勇士』はじめ、東映時代劇映画のシナリオを多く担当していた。また、真田幸村の声優を務めた中村賀津雄は、猿飛佐助を演じた経験があった。戦前期の児童娯楽を背景にもつ企画案は、一九〇九年生まれの高橋勇にも理解が容易で、成立しやすかったと思われる。

しかしこうした企画の方向性は、ともすれば完成した作品に古典的な印象を付与していた。漫画評論家の井上敏雄は、『少年猿飛佐助』の「ドラマそのものが、東映の時代劇のアニメーション版」であると指摘し、手厳しい評価を下した。

> 勧善懲悪思想を盛り込んだ、ひどくわかりのいいストーリーといい、手に汗にぎるチャンバラ・シーンといい、それらは東映の時代劇映画のもつている魅力であり、同時に限界でもある。それをそつくり長編漫画映画の「少年猿飛佐助」もそなえてしまつたことに、そしてその範囲を踏みだしていないことに、わたしは困惑してしまつた。（中略）立川文庫というすこぶる庶民的な故郷をもつ猿飛佐助を、今日の漫画映画が、単に波瀾万丈のストーリーと、日本製スーパーマンとしてしか形象化しえなかつたことは、猿飛佐助ファンとしては、かえすがえすも心残りである[*84]。

井上は「漫画映画の主人公に、わたしたちの時代の代表者として行動してもらいたい」とも述べている。瓜生忠夫は『笛吹童子』以前の東映娯楽版を、「戦前派の思想と感覚と郷愁と経験から生れた企画」と評したが[*85]、『少年猿飛佐助』以降の東映動画の長編企画もまた、数作の間そうした通念に拘束されたのである。

五〇年代の企画案は、ともすれば戦後の同時代的な児童文化への目配せに欠けており、東映動画発足後に入社した若い職員たちの感覚との間にさえ大きな開きがあった。むろん、それが全く認識されていないわけではなかった。企画の相談役を務めていた渾大防五郎は[86]、若手の企画者を抜擢して企画案やシナリオ執筆を任せており、五九年に入社した原徹は、渾大防から「杜子春」や「百合若大臣」のシナリオを書くよう命じられたことがあった[87]。しかしこの主題選定に見られるように、その発想は、やはり他の企画者たちと大差なかった。原自身、「漫画映画の経験のないメンバーの構成による企画審議会の決定がアニメーションの本質を歪ませている。一度出来た既成概念は崩れない」と、企画のあり方を批判したことがあった[88]。また後年の回想でも、渾大防の構想に「功罪はありますね」として、以下のように述べている。

私は「どうあっても『杜子春』はアニメにならない」と渾さんに言ったんです。子どもに、ああいうのは描きよう

図表1-1｜『夜の虹』梗概

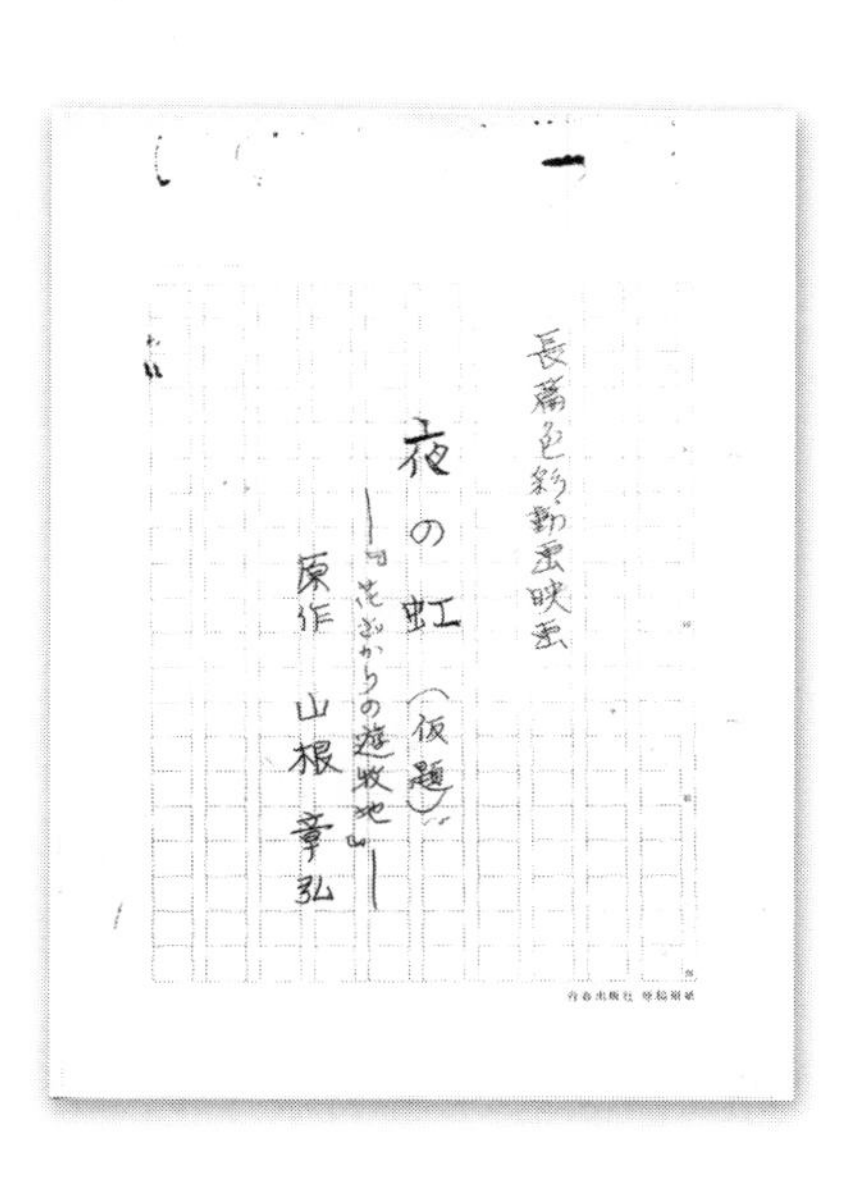

がないということで抵抗したんですけどね[*89]。

東映という巨大な機構の中で、アニメーション映画に適した企画が日の目を見るには、東映動画発足後に育った企画者が主導権を握れる地位にまで昇進するのを待つか、あるいは現場職員たちの感覚や志向を、直接に企画へと吸い上げる機構を作る必要があった。

東映動画には「企画小委員会」という組織が設けられ、若手の多い現場のアニメーターたちからも、意見が募られた。五八年一〇月に開かれた第二回委員会では、本社動画部で進行中の企画について、そのプロットやシナリオを閲覧して意見具申を行うこと、小中高校生を対象に漫画家やストーリーについてのアンケートをとることなどが提案されている[*90]。しかし大塚康生によれば、この委員会は「全員の意見をできるだけ企画や演出に反映させようという試み」ではあったが、「結局、若い人の意見を組織的に演出に反映させる」には至らなかった[*91]。

この機能不全は企画の検討に明瞭に表れた。企画小委員会で先述のアンケート実施を訴えていたアニメーターの坂本雄作(さかもとゆうさく)は、手塚治虫(てづかおさむ)の『鉄腕アトム』を劇場用の短編シリーズで、『ジャングル大帝』を長編で製作してはどうかと提案したが、「当時の東映動画の首脳部っていうのは、アトムとか手塚治虫なんかということをぜんぜん知らないんだから、全く無視され」たという[*92]。「戦前派の思想と感覚と郷愁と経験」に強く制約された企画案は、児童読み物であれば立川文庫や山川惣治の絵物語などを想定しており、戦後に増加した長編ストーリーマンガは、彼らの発想の外にあった。

東映は長編の公開にあたって、確かに児童や保護者の観客動態調査を行っていたが、その内実は主として、内容に関する感想や各場面への反応を分析したもので[*93]、企画の方向性そのものを深く検証するには至っていなかった。

この点では赤川や山根ら教育映画部員の発想の方が、アニメーション映画特有の可能性を引き出す企画を考案しえていたのかもしれない。そしてその構想は、企画小委員会に参加したアニメーターの感覚にも、比較的合致したところがあった。大塚は企画案のうち『安寿と厨子王』は「否」とし、山根の『夜の虹』は「可」と判定した[*94]。しかし前者は後に長編第四作『安寿と厨子王丸』として実現し、後者は実現しなかった。大塚の感覚は、東映の企画者たちのそれとは食い違っており、長編企画に影響を与ええなかった。

佐藤忠男と野口雄一郎は『安寿と厨子王丸』を、「古い『講談社の絵本』に動作を与えるという以外に何もない企画であり劇映画の目先の変わった代用品でしかなかった」と手厳しく評した[95]。「講談社の絵本」は、一九三六年から刊行されていた児童向けの書籍で、立川文庫と同じく東映の企画者たちに一定の影響力があったと思われる。『安寿と厨子王丸』や『孫悟空』などが、そのラインナップに見られる題材だった。

古典的な題材を選択すること自体は、当時の長編アニメーション映画の制作体制上、必然性があったのも確かである。初期の長編作品を演出した藪下泰司は、製作期間の長さからして題材には時事的なものを選ばず、「有名な話、古典的な話」を用いるのがいいと述べている[96]。またそれは、リバイバル上映による再利用を容易にするための手段でもあった。したがって現代的な感覚を長編企画に導入するには、古典的な題材を現代風にアレンジする手法をとるほかなかった。

この最初の事例が、長編第三作『西遊記』だった。本作では手塚治虫のマンガ『ぼくのそんごくう』が原作に採用され、また手塚自身がスタジオへ招かれて、イメージボードの作成などに関わった。

手塚を招くきっかけは、本社動画部企画課の白川大作（しらかわだいさく）が、渾大防に提案して実現したものだった[97]。『西遊記』は香港企業との合作案として検討された経緯があっただけでなく、東映娯楽版で製作された前例もあった。白川は既存の東映作品の路線上に自らの関心を接続することで、手塚治虫を招いた企画を実現させたと言える。

結果的に『西遊記』は、手塚の原作から離れた、比較的オーソドックスな内容に落ち着いたが、それでもそこにはギリシア風の鎧を身に着けた二郎真君が現れたり、テレビやハンドドリルといった小道具が登場したりと、ただ古典を忠実に絵解きするだけではない独自のアイディアが見られるものに仕上がった。

『西遊記』以降の長編でも同様の工夫が表れた。『古事記伝』の企画は、少年のスサノオが母のイザナミを求めて冒険の旅をする『わんぱく王子の大蛇退治』に結実したが、後述するようにそこには、グラフィカルな色彩と等身の低く平面的なキャラクターデザインが導入されて、古典の内容をただ抒情的な母ものに翻案しただけではない、アニメーション表現における同時代的感覚が加えられていた。

渾大防や高橋の企画構想が基となった『わんわん忠臣蔵』では、『西遊記』『アラビアンナイト　シンドバッドの冒険』に続いて三度、手塚治虫が招かれた。演出を担当した白川は、高橋の意図を「のらくろスタイル」ではないかと推測しつつも、むしろ「ディズニースタイル」でやりたいと考え、『西遊記』以来親交のあった手塚にストーリーボードを依頼した*98。「忠臣蔵」といういかにも東映的な企画案でありながら、その要素は敵討ちというシノプシスと、一部のキャラクター名にその要素を残す程度に留まり*99、時代劇を原案にしながらも『少年猿飛佐助』や『安寿と厨子王丸』と比べると、翻案の度合いは大きいものになった。またキャラクターのスタイルにも『わんぱく王子の大蛇退治』と共通したところがあり、特にオープニングでは、モダンな抽象的デザインと色彩感覚が示されている。

糸川英夫の談話を読売新聞社会部がまとめた『宇宙のコロンブス』を原案とする長編企画は、メーテルリンクの「青い鳥」とともに、東映動画初のSF作品『ガリバーの宇宙旅行』の元となった。原案が新聞社による概説的な科学読み物に求められた点で、この企画案はなお、従来の東映の企画者が持つ構想力の内にあったが、実際に完成した作品には、後述する文明批評的な視線やメタ映画論的な構成、そしてグラフィカルで抽象的なデザインが盛り込まれた。

これら三作は六三年から六五年にかけて公開された長編群であり、特に『わんわん忠臣蔵』と『ガリバーの宇宙旅行』は、ほぼ同時期に制作着手されていた。そこには東映の既存の企画者たちの構想に留まらない、同時代的な感覚が表れ始めていた。

準備段階のまま終わった作品にも同様の傾向が見られた。『アラビアンナイト　シンドバッドの冒険』に続く長編として企画されていた『水滸伝』では*100、森康二が同時代のアメリカ製アニメーションを意識した抽象的なキャラクターデザインを行っていたという*101。また、渾大防のもとで原徹らがシナリオの準備を進めた企画『百合若大将海へ行く』も［図表1-2］、この説話の元となった伝説が「ユリシーズ」だったとする奇説を参考に「現代的な夢と楽しさ、軽快さと力動感にあふれる物語に、自由に構成しなおしたもの」を目指していた[*102]。シナリオに関わった神波史男（こうなみふみお）は「若手プロデューサーの長篇第一作であるから、彼はしきりに現代性を強調して企画を通そうとしていたに違いない」と、原のアプローチを評している[*103]。

東映の企画者たちが提示する企画構想は、彼らの世代の児童向け娯楽観や人脈に拘束されていた。映画会社が生産する商品としての映画企画には、企画者たちの文化資本からなる経路依存性が表れていたと言える。しかし六〇年代に入る頃には、アニメーターや東映動画世代の企画者たちの発想が、東映の企画の枠内でアレンジを加え、作風の変化をもたらすようになったのである。

営業

ここでは初期の長編アニメーション映画の興行と宣伝手法、そして海外輸出の実態について記述する。これらはいずれ

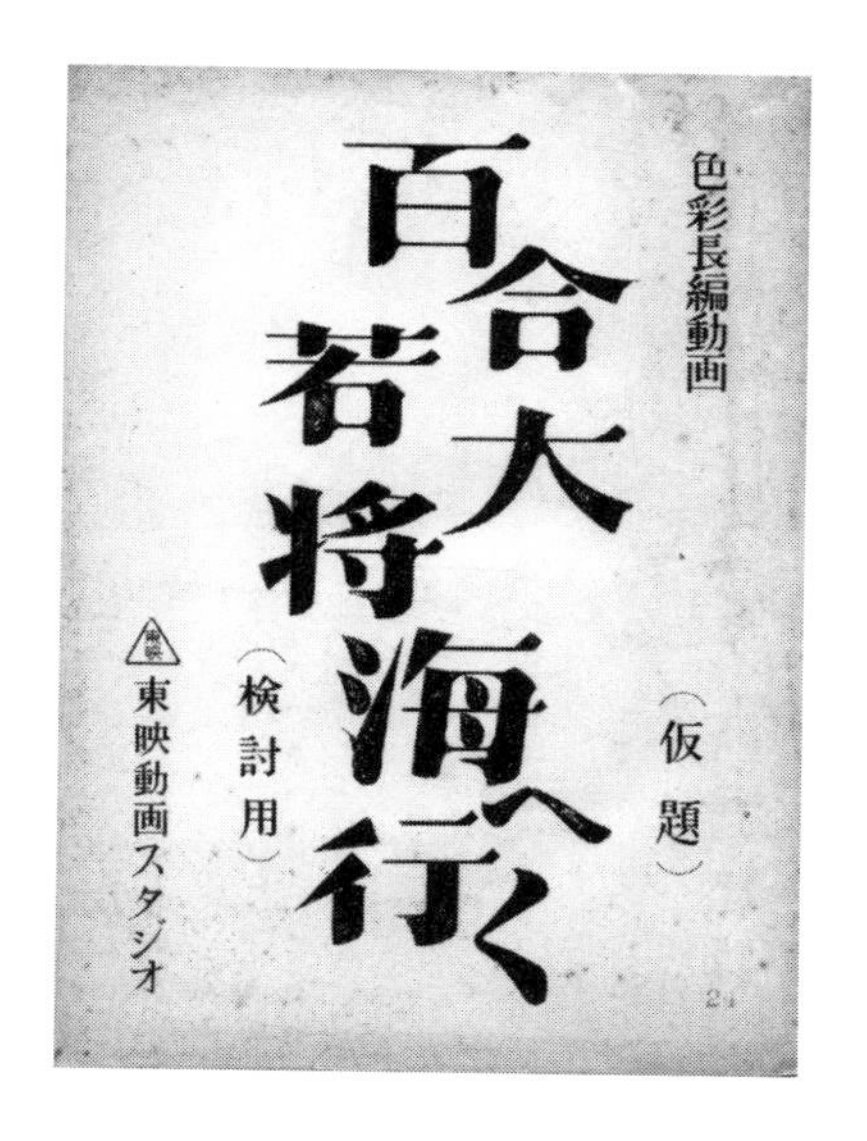

図表1-2｜『百合若大将海へ行く』検討用台本

も東映動画の職掌ではなく本社のそれであるが、その成果は東映動画が受託制作する作品の規模を、強く拘束するものだからである。

なお、映画研究においては、しばしば映画会社が作成した劇場用プレスシートが、作品や路線ごとの宣伝戦略の分析のために利用されることが多いが、本書では劇場外での宣伝や観客動態の調査などを含めてこれを捉えるため、社内報や業界誌を史料としつつ記述したい。

①『白蛇伝』の興行と宣伝

『白蛇伝』は五八年一〇月二二日に『一心太助 天下の一大事』との長編二本立てで封切られた。『一心太助 天下の一大事』は東映娯楽版で人気を博した中村錦之助主演の「一心太助」シリーズ第二弾だった。

『白蛇伝』は直接製作費四〇四七万一〇〇〇円に対し[*104]、配給収入八五〇〇万円をあげた[*105]。間接経費や営業経費については詳らかでないが、その興行は成功したと言える。ただし東映系統館の『白蛇伝』の扱い方については、その消極性を指摘する声があった。

ある記者は、『白蛇伝』と『一心太助 天下の一大事』を「東映御自慢の二本立番組のなかでも特に出色の番組ではなかつたか」と高く評価した。しかし同時に、その興行成績が、東映時代劇の大スターである市川右太衛門の三〇〇本主演記念映画『旗本退屈男』には及ばなかったことを指摘し、「売り方次第では必ず『旗本退屈男』と同じ線までいつた」だろうと惜しんだ。そして「ある支社の宣伝部員」が「どうせマンガですし、うちの館には向かないものですからね」と述べたというエピソードを引き、その営業や宣伝が、従来の東映にそぐわないものとみなされがちであることに危惧を表明した[*106]。これは興行成績が作品の持つ価値に見合っておらず、営業上・宣伝上の努力によって、より動員数を向上させることができるだろうという提言だった。

実際に浅草東映と函館東映は、『白蛇伝』の封切興行にあたって団体動員で成果をあげ、大川から表彰されていたから[*107]、館側の受け入れ姿勢によって動員に少なからぬ差が出たことは確かなようである。他の座談会記事でも、以下のような指摘が見られた。

「白蛇伝」も写真をみると立派なものだ、日本製漫画でここまでゆけるとは正直なところ思つてなかつた。何しろ東映は一週替りでどんどん写真を流してゆくから、長期宣伝といつてもテクニツクがむつかしいと思うけど、「裸の太陽」や「白蛇伝」をもう一つ売りこめないのは不甲斐ないと思うよ。関西なんか、ありきたりの新聞広告と、お座りの座談会以外何もしていない。「白蛇伝」「天下の一大事」の二本立をコヤでみると、ずいぶん客席はわいている。これはもつともつとお客がくる要素があると思つた。その要素をひき出していないのだ。（中略）機械的に週替りで二本立番組に流してゆく慣習になじみすぎて、一作、一作これといつた作品の場合に、重点興行より重点宣伝をやることを忘れているのだ。東映はそれでよいんだという考え方はぼくは間違つていると思う。稼ぐべきときには大きく稼いで置かねばならないし、観客層の巾を広げるべきときには大きく広げて置かなくてはいけない。「白蛇伝」はその意味で惜しかつた[*108]。

現代劇の製作強化がそうだったように、アニメーション映画製作は東映にとって、その作風の幅を広げ、市場の拡大を図るための手段だった。しかし実際にはまず、企画者の発想に加え、各支社や映画館の宣伝手法などが、これを制約した。初期数作の長編では、支社ごとに製菓会社とタイアップした仮装行列を実施したり、宣伝カーを走らせるような宣伝が見られたが[*109]、東映として統一したイメージを打ち出すには至っていなかったようである。六〇年代半ば以降、アニメーション映画やマンガ原作の実写映画が東映の系統館に定着していく過程で、その宣伝に長らく関わった福永邦昭（ふくながくにあき）は、そうしたプログラムの宣伝手法の前例自体がなかったために、かえって自由にできたと述べている[*110]。

東映は東映娯楽版以来、児童観客を大きな客層としていた。しかし東映娯楽版と長編アニメーション映画の間には、大きな違いがあった。前者は各六〇分弱の三部作が一か月とかけず完成されていたのに対し、後者は一年近くの制作期間を必要としたからである。したがって予算額にも大きな違いがあった。東映娯楽版が活況を呈した五四年の段階で、片岡千恵蔵や市川右太衛門が主演のA級作品は一七〇〇〜一八〇〇万円、他のスターが主演のB級作品は一三五〇万円を予算としていたが、東映娯楽版のそれは一シリーズあたり一三〇〇万円と定められていた[*11]。つまり東映娯楽版は、紛れもない低予算映画だった。

『白蛇伝』が完成した五八年までに製作費は随時高騰していったが、わけてもアニメーション映画のそれは、東映娯楽版の規模ではなく、むしろ大作映画の規模だった。しかし東映は、従来の路線から大きく外れたこの作品の宣伝手法を独自に考案するには至らず、常態化していた二本立て興行の中の一プログラムとして扱う以外の術を持たなかった。結果として質的にはA級クラスの評価をされた作品が、B級作品クラスの収益に留まったのである。

②長編アニメーション映画の興行価値

東映動画の長編アニメーション映画は『白蛇伝』以降、しばらく毎年一作品が封切られた。当然ながらそれらの作品は、一部のロードショーを除いて、すべて東映全プロ配給の中に組み込まれていた。

『少年猿飛佐助』は、大川橋蔵主演の時代劇『雪之丞変化』との二本立てで封切られた。『西遊記』の併映作は五六分の中編現代劇『続少年漂流記』であり、児童向け作品で全プログラムが構成された。続く『安寿と厨子王丸』は、松方弘樹と北大路欣也の若手スターが助さん・格さんを演じた『水戸黄門 助さん格さん大暴れ』との二本立てとなった。松方は同年ゴールデンウィーク封切の『霧丸霧がくれ』の主演を務めるなど、児童向けの時代劇に出演していた時期であり、また北大路は『安寿と厨子王丸』で青年時代の厨子王丸の声を演じていた。『西遊記』に続いて、児童観客をより強く意識したプログラム構成と言えよう。

第五作『アラビアンナイト シンドバッドの冒険』では、六月に東京丸ノ内東映パラスと大阪梅田東映パラスの二館で、教育映画二本を併映したロードショーが行われた。これは本作が、大川博の渡米時に携行されることになったためだった。東西両館は「一週目は一万四千名」を集めたと見られ[112]、「前週をしのぐ好成績」と報じられた[113]。しかし七月に再映作品との二本立てで全国公開されると、その興行は伸び悩み、「徹底的にお子様番組として売れなかったことが充分のびなかった原因」「東映の現在の封切館ではこなし切れぬ感じが強い」とする評も見られた[114]。『白蛇伝』と同じく東映動画の長編が、東映の配給網に未だしっかりと根づいていない問題が、浮かび上がった。

ロードショーは続く第六作『わんぱく王子の大蛇退治』でも、全国八館に規模を拡大して行われた[115]。このときは新宿、丸の内、梅田における動員数が、一五日間で各館三万五〇〇〇人以上を記録した[116]。さらに七月には劇映画『伊賀の影丸』との二本立てで全国公開され、配収が一億円を超えて、六三年中の東映配給作品で第七位のヒット作となった[117]。『少年猿飛佐助』から『わんぱく王子の大蛇退治』までの五年間に、東映動画の長編アニメーション映画は、主要都市での一本立てロードショーを行って成功を収めるまでに至った。しかし東映の娯楽時代劇路線と、東映動画作品との間にある懸隔は、埋められたとは言い難い。『わんぱく王子の大蛇退治』でさえ、ロードショーに児童とともに入場した大人には、「これまでの東映ファン以外の人が多かった」との報が見られた[118]。

東映がアニメーション映画製作に乗り出すにあたって期待したことには、確かに客層の拡大があった。しかし既存の客層や、それを抱え込んだ映画館側が求める路線から、東映動画の作品はともすれば外れており、映画が持つ質の面から観客を引き付けることはできたが、その成果を元に、東映が自社の企画を複線化していくには至らなかった。

東映の宣伝手法も、当初は新聞・雑誌へのパブリシティと、上映館の装飾程度に留まった。ただし東映創立一〇周年記念作品となった『安寿と厨子王丸』では、「夏休みの家族連れ」動員のため、全国の学校へ宛てて東映動画作品の娯楽性と教育性を訴えた、大川博署名の挨拶状が送付された[119]。

長編アニメーション映画は児童層への教育性と娯楽性を両立した見世物として、教育界でも認知されつつあった。『アラビアンナイト　シンドバッドの冒険』では、岐阜県の土岐津東映が市中の他館と協力して「映画教室」を開き、学童層の「根こそぎ動員」を行って成功した[*120]。土岐津東映は東映の名を冠してはいるが、地元の興行主である三協映画社が経営する館であり、その「映画教室」で扱う作品には邦洋各社の作品が混在していた。その中でも東映動画の作品は、ディズニー作品などと並んで学校からの引率鑑賞が実現していた[*121]。

土岐津の事例は、児童・生徒の映画鑑賞に未だ風当たりの強い地域で、興行映画としての娯楽性と教育性を両立した作品が、映画への理解と信頼、引いては新規の映画観客を獲得することに資するものであることを示していた。従来の東映娯楽版は「映画教室」のような児童教育用プログラムには適しておらず、教育映画部の中編および短編作品がこれを担っていた。東映動画の長編作品は、これを興行映画の領域で受け持つことを可能にした。

東映動画の長編に興行映画でありながら教育的価値が見出されたのは、先述のような中高年層の企画者たちの発想が、こうした地域社会の保護者や教育者層の想定する、あるべき児童向け文化の価値観と重なった結果ではないだろうか。

五〇年代には月刊誌の急増やテレビ放送の開始に見られる急速なマスメディアの発達と普及が進み、またベビーブームによる巨大な層として、マンガに代表される児童向け視覚文化の市場が形成されつつあった。こうしたメディア文化の急速な拡大は、教育者や保護者からの激しい否定的反応も招き、児童に提供すべき読物のあり方が問われるようになった。

当時、教育学者の高野桂一は、児童雑誌に掲載された物語について、大人と子どもの評価の相違を調査・分析している。この調査からは、ラフカディオ・ハーンの『怪談』にある「雪女」や、アラビアンナイトの「アラジンのランプ」のような古典的名作のダイジェストと、動物の生態を解説した理科学習ものを、大人が高く評価していたと分かる[*122]。『西遊記』や『安寿と厨子王丸』のような古典的な物語の翻案を行っていた東映動画の初期の長編は、こうした大人たちの価値観には適合的だっただろう。しかしそれは、ディズニーとは異なる同時代のアニメーション表現を見出し始めていた当時の現場スタッフや批評家たちの価値観とは、大きくかけ離れたものでもあった。

東映動画初期の長編群は、保護者や教育界を通した児童観客の動員を可能にした。しかしその手法ゆえに、同時代感覚を備えた企画や宣伝手法への刷新は起こり難かった。東映動画の作品が児童観客独自の反応や嗜好をすくいあげ、プログラム構成や企画内容を模索していく、興行映画ならではのダイナミズムを獲得するのは、テレビアニメの登場と、その劇場上映の開始を待たねばならなかった。

③海外輸出の実相

東映は海外市場への進出を企図してアニメーション映画製作を試みながら、その具体的な企画については十分な検討を加えていなかった。とはいえ東映動画の初期長編群は、いずれも当時の東映作品中で突出した輸出成績をあげた。『白蛇伝』は、「東南アジア全域・台湾・ヨーロッパ・アメリカ・中南米の各地市場に輸出」されて、九万五〇〇〇ドルの収入をあげた*[123]。ただしその公開は「局部的」との記述も見られ*[124]、各地域の配給業者と個別に契約を結んで限定的な上映が行われたと思われる。

続く『少年猿飛佐助』は、ハリウッドメジャーであるMGM（メトロ・ゴールドウィン・メイヤー）と、『西遊記』は、ミニメジャーであるAIP（アメリカン・インターナショナル・ピクチャーズ）と世界配給契約が結ばれ、それぞれ一〇万ドルの収入をもたらした*[125]。

五九年六月から六二年八月までの間に、一〇万ドル以上の収入をもたらした東映作品は、『少年猿飛佐助』『西遊記』の二作のみで、五万ドル以上でも『白蛇伝』のほかには『里見八犬伝』と今井正の『米』が見られるだけだった*[126]。これは海外を視野に含めた市場拡大のための企画の多元化策に対して、アニメーション映画製作が有益であることを証明していた。

これら初期三作の長編は、ヴェネツィア国際児童映画祭でも連続して受賞した*[127]。これは東映にとって快挙だった。もっとも、当時は長編アニメーション映画を継続して製作する企業が世界的に少なかったこともあり、技術水準のみならず、その希少性が評価された側面もあっただろう。

配給権を購入した側の意図がどのようなものだったかは判然としない。『少年猿飛佐助』の世界配給権を得たMGMは「慎重な計画のもとに」「マニラ・香港・シンガポール」で封切った*[128]。MGMにとって本作は、北米よりアジア市場向けのプログラムだった可能性がある。

『西遊記』を購入したＡＩＰは、当時ロジャー・コーマンによるＢ級映画を若者向けに製作・配給しており[129]、後に『アラビアンナイト シンドバッドの冒険』配給権の購入にも手を挙げた[130]。これら二作は怪物退治や冒険を主眼に置いた作品でもある。同時期には東映との「空想科学映画」の合作案も浮上しており[131]、アメリカの映画会社にとって東映動画の長編は、映画祭での評価とは裏腹に、芸術性を帯びた東洋におけるディズニー作品というよりも、オリエンタルな題材を扱った新奇な娯楽作品として捉えられていたのかもしれない。

海外輸出を振興するためには、輸出先の需要をつかむ必要があった。このため東映が目指したのは、外国企業との合作だった。しかし『白蛇伝』の合作計画が頓挫したように、その後の企画も、なかなか実現には至らなかった。

東映は海外企業との合作の効用を、ストーリーやキャラクターが世界中で分かるものとなり、また作品が世界的な配給ルートへ乗ることで、「動画に備った高い輸出性向＝国際性」が実現できることに求めていた[132]。とりわけハリウッドメジャーや、それとつながりの深い業者との提携が求められた。東映は北米の駐在員を仲介役として、ディズニーをはじめとした様々な業者と交渉を行ったが、その中で合作協定に至ったのが、ヒッツ・インコーポレイテッドだった。

ヒッツ・インコーポレイテッドは、かつてワーナーの動画部に所属していたヒュー・ハーマンが社長を務める会社で、ハーマン自身が五八年四月に来日し、五月一〇日に合作協定が調印された[133]。合作の契約期間は三年で、劇場用長編および短編、テレビ用コマーシャル、テレビシリーズ、ＰＲ映画の制作を行う予定だった。また、作画以前のシナリオ、音楽、ストーリーボード等はハーマン側が準備し、作画以降の工程を東映動画が担当する体制だったが、若干のスタッフがアメリカから派遣されて指導・協力することが定められていた。これは後年の合作と同じ構造である。配給権については、東映が日本と沖縄のものを所有し、それ以外の地域についてはハーマンが、アメリカのメジャーへ販売できるようになっていた[134]。

こうした協定は、東映にとっては企画の国際感覚を身に着け、また東映動画が技術水準を上げるための手段だったが、ハーマンにとってみれば制作実務を人件費の安い地域へ発注する、いわゆる「ランナウェイプロダクション」の先駆けだった。なお、この世界配給権を持たない偏波な協定には、今村太平が当時、疑義を表明している*135。この協定により「キングアーサー」「アラビアンナイト」「世界に喜びを」といった企画が考案された*136。しかし協定期間中に制作が実現した作品は一作もなく、『アラビアンナイト シンドバッドの冒険』にしても、東映の単独製作だった。元よりこの時期、東映の国際的な合作計画自体が実現した事例に乏しかった。六一年には東南アジア地域での配給権を持つショウ・ブラザーズとの合作協定が締結されたが*137、相互に現地ロケを行う際の制作協力こそ行われたことはあったものの、合同出資による合作は実現しなかった。さらに同年、日本で封切られた『モーガン警部と謎の男』は、アメリカ企業との合作と報じられたが、実際はアメリカのテレビ俳優二人の出演料を配給権の分配で代替したものであり、企業間の合同出資例ではなかった。そして東映動画も「『アメリカ・インターナショナル社』との間に長編漫画二作の合作交渉が進んでいるとの報があったものの、やはり実現していない*138。

輸出や合作を進めるための海外拠点の整備面でも、東映の動きには、当時の邦画界では立ち遅れが目立った。他社が現地法人や劇場、総代理店の設置などを行っていたことに比べ、東映は六三年一月時点でも、ニューヨークとローマに市場調査や取引仲介を行う駐在員事務所を設置するに留まっていた*139。

六〇年当時、東映の外国課長を務めた新島博は、それまでに輸出された日本映画の傾向を三つに分類している。ひとつは『羅生門』や『地獄門』のように「コスチュームプレイともいうべきエキゾチックな情感を狙った映画」であり、もうひとつは『ゴジラ』などの「風俗や言語に関係しない見世物映画、すなわち空想科学もの」、そしていまひとつが「通常の人情、恋愛、活劇物」だった*140。この点で東映動画の長編は、場合によっては第一と第二の類型を満たしうるものであり、また実際に輸出の成果があがっていた。

しかし、こうした海外市場における需要が、実際の長編製作に与えた影響は限定的であり、合作構想に至っては、協定が締結されても実際の作品制作は実現していなかった。初期の長編における輸出の成功は、東映にとって偶発的な側面が強いと言わざるをえず、この点を整理しきれなかったことは、六〇年代以降の輸出策に影を落とすことになる。

制作体制

東映動画の長編制作が軌道に乗るにつれ、その内容は現場の職員たちによって問いなおされるようになった。特に若い世代の新人たちが採用されたことで、作品の路線と制作体制は、相互に連動して僅かずつ変化していった。本節では制作現場に焦点を当てることで、この変化を素描してみたい。

①増員と新人育成

東映動画は五七年中に従業員の随時補充を行い、『白蛇伝』の作画作業が開始された同年末までに一〇九名を抱える会社へと規模を拡大した[*141]。

五九年四月には大学・高校新卒者の定期採用が行われた。これは東映動画が単独で行った募集ではなく、東映全体の定期採用の一環だった。東映は発足にあたり出資したNETの本放送開始を受け、テレビ映画制作体制の強化を企図しており、これに伴って東映動画でもCMの需要増が見込まれたことから増員が行われ、従業員数は二八四名に達した[*142]。このとき入社したアニメーターに、小田部羊一(こたべよういち)や彦根範夫(ひこねのりお)がいた。

新入社員の中には後に演出家になる池田宏、黒田昌郎(くろだよしお)、高畑勲の三人と、企画者を経てラインプロデューサーにあたる製作担当となる原徹なども含まれた。東映には、将来的に作品制作を牽引する候補者を、東映動画へ送り込む意図があったと思われる。

しかし東映動画ではこうした人々を育成する枠組みを持っておらず、その扱いに当惑した。高畑は入社時を、次のように回想する。

技術職の仲間は各部署に配属されたが、私たち十人ほどの制作や演出助手候補要員は会議室をあてがわれ、そろばんを習い、あとは何もない日が続いた。スタジオの幹部は、本社の意向で絵描きでない人間を突然大量に送り込まれて困っているようだった。その後、いろんな部署に見習いに出た。与えられた仕事は、動画用紙やセルのタップ穴あけ、カット袋作り、使用済みセルの整理、作業日報の記入など[143]。

本社の採用方針と動画スタジオ側での対応の食い違いからは、東映動画の人事権が本社側にあり、それが動画スタジオ側へトップダウン式に示されていた実態をうかがうことができる。

当時の東映動画には、藪下泰司以外に長編アニメーション演出の経験者はおらず、長編の生産量も年に一本だったため、アニメーターなどと異なり、演出助手としての経験を積む機会は稀だった。したがって演出志望者たちは、試雇期間の雑用を経た後には短編の制作進行や演出、ＰＲ映画や実写映画の助監督などでも経験を積んだ[144]。

対照的にアニメーターの養成過程は、分業工程の中で確立されていった。『白蛇伝』制作中から、森康二と大工原章の二人のみで原画をこなしながら新人を指導・教育することは不可能になりつつあったため、作画工程の分業に基づき原画と動画の間に「第二原画」あるいは「セカンド」と呼ばれるポジションが置かれ、当時新人の動画の中から特に力量を認められた数名が選ばれた。ただし、この地位はあくまで制作上の便宜的なもので、職級上の地位は、あくまで動画だった。セカンドは原画のクリーンナップや、特に難しい動画の中割、動画の指名と指示、動画検査、撮影伝票の整理などを務めた[145]。

しかし「セカンド」制は、この後数作の長編制作の過程でその形態を変化させ、最終的には消失していった。セカンドは、より練達すれば原画へ昇格していった一方で、動画も経験を積めば、自身の力量や志向に合わせて原画を選ぶようになるため、緩やかな縦割り型分業構造の中で、セカンドが組織的に果たす役割が薄れていったのが原因とされている[146]。

作画工程の組織編成は、現場職員の裁量に任されていた。大塚康生によれば「動画の班編成に関してはまるで治外法権」で、「全員の討議によって案を作り」、それを森康二や大工原章、動画課長などが承認するというシステムだったという[147]。アニメーション制作経験のない多くの管理職にとって、分業制が新人育成と結びついた具体的な班編成の構想が困難だったためだろう。

アニメーターに限らず、現場の技術者の管理や評価がどのようなものであるべきなのかは、長らく課題となった。技術者資格制度と職級制の導入は、この問題をより顕著にした[148]。技術者資格制度は、技師を課長待遇以上、技師補を主任待遇として管理職相当の手当を与え、各部署の技術者たちに事実上の昇進の道を開くものだったが、労働組合の結成後は、管理職待遇へ昇進させることで非組合員とするという、一種の組合対策として機能したこともあった。なお、類似した制度は本社でも導入されており[149]、労務政策が東映動画単体で決定されるものではないことをうかがわせる。

職級制は、各部署で職員を複数の階級に区分して最低賃金を設定したもので、これにより賃金体系の明確化が試みられた。しかし査定の合理的基準が職員に説得的に示されたわけではなく、むしろ仕事の質と量の関係や、経験による熟練度などをいかに評価すべきなのかという問題を、職員側により明瞭に意識化させる結果を招いた。

②本社主導型の制作体制

東映が掌握していたのは、企画権だけではなく人事も同様であり、したがって東映動画の初期作品の作風と最終的な仕上がりとは、本社の意向に強く拘束されていた。『少年猿飛佐助』制作時の記録では、九月下旬に一度作画を完了して試写を行ったところ「随分調子が合わない」ところが見つかり、一〇〇カット程度の追加作業が行われたとされている[150]。これについては高畑勲も同様の回想を残している。高畑によれば、編集の責任者である宮本信太郎(みやもとしんたろう)の指示に基づき追加作画を行ったという。宮本は、マキノ映画以来映画編集に携わってきたベテランで、東映の編集部門の重鎮だった。

まず、仔鹿のエリが鷲にさらわれるところ。もとのコンテでは、蜂に追いかけられていくうちに、不気味な影が地面に落ち、その影が仔鹿をつつむ。はっと見上げる仔鹿。見た目で鷲が急降下して来る。仔鹿を襲い、足で掴んで舞い上がる、という予兆型。あくまでも仔鹿に寄り添ったところから描いていた。ところが宮本編集では、バサッバサッと羽ばたいて飛ぶ鷲の大写しフォローを追加作画させて、その前に入れた。観客が仔鹿よりも先に鷲を知り、「あっ、これが襲いに来るんだな」と緊張してサスペンスが強まる、という狙いである*151。

つまり情感を強調するために、カットを編集段階の指示で追加したのである。この高畑の回想を見る限り、宮本には作画作業完了後であっても、演出家の絵コンテにはなかったカットを加える権限があったことになる。映画の完成形を決定する編集に、東映動画ではなく撮影所側の編集マンの指示が強く作用し、あるいはダビングでさえ藪下不在のもとに進められたことさえあったという高畑の証言は、映画の最終的な質の管理とその責任が、東映動画ではなく東映側にあったことを示していよう。

プリプロダクションとポストプロダクションが、ともに本社の意向に従属した制作の実態は、相次ぐ増員で東映動画に蓄積され始めた新人たちの意欲との間に矛盾を生じはじめた。「企画小委員会」での議論が実際の企画にほとんど影響を与えなかったことは、その矛盾のひとつの表れだった。

『西遊記』制作にあたり招聘された手塚治虫も、そのときの経験を、集団制作への違和感として表明している。

ぼくは始終おこられていた。スケジュールがおくれてはおこられ、協調性がないといってはおこられた。

（中略）

東映でなにを学んだかといえば、動画企業の中では、作品よりなにより、ヒューマン・リレーションの問題がたいせつだということであった。動画ほど各パートのスペシャリストが、時計の歯車のようにうまく嚙み合って協力体制で進まねばならぬ仕事はない。そこには一匹狼的なジェスチュアや、ぬけがけや、エリート意識はいっさい許されないのである。そのうえ、動画が多数の頭脳や技術を必要とすればするほど、個性が失われていく危険性があることも痛感した*152。

手塚はアニメーション映画制作における共同作業の重要性に理解を示しながらも、自身の疎外感を訴えている。しかし、ここで手塚が触れた「個性」が失われる要因は、はたして共同制作体制そのものに求められるものだろうか。「多数の頭脳や技術」を用いながら、それを有機的に活用して内容を豊饒化する事例は、数年後には東映動画の作品に見られるようになる。この手塚の証言は、当時の東映動画の制作体制と手塚自身の、双方の特性に基づいて解されるべきだろう。『西遊記』での手塚の参加はむしろ、現場の若手アニメーターたちには、少なからぬ影響と刺激を与えた。五七年に入社したアニメーターの永沢詢は、手塚の参加によって「全然ちがう漫画の世界の空気が入ってきた」ことの刺激について指摘し、さらに自らが取り組んだ試みについて証言している。

（前略）その頃ちょうどUPAの『近目のマグー（海底旅行）』なんかが出ていた頃でしょう。当時、大塚さんなんかと話してたんです。今度はリミテッド手法を入れたりする事ができるんじゃないかって。中抜きの画で……あんまり細かく描かなくていいしね（笑）。そういう画をやり始めたんですよ*153。

UPAはディズニーを退社したアニメーターたちによって設立され、平面的でグラフィカルなデザインによって、アメリカに新たなアニメーションのスタイルを普及させたプロダクションのひとつである。その作品は日本のアニメーターやデザイナーなどにも参照されており*154、東映動画でもそうしたスタイルが、徐々に長編に生かされ始めていた。手塚の参加をきっかけとして、若手のアニメーターたちに、新たな工夫を盛り込もうとする意欲が生じたのだった。

『西遊記』公開後、評論家の森卓也は本作を、東映動画の長編に新風をもたらした作品として高く評価し、それ以前の作品を「くそリアリズム動画、というか、こと絵に限らず、すべての芸術に関して大切な筈の〝抽出〟を忘れた画法」によっていたと批判して、「いまどきの若いアニメーターが、こんな絵を喜んで描いている筈はないし、原画のベテラン諸氏もいずれ大幹部(?)の方針に従って描くのだろう」と述べた。そして「すぐれたアイデア・マンが一人、外部から参加することが、かくも作品を塗りかえ、活気づけるものなのだろうか」と驚きを隠さず、次のような提案を行った。

(前略)かりに手塚が、はじめから東映動画に「使われて」いる身だったとしたら、どうなっていただろう。大幹部諸氏よ、いちど、若いアニメーター連中を「お客様」に遇して、痛快奇抜な「非常識」のアイデアを、どんどん採用したらどうですか[*155]。

企画に対する違和感は、ただ古色蒼然とした原案や物語内容についてのものだけではなく、アニメーションについての同時代感覚の欠如へも向けられたものだった。そうした反感は、お仕着せの企画に新人たちが独自の関心を反映させる試みへと具体化し始めた。しかし第四作『安寿と厨子王丸』は、その企画からして、こうした新進的なアニメーション表現の追究を困難にするものだった。

大塚康生は高橋勇が、「何かこう、ズシーンと重～いものっていうか、感動させるようなテーマがないとあかんな……」と発言したことを回想している[*156]。すでに大映で溝口健二が監督し、ヴェネツィア国際映画祭で銀獅子賞を受賞した実績のある「山椒大夫」という題材は、東映創立一〇周年記念映画の企画としては妥当なものだったろう。

しかしこの企画は、完成前から前作の『西遊記』に比して退行的ではないのかとの批判を生んだ。森卓也はこれを「呆れ返った企画」と評し、「せっかく立派な漫画映画に成長したばかりの東映動画が、もとの講談絵ばなしに嬰化してしまうことを私は怖れる」と述べた[*157]。

演出家の藪下も、本作については「動画に鬼門だといわれる悲劇にファイトを燃やし」「複雑な心理表現」にも注力して、「全体としてじっくり見せる作品にするよう努力」したと述べており[*158]、アニメーション映画としては異質であることを自覚していた。またアニメーターの永沢は、現代的な感覚を反映できた『西遊記』の後では、本作は「昔話で、リアルな画で、つまんない」と考えていた[*159]。

若手アニメーターたちの不満は時に、スタジオを管理する経営者側との軋轢を生んだ。当時の週刊誌に掲載された『安寿と厨子王丸』を賞賛する記事に、彼らが不満を書き込んで回覧していたところ、会社の幹部がこれを発見して雑誌を取り上げて衝突した事件は、その一つだった[*160]。

厨子王丸が一度は封建的な身分制に翻弄されながら、貴族社会で立身出世することによって幸福になり、苦難の中で命を落とす安寿の悲劇は美しく描かれるような物語内容も、問題視された[*161]。すでに『少年猿飛佐助』の時点で勧善懲悪の描写にも疑念が呈されていたが[*162]、『安寿と厨子王丸』でより明確に封建制社会の構造が表現されたとき、東映調の時代劇が無意識に備えていた思想性が露になったと言えよう。

大塚はこの時期の職員たちの評価には社会主義リアリズムの影響があったと留保しているが[*163]、本作に見られる封建的な身分制度への批判は、外在的な思想に依拠しただけでなく、東映と子会社である東映動画との関係性に擬して捉えられた側面があると思われる。企画権や映像表現に加えて、後述するように雇用条件でも本社に比して冷遇されていた東映動画の職員にとって、状況に従属することで栄達するか、あるいは悲劇に殉ずることで美化されるかという『安寿と厨子王丸』の構造には、敏感にならざるをえなかっただろう。企画、ストーリー、映像表現の全てが、本社に従属した東映動画の表徴として捉えられたのである。

すでにベテランであったアニメーターの森康二も、本作を悲観的に振り返っている。それは「ライブアクションをひきうつした所が一番いいという様な　バカバカしい動画映画」であり、「数十年前のディズニープロ」のような「古い」スタイルで作られた、「不勉強」や「技術の稚拙さ」「企画への諦観」の産物だった[*164]。

こうした森の疑念や葛藤が表出したかのような作品が、自身で演出を務めた短編『こねこのスタジオ』である。本作は

『白蛇伝』の作画期間末期である五八年七月一四日から製作が開始され、翌五九年四月二五日に完成した*165。

まず本作には、既存の長編の古典的なスタイルとは異なる、同時代的なアニメーション表現を試みたシーンが見られる。幾何学的な図形が動画で展開するシーンは、その一つである［図表1-3］。これは当時注目された、デザイナーのソール・バスによる洋画のタイトルバック・アニメーションを連想させる。

本作にはまた、映画制作の現場のありようを問うかのような内容も見られる。「ボロスタジオとへぼ俳優にいやけがさした」子猫の監督は、全てが機械化されたスタジオで映画を作り始めるが上手くいかず、やがて作りだしたロボットたちに追い回される。結局この監督は、機械のスタジオを機械の監督に任せ、かつての仲間のもとに帰っていく。本作には、完全に機械化されたスタジオは、いかに近代的に見えても、結局は人間的な創造の場ではなく、むしろそれを疎外するものであるという感覚が示されていよう。

図表1-3｜『こねこのスタジオ』より幾何学的な図形が表示されるシーン
（DVD『日本アートアニメーション映画選集9 東映アニメとその流れ』紀伊國屋書店、2004年より引用）

『白蛇伝』の制作過程では、相次ぐ増員によって分業化が進行し、日動映画時代のように制作工程の全体を見通すことが難しくなった。かつての小規模な制作体制を知る世代の森にとって、東映動画発足時の期待とは裏腹に、縦割り型の組織で、トップダウン型の企画に依拠してまで長編制作を続けることに、疑問が生じ始めていたと思われる。

とはいえ『こねこのスタジオ』では、監督たちは近代化されたスタジオを去ってしまう。これは些かノスタルジックなラストシーンともとれる。対照的に東映動画の職員たちには、スタジオを去るよりも、そこに留まって状況を改善しようとする試みが表れ始める。

③長編の変革

先述のように『わんぱく王子の大蛇退治』は、いくつかの革新性が見られる作品になった。本作は、企画小委員会でも検討された『古事記』に材を採り、母を慕う少年スサノオの物語として構成したものだった。したがって企画の段階では既存の長編とかけ離れたものではなく、その革新性は制作段階で考案されたデザインと演出とに表れた。

まずキャラクターや美術のデザインが、それまでの長編とは明確に異なるものになった。本作のキャラクターは立体性のあるデザインより、平面的でシンプルに抽象化されたものが採用された。これはUPAのようなスタイルが、長編に持ち込まれた一例でもあった。

このアイディアを主導したのは美術の小山礼司（こやまれいじ）だったが[166]、原画監督を務めた森康二をはじめ[167]、アニメーターたちもこれを積極的に後押しした。『西遊記』の一部で見られた、同時代感覚を備えたデザインが、『わんぱく王子の大蛇退治』では全面的に開花して、長編アニメーションを構成した。

演出面では、前作まで五作連続で長編を手がけてきた藪下泰司にかわり、芹川有吾（せりかわゆうご）がこれを務めた。芹川は五九年に新東宝から移籍してきた、実写の助監督出身者であり[168]、『安寿と厨子王丸』では藪下の助監督を務めていた。

戦前から文部省映画製作での演出経験を持つベテランの藪下から演出家が世代交代したことは、若手職員の創意工夫を作品に反映させやすい効果を生んだと思われる。芹川は若手のアニメーターたちとも年代の近い、三一年生まれだったからである。

『わんぱく王子の大蛇退治』は、演出家を中心にアニメーション映画が制作された最初の事例とみなされることがある。しかし、本作のデザインのコンセプトは美術やアニメーターからの案で統一されており、これは後述するように、立体性を求める演出との間に微妙な不一致を生んでいた。また、月岡貞夫（つきおかさだお）が自身のアイディアに基づいて、ヤマタノオロチが迫るシーンの溜めのある動きを、絵コンテの指示を越えて作画したという話に見られるように[169]、芹川が作品制作の全体を主導していたとは言い難い。演出家が中心となってアニメーションを制作する体制の出来には、いま少し時間が必要だった。

ただし本作には、実写の助監督経験を経た芹川ならではの試みが見られることも確かである。たとえばアメノウズメが舞うシーンでは、彼女が左側へフレームアウトするのと同時に、右奥にいた楽人たちがアップになっていき、やがて画面後方に再び小さくアメノウズメが入り込んでくる。つまりこれは、アメノウズメたちの周囲をカメラが大きく回り込む演出ととれる［図表1-4］。近景と遠景の遠近感はおそらくマルチプレーンによって構成されたものだが、これをカメラが画面の奥へと入り込むのではなく、対象の周囲を旋回するように用いた手法はユニークである。

キャラクターの内面をカメラアングルによって表現しようとしたシーンも見られる。弟のスサノオと問答したツクヨミが、声を荒げて振り返るカットでは、背後の氷柱が上部に向って収斂するように描かれている［図表1-5］。これはツクヨミ

図表1-4｜『わんぱく王子の大蛇退治』より回り込みのシーン
（DVD『わんぱく王子の大蛇退治』東映ビデオ株式会社、2002年より引用）

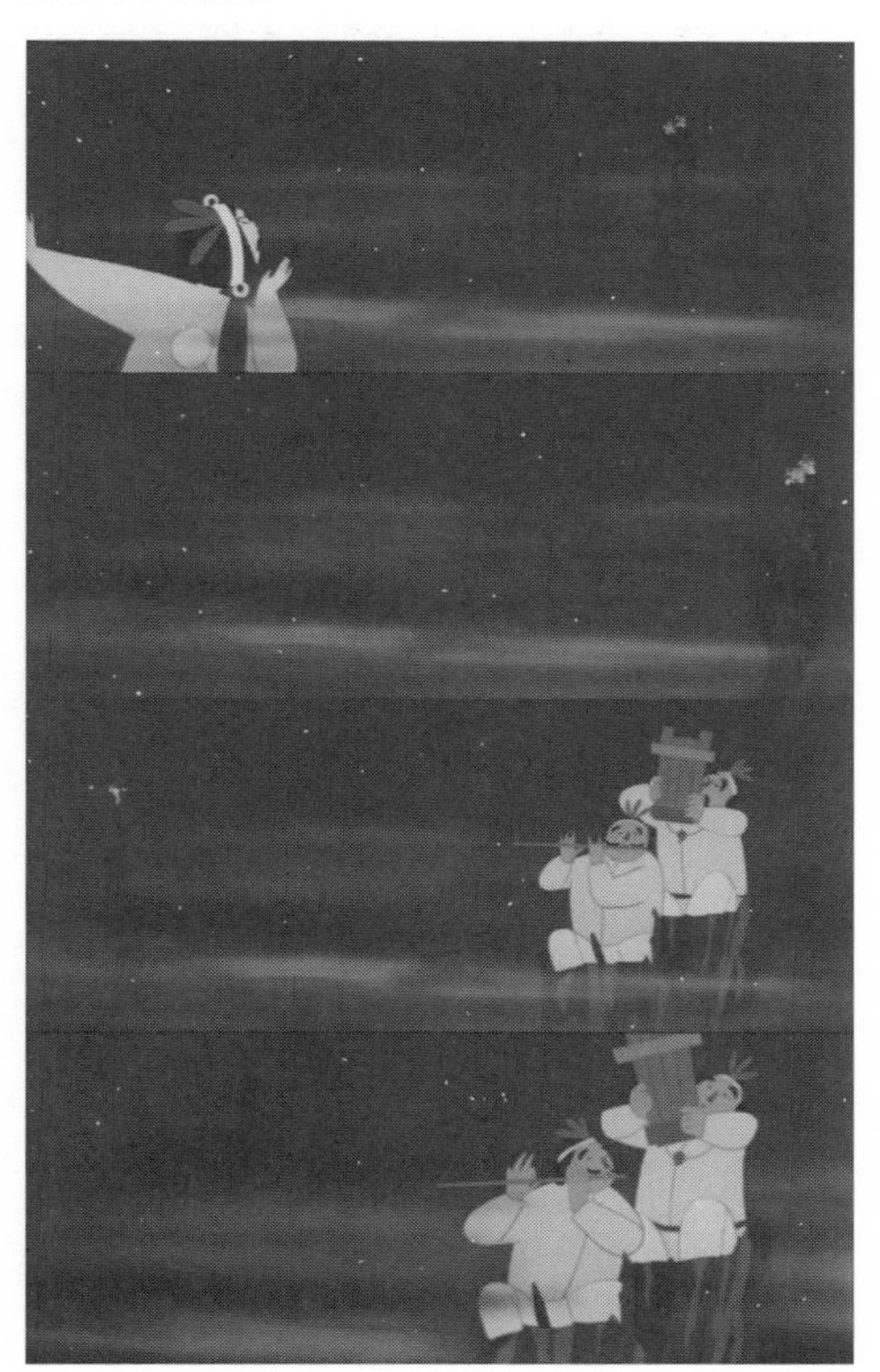

図表1-5｜『わんぱく王子の大蛇退治』よりあおりのカット
（DVD『わんぱく王子の大蛇退治』東映ビデオ株式会社、2002年より引用）

を、斜め下から見上げるような構図で描いていることを意味する。あおりの構図で、キャラクターの動きによらずしてツクヨミの内心の動揺が表されたカットと言える。

高畑勲が芹川によるカットの兼用に言及していることも興味深い[*170]。『わんぱく王子の大蛇退治』では、スサノオが剣を振るうカットで、火の神を相手にしたときとヤマタノオロチと戦うときに、同様の原動画が用いられている［図表1-6］。ただし前者の彩色は火の照り返しを表現した明るいものになっているのに対し、後者は空が黒雲に包まれているため暗いものに変えられている。つまりこれは、同一の原動画を兼用しつつ、彩色工程で塗り分けることにより、二つのカットを作成したものだった。見せ場のアクションシーンに兼用カットを割り振って省力化を行う手法は、やがてテレビシリーズでも試みられることになる。

図表1-6｜『わんぱく王子の大蛇退治』より兼用されたカット
（DVD『わんぱく王子の大蛇退治』東映ビデオ株式会社、2002年より引用）

『わんぱく王子の大蛇退治』には、入社から数年を経た若手のアニメーターたちのアイディアが反映され、題材はお仕着せのものであっても、長編アニメーションの表現を同時代的なスタイルへと転換させる実践が表れた。そして同時にそこには、演出家独自の試みも表れ始めていたのである。

労働組合の成立

組織化とその背景

東映動画で最初に労働組合が結成されたのは、五九年三月二五日のことだった。組合側はここで、会社にいくつかの要求を提示した。「①組合事務所をスタジオの中に設けさせてほしい ②会社と労働協約を結びたい ③無理な残業が続くから残業協定を結び、手当の増額をしてほしい」といった内容だった[*171]。

労働組合結成時の声明書では、低賃金および本社職員との格差、労働強化、職場での人権侵害、そして企画権をもたない動画スタジオの現状が、設立の背景として示されている。

給与の金額には証言や記録ごとに差があるが、五七年度採用者のうち、高卒不定期採用者の初任給は、約五〇〇〇円だったようである[*172]。その一人だった小田克也(おだかつや)には、高卒での会社員経験があったが、東映動画に入社したときの給与が失業保険より低く、以前の三分の一以下の額に減少したと回想している[*173]。労働組合が結成された五九年当時、東京の勤労者世帯における一か月平均の住居設備費は二二五四円とされており[*174]、これは月給の約四五%にあたるから、小田や同条件の人々は、月給だけでは生活が苦しく、アルバイトをしている者もいた。小田と同期の永沢は、労働組合を作る母体となったのが、この層だったと述べている[*175]。

不定期採用者の多くは、アニメーション制作に加わることを志望し、即戦力として採用されていた。これに対し、新卒定期採用者には未経験のものも多かったが、給与水準はより高かった。このため「原画を描いている高卒のベテラン・アニメーターよりも、大学(美大も含む)さえでていれば、アニメーターの卵といえども給料は上という、誰が考えてもおかしな不合理さ」が生じた[*176]。また、男女間にも賃金格差があり、女性の賃金は男性のそれより抑制されていた。採用枠、学歴、性別といった要因が、個々人の賃金額を左右していたと言える。むろん社員には定期昇給があったが、不定期採用者や女性職員は初任給自体が低いため、それは根本的な問題の解決にはならなかった。

不定期採用者と定期採用者との賃金格差が、ある程度緩和された後でも、本社社員との格差が問題になった。有価証券報告書によれば、六一年の段階で東映社員の平均給与は二万一四〇三円で、同時期の組合が調査した東映動画の新卒採用枠社員の平均給与である一万三三七〇円より、ずっと高かった。これは本社の支給額を基準として、子会社のそれがより低く算定されたためと思われる。とりわけ東映動画の女性社員には月額一万円を下回る支給額の者もおり、これが平均を大きく押し下げていた。

採用枠や学歴、性別、そして何より社格による賃金格差は、東映の施策に基づいたものだった。つまり東映動画職員の給与の低廉さは、アニメーターやアニメーション制作者特有のものではなく、東映の労務政策の結果だった。

増員を進めている最中でも賃金が抑制されていたのには、まず公募時に数百人が詰めかける買い手市場だったことがあるだろう。美大卒の画家やその志望者、漫画家として活動していた画業者たちが、東映という高名な会社のもとに多く集った。読売アンデパンダン展やハイレッド・センターでの活動で名高い高松次郎も、東映動画に一時期在籍していた。

事業計画の甘さも原因として考えられる。『白蛇伝』完成直後、動画スタジオ所長の山崎眞一郎は原価の安さを強調して、「劇映画のようにベラ棒な出演料やロケ費用をくわないだけに、同額かそれを少し下廻るでしょう」と述べている[177]。しかしこうした見通しは、一見して奇妙である。一か月程度で撮影を終えられる当時の劇映画の量産体制に比して、長編アニメーション映画は数か月にわたって制作されるひとつの作品に、多くの人員を投入せざるをえない。実際、既述のように『白蛇伝』の直接費からして、当時の東映では高額な部類に入った。

『白蛇伝』の作画作業が着手されると、想定していたよりずっと長い期間を必要とする長編アニメーション制作の実態は、大川博を驚かせた[178]。短編制作を前提としていた当初の事業計画に比べれば、スケジュールが長期化するのは必然だっただろう。だが、先の山崎眞一郎にしても、劇映画の撮影所長以前には、ニュース映画や教育映画制作の経験こそあれ[179]、アニメーション映画に直接関わった形跡はないため、こうした見通し上の齟齬に気づくには至らなかったと思われる。

スケジュールの遅延は残業の増加につながった。職員たちは残業協定を結んでいなかったため[180]、追い込み時期には残業命令が時に「個人の事情を極端に無視した」ものになった[181]。低賃金と労働強化により退職していく者もおり、「そのたびに残る人の負担が倍になっていくという苦しい時期」で[182]、『白蛇伝』完成後に組合が結成される大きな要因となった。

女性職員特有の問題も浮上した。トレースや彩色を行う仕上課の女性たちは、「管理者が〝職権を乱用して〟過度の親愛の情をしめすことに反撥を感じて」組合結成に加わった[*183]。また、性別による賃金格差や、結婚したら退職する旨を雇用時に誓約させる慣例も問題視された。

労働条件をめぐる問題に加えて、東映本社側に企画権を握られ、制作実務を下請けするのみの東映動画の現状に疑問を覚えていた職員たちも、労働組合の組織化に加わった。五八年に東映動画へ入社した杉井ギサブローは「東映動画スタジオでは企画が立案できなかったということです。すべて東映本社から企画が降りてくるんですね。当時、大塚さんや楠部さんが組合を起こして僕らも運動に参加したのは金銭面だけでなく、現場の人間が企画を立案できるシステムを作りたいという意識があったんです」と述べている[*184]。東映という巨大な映画会社の傘下で、映画人としてのキャリアを持たない東映動画の職員たちが、企画権を含め会社側と対等に交渉をするための手段としても、労働組合の結成が目指された。

労働組合の解散

しかし企画権の要求と労働者としての権利、職場における人権といった多様な問題をまとめあげて会社と交渉を行うには、このときの活動はあまりにも準備不足だった。このときの組合設立は動画課のアニメーターを中心に行われたが、企画権とも経済的要求とも異なる、仕上課の女性が抱える独自の問題などは、組合に結集してから初めて周知されるという弱みがあった。

組合結成に向けて動いた職員たちの中には、他業種での労働運動経験を持つ者も僅かながらいたが、むしろ未経験ゆえに自分たちの行っていることの意味を自覚しえない者の方が多かった。これは会社との交渉上、不利に働いた。アニメーターの杉山卓は以下のように回想する。

（前略）社員たちには、これが労働運動というものだという自覚はほとんどなかった。
とにかく、たまには〝カツドンが食える程度の給料を出して欲しい〟という話が出たりして、この時の話し合いを

〝カツドン発言〟事件という。

で、結局、会社側は目ぼしいスタッフを中華料理店に招待して、おおいにご馳走し、幹部と社員の交流を深めた。それが功を奏したのかどうか、騒ぎはうやむやのうちに終焉し格別待遇が変わるということもなかったが、とりあえずは収まった[*185]。

このように基盤の弱い組合に対し、会社側は強硬な態度で臨んだ。結成大会の翌日、動画スタジオ所長の山崎眞一郎は、組合との団体交渉を拒否し、職員を集めて組合は認めない旨を宣言した。さらに組合幹部には結成の組織的な背景を詰問し、個々の職員を管理職が説得して回った[*186]。

当時の委員長を務めた大塚康生は、教育映画部のプロデューサーである栗山富郎(くりやまとみろう)のもとを訪れ、会社側との仲介を申し込んだ。栗山は大塚らの要求を聞いたうえで、赤川孝一を通して山崎に取り次いだ[*187]。

労働組合の解散は、三一日の大会での投票で決議された。すでに会社側から個別の説得が行われていたことに加え、組合側の要求事項の一部は聞き入れられるということもあり、表だって反対する者は少なかった。組織の基盤がないだけでなく、会社自体の規模も小さい状態では、組合運動の持続は困難という判断もあった。またこのときの組合は、映像産業および演劇界の産業別労働組合である映画演劇労働組合総連合(映演総連)に加わっておらず[*188]、組織的にも孤立していた。東映東京撮影所にも労働組合はあったが、この頃は未だスト権等を確立していない労使協調型の組織であり、その動きは構成員の思惑は別として、鈍かった。これは二年後に組合が再結成されたときまで、しばらく不信感を残す要因になった[*189]。

これらのエピソードは、この時期の組合設立が組織的なものであるより、多分に偶発的なものだったことを示していよう。それ故、会社側が厳しくこの動きを掣肘しようとしたとき、それに抵抗するだけの基盤はほとんどなかった。

東映動画があくまで強硬に組合との交渉を拒否した背景には、第一に本社の影響を強く受ける子会社としての立場があった。大川博が当時の経営者の一般的感覚として組合の結成を嫌っていた以上、事実上の管理者であっても動画スタジオ所長が独自に団体交渉に応じることはできなかった。

第二に、当時の東映はヒッツ・インコーポレイテッドとの合作に向けて動いている最中で、労組結成がそれに影響することを恐れたのではないかとした見方もある[*190]。組合結成による職場規制で強硬なスケジュール管理ができなくなれば、ヒッツ・インコーポレイテッドの下請を行う東映動画としては、制作遅延により不利益を被ることになるし、あるいはそうしたリスクを相手側企業が避けるために、協定自体が破棄される危険も考慮されたのではないだろうか。

第三に、映画界における労務管理の気風とでもいうべき土壌が考えられる。永沢によれば労組の一時解散が決まった折、山崎眞一郎が職員を集めて演説をしたことがあった。「今度のことは俺の腹一つにしまって誰もクビにはしない」「普通は組合などを作ったら即刻クビだ」として、社員懇談会で済ませるよう述べる「親分肌」な口調だったという[*191]。おそらくそれは、東京・京都両撮影所長を務めた経歴のある山崎自身が、男性の多い職場を管理してきた手法だっただろう[*192]。しかしそれは、若い画家やその志望者の男性に加え、女性も多い動画スタジオでは通用しなかった。

六〇年代初頭には東映本社でも、大卒者定期採用者の増加により、「活動屋」的気風は年々薄れてきていると見られていた[*193]。加えて東映動画では、六〇年代半ばになっても従業員の平均年齢が二四・五歳と若く、「もともと特殊な芸術であるところへもってきて、戦後の若い世代が多いのでモノの考え方も違うし、労務管理の面で二重の難しさがある」と見られていた[*194]。

結果として労働組合は解散したが、会社側は職員の要求を聞く機関として、「社員懇談会」を設けた[*195]。職員たちはこの経験を踏まえ、労働組合の再結成に向けた活動を継続していくことになる。

再結成過程と公然化

最初の労働組合解散後、会社側の強硬な対応に反発を覚えた職員たちは慎重な再起をはかった。「社員懇談会」は改善要求の十分な実現には貢献しなかったが、各セクションの職員が集まって話し合うきっかけとなった。それまで他部署の人間や会社の幹部と話し合う機会自体がなかったため、これには「風穴が空いた感じ」を覚えたという*196。

こうして第一次結成時の役員たちを中心に、組合の再組織化が進められた。密かに行われた勉強会は、部署の垣根を超えた労働問題の共有を可能にした。さらに若い職員たちには、知的好奇心を満たし、スリルや楽しみを提供した側面さえあったようだ。また、講師や弁護士が招かれることで、社外とのつながりも形成された。やがて再結成された東映動画労働組合は、映演総連に所属する組織となった。これは最初の結成時との大きな違いだった。

六一年九月一八日には、杉並公民館講堂で結成大会が行われ、東映動画労働組合（動画労組）が再び公然化した。大会の準備が進められていることを、会社側は具体的には把握していなかったようだが、九月一四日の段階で開かれた社員懇談会では、これを「発展的に解消して」労働組合を作ることを勧める発言が会社側からなされ、これが組合結成の動きを察知したがためのものではなかったかとの推測がなされている*197。このため大会では、組合結成は懇談会や会社側からの勧奨と無関係かつ自主的なものである旨が決議された。

動画労組の初代委員長には動画課の永沢詢が、副委員長には技術課の渡辺忠美（わたなべただみ）が、書記長には動画課の生野徹太（しょうのてった）が就任した。ほか執行委員は小山礼司、島村達雄（しまむらたつお）、堰合昇（せきあいのぼる）、岡田一利、吉田茂承（よしだしげつぐ）、奥山玲子（おくやまれいこ）、林昭夫（はやしあきお）が務めた。このメンバーは翌年二月に改選が行われるまで委員を担当した。

団体交渉は結成の翌日から開始された。当初の協議事項は七項目で、以下のとおりである。

一、労働基準法違反の是正
二、組合事務所の設置並に掲示板の設置
三、今後組合員の解雇配置転換については組合の承認を得ること。（ママ）
四、臨時雇用者を社員とすること

五、職制の人権を無視した言動を謹むこと
六、交通費・家族給の増額
七、女子の誓約書を撤回すること[198]

この交渉の結果、一一月六日までに時間外労働についての協定が結ばれたほか、交通費や家族手当の支給基準、女子誓約書の撤回、臨時雇員三名の社員化、掲示板および組合事務所の貸与などが決定された[199]。

大きな労使紛争に発展したのは、以降に開始された冬季生補金支給と有給休暇増をめぐる交渉だった[200]。生補金の支給額に加え、会社側からの平和条項締結の申し入れなどから紛糾し、労組側はスト権を確立して、たびたび時限式の指名ストを決行した。また、一二月一日からは教宣部が作成した、「オーバーのない人 四一人」などの内容を含む生活実態調査の結果をまとめたビラ[図表1-7]が社内外で配布された。四日には会社側から前述のビラ配布について抗議があり、組合の三役および教宣部長の小山礼司が、五日間の出勤停止処分を受けた。さらに中央闘争委員も譴責処分となり、団交申し入れは拒否されるようになった。

労使紛争に未だ慣れない動画労組は、闘争が先鋭化して緊張した状況下ではロックアウトもありうるとの外部からの忠告を受け、三役と教宣部長が組合事務所へ泊まり込んだが、会社側からの事務所貸与契約の破棄宣言と退去命令の後、五日早朝にはロックアウトが敢行された。組合幹部四名が社内施設に閉じ込められたままという、奇妙なロックアウトだった。

ロックアウトの間、動画労組員だけでなく、東映労組の役員だった高岩淡(たかいわたん)らが会社側との会談を行った。高岩は動画労組結成に先んじ、京都撮影所での「東映従業員労働組合」結成にあたり、東映労組の委員長として組合の統一をはかり、会社側との団交で正社員化を実現させていた[201]。後述する第二東映の失敗などにより東映全体が合理化へと舵を切っていくこの時期、東映本社の労働運動は活発化し始めており、動画労組結成大会の数日前には東映商事でも組合が結成された[202]。

先述のように、従来、東映の労働組合は会社側と「平和条項」を締結し、スト権等を行使せず会社側の増産に協力することで賃上げを要求する労使協調型の組合だったが、臨時者の大量加入により、その方針は大きく転換しつつあった。

九日午後には動画労組役員が銀座の東映本社で大川博と対面した。大川は「今度は君らにも苦労をかけた」「今後はうまくやってくれ」と、とりなすような口調で述べたという[*203]。ここで協定書が交わされ、正式にロックアウトも解かれて、結成以来続いた労使紛争はひとまず妥結した。

労働組合の公然化から冬季生補金闘争の過程では、組合内部での問題も浮上した。ひとつは脱退者が出たことである。二五名という脱退者数は二百数十名の組合の中では約一割を占め、決して少なくない。もっともその内訳には、動画課から森康二と大工原章、仕上課から進藤みつ子、CM課から市野正二(いちのしょうじ)など、日動映画以来のベテランが多い[*204]。これらの人々は管理職となっていた山本善次郎などとのつながりも強いことから、個人的事情で組合を離れたと思われる。

もうひとつは勉強会への出席率が低下したことである[*205]。公然化した六一年九月から一一月にかけては、週一回の開催でも六グループ中五グループまでが八〇〜九〇%という高い出席率を保っていたが、一二月には争議のため頻度や出席率が微減し、年明けにはさらにそれが低下したのである。組合側はこれを執行部の負担増や、それと裏腹の幹部主導型学習会の問題として取り上げている。ただし、これだけが要因ならば、一一月まで高い出席率が保たれた理由が説明できない。これにはロックアウトの影響を見るべきだろう。

冬季生補金は会社側が最終的に提示した額面で支払われた。一二月まで続いた紛争は組合公然化から連続したものであり、組合の承認については会社側が譲歩したとも言えるが、一方で生補金闘争としては組合側が譲歩したことになる。しかしロックアウト中の賃金は控除されており、一二月分の月給は減額された。これは生活に関わる結果であり、動画労組の構成員は争議の厳しさを実感することになった。組合公然化の高揚が鎮まる一方で、長期化する交渉が最終的にロックアウトに至ったことは、組合員への威嚇として十分な効果をあげたと言えよう。

とはいえ労働組合の存在自体が消失することはなかった。職員たちは組合を拠点として会社側との交渉を随時継続した。六二年一〇月五日には、東映グループ内の労働組合の連合体として全東映労働組合連絡協議会(全東映労連)が結成され[*206]、組合間での情報共有と共闘が可能になった。

第二次組織化が成功した背景には、東映全体での労働運動の高揚もさることながら、東映側の労働運動への認識の甘さも指摘できる。第一次組織化を切り崩した後、会社側が社員懇談会を開いたことに表れていたように、そこには「活動屋」的なパターナリズムの発想も見て取れる。しかしそれゆえ彼らは、若い職員の欲求を組み上げることに失敗していたのである。社員懇談会や企画小委員会の機能不全は、その表れだった。

結成の効用

労働組合の結成はどのような効用をもたらしたのだろうか。職員間ではまず、意見交換や議論による、相互の認識の違

図表1-7｜組合員の生活実態調査

こんなに苦しい私達の生活

組合員の生活実態調査

[illegible]

オーバーのない人　41人

ハーフコートのない人102人

[illegible]

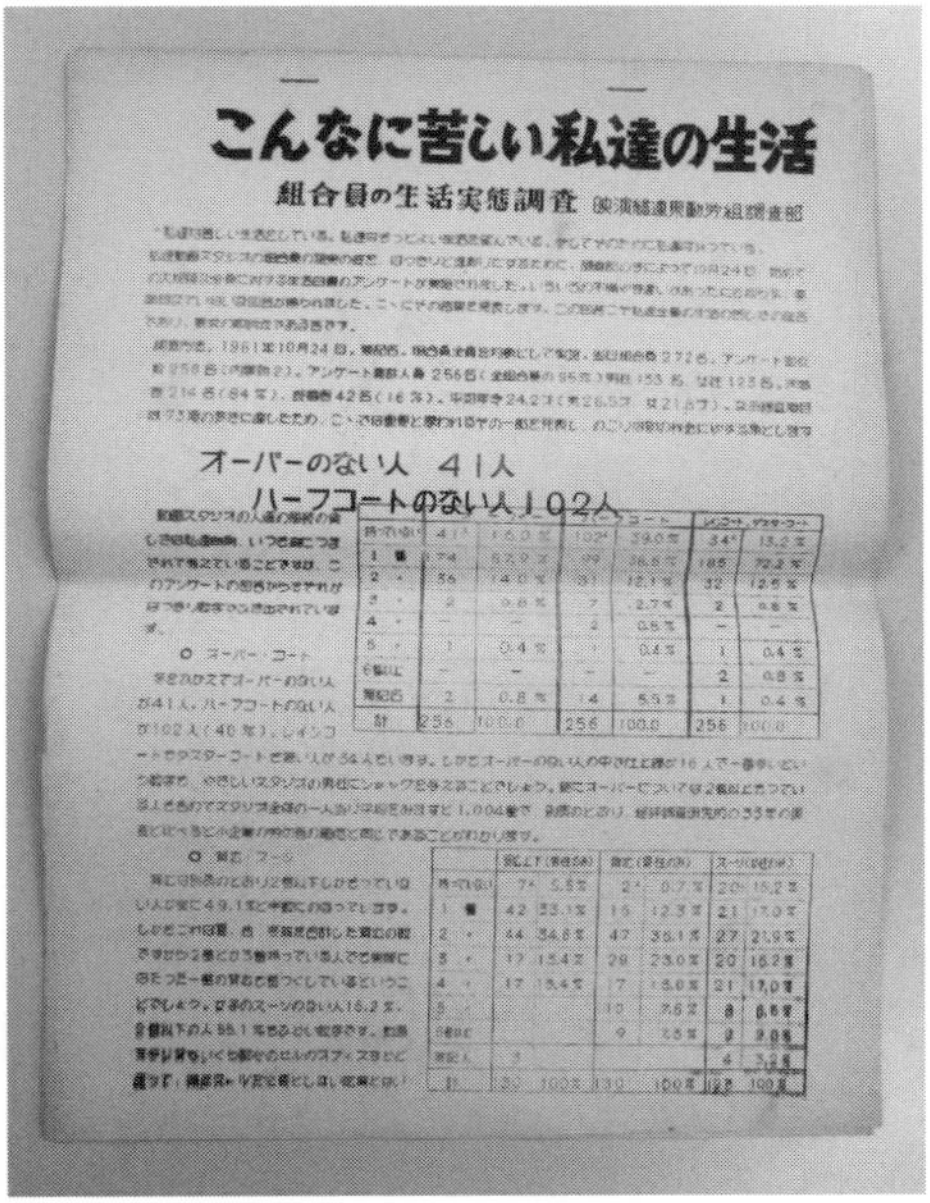

いが顕在化した。第一次組織化の過程ですでに、動画課を中心とした作品創造上の要求が、他部署に共有されていないことが浮き彫りになっていた。女性の多い仕上課職員は、企画内容や表現のスタイルを問うことよりも、賃金や就労継続、セクシュアルハラスメントなど労働や職場の問題に強い関心を抱いていた。公然化の後も、仕上課から動画課へは厳しい意見が示された[*207]。「動画の人はもっと仕事をしてほしい」「芸術的意欲は結構だが、そのために能率低下を来たし、他の課にしわよせの出ないようにしてほしい。そのしわよせは、私達仕上課の女性に来ている」「会社が閉鎖された場合アニメーターと違ってどこへも行けない」「動画課の人は非常に狭い範囲で考えているのではないか。動画課の問題を如何に動画スタジオ全体のものとして取上げるかゞ問題である」といった批判は、トレースや彩色といった原動画以降の仕事を直接こなすセクションならではのものである。

逆を言えば動画課員は、労働条件の問題よりも企画や表現に関する問題を優先する傾向があった。先述のように杉井ギサブローは動画スタジオが企画主体となるべきと考え、労働組合に加入したが、後年は組合のあり方に批判的な見解を示している。

ところがしだいに組合が団交の条件として仕事を管理するようになってきた。要するに納期までに仕上げる約束をベースアップの条件にするわけです。結局、今まで会社が管理してたものを組合員、仲間同士が仕事の管理をするようになった。これじゃ本末転倒だし、いい作品が作れなければやってる意味もない。だからアニメーションを辞めるつもりで東映動画を辞めてしまったんですよ[*208]。

しかし杉井の述べる職場管理が、実際に組合活動の一端であったかは時期的に疑問が残る。原口正宏の調査に基づくならば、杉井の退社日は動画労組結成大会の前である[*209]。水面下で秘密裏に再建を進めていた段階の組合が、会社と交渉を行うのは不可能だろう。また、最初の公然化時には、組織が維持された期間が一週間しかなく、さらに団体交渉自体を拒否していた会社側が、労務管理についてのみ団交に応じていたとも考えにくい。杉井の回想は、最初の組合が一週間で解散した後、その主要構成員の一部が出席した社員懇談会の動向を混同したものではないかと思われる。

杉井は中学卒業後にアルバイトをしつつ、うしおそうじの元で内弟子のように漫画家の修行を積んだ時期があった。東映動画の面接を受けた際には、「給料なんていらない」と答えたと回想しており[*210]、組合への参加動機として、経済上の要求は重要ではなく、表現上の要求が強かったことが分かる。アニメーターの中には、労働問題への関心が希薄な者が、一定程度存在していたのである。

職場や職種ごとの意識の分裂は、定期大会でも取り上げられ、「パート毎の閉鎖的な考え方」「おれのところは万事うまくいってるのに……と云う考え方」は「全体的に見て有害であるばかりか、今后の組合運動の大きい隘路となる恐れさえ」あると指摘された[*211]。相互不信の解決とパートごとの要求の不一致を越えて、一定の統一性ある認識を持った組織を構築することは、会社側に対して要求を行うに当たって急務だった。

企画や表現のみに特化した議論では、様々なパートからなる職場全体の同意や統一をとることができず、かえってそうした志向は孤立していた。その解消は、組合活動を通した職員たちの自省によって、ある程度の解消がはかられた。永沢は『わんぱく王子の大蛇退治』で起こった変革について以下のように述べる。

(前略)組合運動を通して、スタッフのみならず社員が、会社に対しても作品に対しても、受け身ではなくなったんですね。初めて主体的になったんです。それが空気を変えたんです。

(中略)そういう労働組合運動をする上で、みんな仕方なく本も読み、法律も勉強したりね。それから話し合ったりという事を初めてやったでしょ。画を描く人は大方、あんまり物を考えないとか、絵描きバカみたいなのが多いんですけど、それがちゃんと物を書いたり、考えたりするっていう事をあの時期に始めたような感じがしますね[*212]。

また、組合の二代目委員長を務めた原徹は、『わんぱく王子の大蛇退治』を「不充分ながらも労働の分割と結合の成功した例」と評価し、「マニファクチャーであるべきアニメーションの本質と巨大化する企業機構」の間に生じている矛盾を指摘して、「新しいアート・フォーム」としてのアニメーションに携わるものが、「自分たちの個性的スタイルを企業の組織に結合させる」必要性を説いていた[*213]。現場の職員たちが能動的かつ意欲的に考案したイメージを汲み上げ、ひとつの映画を制作する方法論は、東映動画が長らく実現できずにいたものだった。『わんぱく王子の大蛇退治』では、その解決方法の模索が、組合の結成を機会として進行したのだった。

*1　『東映十年史』東映、二一九頁、一九六二年

*2　田中純一郎『日本教育映画発達史』蝸牛社、一九八－二〇五頁、一九七九年

*3　布村健「極私的東映および教育映画部回想」『映画論叢』一八号、三三頁、二〇〇八年

*4　前掲『東映十年史』二二五－二三四頁

*5　赤川孝一「東映教育映画の現況と抱負」『キネマ旬報』九月下旬号、一五二頁、一九五五年

*6　前掲『東映十年史』二二〇－二三〇頁

*7　「教育映画をつくる人々」『アサヒグラフ』一一月一八日、一二頁、一九五六年

*8　「小・中・高校根こそぎ動員で年百万円稼ぐ土岐津東映」『映画ジャーナル』九月号、二六頁、一九六三年

*9　前掲「教育映画をつくる人々」一二頁

*10　大川博『真剣勝負に生きる―計数と情熱の二刀流』ダイヤモンド社、一四三－一四六頁、一九六七年

*11　大川雅子、大川毅編『汽笛―逝きし晃を偲ぶ』大川毅、一三五頁、一九五五年

*12　「第壱回漫画映画製作研究委員会議題」一五五年三月三一日。翌五六年一月二五日の発令では、前年三月二五日に発令された「漫画映画の自主（ママ）製作研究委員会規程」が廃止され、「漫画映画製作研究委員会規程」が新たに発令されているが、五五年三月三一日に実施された会議の記録には「漫画映画製作研究委員会」と記載されている。

*13 東宝は敗戦後、軍需映画制作部門「航空教育資料製作所」の人員を引き継いだ教育映画部を設立したが、これは第三次東宝争議の折に「不急不要部門」とみなされ、分離独立を余儀なくされた。さらに独立後の東宝教育映画株式会社でも五一年には人員整理が行われ、東宝図解映画社が分離された。しかし二社ともに五二年には解散し、アニメーターの一部は日本動画社へと流入した。このとき、東宝系のアニメーターとして日動へ移籍するのが、PCL時代から大石郁雄のもとで『動絵狐狸達引』などの短編アニメーション制作に従事した市野正二だった。東映動画設立後、市野は同社でCM制作やタイトルなどを担当した。詳細は以下の拙稿を参照。「造型技術映画『ムクの木の話』の成立基盤―東宝のスタジオ史とスタッフ構成から（上）」上村清雄編『千葉大学大学院人文社会科学研究科研究プロジェクト報告書 第二七九集「歴史＝表象の現在」』一六九-一七九頁、二〇一四年。「同（下）」上村清雄編『千葉大学大学院人文社会科学研究科研究プロジェクト報告書 第二九四集「歴史＝表象の現在Ⅱ記憶／集積／公開」』一七七-一八八頁、二〇一五年

*14 山本早苗『漫画映画と共に―故山本早苗氏自筆自伝より』宮本一子、二二四頁、一九八二年

*15 山本によれば同時期に、後述するCM制作会社である日本テレビジョンからも勧誘があったという。山本前掲書、一二五頁

*16 山本前掲書、一二五-一二六頁

*17 「漫画映画製作研究委員会懇談会報告」一九五六年二月四日

*18 前掲『東映十年史』二四四頁

*19 『東映アニメーション50年史―1956-2006～走り出す夢の先に～』東映アニメーション、一八頁、二〇〇六年

*20 森やすじ『アニメーターの自伝 もぐらの歌』徳間書店、一二二頁、一九八四年

*21 「東映動画の前途はあかるい―赤川次長の帰国談」『東映株式会社 社報』一〇月号、二五頁、一九五七年。このときに赤川は、すでにアメリカでは五分程度のテレビ用の作品制作が主になっていることを報告している。

*22 池田宏「東映動画研究―生産性とその向上」『アニメーション研究』一三巻一号A、五-七頁、二〇一二年

*23 前掲『東映十年史』三三頁

*24 渡邉達人『私の東映三〇年』渡辺達人、一三-一四頁、一九九一年

*25 山口猛『幻のキネマ満映―甘粕正彦と活動屋群像』平凡社、四〇〇-四〇四頁、二〇〇六年。近年の研究では東映動画と満映の類縁性に着目した見解が散見されるが、こうした人脈や経歴が、具体的な企画構想や営業に影響を与えたとは言い難く、注意が必要である。

*26 「解説 太泉スタヂオ 企業のねらい」『聯合通信』一〇月二六日、一頁、一九四七年

*27 前掲『東映十年史』三五-三七頁

＊28 前掲『東映十年史』三六‐三八頁
＊29 前掲『東映十年史』三八‐三九頁
＊30 大川博『この一番の人生』実業之日本社、三〇〇‐三〇一頁、一九六三年。一般的に興行収入の約五〇%が配給収入となることから、興収が二五〇〇万円の映画は約一二五〇万円の配収をもたらす。これを一二〇〇万円で制作していれば、配給・宣伝などのコストを含め解消できたと思われる。
＊31 前掲『この一番の人生』二九九頁
＊32 前掲『東映十年史』一〇四‐一一一頁
＊33 前掲『東映十年史』二九六頁
＊34 前掲『東映十年史』二八七頁
＊35 大川博「東映動画の発足に当つて」『東映教育映画ニュース』一四号、一頁、一九五六年
＊36 「東映はビッグ3に入る！」『キネマ旬報』一〇月上旬号、六〇頁、一九五二年
＊37 通商産業省企業局商務課編『映画産業白書―わが国映画産業の現状と諸問題』三八‐三九頁、一九五九年
＊38 経済団体連合会「映画の輸出振興策に関する要望意見」『経団連月報』一月号、三〇‐三三頁、一九五四年。経団連事務局「映画輸出振興上の問題点」『経団連月報』二月号、五三‐五五頁、一九五四年
＊39 「日本映画・輸出産業のホープとなる」『キネマ旬報』七月下旬号、七六頁、一九五三年
＊40 前掲『東映十年史』三六一頁
＊41 大川博「私の観たアメリカの映画企業」『経済展望』一〇月号、四八‐五〇頁、一九五三年
＊42 前掲『東映十年史』二六三頁
＊43 田島良一「永田雅一と日本映画国際化戦略」岩本憲児編『日本映画の海外進出―文化戦略の歴史』森話社、一八八頁、二〇一五年。「第一回東南アジア映画祭」『キネマ旬報』六月上旬号、二〇‐二九頁、一九五四年
＊44 前掲「日本映画・輸出産業のホープとなる」七六頁
＊45 ただし、当時国際部長だった今田智憲は、今後のアメリカ方面への展開を問われると、むしろ沖縄や東南アジアを市場としてあげるにとどまり、欧米進出の具体的な方針については答えていない（前掲「日本映画・輸出産業のホープとなる」七六頁）。
＊46 大川博「何故私は日印合作映画を企画したか」『シナリオ』一一月号、八‐九頁、一九五四年
＊47 『映画年鑑一九五六年版』時事通信社、一四六頁、一九五六年

＊48 「第九回カンヌ国際映画祭に関する件」一九五六年三月二七日

＊49 小出孝「ニューヨーク日本映画見本市より」『キネマ旬報』二月下旬号、五五頁、一九五七年。小出孝「ニューヨーク『日本映画週間』の反響」『キネマ旬報』三月上旬号、七四‐七五頁、一九五七年

＊50 大川博「東映娯楽映画論」『キネマ旬報』一月下旬号、六〇頁、一九五七年

＊51 通商産業省企業局商務課前掲書、四一頁。通商産業省企業局商務課編『映画産業白書―わが国映画産業の現状と諸問題』一〇〇頁、一九六三年

＊52 大川前掲稿「東映娯楽映画論」六〇頁

＊53 「新社屋と永田社長の渡米」「洋画部の新設」『大映十年史』大映、一九五一年

＊54 日動映画が受託制作した『うかれバイオリン』もアメリカのテレビ局へ販売された（『映画年鑑 一九五七年版』時事通信社、二三三頁、一九五七年）。また、五三年のカンヌ国際映画祭に大藤信郎の短編影絵アニメーション『くじら』が出品されたことは一般報道が見られる（「カンヌの日本映画『鯨』を絶賛するピカソ大賞候補『原爆の子』」『読売新聞』一九五三年四月二九日夕刊、四面）。加えて五六年四月にカンヌ国際映画祭で「アニメーション映画国際会議」が開催されることは、教育映画製作者連盟へ情報として伝わっていた（「第九回国際映画祭（カンヌ）に於けるアニメーション映画国際会議の参考資料」一九五六年三月一二日）。これらはアニメーション映画の国際性という認識を、より後押しする要因だったと思われる。

＊55 大路真哉『大川博半生記―東映王国を築いた』政経日報社、一二七頁、一九五八年

＊56 大路前掲書、一三三頁

＊57 大塚康生『作画汗まみれ 改訂最新版』文藝春秋、三六頁、二〇一三年

＊58 「六社長に製作構想をきく 時代劇は東映、現代劇も東映」『映画芸術』二月号、六二頁、一九五八年

＊59 大塚前掲書、三六‐三八頁

＊60 浅田勇「漫画映画はどうして出来るか？―近く出来る満映漫画映画に御期待下さい」『満州映画』三巻二号、二六‐二七頁、一九三九年。また、一九四五年五月には、『桃太郎の海鷲』や『フクチャンの潜水艦』の制作に携わった持永只仁が渡満している（持永只仁『アニメーション日中交流記―持永只仁自伝』東方書店、三五九頁、二〇〇六年）。

＊61 赤川孝一「動画映画と私と」『東映教育映画ニュース』一四号、三頁、一九五六年

＊62 西村智弘『日本のアニメーションはいかにして成立したのか』森話社、一五六‐一五七頁、二〇一八年。なお、招聘は実現しなかったが、満映を経て戦後に中国映画界で人形アニメーション制作を行い、帰国後に「人形映画製作所」を立ち上げて教育映画制作を行っていた持永只仁にも、滞中経験を持つ内田吐夢を通し声がかけられていた（持永前掲書、二四四頁）。

＊63　山根能文「人形劇の印象」『視覚教育』二月号、一〇頁、一九四九年。山根には「能文」という別名があり、この名義で人形劇や映画制作に携わっている。

＊64　上原信「動画映画の歴史―主として漫画映画の歩みについて」『東映教育映画ニュース』一四号、五-七頁、一九五六年

＊65　高畑勲『漫画映画の志―『やぶにらみの暴君』と『王と鳥』』岩波書店、四-一〇頁、二〇〇七年

＊66　佐野明子「『教育映画』が護ったもの―占領下日本におけるアニメーション映画試論」『アニメーション研究』一五巻一号A、八-九頁、二〇一三年

＊67　Amid Amidi: *Cartoon modern : style And design in fifties AnimAtion*, Chronicle Books, 2006.

＊68　西村前掲書、一七一頁。なおグラフィック集団はマクラレンの作品を参考に、フィルムに直接描画・彩色を施した抽象映画『キネ・カリグラフィ』を制作していた。

＊69　「製作に関するメモ」一九五六年四月二日、二頁

＊70　川崎弘二『日本の電子音楽　増補改訂版』愛育社、一七-二四頁、七三七-七三八頁、二〇〇九年

＊71　前掲『東映十年史』五〇〇-五〇一頁、『東映動画40年の歩み』東映動画、一〇六頁、一九九七年

＊72　大塚前掲書、五六頁

＊73　木津宏「これこそ『夢の工場』―東映動画スタジオのルポルタージュ―」『世界映画資料』四月号、五六頁、一九五八年

＊74　「東映長編研究　第三回　永沢詢インタビュー（1）」『WEBアニメスタイル』二〇〇四年九月二四日（http://style.fm/log/02_topiCs/top040924B.html、二〇一九年四月五日最終閲覧）

＊75　前掲『東映十年史』二四七頁

＊76　「東映と香港が合作映画」『読売新聞』一九五六年六月二七日夕刊、四面

＊77　邱淑婷『香港・日本映画交流史―アジア映画ネットワークのルーツを探る』東京大学出版会、一八五頁、二〇〇七年

＊78　『合同通信映画特信版』一九五六年七月一五日、七頁

＊79　東映動画編『東映動画長編アニメ大全集　上巻』徳間書店、三二頁、一九七八年。前掲『映画年鑑一九五六年版』一四七頁

＊80　原口正宏「動画史探訪　白蛇伝―その壱」『アニメージュ　オリジナル』四号、九五頁、二〇〇九年

＊81　大塚前掲書、六二-六三頁

＊82　橋本潔氏へのインタビュー、二〇一六年六月一九日、於杉並区

＊83　「日本最初の色彩・長篇漫画映画―『白蛇伝』をめぐって」『キネマ旬報』一〇月下旬号、四一頁、一九五八年

＊84 井上敏雄「「少年猿飛佐助」に関する困惑」『映画芸術』三月号、四七頁、一九六〇年

＊85 瓜生忠夫「「新諸国物語」の前後（放送と映画の交流と疎外 四）」『調査情報』一二月号、三四頁、一九六六年

＊86 渾大防五郎は一八九九年、岡山に生まれ、帝国キネマ演芸株式会社を皮切りに映画界に入り、企画者、プロデューサーとして活動したほか、上智大学在学中に知遇を得た大佛次郎の代行人として、その作品の映画化を、しばしば取り仕切った（岸松雄「渾大防五郎（続・現代日本映画人伝（一二））」『映画評論』一月号、九九－一二三頁、一九六〇年）。

＊87 ただし「杜子春」の企画案は山本善次郎によるものとされている（「特集解説　動画のできるまで」『東映株式会社　社報』一〇月号、一九頁、一九五七年）。また、後述する「企画小委員会　議事録」では大塚康生がこの企画案に賛同している。想定される具体的な動画のスタイルによっても、企画案の評価は異なったと思われる。

＊88 原徹「アニメーションは肥った豚」『映画評論』八月号、九一頁、一九六四年

＊89 原徹氏へのインタビュー、二〇一一年一二月二一日、於横浜市（平成二三年度メディア芸術情報拠点・コンソーシアム構築事業）

＊90 「第二回企画小委員会　議事録」一九五八年一〇月二一日

＊91 大塚前掲書、八八頁

＊92 坂本雄作「ストック三本でスタートした『アトム』」『ロマンアルバム⑦　別冊テレビランド　鉄腕アトム』徳間書店、七九頁、一九七八年

＊93 「『西遊記』と『眠れる森の美女』（下）－子供と母親の映画観覧動態」『とうえい』一一月号、二七－三二頁、一九六〇年

＊94 「企画小委員会　議事録」一九五九年一月三〇日

＊95 野口雄一郎、佐藤忠男「偉大なる手工業・東映動画スタジオ（撮影所研究第十一回）」『映画評論』九月号、四六頁、一九六一年

＊96 「長編マンガ映画　こうしてつくられる」『読売新聞』一九五九年一〇月二五日朝刊、一〇面

＊97 「東映長編研究　第10回　白川大作インタビュー（2）」『WEBアニメスタイル』二〇〇四年一一月一五日（http://www.style.fm/log/02_topiCs/top041115.html、二〇一九年四月五日最終閲覧）

＊98 前掲『東映動画長編アニメ大全集　上巻』一七六頁

＊99 犬が虎に殺された親の仇討ちをするというストーリーは、むしろ巌谷小波の『こがね丸』に近い。

＊100 『合同通信』一九六一年七月二七日、四頁

＊101 「東映長編研究　第6回　永沢詢インタビュー（4）」『WEBアニメスタイル』二〇〇四年一〇月一五日（http://www.style.fm/log/02_topiCs/top041015A.html、二〇一九年四月五日最終閲覧）

＊102　『色彩長編動画 百合若大将海へ行く（仮題）』検討用台本

＊103　神波史男「流れモノ列伝 ぼうふら脚本家の映画私記（第二回）」『映画芸術』冬号、一一〇頁、二〇一〇年。なお、神波はシュールなアイディアを補うため、東京撮影所から吉川透を招き、本作の検討台本作成は三者共同で進められたが、製作自体は実現しなかった。また検討用台本には「中島文夫、立花九郎」の二名が脚本家として記載されているが、これはペンネームと思われる。

＊104　前掲『東映十年史』二四七頁

＊105　前掲『東映十年史』一五二頁

＊106　『合同通信映画特信版』一九五八年二月一六日、一頁

＊107　『とうえい』一月号、二八頁、一九五九年

＊108　『合同通信映画特信版』一九五八年一〇月二六日、五頁

＊109　『とうえい』九月号、八頁、一九六〇年

＊110　福永邦昭氏へのインタビュー、二〇一七年三月四日、於新宿区

＊111　『合同通信映画特信版』一九五四年五月二七日、七頁。ただし実費では一四〇〇～一五〇〇万円が投じられていた。

＊112　『合同通信映画特信版』一九六二年七月八日、七頁

＊113　『合同通信』一九六二年六月二七日、二頁

＊114　『合同通信映画特信版』一九六二年八月一九日、六頁

＊115　なお、本作には当初『虹のかけ橋』というタイトルが付けられていたが、「封切直前になって東映本社興行部の意向」で現行のタイトルへ変更されたという（大塚前掲書、一二四頁）。これは作品の命名に、東映の興行部門が影響力を持っていたことを示すエピソードともとれる。ただし同時代の報道では、すでに六二年九月の段階で『わんぱく王子』を『わんぱく王子の大蛇退治』へと解題したとの記述が見られる（『合同通信』一九六二年九月一七日、六頁）。

＊116　『合同通信映画特信版』一九六三年四月二一日、七頁

＊117　『合同通信映画特信版』一九六四年三月一日、三頁

＊118　『合同通信映画特信版』一九六三年四月二一日、七頁

＊119　『合同通信映画特信版』一九六一年六月四日、四頁

＊120　前掲「小・中・高校根こそぎ動員で年百万円稼ぐ土岐津東映」二七–二八頁

＊121 土岐市の「映画教室」は、小・中・高校に在籍する一万二〇〇〇名の生徒の団体動員を目指したもので、引率鑑賞では生徒へ入場券が販売された。また別途、指定期間中は鑑賞自由とする推薦作品の枠も設けられている。『アラビアンナイト シンドバッドの冒険』では、「映画教室」を実施した数館で九〇〇〇名以上が動員された。

＊122 高野桂一「こどもと児童雑誌―児童読物の科学の確立のために」『教育社会学研究』一二号、三三―五七頁、一九五七年。なお高野は、こうした大人たちの評価に対して、「名作ものといえば安心するたあいなさには、少し反省がほしい」と述べている。

＊123 前掲『東映十年史』二四七、二七〇頁

＊124 前掲『東映十年史』二七〇頁

＊125 前掲『東映十年史』二七一頁

＊126 通商産業省企業局商務課前掲書（一九六三年）、一〇〇頁、

＊127 前掲『東映アニメーション50年史』一三四頁

＊128 前掲『東映十年史』二五〇頁

＊129 北島明弘『アメリカ映画一〇〇年帝国―なぜアメリカ映画が世界を席巻したのか？』近代映画社、一四二―一四三頁、二〇〇八年

＊130 前掲『東映十年史』二七一頁

＊131 『合同通信』一九六一年八月一六日、二頁

＊132 『とうえい』六月号、一頁、一九五八年

＊133 『とうえい』六月号、二頁、一九五八年

＊134 『合同通信』一九五八年五月一六日、二―三頁

＊135 今村太平「日本の漫画映画―『白蛇伝』を見て」『中央公論』一二月号、二四二頁、一九五八年

＊136 「世界に喜びを」の内容は「動物をヒューマニスティックに描き、劇的構成の中に世界の平和を訴えるもの」とされている（前掲『とうえい』六月号、二頁、一九五八年）。

＊137 「東映とショウ・ブラザーズの合作協定成立」『連合タイムス』一九六一年八月二八日、一面

＊138 『映画年鑑 一九六二年版』時事通信社、一九六二年、一一六―一一七頁

＊139 通商産業省企業局商務課前掲書（一九六三年）、一一八―一一九頁

＊140 新島博「東映映画の輸出の現況」『とうえい』九月号、七頁、一九六〇年

＊141 前掲『東映十年史』二四六頁

＊142 前掲『東映十年史』二四八－二四九頁

＊143 高畑勲「見習い時代に目撃し、学んだこと」『アニメーション、折りにふれて』岩波書店、二四四頁、二〇一三年

＊144 高畑は岩波映画の『たのしい文明史　鉄ものがたり』、井上梅次監督『暗黒街最大の決斗』などで助監督を務めている（「高畑勲監督作品リスト」高畑勲『映画を作りながら考えたこと』徳間書店、四八七頁、一九九一年）。

＊145 大塚前掲書、六五－六八頁

＊146 ただし現在のアニメーション制作では、原画のクリーンナップなどを務める職種として第二原画が設けられることがある。また、動画検査もひとつの職種として確立しており、初期の東映動画におけるセカンド制度は、より専門化して原動画制作工程の中に溶解していったとも言えよう。

＊147 『FILM1/24』一〇号（通巻一三号）、五頁、一九七六年

＊148 野口、佐藤前掲稿、五〇頁

＊149 総務部労務課「資格制について」『とうえい』九月号、二－三頁、一九六〇年

＊150 「作品技術検討会・記録『少年猿飛佐助』」『映画技術』一月号、三五頁、一九六〇年

＊151 高畑前掲稿、二四六頁

＊152 手塚治虫『ぼくはマンガ家』角川書店、二二八－二二九頁、二〇〇〇年

＊153 「東映長編研究　第4回　永沢詢インタビュー（2）」『WEBアニメスタイル』二〇〇四年一〇月一五日（http://style.fm/log/02_topiCs/top041001.html、二〇一九年四月五日最終閲覧）。

＊154 西村前掲書、一八一－一八二頁、二二四－二二六頁

＊155 森卓也「東映調を破った『西遊記』」『映画評論』一九六〇年一二月号、九〇－九二頁

＊156 大塚前掲書、一〇〇頁

＊157 森卓也前掲稿、九二頁

＊158 「東映動画『安寿と厨子王丸』が完成」『読売新聞』一九六一年五月一九日夕刊、八面

＊159 「東映長編研究　第5回　永沢詢インタビュー（3）」『WEBアニメスタイル』二〇〇四年一〇月八日（http://style.fm/log/02_topiCs/top041008A.html、二〇一九年四月五日最終閲覧）。

＊160 野口、佐藤前掲稿、五〇－五一頁

＊161 大塚前掲書、一〇二－一〇八頁
＊162 大塚前掲書、八七－八八頁
＊163 大塚前掲書、一〇九頁
＊164 もりやすじ「安寿と厨子王丸 反省」『もりやすじ画集 二 もぐらノート』アニドウ、二〇〇六年、一四六頁
＊165 前掲『東映十年史』二四九頁
＊166 大塚前掲書、一一七－一一八頁
＊167 原画監督は本作で初めて設けられた職務で、その後は作品全体を通してキャラクターデザインや動きのスタイルの統一をはかる「作画監督」となった。
＊168 原口正宏「東映動画における高畑勲―その原点をさぐる」『文藝別冊 高畑勲―〈世界〉を映すアニメーション』河出書房新社、五六頁、二〇一八年
＊169 大塚康生、森遊机『大塚康生インタビュー―アニメーション縦横無尽』実業之日本社、一〇七－一〇八頁、二〇〇六年
＊170 原口前掲稿、五四頁
＊171 野口、佐藤前掲稿、四八頁
＊172 証言によってはこの不定期採用者を「臨時」ないし「臨時社員」と呼んでいるものもあるが、組合資料では「不定期採用」との記述も見られること、また東映本社における非正規雇用者である「臨時者」との混同を避ける必要があることから、本書では「不定期採用者」と表記した。
＊173 小田克也「テレビ漫画映画に明日はあるか アニメーター残酷物語」『映画史研究』二号、七一頁、一九七三年
＊174 『東京都統計年鑑 第一一回（昭和三四年）』東京都、二六八頁、一九六〇年
＊175 前掲「永沢詢インタビュー（2）」
＊176 小田克也『アニメーターになれる本』実業之日本社、一五七頁、一九八〇年
＊177 「本格的マンガ映画の登場 『白蛇伝』（東映）」『週刊サンケイ』一〇月一九日号、六四頁、一九五八年
＊178 前掲「東映娯楽映画論」六二頁
＊179 山崎眞一郎は、東京朝日新聞社でのニュース映画カメラマンなどを経て（『キネマ週報』六月一五日号、二六頁、一九三四年）、第二次大戦中は日本映画社の南方総支社長を務めていた（『キネマ旬報』八月下旬号、七七頁、一九六〇年）。なお藪下泰司（本名は泰次）の回想によれば、一九三一～二年頃に文部省映画製作へ加わった技術者の一人に、山崎がいたという（藪下泰次「文部省映画製作現場の思い出」『FC』二一号、一五頁、一九七三年）。山崎と藪下はすでにこの時点で顔

見知りだったと思われる。藪下が日動映画から引き続いて演出家としての地位を保ち、長編制作においてもこれを任された背景には、教育映画界における実績に加えて、こうした人脈上のつながりがあった可能性も考えられよう。

*180 野口、佐藤前掲稿、四八頁

*181 野口、佐藤前掲稿、四九頁

*182 大塚前掲書、八五頁

*183 野口、佐藤前掲稿、四九頁

*184 松野本和弘編『日本漫画映画の全貌』「日本漫画映画の全貌展」実行委員会、八八頁、二〇〇四年

*185 杉山卓「テレビアニメ前史—東映長編アニメの時代」御園まこと監修『図説テレビアニメ全書』原書房、一二頁、一九九九年

*186 野口、佐藤前掲稿、四八頁

*187 栗山富郎『デラシネ—わたくしの昭和史』ボイジャー、一七三—一七四頁、二〇〇九年

*188 映画演劇労働組合総連合(映演総連、現・映画演劇労働組合連合会=映演労連)は、五二年三月に結成された企業別労働組合の連合体である。第二次大戦後には、四六年に産業別労働組合である日本映画演劇労働組合(日映演)が結成されていたが、これは東宝争議の渦中で分裂して組織された、全国映画演劇労働組合(全映演)の発足や、松竹労組の脱退などにより勢力を減退させており、五一年二月末日の大会で解散が決定された。翌月には旧日映演の支部や分会が日本映画演劇労働組合連合(映演労連)を結成したが、なお労働戦線の統一が希求され、翌年に組織労働者の過半数である約八〇〇〇名を結集した映演総連が組織された。加盟組合は大映、東映、松竹各労組のほか、全映演を脱退した新東宝と千土地興行の労組、日映新社など短編業者からなる短編連合、座館連合、舞台芸術家組合の八組織であった。なお、映演総連の結成を受けて所期の目的を達成した映演労連は、翌四月に解消された(「日映演解散へ」『読売新聞』一九五一年二月二五日朝刊、三面。間島三樹夫「映画の労働運動」山田和夫監修『映画の運動(映画論講座4)』合同出版、八九-九一頁、一九七七年。『映画年鑑 一九五三年版』時事通信社、一八七-一八八頁、一九五三年)。

*189 六一年の結成大会に出席した東映労組に対し、動画労組側は五九年の組織化時に東撮の組合が事態を静観していたことを指摘し、「その場の空気は緊迫した」という(映演総連東映動画労働組合『組合ニュース』三号、一九六一年九月二一日)。

*190 野口、佐藤前掲稿、四九頁

*191 永沢詢氏へのインタビュー、二〇一四年六月三日、於三鷹市

*192 ただし先述のように山崎眞一郎は、戦前には主としてニュース映画制作に携わっているため、劇映画の撮影所に関わるようになったのは、戦後の太泉映画からだと思われる。

＊193 前掲『東映十年史』四五‐四六頁

＊194 「頭脳総動員で世界のマーケットに雄飛」『映画ジャーナル』一九六五年三月号、七八‐七九頁

＊195 野口、佐藤前掲稿、四九頁

＊196 前掲永沢氏へのインタビュー

＊197 映演総連東映動画労働組合『組合ニュース』NO・1、一九六一年九月一九日

＊198 『第一回定期大会報告並に議案書』映画演劇労働組合総連合東映動画労働組合、一九六二年二月二五日、四頁

＊199 前掲『第一回定期大会報告並に議案書』一一‐一二頁

＊200 以下の経緯は、前掲『第一回定期大会報告並に議案書』三五‐四二頁、前掲永沢氏インタビュー、堰合昇氏へのインタビュー（二〇一四年八月一一日、於練馬区）による。

＊201 京都撮影所では六一年六月に、臨時者や大部屋俳優ら演技者が、「東映従業員労働組合（東映従組）」を結成した。このうち臨時者たちは東西両撮影所の組合へと編入され、翌年には臨時者出身の組合員が東映労組の執行部へ加わったことで、「職人気質のものが多く」組合結成が進まないと言われた撮影所職員たちの組織化が進んだ（『映画年鑑 一九六二年版』時事通信社、三三九‐三四〇頁）。その背景には、邦画の斜陽化に伴う雇用不安や、高度経済成長に伴う他産業との給与・待遇格差の顕在化があったと言われる。

＊202 前掲『映画年鑑 一九六二年版』三四〇頁

＊203 前掲永沢氏インタビュー

＊204 映演総連東映動画労働組合斗争委員会『斗争ニュース』二号、一九六二年四月二一日

＊205 前掲『第一回定期大会報告並に議案書』二三‐二五頁

＊206 『全東映ニュース』一号、全東映事務局、一九六二年一〇月六日。東映東京制作所闘争記録委員会編『映画の労働者たち――写真と証言』東映労働組合、二一三頁、一九九〇年

＊207 映演総連東映動画労働組合『組合ニュース』三〇号、一九六二年二月一日

＊208 松野本編前掲書、八八‐八九頁

＊209 原口正宏「六〇年代初頭のテレビアニメにおける東映動画人脈のもう一つの流れ（株）放送動画制作と『ファイトだ!! ピュー太』に関する一考察」第七回日本アニメーション学会大会、二〇〇五年六月二六日（於多摩美術大学八王子キャンパス）

＊210 杉井ギサブロー『アニメと生命と放浪と「アトム」「タッチ」「銀河鉄道の夜」を流れる表現の系譜』ワニブックス、七一頁、二〇一二年

＊211　前掲『第一回定期大会報告並に議案書』三頁

＊212　「東映長編研究　第6回　永沢詢インタビュー（4）」『WEBアニメスタイル』二〇〇四年一〇月一五日（http://style.fm/log/02_topiCs/top041015A.html、二〇一九年四月五日最終閲覧）

＊213　原前掲稿、九〇-九一頁

Ⅱ 増産と蓄積

企業としての東映動画にとって、一九六三年から六四年は大きな変動の時期にあたる。六三年九月九日には、日動時代と同額の一〇〇万円だった資本金が四〇〇万円となり、さらに一〇月三一日には一六〇〇万円へ増資された[*1]。また六四年二月には、創業以来社長を兼任してきた大川博が会長職へ退き、山崎季四郎が二代目の社長に就任した。これにより動画スタジオ所長の役職は空席となり、社長が直接的にスタジオを統括するようになった。もっとも山崎季四郎の在任期間は短く、一〇月一日には山梨稔が社長に迎えられ、七一年一月七日まで社長を務めた[*2]。

増資による財政基盤の強化と社長の交代は、東映グループ内における東映動画の位置づけの変化を表すものである。東映動画は当初から東映の子会社だったが、『東映十年史』での動画の章は本社事業の部に含まれており、傍系史では東映動画の基礎的な企業情報のみが記載されている[*3]。つまりここには、動画事業自体は東映のものであり、東映動画はその制作を下請けする事業所であるとの認識が強く表れていると言える。

東映と東映動画の関係は時期によっても変化するが、基本的には役員人事や株式の保有を通し、東映の経営方針が東映動画へ波及する構造の中にあった。とりわけ七二年まで、東映は東映動画の株式の一〇〇%を保有しており、事実上その経営の意志決定は、本社のそれに強く従属するものだった。東映動画は制度上、本社とは別個の組織や方針を持っていても、実態としてはひとつの企業グループの意思決定の中に上下関係をもって組み込まれていたのである。

とはいえ六三年から六四年にかけて東映動画は、少なくとも名目上は別組織である傍系子会社としての性格を強めていく。この変化の背景には、東映が六四年九月末をもって東急の傘下から独立したことが考えられる。このとき東映は、独自に経営上の信頼を構築せねばならず、各部門の採算性をより厳密に確立する必要に迫られた。大川が東映動画の社長職を他者へ委譲し、形式上の独立性を強めたことは、その一環と見られる。

本章では東映動画が、東映の試みるグループ全体の合理化方針と、劇場用作品やテレビシリーズの増産方針との間の矛盾に引き裂かれつつも、新たな表現技術や量産体制の確立といった様々な蓄積を行っていく過程を記述する。

劇場用作品

増産の模索

東映動画の発足当初から、東映は年間二本の長編製作を目標としていたが[*4]、この方針はスタジオ経営上の必然性とも合致していた。形式上、東映動画は東映本社からアニメーション制作を一定額で受託していたから、長編の増産がかなわなければ、その売上高は大きく増加しない。また、ひとつの長編の制作が完了してから次作の制作に移るまでの期間は、可能な限り短くし、職員に手透きが生じるのを防ぐ必要もあった。

もちろん実際には長編だけでなく、短編やCMの制作が行われていた。しかし短編制作は不定期に行われるもので、新人育成や遊休人員対策、技術的実験を兼ねた受託事業としての側面が強い。一方でCMは、恒常的に少数スタッフ制で制作が行われ、短期間に収入をもたらす有望な事業だった。しかしCM制作は東映商事が受注して東映動画へ発注するもので[*5]、長編以上に東映動画の主体性は弱かった。あくまで映画制作を前提として設立された東映動画で、しかも興行市場において一定の信頼性を確立しつつあった長編制作事業が増産へと向かうことは、事業的観点からすれば当然のことだった。

とはいえ制作現場の職員たちからすれば、増産は一朝一夕に実現できるものではなかった。とりわけ若いアニメーターたちにとって、増産は機会の増加と労働強化の双方をもたらす悩ましいものだった。作品数が増えれば上部工程に携わる機会が生じるが、同時に一人当たりがこなす仕事量も増えるからである。

東映動画における初期四作の長編制作ペースは決して遅いものではなく、企画から完成まで一年と数か月、作画期間だけならば長くとも一〇か月だった[*6]。この期間は実写映画に比べれば長期であるが、ディズニーの二〜三年をかける長編制作スケジュールに比べれば、むしろ短く効率的なものだった。

六三年の年頭あいさつで、大川博はこれまで「何度言うてもまだできてな」かった年間二本の長編制作を実行すると宣言した[*7]。長編制作は二班体制で行われ、年末に封切られた『わんわん忠臣蔵』は一〇九名の人員で完成させられた。制作期間自体はそれまでの長編と大差なかったが、人員数では約四〇%の削減に成功しており[*8]、実質的には能率向上が実現していた。しかし『わんわん忠臣蔵』に続き着手された『ガリバーの宇宙旅行』は、六四年夏の公開を予定していたが[*9]、テレビシリーズ『狼少年ケン』制作の影響で、一時制作が中断した。

『ガリバーの宇宙旅行』の詳細な制作経緯は、六三年と六四年の労働組合の議案書に見られる。二月に始まった『わんわん忠臣蔵』の作画作業に続き、『ガリバーの宇宙旅行』の作画作業は四月から開始されたが、九月の時点で『わんわん忠臣蔵』から一名、『ガリバーの宇宙旅行』からは六名のアニメーターが、『狼少年ケン』制作のため引き抜かれた。また、他のパートでも配置換えが起こった。そして一〇月一日には『ガリバーの宇宙旅行』の制作が中断され、年末公開を控えた『わんわん忠臣蔵』へのスタッフ編入が行われた。『わんわん忠臣蔵』完成後は『狼少年ケン』の制作が優先され、『ガリバーの宇宙旅行』の制作が再開されたのは、翌年二月一六日となった。しかし、度重なる配置転換や、後述するテレビシリーズ制作推進のための施策が職員の意気を阻喪させ、再開後の制作は難航した。『ガリバーの宇宙旅行』の封切は六五年三月であり、六四年夏を予定していた当初の構想から半年以上遅れての完成となった。

東映動画は六三年こそ二本の新作長編を完成させることに成功したが、年次計画として想定されていなかったテレビシリーズ制作が急遽始められたことで、長編二本を並行して制作する体制は機能せず、翌六四年には新作の完成すらかなわなくなった。

山梨稔は制作体制上の問題から『わんわん忠臣蔵』と、制作が遅延した『ガリバーの宇宙旅行』の二本で計八〇〇〇万円の赤字が見込まれる一方[*10]、週三本のテレビシリーズ放映を目標とした新作『宇宙パトロールホッパ』にも取り掛かれないという情勢を憂慮し、企画検討が進められてきた長編『キングマンモス』の製作着手を停止する決定を下した[*11]。

『キングマンモス』[図表2-1]には演出に芹川有吾、作画監督に大工原章、演出助手に勝田稔男(かつたとしお)と新田義方(にったよしかた)が配属されており、その他テレビシリーズ制作に関わる職員を中心に、検討が六三年一〇月頃から進められていた。構想には大工原が強く関わったようで、テレビアニメのために中断させられた企画について、以下のように述べている。

（前略）私の云いたいことは、夢と現実、つまり、キングマンモスという長い夢の創作に当つて、一旦その仕事に取りか、つた時、完成するまで夢からさめたくない、熱中してみたい全力をつくしたいということにほかならないガリバーも、ケンも、ふじ丸も、ホッパーも、皆楽しい夢の創作であるにもか、わらず、現実というどうにもならないものが夢を突然にさまし、かき廻す　夢が一度、中断すると、その続きはそう簡単にもとにもどれるものではない[*12]。

東映動画には『わんわん忠臣蔵』『ガリバーの宇宙旅行』『キングマンモス』と、企画検討や作画作業の時期をずらしな

図表2-1｜『キングマンモス』準備稿

がら、複数班での制作を行う意図のあったことがうかがえる。しかしそれは新たに生じたテレビシリーズ制作によって、試行段階で早くも破綻をきたしたのだった。

B作の登場

六六年の年頭あいさつで大川博は、「スポンサーの関係でいろいろのゴタゴタも」あるテレビシリーズを「今年から二本」にする代わり、長編を「もとに戻す」と表明した。そして『白蛇伝』のような「立派な長篇漫画」は「年に一本半」「ちょっと程度の低いB級の長篇漫画――長さも短くてよろしいし、キメももっとアラクてよろしい、但しマンガ雑誌にでているような非常に面白いもの、芸術とかなんとかそんなに重きを置かないで、本当に面白い漫画を年二本作る」と、方針の転換を明瞭に示した[*13]。

東映は後述する邦画市場の縮小に対し、六四年に東映娯楽版の制作を停止し、また六五年年頭には製作本数削減への対策として一本立て大作の強化を宣言した[*14]。しかしこの第一弾となった『冷飯とおさんとちゃん』など数作の興行が不振に終わったため[*15]、再度の方針転換が起こった。大予算をかけた芸術路線に対し、館主会から「もっと娯楽作品に重点を」との意見が出たことから、従来の路線へ回帰したのである[*16]。

東映動画の長編制作は、この方針のもとで再編を余儀なくされた。当時、東映動画の長編は、八〇〇〇万円から九〇〇〇万円の受注額で制作されていたが、これは東映の特に製作費が高い作品のそれに比肩する規模のものだった[*17]。本社においては本数の削減と予算の引き締めが実施されたのに対し、東映動画の制作体制については、かねてからの計画だった増産を再度実現し、生産効率を上げることでコストを抑制するという判断が下されたことになる。

年初には山梨稔が、すでに仕かかり中の作品も含め、年内に三本の長編を完成させたいとの意向を表明した[*18]。この三本のうちのひとつは「ふしぎな世界の大冒険」で、これは翌年春に封切られた『少年ジャックと魔法使い』となった。いまひとつは、後に詳述する『太陽の王子ホルスの大冒険』であり、そしてもうひとつが、新たな枠組みとして立ち上げられた、それまでより少額の予算で製作される六〇分前後の中編「B作」だった[19]。
企画課長となった白川大作は、東映動画が本社からの受注で年間一本の長編を制作するだけでは収入が頭打ちであるため、増産による収入増を目指したと回想している[20]。

> つまり、年に一本長編を作る。その基本路線は世界名作である。それをA作と呼ぶと。で、もう一本作る。TVアニメをやってきた事によって制作の能力も向上したし、フルアニメじゃない作り方も身についた。だから、それまでやってきた長編とTVアニメの中間に位置する、B作を作るという計画だったです。A作が世界名作を基本にするのに対して、B作は原作に人気漫画などの知名度のあるものを持ってきて作る。

一度は長編制作を縮小した東映動画が再度の増産に踏み切った背景には、後述するテレビシリーズ制作の不安定性があったと思われる。スポンサーなどの意向に生産量そのものを左右されやすいテレビシリーズに比して、本社から一定量を受注しうる長編制作は、比較的安定していた。しかしテレビシリーズ制作も持続しており、また劇場用作品とテレビシリーズの間で頻繁にスタッフを入れ替えることも望ましくない以上、従来の規模の長編を増産することも難しい。B作制作開始は、東映動画の限られた人的・資金的リソースと、東映本社の経営方針の転換の中で、年間二本の劇場用作品制作という構想が、形を変えて実現したものだった。

B作の第一回作品は、石森章太郎（いしもりしょうたろう）が六四年から六五年に『週刊少年キング』で連載したマンガ『サイボーグ００９』を原作とした。演出には『わんぱく王子の大蛇退治』の芹川有吾が、作画監督には木村圭市郎（きむらけいいちろう）が抜擢された。木村は長編を経てテレビシリーズ『少年忍者風のフジ丸』で頭角を現し、『レインボー戦隊ロビン』では作画監督を務めていた。テレビシリーズから若手職員が見出された事例のひとつと言える。

六四分の『サイボーグ００９』の予算は、二五〇〇～三〇〇〇万円程度とされている[21]。分数と予算をA作と比べるならば、その減額は著しく、作画枚数を削減するなどの合理化が必要不可欠だった。

省力化を果たしつつ、劇場上映に耐えうる質の作品を制作する手法の開拓は、芹川有吾によって牽引された。時間経過を効果的に示すカットの兼用［図表2-2］、静止していても印象的なシルエットによる描写、カメラを傾斜させて撮影したかのようなアングルのカットなど、動画より静止画によってストーリー性を強調する演出が、随所で用いられた。

また色彩表現においても、少額の予算で可能な工夫が行われた。

そして、いままではかなり現実的な色彩を追い求めていた動画の方向を百八十度転換させ、心理的な色を中心に考えているという。

つまり、激しいアクション・シーンは、バックをすべて深紅で統一するなど。

「ただ、澄んだ美しい色という考え方を一歩すすめて、心情的な色彩の採用で現代っ子のもつテンポに合わせたい」とスタッフは語っていた*22。

「現実的な色彩」から「心情的な色彩」への転換は、背景美術を細密なリアリズム表現とは異なる表現主義的なそれへと移行させただけでなく、作画枚数の削減をも可能にした。これはキャラクターの心理描写を動作のみに頼らず、抽象化された背景の色彩やデザインによって外在化して見せる手法によって実現した。『サイボーグ００９』の続編『サイボーグ００９ 怪獣戦争』でも、こうした演出は多用されている。たとえば主人公たちが、襲撃してきた敵の背後に宿敵の組織ブラックゴーストがいると確信するシーンでは、俯瞰で圧迫感のあるカメラアングルに加え、暗い空に雲が渦を巻くように浮かんで、まさに風雲急を告げている。さらに雲の中からは眼のようなものが現れているが、これは実景ではなく、登場人物たちの抱く不気味なイメージが示されたものである［図表2-3］。このシーンでは、キャラクターの内心の動揺は動きによって示されるのではなく、それを外在化した背景美術によって視覚化されている。こうした手法は間もなくテレビシリーズにも定着していった。

これらの工夫は、すでに『わんぱく王子の大蛇退治』で芹川が試みていたものの応用だった。潤沢な予算によるA作で試みられた手法のいくつかは、低予算の中編での省力化の工夫として、より具体化されて継承されたのである。

そしてやがてそれは、芹川が再び手がけたA作にも還流した。B作第二作である『サイボーグ009怪獣戦争』のクライマックスで、敵方の少女ヘレナが主人公たちを助けるため、傷を負いながらも壁にそって這うように進むシーンでは、ヘレナの一連の動作と目指す場所などいくつかのカットが繰り返し映し出される。これは後のA作『ちびっこレミと名犬カピ』のクライマックスで、カピの背に負われたレミが汽船に乗った母を追い、互いに手を伸ばし合う様が執拗に繰り返される編集に通じるものである*23。

図表2-2｜『サイボーグ009』より兼用カットを用いた時間経過の表現
（DVD『サイボーグ009』東映ビデオ株式会社、2003年より引用）

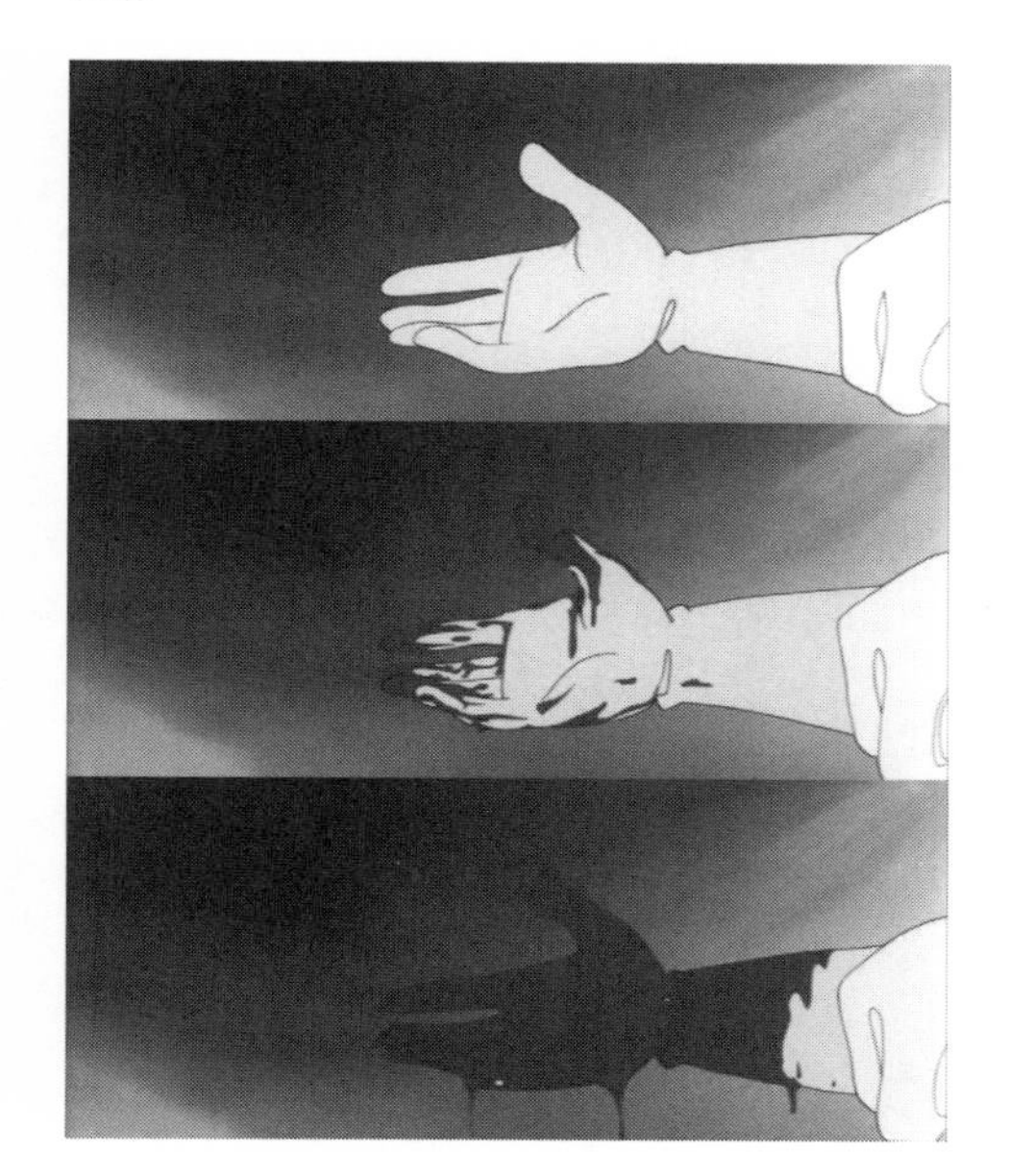

図表2-3｜『サイボーグ009 怪獣戦争』より心理的なイメージを外在化した背景
（DVD『サイボーグ009 怪獣戦争』東映ビデオ株式会社、2003年より引用）

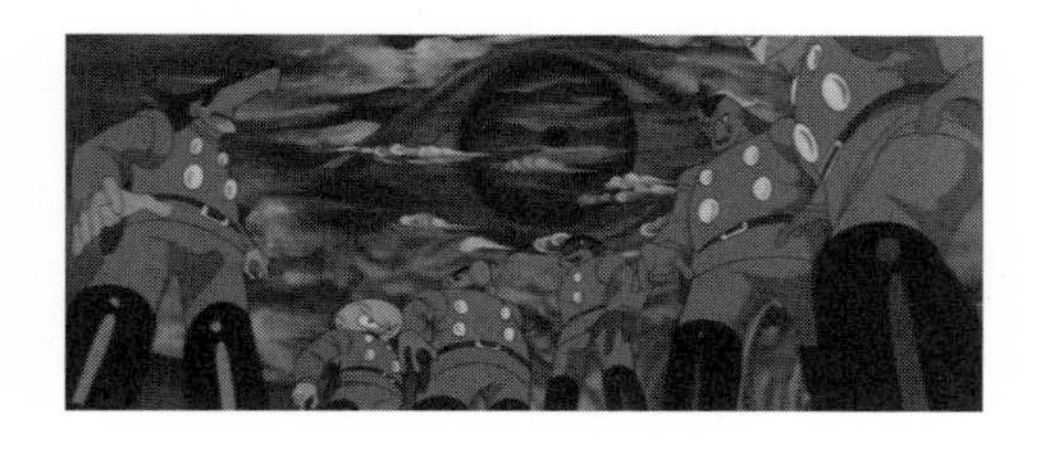

兼用による繰り返しや、カメラアングルを工夫した静止画の利用といった、作画枚数を削減しうる手法は、普遍的なアニメーション演出の技法のひとつとして昇華されたと言える。

興行と宣伝

『わんわん忠臣蔵』は、東映動画の劇場用長編の興行形態に大きな変化をもたらした。同作は時代劇映画『柳生武芸帳 片目の忍者』と二本立てで封切られたが、白川大作はテレビアニメ『狼少年ケン』との併映を提案していた。

東映はすでに五九年には、放映済みの三〇分枠のテレビ映画二話分をまとめた「東映特別娯楽版」の劇場上映を行っており[24]、その構想自体は新しいものではなかった。しかしこのときは「TVで観たものを誰が劇場で観るんだ」という反応もあったため、当初は渋谷東映のみで試験的に併映を行った。すると初日の動員数で渋谷が他館を上回ったため、三〜四日目からは他の館でも『狼少年ケン』を併映するようになったという[25]。

『興行年鑑』の記載では、一二月二一日から封切られた『わんわん忠臣蔵』『柳生武芸帳 片目の忍者』に、二五日から『狼少年ケン』が追加されている。白川の回想が正しければ、これは全封切館での併映が始まった日程だろう。一日ごとの観客動員数は記されていないが、このプログラムが公開されていた一一日間の渋谷東映の動員数は三万一八四〇人で、都心および大阪の各主要館の一万五〇〇〇から二万五〇〇〇人程度の動員数に比して明らかに多い[26]。他の週間に渋谷東映が他館より高い動員数を示しているわけではないから、初日から『狼少年ケン』を併映した効果であろう。

結果として『狼少年ケン』の併映は、テレビアニメに劇場興行の価値が備わっていることを示し、その後もテレビアニメは劇場用プログラムに加えられた。『ガリバーの宇宙旅行』の制作遅延中、映画館への児童向けプログラムの提供は、既存作品のリバイバルとテレビ番組の上映によって賄われたのである。

六四年三月には、『西遊記』のリバイバル上映に『狼少年ケン』が併映され、新宿と大阪で各一万名以上を動員した[27]。翌週にはテレビ映画『隠密剣士』の劇場版と『狼少年ケン』の併映プログラムが組まれ、東西二館ともに一万五〇〇〇名を超える動員を示した[*28]。『狼少年ケン』の劇場上映はこの後も上映するストーリーを入れ替えながら続けられ、五月のゴールデンウィークには『少年猿飛佐助』のリバイバルとともに、六月には劇映画『路傍の石』および教育映画『おふくろ』とともに封切られた。ただしこれらは東西二館ともに五〇〇〇名前後の動員に留まり[*29]、「同じような番組が、続きすぎ」て「三度目まで子供達はついてこなかった」[*30]、「東宝の『モスラ対ゴジラ』や、洋画系に子供を中心とした家族連れの観客を対象とする番組が多かったので、客が割れてしまった」と評された[*31]。他社の児童向けプログラムとの競合は、次第に激しさを増していた。

とはいえ、全てが旧作にあたる作品でも、都内の主要館で五〇〇〇名程度が動員できるならば、これは配給を行う東映にも映画館側にも、魅力的なプログラムだった。六四年の夏休みには、まず「まんが大行進」と銘打って、東映動画のテレビシリーズ第二作『少年忍者 風のフジ丸』と『宇宙パトロールホッパ』、さらに他社制作のテレビアニメ『鉄人28号』と『エイトマン』を含めた四作で、プログラムが組まれた。さらに次週には実写テレビ映画の劇場版『忍者部隊月光』が、三周目には『続隠密剣士』が、テレビアニメとの併映で封切られた。

六四年夏は、児童向け映画が集中して封切られた時期だった。東宝系では七月に『キングコング対ゴジラ』のリバイバル上映、八月に新作の『宇宙大怪獣ドゴラ』と怪獣映画が続き、日活系でも七月末から、一部新作カットを加えたテレビシリーズ再編集版の『鉄腕アトム 宇宙の勇者』が封切られた。またディズニーの『王様の剣』公開も同時期だった。

東映としては予定通り東映動画の劇場用長編が完成していない以上、テレビシリーズを組み合わせたプログラムで対抗せざるをえなかった。このため、同じテレビアニメの劇場上映を行った日活と観客層が競合し、宣伝や入場者への景品で争うことになった[*32]。東映は日活と同じくタイアップ宣伝、テレビCM宣伝、親子割引券などを検討したほか、さらに「劇場支配人と懇談会を開き、その劇場の立地条件、その地方の習慣などを研究した上で、適切な宣伝プランを推進し、興収の増大を計」った[*33]。この結果、七月下旬の全国主要八館の累計では、日活の二倍近い動員数を示した[*34]。

六五年春の『ガリバーの宇宙旅行』も、「まんが大行進」の一プログラムとして封切られた。併映は『狼少年ケン』と、再編集版の『少年忍者 風のフジ丸』だった。この頃になると「テレビ漫画のファンである子供たちへの題名浸透は、よくゆきとどいて」おり、テレビアニメとそれに付随するCMが、劇場への動員をもたらすという構造が表れはじめていた。また、親子券の販売が功を奏し、売店の売上が上昇して映画館に利益をもたらした*[35]。

『ガリバーの宇宙旅行』を含む「まんが大行進」の封切興行は、一部の館を除いて三週間続いた。新宿東映での動員数は約五万人で、先述した同館前年春の児童向けプログラムにおける動員数を大幅に上回っている*[36]。劇映画と比しても高水準の興行価値をもったプログラムだったと言えよう。事実、このときの「まんが大行進」は、六四年七月から六五年六月までの東映配給作品の中で、封切配収第五位を記録した*[37]。

こうした好成績の背景には、テレビアニメの劇場興行が宣伝に結び付いたこともあるだろう。しかしテレビアニメのみ、あるいは旧作長編ないし時代劇映画との組み合わせで構成されたプログラムと比しても、より高水準の成績があげられた結果は、国産テレビアニメが普及し始めても、東映動画の新作長編が強い観客動員力を持っていたことを示すものである。新作長編の動員力は、テレビアニメの人気と組み合わさることで相乗効果を生み、高い興行価値を生み出したと言える。この成功は、劇場用長編とテレビアニメなどを組み合わせる「東映まんがまつり」の誕生に結び付いた。しかしそのプログラム内で「A作」は、やがてその意義を他の作品に脅かされることになる。

テレビシリーズ制作とその影響

『狼少年ケン』の制作開始

六三年一月一日、手塚治虫が社長を務める株式会社虫プロダクションの制作したテレビシリーズ『鉄腕アトム』が、フジテレビ系列で放映開始された。一週間に一度、三〇分枠で新作のアニメ番組を放映する形態は、それまで海外作品の輸入によって賄われてきたため、これは国産初の試みだった。『鉄腕アトム』は二〇～三〇％の高い視聴率を示し、さらにマーチャンダイジングやアメリカのネットワーク局ＮＢＣへの番組販売などで注目を集めた[38]。

ＣＭ制作でアニメーションを手がけていた日本テレビジョン株式会社（ＴＣＪ）も、独自にテレビシリーズ制作を検討していた。フジテレビ系で二三時台に放映された一五分番組の『仙人部落』は、制作するＣＭ中に占めるアニメーションの割合が減少したことから、手すきになったアニメーターを運用するための作品だった[39]。続いて一〇月以降には三〇分枠の作品として、電通の企画で『鉄人28号』が、ＴＢＳの企画で『エイトマン』が、それぞれ制作された。

東映動画のテレビシリーズ『狼少年ケン』の放映は、劇場用長編の分割放送に続き、六三年一一月二五日からＮＥＴ系列で開始された。ＮＥＴは、その設立にあたって東映が資本参加したテレビ局であり、東映は邦画大手企業の中でもテレビへの対応が柔軟で、むしろブラウン管への進出を重視した企業だった[40]。以降、六八年にフジテレビ系列で『ゲゲゲの鬼太郎』が放映開始されるまで、東映動画のテレビアニメは全てＮＥＴ系列で放映された。

東映動画がテレビシリーズ制作を開始した具体的なきっかけは、代理店業務の強化をはかっていた東映商事が森永製菓のスポンサードをとりつけ、東映動画に持ち込んだことにあった[41]。森永は『鉄腕アトム』の明治製菓や、『鉄人28号』の江崎グリコといった同業他社の成功に追随して、スポンサードを行ったものと思われる。

テレビ映画に力を入れていた東映ではあったが、東映動画によるテレビアニメ制作を、どの時点で実現させようとしたのかは判然としない。京都撮影所から東映動画へ六二年に異動した演出家の矢吹公郎（やぶききみお）は、テレビアニメ制作のための募集に応じたと証言している[42]。一方で先述した大川博の六三年の年頭あいさつでは、「テレビ映画の充実向上」にこそ触れているが、動画については年間二本の長編アニメーション公開の実現と外貨獲得方針のみに言及し、テレビアニメには触れていない[43]。

さかのぼって、五七年のＮＥＴ発足時、新設されたテレビ部の部長となった今田智憲の発言でも、テレビアニメ制作には言及していない。テレビ部は、本社動画部営業課が所管していたテレビ関係の業務を吸収しており、部内のテレビ営業課には「テレビ映画及び教育映画、動画作品のテレビ会社等に対する貸付販売」が任されていたが、このとき動画スタジオに対してはCM増産の必要性のみが求められている[44]。NETはその名称の通り、当初は教育専門局としての位置づけで免許交付を受けており、教育映画の需要は高まっていたから、旧作のテレビ放出ではなく新作でのアニメーション番組が企図されていれば、この段階で言及していただろう。

また、テレビアニメと言っても、これは現在の我々が考えるような形式のものでない可能性に留意する必要もある。テレビ用のアニメーションが主としてCMのことを指したケースは少なくない。また国内向けの作品ではなく、海外からの下請け受注を意味したものであった可能性もある。赤川孝一は東映動画発足にあたっての渡米視察後に、「いきなり『テレビ用の短篇を毎週一本制作してくれ』という商談を持ち掛けられ、面食らいました」という報告を行っている[45]。

一方で東映からNETの企画室へ移籍したプロデューサーの宮崎慎一(みやざきしんいち)は、東映動画でのテレビシリーズ開始の経緯を、六六年の段階で次のように回想している。

> テレビマンガを東映でもつくろうという動きは、既に数年前からあったのですが、当時は三〇分もので一〇〇〇ドル、(ママ)(三六万円)程度で買える外国マンガの安価におされて、なかなか実現にいたりませんでした。それが「虫プロ」が敢然として「鉄腕アトム」の制作にふみ切ったことから、東映動画もまけてたまるかとばかり、後に続くことになったのです[46]。

この宮崎の発言によるならば、国産テレビアニメ制作のアイディア自体は東映に以前から内在していたものの、輸入番組とのコスト競争上不利なために、実現していないものだった。東映動画の制作能力以前に、その製作コストを賄おうとしても民間放送局であるNETがスポンサーを獲得できないという問題があったことになる。

テレビ映画の国産への転換は、貿易の規制緩和と、高い視聴率が見込まれる外国番組の枯渇に伴い、輸入コストが上昇し始めたからだった[47]。したがってテレビシリーズのアニメ番組が国産化されること自体は、時間の問題だったと見ていいだろう。そしてテレビアニメの場合、コスト解消上の問題は、おそらく『鉄腕アトム』の高視聴率と、マーチャンダイジングや輸出といった付帯収入が注目されたことで、解消されたと思われる。

東映は、先述した六三年の方針のうち動画の合作実現の目標を一時棚上げし、テレビシリーズ制作を優先することになった*48。当時、四代目の東映動画スタジオ所長を務めていた吉田信は、テレビアニメ制作が様々な利益を生む「金の卵」だと発言したという*49。

宮崎慎一は後年、古田尚輝の質問に、「東映動画を傘下に持つ『東映が株主であるNETがやらないのはおかしい』」という意見があり、「採算が合うか合わないかわからないままに始まった」と答えている*50。東映にとって東映動画を利用した国産テレビアニメの制作は、具体的な事業計画を欠いた案件として存在しており、これが『鉄腕アトム』の放映開始という外在的な要因に刺激されることで、強引に実現に至ったのではないだろうか*51。

ベテランのアニメーターたちは、少なくともこの段階では毎週放映するテレビシリーズの制作は困難と考えていた。代わってその企画に関わったのは、若手アニメーターの月岡貞夫だった。東映側は当初、原作ものを考えていたが、月岡は「ターザン」や山川惣治の絵物語などを参考に、他社のSF作品とは異なる内容の『狼少年ケン』を提案し、キャラクターデザインや原案、初期の原画や演出、そして主題歌の作詞までを担当した*52。

六三年秋には、翌年夏までの増員により長編部門に一七〇名を、テレビ部門に一二五名を配置し、後者には三班編成を敷く構想が報じられた*53。テレビシリーズ放映開始以前に、一班体制による制作は無理があり、ローテーションを組む必要性があると認識されていたことになる。また、六四年の定期採用では演出助手も新たに採用され、葛西治(かさいおさむ)や西沢信孝(にしざわのぶたか)など、後の演出家たちが多く入社した。

六四年一〇月の山梨稔の社長着任時で、東映動画の総従業員数は五七五名に達した。映画製作部は長編漫画製作部とTV漫画製作部に分離され、後者は六月に竣工した第四期棟に配置された*54。社屋の増築はこれ以降、八〇年代まで途絶える。この時期が東映動画の規模拡大から見た、最初のピークだった。

テレビシリーズ制作と契約者

テレビシリーズの数は徐々に増加し、六四年六月からは『少年忍者 風のフジ丸』が、六五年二月からは『宇宙パトロールホッパ』の放映が始まった。六五年の二月から七月までは、東映動画制作のテレビシリーズが週三本放映されていた。当初テレビシリーズを「金の卵」と見た東映動画は、その制作を重視し、増員と社屋増築によって対処した。また先述のように、長編『ガリバーの宇宙旅行』の制作を一時中断し、後続企画『キングマンモス』の検討を中止して、テレビシリーズの制作人員を確保した。このため六四年には、『白蛇伝』公開から初めて、劇場用長編が封切られなかった。

テレビシリーズ制作の定着と拡大は、東映動画の制作体制にいくつかの変化をもたらした。契約者制度への転換、社員アニメーターへのインセンティヴの強化、外部プロダクションへの発注とそのユニット化などである。

契約者制度の導入は、テレビシリーズ制作開始以前の六二年から始まっていた[*55]。契約者とは契約社員ではなく、アニメーターなどを個人事業主とみなして会社が業務委託契約を結んだ者を指す。後年の労使間裁判における会社側の定義は、以下のようなものである。

> 漫画映画を製作する上での必要から、会社は「社員」のほかに、各パートについて特別な能力、技術を有する者と請負契約ないし請負類似の無名契約を締結しており、この人達は社内で通称「契約者」といわれている[*56]。

この契約者には就業規則が適応されず、したがって勤務時間などは定められていない。ただし六八年に彩色を行う契約者が東映動画と取り交わした契約書では、休日以外は東映動画スタジオに出勤する旨が定められており、また作業場も決まっていた[図表2-4]。

契約者には当初、正社員から身分を切り替えたものが多く、社外のアニメーターを契約者として用いるのは社内人員を補う例外的な措置だった。しかしテレビシリーズ開始以降には、当初から契約者として採用される者が見られ始めた。

図表2-4｜彩色契約者の契約書

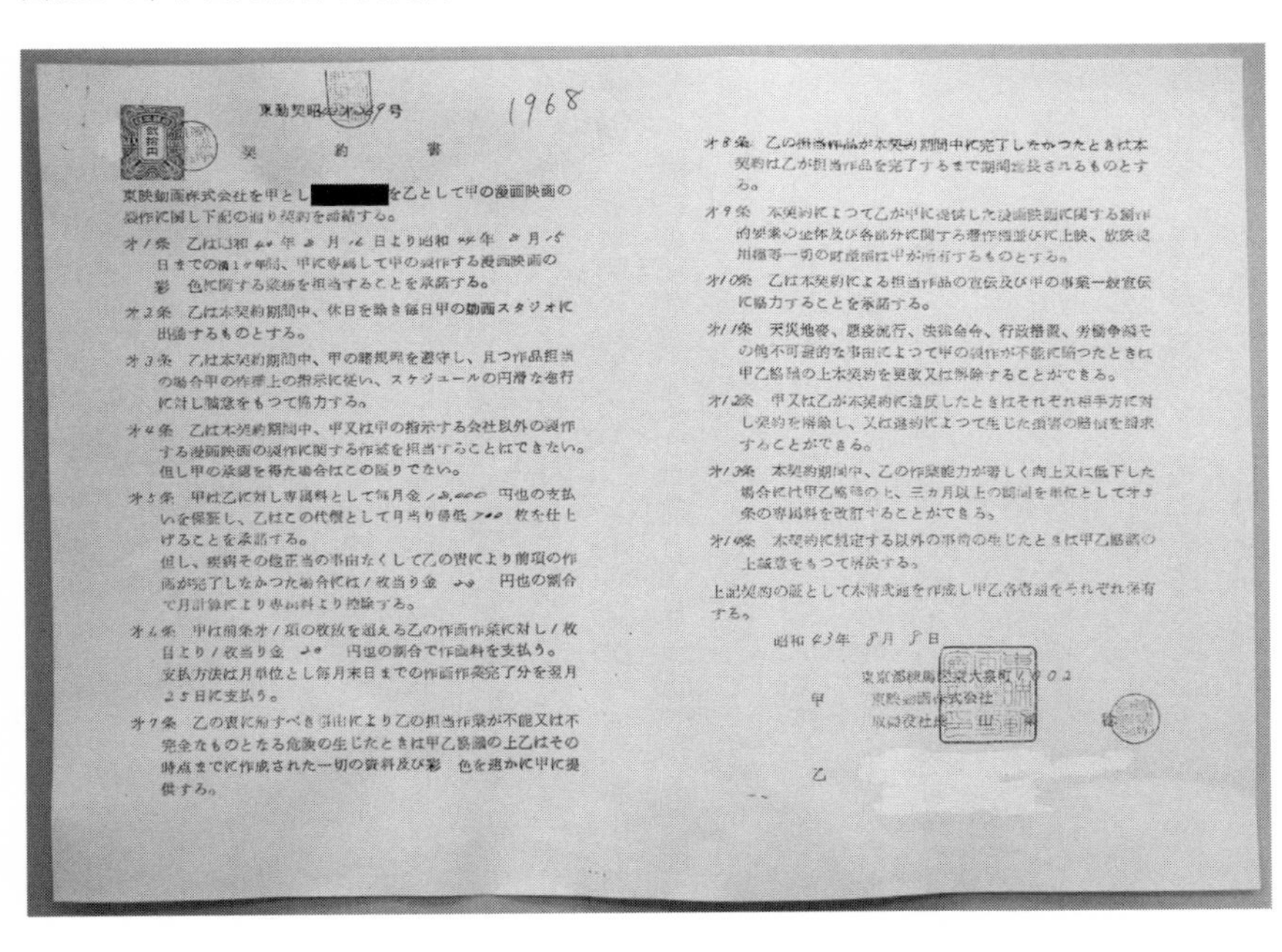

東動契昭[illegible]号

1968

契　約　書

東映動画株式会社を甲とし[illegible]を乙として甲の漫画映画の製作に関し下記の通り契約を締結する。

オ1条　乙は昭和[illegible]年[illegible]月16日より昭和[illegible]年[illegible]月15日までの満1ヶ年間、甲に専属して甲の製作する漫画映画の彩　色に関する業務を担当することを承諾する。

オ2条　乙は本契約期間中、休日を除き毎日甲の動画スタジオに出勤するものとする。

オ3条　乙は本契約期間中、甲の諸規則を遵守し、且つ作品担当の場合甲の作業上の指示に従い、スケジュールの円滑な遂行に対し誠意をもつて協力する。

オ4条　乙は本契約期間中、甲又は甲の指示する会社以外の製作する漫画映画の製作に関する作業を担当することはできない。但し甲の承認を得た場合はこの限りでない。

オ5条　甲は乙に対し専属料として毎月金[illegible]円也の支払いを保証し、乙はこの代償として月当り最低[illegible]枚を仕上げることを承諾する。
但し、疾病その他正当の事由なくして乙の責により前項の作画が完了しなかつた場合には1枚当り金[illegible]円也の割合で月計算により専属料より控除する。

オ6条　甲は前条オ1項の枚数を超える乙の作画作業に対し1枚目より1枚当り金[illegible]円也の割合で作画料を支払う。
支払方法は月単位とし毎月末日までの作画作業完了分を翌月25日に支払う。

オ7条　乙の責に帰すべき事由により乙の担当作業が不能又は不完全なものとなる危険の生じたときは甲乙協議の上乙はその時点までに作成された一切の資料及び彩　色を速かに甲に提供する。

オ8条　乙の担当作品が本契約期間中に完了しなかつたときは本契約は乙が担当作品を完了するまで期間延長されるものとする。

オ9条　本契約によつて乙が甲に提供した漫画映画に関する創作的要素の全体及び各部分に関する著作権並びに上映、放映使用権等一切の財産権は甲が所有するものとする。

オ10条　乙は本契約による担当作品の宣伝及び甲の事業一般宣伝に協力することを承諾する。

オ11条　天災地変、悪疫流行、法令命令、行政措置、労働争議その他不可避的な事由によつて甲の製作が不能に陥つたときは甲乙協議の上本契約を更改又は解除することができる。

オ12条　甲又は乙が本契約に違反したときはそれぞれ相手方に対し契約を解除し、又は違約によつて生じた損害の賠償を請求することができる。

オ13条　本契約期間中、乙の作業能力が著しく向上又は低下した場合には甲乙協議の上、三カ月以上の期間を単位としてオ5条の専属料を改訂することができる。

オ14条　本契約に規定する以外の事項の生じたときは甲乙協議の上誠意をもつて解決する。

上記契約の証として本書弐通を作成し甲乙各壱通をそれぞれ保有する。

昭和[illegible]年[illegible]月[illegible]日

東京都練馬区東大泉町[illegible]
甲　東映動画株式会社
取締役社長 [illegible]

乙

契約者への転換策は、社員への三段階給与制度の提案から始まった。この案は、一段階目を入社三年未満で養成中のスタッフとみなし月給を支払うが、入社三年以上の職員は二段階目として出来高払いを導入し、五年以上経過して「一人前とみとめるもの」を三段階目として、契約者へ移行させるものだった。これは社員であれば高給を支払う必要のある熟練者を、社内に抱え込まない体制と言える。この制度は実現しなかったが、六三年中に原画家から契約者への切り替えを応諾した者が出たのを皮切りに、契約者が漸増していった。また、六五年を最後に全社的に正社員採用が停止され[*57]、以降の新規職員は全て契約者となった。

契約者には大別して二つの契約形態があった[*58]。ひとつは仕事の完成量に応じて報酬が支払われる出来高契約であり、作画監督、原画、動画、トレース、彩色、美術、背景といった作画職が該当した。出来高契約者の賃金は、一定の作業量から算出された基礎報酬と、それを越えて作業した場合の歩合による割増賃か、ノルマを割り込んだ場合の控除によって構成された。ただし契約によっては完全歩合制の者もいた。使用者側にとっては固定給の正社員と異なり、作業量によって支払金額を算定しうるため、その時々の生産量に応じて人件費を調整できるという意義があった。

いまひとつは月極契約であり、こちらには演出および演出助手、検査、効果、ゼロックス、撮影、録音、編集、記録、映写、バンクが該当した。作品や担当回によって全体の仕事の総量が他律的に変化しうる職種は、一か月あたりの報酬が固定された月極契約になったと思われる。

社員が身分を契約者へ切り替える動機は、賃上げの要求が組合活動という集団的な形ではなく、自己の技量を根拠として個人的な形で発露したもので、労働移動の変形事例とも言えるだろう。

とはいえ東映動画には、未だ多くの正社員が勤続していた。また、テレビシリーズ制作を始める以前から長編の年間二本制作が奨励されていたように、社員に対してもインセンティヴを示して増産を実現する必要があった。このため、まず採られたのが「褒賞制度」だった[*59]。褒賞制度は六二年中の『わんぱく王子の大蛇退治』制作時から検討され、六三年四月に会社から提案された。当初は原動画作業の能率向上を目的としていたが、他のパートへの影響を鑑み、全パートに対して能率や技術の高い者に賞金を与えるものとなった。

セクションごとの現場職員の反応については後述するが、褒賞制度は、個人作業として能率の高さを算定しうる動画課および仕上課に「能率賞」を、集団作業性の強い美術課、技術課、CM制作課に「技術賞」を与え、それぞれ賞金を出す形で実施された。結果として前者への支給金額は、後者へのそれを大きく上回り、セクション間に大きな不平等感を生む原因になった。さらにアニメーターが出来高制に近い、作業量に応じた賃上げを求める根拠にもなっていった。

テレビシリーズ制作が始まると、さらなる増産に対処するため、東映動画はその制作に従事する社員に、時期によって給与の四〇～六〇％の基準外賃金を付加した[*60]。これは一時期、一定のみなし残業代として説明されていた。さらに出来高による付加金が生じた時期もあり、条件に該当する社員アニメーターの収入は激増した。

細部の記述はまちまちながら、この時期についてのアニメーターの回想は数多い。小田克也は次のように述べている。

六三〜六四年はテレビ・マンガの黄金時代で、確かにアニメ業界は技術者不足から、さしずめアニメーターを金の卵とばかりもてはやした。アニメーターのデスクのまわりを職制が掃除したり、事務屋がとんできて鉛筆を削って呉れたり、ビタミン剤を配ってきたり漫画みたいな事がまかり通ったりしたのである。給料の他に基本給六〇%増額＋出来高＋残業と付加されたので社員アニメーターは笑いが止まらなかった。だからその恩恵に浴さない事務や他のパートの社員は面白かろう筈がない。残業代等つかない職制は勿論のこと、アニメーターばかりがいい思いをしやがって――という妬みは、この時からかなり深く鬱積していたのではないかと想像できる。さすがにその事を察知した会社は、社内への悪影（ママ）を憂慮して出来高等のアメ玉をアニメーターから取りあげてしまった[*61]。

褒賞制度の時期からあったセクションごとの不平等感に加え、ここでは配属される現場による賃金格差も生じた。六三年に入社したアニメーターの宮崎駿は以下のように述べる。

（前略）社員班でテレビ短編やると四〇パーセントよけいについたんですよ、給料の。残業代の先払いという感じだったんですが、残業しなくても四〇パーセントついたんです。そうすると、すごいでしょ、二万円だったら八千円つくわけだから二万八千円。さらに既定枚数を越えると出来高がつくんです。一枚五〇円ぐらいだったかな、いま一五〇円くらいですけど。だから時ならぬ札たばが舞ったんですよ（笑）。

（中略）

札たばを追うやつはひたすら追うし、追わないやつはそれを「なんだあいつは」なんて冷ややかに見て、腹をすかしているという状態になっちゃった[*62]。

職員の不満や労働組合からの批判に対応するため、東映動画は間もなく劇場用長編やCMの制作に従事する社員にも、基準外賃金などの支給を検討せざるをえなくなった[*63]。これまでとは全く違う体制で進まざるをえないテレビシリーズ制作にあたり、会社側はともかく納期に間に合わせるため、当該のアニメーターに対し高給を支払うことで対応しようとしたが、それはかえって社内の不平等感をあおる結果となり、やがて全社的な人件費上昇をもたらしたのである。

結果として四〇%の基準外賃金支給は、六五年六月一六日の年度昇給実施日に廃止された。以降、テレビシリーズ制作への従事者にはノルマ消化率に基づく褒賞制度が再開された一方で、CMおよび長編制作の現場では、基準外賃金と褒賞制度の双方が撤廃された[*64]。また高畑勲の証言によれば、ほぼ同じ時期に演出の担当料が、月々三万円からテレビアニメ一本三万円へと改められた[*65]。これは月に一本以上の演出を担当しない限り、事実上の賃金の低下を意味した。

社員アニメーターがテレビシリーズ制作に従事することで厚遇を受ける時期は、二年も続かなかった。そしてこの転換は、一部の社員に契約者への切り替えを応諾する要因としても機能したのである。

さらに六四年以降は、社外への発注も積極的に進められるようになった。まず、後に『宇宙パトロールホッパ』となるテレビシリーズ第三作の企画とアニメーション制作で、漫画家の吉田竜夫らがマンガ制作のために設立していた竜の子プロダクションと、企画や制作実務の発注のため提携する動きが見られたのが、この頃だった[*66]。さらに六四年から六六年にかけて、ハテナプロダクションなど、作画や仕上を中心に受注する下請けプロダクションが形成された[*67]。その中には、東映動画のアニメーターが独立して発足させた会社も見られた。

アニメーターの独立の背景には、六〇〇名近い人員を抱える巨大な企業の一職員であるより、小規模でも自らの裁量に基づいて仕事のできるプロダクションを持とうとする志向があった。東映動画ではなく東京ムービーの作画を受託するAプロダクションを立ち上げ、その経営者となった楠部大吉郎(くすべだいきちろう)は、その代表的な事例だろう。楠部はいち早く、不定期採用の社員から契約者へ転換して高い報酬を得たアニメーターの一人であり、その報酬額が会社から問題視されると東映動画を去り、東京ムービーと提携して有力な作画プロダクションを立ち上げたのである[*68]。

しかし楠部のように他社と提携するための流出は別として、東映動画のテレビシリーズ制作を受注する下請けプロダクションを設立するために、給与の高いベテラン世代が独立することは、会社側としても奨励するところだった。古沢日出夫が設立した日動新プロダクションや、山本善次郎が三幸スタジオ内に発足させた山本アニメーション研究所は[69]、その一例である。日動以来の世代として高給をとる社員を、アニメーション制作の指導者として独立させて社外に作画プロダクションを形成する動きは、東映動画が社内人件費を抑制しつつし、下請けプロダクションをユニット化してテレビシリーズ制作と技術者養成の体制に組み込んだ、初期の事例だった。

このようにテレビシリーズ制作は、それまで東映動画に見られた増産のための施策を、むしろ社内人員の縮小と人件費の抑制へ向けた施策へと転換させたのだった。

テレビシリーズ制作事業の特質

①テレビアニメ受注額をめぐる先行研究の検討

国産テレビアニメの開始は、その価値判断を含め様々な説が唱えられてきた。しばしばアニメーション業界関係者によって唱えられてきた説のひとつが、虫プロダクションがテレビシリーズ『鉄腕アトム』の制作開始当初、低廉な放映権料で受託したことが、ひいては業界そのものを苦境へ導いたというものだった。これは当事者性を鑑みれば一定の主観的合理性を見出せる観測だが、近年の研究ではむしろ虫プロダクションないしその社長としての手塚治虫の判断を合理的なものとみなす議論が見られるようになっている。

古田尚輝は、手塚ら関係者の回想にある一話五五万ないし七五万円という当初の受注額が、当時の在京民放局一八時台の番組提供料とほぼ一致していることから、「極めて現実的な判断」ではないかとしている[70]。しかし『狼少年ケン』の製作費は、一クール一三話で約一五〇〇万円と報じられている[71]。これは一話あたりでは一二〇万円弱となる。

六三年一〇月一日付でのＮＥＴの時間区分による放送料金は、三〇分枠で四八万円である[72]。この基本料金に、地方局数に応じたネット料金が加算されたものが、スポンサーに請求される番組提供料になるが[*73]、先述のように報じられた製作費は、基本料金の二倍以上の高額となっている[*74]。

一話あたり一二〇万円という金額は、『鉄腕アトム』の企画段階で虫プロダクション側が提示されたという数値とも合致する。また、ＴＣＪでプロデューサーを務めた高橋茂人も、『鉄人28号』の受注額を、三〇分一話あたり一二〇万円と回想している[*75]。

六〇年代初頭にはテレビ映画製作費の上昇がおこり、三〇分もので一〇〇万円が相場で、二〇〇万円の「巨費」を投じた番組もあると報じられていた[*76]。ましてアニメーション番組は国産化以前の海外作品放映時代から五九年の民放連調査によれば、輸入番組の内容区分では「漫画」が最も多かった[77]。高視聴率による高い宣伝効果が見込めるプログラムとして、もともとアニメ番組は有望視されており、スポンサー企業や広告代理店は、一般的な番組提供料より高いコストを負担する動機が十分あったと思われる。

津堅信之は、手塚が広告代理店側の萬年社から提案された金額よりも少額の受注額を逆に提案したという証言を引きつつも、「ダンピングすることでテレビアニメを独占したい」という発想には「一定の合理性」があると述べた。また、実際には虫プロダクションの営業担当者が萬年社から一〇〇万円を上乗せした金額を受け取っていたとの証言を引用して、『鉄腕アトム』の制作事業にある程度の妥当性を見出し、さらに初期の虫プロダクションがマーチャンダイジングや海外販売による副次収入を含めて高い収益を上げ、また「経営努力」によって随時、受注額を上昇させていたと論じている[78]。

しかしこうした評価には二つの水準で疑問が残る。第一に、経営上の合理性の水準である。まず、ダンピングによる事業独占構想に合理性があるという評価には、いかにも無理があろう。事実として、同年中に同業の大手二社が、より高額な受注額で国産テレビシリーズ制作を実現させているからである。これは発注者側が提示した金額より少額での受注を提案する経営構想の非合理性を浮かび上がらせていよう。

もとより虫プロダクションは、言うなれば小規模な独立プロダクションにあたる。これは資本金の額にも明らかである。

虫プロダクションの資本金は、六四年段階で二〇〇万円であるのに対し[79]、TCJのそれはすでに二五〇〇万円に達していた[80]。代表取締役を自動車ディーラーのヤナセ社長である梁瀬次郎が務め、他の役員にも古河、三井、安田と旧財閥系の人物が名を連ねたTCJには、高い資金調達能力があったことがうかがえよう。また先述のように、東映動画も六四年には資本金を段階的に一六〇〇万円へと増資している。東急から分離したばかりとはいえ、東映も子会社の東映動画に一定の投資を行うだけの余裕はあったものと思われる。

テレビシリーズは、複数の班を編成して長期的に制作を継続できるだけの運転資金を必要とするものだから、小規模な独立プロダクションより、こうした確固たる資金的背景を持った大手企業の方が本来的には有利である。虫プロダクションの資金繰りが間もなく困難になっていったことから考えても、廉売は大手を競争によって疲弊させつつ自身の基盤をも損なうものだったと言わざるをえず、合理性を見出すことは難しい。

第二に、経営者の発言に伴う社会的責任の水準である。実態の如何を問わず、虫プロダクションが社長の公的な発言より高い受注額を得ていたとするならば、これは経営者の声明として問題であろう。アニメ番組独自の市場価格が他の番組よりも優位に決定されようとするとき、事実に反する廉売を謳い、業界全体の製作費を抑え込むことは、公益性に欠ける行いと言わざるをえない。

付言すれば、受注額の上昇にしても虫プロダクションに限ったものではなく、他社と同様の現象だから、これは虫プロダクション特有の「経営努力」というより、放送産業内における国産テレビシリーズの高い需要の持続と、物価上昇に追随した調整の結果と見た方がよいだろう。

②東映動画における雇用への影響

では東映動画においては、テレビシリーズ制作の開始は、いかなる結果をもたらしたのだろうか。

先述のように東映動画は、アニメーターを中心に高額の報酬をインセンティヴとして増産を実現し、また同業の元請け他社への人員流出を防ごうとした。これは一時的に、アニメーターの収入の増加をもたらした。

初期の虫プロダクションでも、高給を支払われていた人々の証言は複数見られる[*81]。ただし賃金問題を論ずるときには、その額面だけでなく、なぜそのような待遇がなされていたのかを検討する必要がある。虫プロダクションは既存のアニメーション制作会社の流れを組んだ企業ではないため、発足時には同業他社から経験者を招く必要があった。そしてそのなかには、東映動画を退職した若手も少なくなかった。

アニメーターの杉井ギサブローは、『安寿と厨子王丸』や『アラビアンナイト シンドバッドの冒険』といった長編のスタイルへの不満から東映動画を退社した後、手塚治虫に招かれて、虫プロダクションで演出家に転じた。また、アニメーターの平田敏夫(ひらたとしお)は、「単純に東映では食っていけなくて、虫プロでは給料を倍出すから来い」と言われ、移籍した[*82]。

さらに虫プロダクション出身の監督である富野由悠季は、入社した際に顔を見せた重役や部課長クラスの社員が、みな一様に若かったことを回想している[*83]。新興企業でベテラン職員の少ない虫プロダクションでは、東映動画とは異なり若手職員が当初から企画の根幹に携わることができ、またその移籍を促すために高い報酬が支払われたのだった。これは東映動画の職員にとっては、労働組合運動によって社内での権利を獲得するより早く、労働移動によって自らの技術が承認され、また高い収入を得られることを意味した。

増産のために多くの現場職員を必要としていた東映動画は、とりわけても高い技術を持つ職員が他社へ流出しないよう、その維持と確保に力を入れざるをえなくなった。そうした情勢下で、先述のように正社員から契約者へ身分を転換し、やがてAプロダクションを設立して独立する楠部大吉郎は、『少年忍者 風のフジ丸』で作画監督や演出を務め始めた頃のことを、以下のように回想する。

(前略)もう、原画が間に合わなくて。原画を描いた経験がある連中がいなかったころですから。それで、会社のほうからそのときの所次長だった戸上さんだったかが家まで来て、土下座して、「なんとか月に二本原画描いてくれ」って。「そんなことやったらこっちは死んじゃうから」って言ってたんだけど(笑)。こっちは作監やりながら、原画も二本描いて、もう無理だからって断るたびに原画の作画料上げてくるんですよ。「お金出してもらってもできない」って言ってるんだけど、「お金で保証する以外ないから」なんて言って[*84]。

ここで登場する戸上とは、東映の企画本部から出向して東映動画の製作部長となり、六二年から動画スタジオ所次長を務めていた戸上光男である。六四年二月一日付の人事異動では、さらに長編漫画製作部長とTV漫画製作部長を兼務する常務取締役に就任していた[*85]。

皮肉なことに楠部の場合、高賃金で仕事を依頼されたことが、自己の技量に確信を持ち、よりよい条件を求め移動していく根拠ともなった。間もなく東映動画がコスト削減の必要性から報酬額を抑制するようになると、こうしたアニメーターたちは経営方針によって待遇がたやすく変化する大企業との契約を解除し、独立や移籍を選ぶようになった。アニメーターが業界内を、条件に応じて流動する慣行が生まれ始めていたのである。

高い報酬を支払うことで技術者をつなぎとめようとする施策は、制作会社にコストのとめどない上昇をもたらした。さらに労働組合の組織されていた東映動画では、一部の職員のみに高賃金を支払う体制も批判の対象となり、低賃金に留め置かれた職員の意欲減退をもたらしたため、全社的に賃金を増額せねばならなくなった。しかしこれは間もなく限界に達し、合理化のための賃金抑制策へと転換した。

賃金政策の転換は六五年五月一九日、『狼少年ケン』の新作放映が同年八月一六日をもって終了する旨の告知とともに訪れた。

同番組終了の理由を東映動画は、従来二つの枠を持っていたスポンサーが宣伝費を削減し、製作費の支出が困難になったため、その一本化を図ったことにあると説明した。そして「交渉の過程においてスポンサー側に予算措置の見通しさえつくならば放映続行の意思が充分にあつた」として、「製作費のコスト高」を問題視した[*86]。『狼少年ケン』は六五年五月になっても視聴率が二五パーセントを超える回があったから*87、これは視聴率低下による終了ではなく、スポンサーである森永製菓の内部事情による変化だった。

当時の森永製菓が『狼少年ケン』のほかにスポンサードしていた番組は、TBS系列で放映されていた外国テレビ映画『パパとボクとで一人前』だったが、これは六五年四月いっぱいで放映を終了し、かわって五月からTCJがアニメーション制作を担当したテレビシリーズ『宇宙少年ソラン』が開始された。森永製菓は『狼少年ケン』に続いて『宇宙少年ソラン』でも、シール付きの「森永まんがココア」を販売したことから、これは実質的に、森永が新たなアニメ番組へとスポンサード先を変えた動きだった。スポンサード料金が値上がりを続けるならば、より真新しいキャラクターに乗り換え、効率的な宣伝を試みるのは、スポンサー企業としては自然なことであろう。

これに対し東映動画は、制作コストを抑制することで受注の継続をはかろうとし、さらに放映終了発表の一週間後、二六日には新たなスタッフ編成方針を告示した。ここで先述のように、テレビシリーズ制作に従事した社員に支給される四〇%の割増賃金は廃止され、「褒賞制度」の再導入が行われた。また、今後は長編の「作画職は社員を充当」し、テレビシリーズの「作画職は契約者を充当する」との原則が定められた*88。

この一連の経緯からは、スポンサー動向によって容易に体制が動揺するテレビアニメ制作においては、固定給の社員より、作業量に基づき報酬を支払う契約者を用いる方が適切だという判断がなされたことがうかがえる。社員への一律割増賃金の廃止と「褒賞制度」への復帰を含め、個々人の作業量に応じた報酬の増減によるインセンティヴの提示と、コスト抑制とが両立され、受注の不安定性は雇用の不安定性によって賄われたのである。後年、東映動画は指名解雇・解約に関する労使間裁判の準備書面で、契約者制度導入の「経営的な理由」について、受注額の低廉さとともに、以下のような点を陳述している。

(前略) 長編漫画の場合は東映という比較的安定した配給市場があつたが、テレビ漫画の場合は一つのシリーズにつきテレビ局と契約が成立してもこれが終了した場合は次のシリーズにつき契約できるという保証が全くないという不安もあった。これらの要請に応じて導入されたのが契約者制度である[*89]。

これは東映動画が本社から直接受注する劇場用作品の制作事業と、スポンサーやテレビ局などの情勢が関わるテレビシリーズ制作事業との性格の違いが、雇用形態に大きな影響を及ぼしていたことを端的に裏付ける証言と言える。

③プロダクション工程の外部化へ

テレビシリーズ制作体制の動揺はさらに続いた。『少年忍者 風のフジ丸』が同年八月に放映を終了すると、放映中のテレビシリーズは『宇宙パトロールホッパ』から改題した『パトロール隊 宇宙っ子ジュン』一作のみになった。一一月には新シリーズ『ハッスルパンチ』が始まったが、同月に『パトロール隊 宇宙っ子ジュン』が終了したため、しばらく東映動画制作のテレビシリーズは一本のみの時期が続いた。週二本体制への復帰は六六年春のことだった。

この間、東映動画が手をこまねいていたわけではなく、六五年一〇月にはすでに「レインボー艦隊」という企画が、放映が決まらないままになっていると報じられていた。これは後の『レインボー戦隊ロビン』であろう。ここでNET側のプロデューサーである宮崎慎一は、「制作費が高いと、スポンサーもそう金は出さない。プロダクションとしては、いろいろの方策を考えるが、結局はコストダウンに結びつく」ため、これが質の低下をもたらすとし、「ダンピング合戦が、これからはこわいことです」と述べた[*90]。なお、この時点で三〇分枠の白黒テレビアニメ製作費は二三〇万円程度とされており、業界全体での増額がうかがえる。また、この時期にはカラー作品も登場してきており、さらなるコスト上昇がもたらされていた。

ここで、やはりこれまでに唱えられてきたひとつの説を検証したい。池田宏は東映関係者の間で聞かれた話として、当初のNETと東映の資本関係が維持されていれば、局と制作会社の構造的な力関係は現状と異なるものになっており、受注額なども今とは違っていただろうとの見解を紹介している[*91]。これは、新興のテレビ局と、その開局に出資した東映との現場での力関係や、当時におけるテレビと映画の社会的ステイタスの格差の中で作品を制作していた関係者たちの実感としては首肯できる。しかし資本関係によって、制作会社に有利な受注額を設定するようなことは、難しいと言わざるをえない。

仮にNETが、東映との力関係から他局より高い金額で発注を行うならば、代理店ないしスポンサー企業にも、より高い料金を求めざるをえない。しかしそうなれば、『狼少年ケン』終了時のように、スポンサードは他局の廉価なアニメ番組へと移されるだろう。にもかかわらず東映がNETから、業界一般の慣例よりも高い金額を受け取っていれば、これは立場を利用して不当な取引を行ったことになる。実際、大川博が一時期務めたNETの社長を辞任せざるをえなくなった要因のひとつには、旧作劇映画のテレビ放映権を、相場より高い価格でNETへ販売した疑惑があった[*92]。東映が立場を利用して、他社より高いコストを局やスポンサーに強いることは、実現性に乏しい。

以上のような、テレビ局やスポンサーとの関係を踏まえると、B作製作開始を宣言した大川の六六年年頭あいさつにも、別の側面が浮かび上がる。「スポンサーの関係でいろいろのゴタゴタもある」テレビシリーズを二シリーズとし、その代わり長編を年間二本製作するという方針への回帰は、東映単独の意向で業務を発生させうる劇場用作品の発注により、東映動画の制作体制を安定化させる目的があったのではないだろうか。

結局のところ東映動画は、親会社とその関連会社であるテレビ局の需要に合わせて作品を供給しつつ、その制作原価の抑制をはかるしかなかった。しかし東映動画がとった、テレビシリーズ制作への契約者の投入による人件費抑制策は、十全には機能しなかった。NETからの受注本数が安定しない一方で、一時長編制作を中断したがゆえに、遊休化した社員の労働力をテレビシリーズへ投下せざるをえなくなったからである。特に『ハッスルパンチ』には、多くの社員アニメーターが参加している。

『ハッスルパンチ』の原画クレジットを見る限り、そこに示された社内と外注先での人員数の違いは歴然としている。社内制作の回では原画が六〜七名クレジットされたのに対し、外注制作の回では二名程度が常態だからである[93]。これは内製と外注のコストの差として表れたであろう。

テレビシリーズ制作は、民放局特有のスポンサー動向に依存するものだったがゆえに、アニメーション制作会社ではコストダウンへ向けた不断の経営努力が求められた。設立当初、若年の新人が多かった東映動画では、全体として人件費が抑制できていたが[94]、この条件は増産のため急速に変化した。そして制作コストの上昇と、スポンサー動向によるテレビシリーズの急な増減は、社内人件費の抑制や、社員と契約者の適正な配置の徹底を東映動画に課した。こうして契約者の数が増加し、さらにユニット化された下請けプロダクションの利用が促されたことで、高賃金の職員を社内へ抱え込まない体制が定着していくのである。

演出家の増加と分化

①五九年定期採用者

長編とテレビシリーズの増産は、若手の職員に機会をもたらした。『狼少年ケン』の企画案にアニメーターの月岡貞夫のアイディアが採用されたように、当時は劇場用作品よりステイタスが低く、量産が必須のテレビシリーズは、新人たちが入社数年で演出家や作画監督へ昇格し、あるいは企画にも関わることのできる場となった。この変化について大塚康生は、以下のように述べている。

「劇場用長編」という一毛作の、一つの田んぼでしかやっていなかったところに、突如、テレビという別の田んぼが増えた。予算規模も増え、いろんな作品に人が散っていった[95]。

この大塚の発言は、アニメーターの動向について言及したものである。しかしこれは、演出家にとっても同様であった。

『わんぱく王子の大蛇退治』で演出を務めた芹川有吾を皮切りに、六〇年代には若手の演出家が台頭し、五九年に定期採用された七人の演出助手のうちでは、池田宏、黒田昌郎、高畑勲の三人が、東映の他部門へ転出することもなく、東映動画で頭角を現し始めた。

池田宏はアメリカ大使館からの受注作品でアシスタントを務めた後[*96]、六二年には同期入社の企画者である原徹とともに、永沢詢のキャラクターデザインを用いた短編『もぐらのモトロ』を完成させた。

黒田昌郎は『アラビアンナイト シンドバッドの冒険』で藪下の演出助手となり、『ガリバーの宇宙旅行』で、同期では最も早く劇場用長編の演出を務めた。ただし同作以降は東映動画を退社するまで、B作を含め劇場用作品を手がけることはなく、テレビシリーズの演出家を務めた。

高畑勲は『わんぱく王子の大蛇退治』で、矢吹公郎とともに芹川の演出助手を務めた。なお、高畑自身が芹川に師事したことを強調していることは興味深い[*97]。これは後述する「演出中心主義」の確立に、大きな影響を与えていよう。

五九年の定期採用者以外では、『西遊記』で手塚を招くアイディアを出した白川大作が、そのまま演出助手を務めた。白川は六一年には月岡貞夫とともに短編『ねずみのよめいり』を完成させ、六三年には長編『わんわん忠臣蔵』を演出した後、企画者となった。

五九年の定期採用者を中心とする演出家陣は、しばしばアニメーションの独自性を、主題や表現の吟味を通して追及した。たとえば彼らの手がけた短編の『もぐらのモトロ』や『ねずみのよめいり』は、いずれも簡素化されたキャラクターのフォルムや色彩感覚を採用した作品だった。これは『わんぱく王子の大蛇退治』と共通する傾向と言えよう。ここには六〇年前後に顕在化した若手の演出家たちの、同時代的なアニメーション表現を追求する志向がうかがえる。

五九年の定期採用者は、世界の多様なアニメーションに関心が寄せられた時代に、それが絵の動くたわいない児童向け娯楽ではなく、作家の芸術表現や社会思想の発露の手法たり得ることを自覚し、その可能性に賭けて東映動画への入社を選択した人々だった。池田は大学在学中、ネオレアリズモへの関心を抱いており、牛原虚彦から東欧の短編アニメーションを紹介されたことをきっかけに、アニメーションの演出を志した[98]。黒田はミュージカルを手がけることを志望していたが、『ファンタジア』を見てアニメーション演出への道を選んだ[99]。そして高畑は、フランスの長編作品である『やぶにらみの暴君』によって、アニメーション映画が現代的な思想を詩的に物語る媒体たりうることを強く意識し、東映動画の定期採用に応募した[100]。

彼らの基層にはまた、人文的素養に基づく思弁性が備わっていた。池田は日本大学芸術学部映画学科を、黒田は早稲田大学第一文学部を、高畑は東京大学文学部仏文学科を、それぞれ卒業している。大学進学率が一〇％以下、男性に限っても一三〜一五％程度の時代である。いずれも、ごく限られた知的エリート層だったと言えよう。彼らにとってアニメーションという技法は、それ独自の表現を模索すべき対象であり、それぞれの関心から探求が行われ、活発に議論が戦わされた。池田は次のように述べている。

　夜遅くまで、会議室の大きなテーブルの上に横に寝そべって議論が始まり、お互い激高、興奮してブルブル震えながら、「大きな声の方が勝ち！」といった状態がよく繰り返されましたが、ある時からピタッと激論はなくなりました。パクさん（引用者註：高畑勲のニックネーム）は「ここまで頑固でしつこいやつとは！……」と考えたのでしょうが、私は「同じ話題でも、何時も新しい論拠を勉強してくる恐ろしい奴だ！敵わん！」と。敢えて議論になりそうな話題は、お互い避ける様になったのです[101]。

やはり同期の原徹もまた、高畑との議論について回想している。

　東映動画に入って、高畑さんと机が横だったけど、彼は「絵が描けないで演出は成立する」と言うんですね。私は「成立しない」と言う（笑）。絵が描けなくて、どうして演出ができるのかと二人でやり合っていたら、山本善次郎さんが「おまえたちは議論しに会社に来てるのか」と。毎日毎日、議論していた(笑)[*102]。

こうしたアニメーション表現をめぐる思弁的姿勢や人文的な素養、そして問題意識は、間もなく彼らが手がける作品群に表れた。

黒田の『ガリバーの宇宙旅行』は、主人公の貧しい少年・テッドが、忍び込んだ映画館で「ガリバー旅行記」を見るシーンから始まる。見つかって館を追い出されたテッドは、「青い希望の星」を探してガリバー博士と宇宙旅行へ出発する。そして、たどり着いた紫の星で、自分たちの作ったロボットに青い星を追い出されたという人々と出会い、彼らの星を取り戻すために戦う。

自ら築いた高度な文明に疎外された紫の星の人々の姿は、彼らにテッドが聞かせた地球の現状と重なる。そこで流れる「地球の歌」の歌詞には、都市の過密化や原水爆実験、騒音公害や貧困といった社会問題が織り込まれており、青い星で起こったことが、決して他人事ではないことを示す。

本作は、テッドが地球で目を覚まして早朝の道を歩きだすシーンで終わる。それまでの冒険が全て夢だったかのようなこのラストはしかし、アニメーション映画自体が虚構の産物であることを考えれば首肯できる。映画すら満足に見られなかった少年が、夢の中の冒険で希望を取り戻す本作は、アニメーション映画という絵空事が、いかなる力を現実に対し持ちうるのかという、メタ映画論的な構造を伴っていた。そして夢を通して提示された文明批評的な視線は、まさにアニメーション映画の社会的寓意性を示すものだった。

アニメーションによる現実への応答を問う姿勢は、池田の『空飛ぶゆうれい船』に表れた、軍産複合体とコマーシャリズムへの批判や、『どうぶつ宝島』の初期案にあったという、ヨーロッパ史における国家権力と海賊の関係の描写[*103]、そして後述する高畑の『太陽の王子ホルスの大冒険』にも共通している[*104]。これは素朴な社会反映論によって評されるべきものではない。アニメーションは彼らにとって、虚構を通した異化作用により、現実と切り結ぶ手段だったからである。

②撮影所からの移籍者

六四年に東映動画へ入社し、後に演出家となった葛西治は、六〇年代を通して劇場用作品とテレビシリーズの制作を主導した演出畑の先達たちを、五九年の定期採用者を中心とした東映動画育ちの人々と、撮影所からの転籍者とに大別して捉えている。葛西によれば前者は「学究肌で純文学青年的」で、アニメーターや美術デザイナーたちと勉強会を開いていたのに対し、後者は「勉強というものは非常に個人的と認識している傾向」があり、「むしろいかに自分の作品のために骨を折ってくれるスタッフをねぎらうか、ということを考えて」いたという*105。

では、この撮影所からの演出家の転籍は、いかに進んだのだろうか。

創立一〇周年の六一年、大々的な新卒定期採用を行った東映は、同時期に経営難に陥った新東宝からの移籍を含め、その従業員数を増加させていた。また、配給系統の新設による配収増を目指した第二東映の構想のもと、劇映画のさらなる増産への対応がはかられた。しかし第二東映は、新東宝系統であった劇場を主要な市場としたため集客力が小さく、従来の東映の営業ルートや信頼性をもって劇場を確保するほかなかった。とはいえ第一東映と同じ劇場で二元興行を行えば双方の興収が目減りすることになるため、配給系統を二分した意味自体がなくなる。こうして六一年一一月に「ニュー東映」と改称した第二東映は、同年九月から一二月までに、元の東映の配給系統へ再統合された*106。すでに映画観客の動員数は減少に転じており、配給系統の整理と映画製作本数の減少は、撮影所を中心に余剰人員を生み出す要因となった。とりわけ六〇年代初頭に採用された新人たちは、未だ各部門で専門的技能を習得する以前から雇用不安に見舞われ、これが撮影所での労働運動高揚の基盤ともなった。

有価証券報告書によれば、東映の従業員数は六三〜六四年にかけて減少に転じている。これは事業拡大の途上で発足していた様々な傍系子会社への出向によっても賄われた。そして六五年夏に開始された「新体制確立運動」では、東西両撮影所の人員削減のため、独立採算・独自営業の原則に基づく子会社の「東映東京制作所」「東映京都制作所」が設立され、配置転換が実施された[107]。

映画の制作本数も六二年以降は一〇〇本を割り込むようになり、助監督たちは監督への昇進が難しくなった。しかしテレビシリーズと長編の増産を試みる東映動画ならば、アニメーションであっても演出家になる機会が与えられたため、大泉や太秦の撮影所で助監督経験を持つ人々が随時流入してきた。

なお、同じ六〇年代前半には、助監督以外にも撮影所から様々な人々が異動してきている[108]。この中にはカメラマンや編集者、ボイラー技士などの専門的技能者だけでなく、俳優から制作進行に転業したものまで含まれた[109]。こうして東映動画は、人員縮小策をとる撮影所から多くの職員を受け入れ、六四年には六〇〇名近くを抱え込んだ。

撮影所出身の演出家たちが、アニメーションを専門とした演出家たちとは異なる感覚をもたらしたことは確かだった。初期の東映動画の長編アニメーション映画では、想定されたカメラ位置はしばしば横水平のフィックスで、そのフレーム内でキャラクターが移動する演出が主だった。しかし芹川の『わんぱく王子の大蛇退治』では、あおりや俯瞰のショットが効果的に用いられていたし、テレビシリーズでもキャラクターへのフォローパンなどのカメラワークを含め、フレーミングやレイアウト自体が演出上の意図から明確に用いられるようになった。こうした技法はキャラクターの動きによらずして、特にドラマ性を高める画面構成の方法論へつながった。

芹川がそうだったように、それは作画枚数の削減にも寄与した。京都撮影所の助監督から東映動画へ異動した勝間田具治（かつまたともはる）は、あおりの画面を上手く描けるアニメーターが、社内より貸本劇画などから転業した人々を抱えていた下請けの作画プロダクションにいることに気づき、彼らを積極的に利用した[110]。それは演出意図の貫徹を目的とした方針だったが、同時に印象的な静止画を利用することによる作画枚数と制作原価の圧縮にも寄与した。

東映動画で採用された演出家たちによるアニメーションの独自性の考究と、撮影所から転籍して来た人々による実写の方法論の応用とは、まったく乖離していたわけではなかった。先述のように高畑勲は、芹川有吾を「師匠」と仰いでいたし、撮影所出身者から絵コンテのチェックを受けることもあったからである。

また池田宏は、隣接する東京撮影所から受けた刺激について回想している。当時、東映動画スタジオの東側には東京撮影所のオープンセットがあったため、撮影の様子が社屋の上層階からうかがえ、実際にセット内に入って見学することもできた。東映動画の発足と並行して行われた東京撮影所での現代劇の企画強化と、それに伴う内田吐夢や関川秀雄といった監督の招聘は、池田にも強い刺激を与えた[*111]。

東映動画へ実写の監督を招いて長編の企画が進められた事例も見られる。『安寿と厨子王丸』では、ライブアクションや役の解釈などについて、田坂具隆(たさかともたか)らが演出協力を行っている[*112]。また、内田吐夢を招いて「鳥獣戯画」や「竹取物語」の企画が検討されたこともあった[*113]。

アニメーション表現の多様性の認識と実写の方法論の流入は、同時期に多方向から東映動画の若手職員を刺激した。その中で演出家としてのキャリアを積みつつあった世代の人々は、やがてアニメーション制作における演出の意義自体を刷新する役割を果たすようになる。

「演出中心主義」の成立

虫プロダクションやサンライズなどで演出家を務めた高橋良輔は、演出家の描く絵コンテが「作品のトータルイメージ」や「ディテールの作り込み」の根拠になっており、これにより「あらゆるパートが統一イメージをもって作業に掛かれる」ため、「制作スケジュールの管理にも大いに寄与」したと述べる。そして統一イメージが提示されることで、「絵コンテひとつあればスタッフが同じ場所に居なくても自分のやるべきことが理解把握できる」ため、これは「『外注システム』の確立においても大いなる助けとなった」としている[*114]。演出家が絵コンテを精密に描くことは、作品の質的な統一とともに、管理体制にも親和していることになる。

東映動画でもテレビシリーズ制作の開始と外注体制の確立に伴い、絵コンテと演出家の重要性が向上した。歴史的に見れば、専業演出家がアニメーション制作の中心となり、独占的に絵コンテを描くことは決して自明ではなかった。二〇世紀前半の日本でアニメーション制作を始めた作家たちの多くは、画家や漫画家など絵を描く職業人としての経歴を持っており、演出家である以前にアニメーターであるだけでなく、しばしばカメラマンでさえあった。ストーリーや宣伝すべきテーマを動く絵によって表現しようとするならば、アニメートや撮影の技術が必要不可欠であり、これに精通したものが結果的に、演出も務めていたと言える。

戦前から商業ベースでのアニメーション制作を積極的に行った作家の一人である政岡憲三が、後半生に教本としてまとめた『政岡憲三動画講義録』が、主として作画技術の解説を行っており、演出そのものについてあまり触れていないことも示唆的である。アニメーション制作における作画の意義は認識されていても、演出独自の意義は見出されておらず、それはメインアニメーターの職務に付随した業務と考えられていた。

しかし劇映画の製作会社である東映の子会社として発足した東映動画の長編制作では、メインアニメーターとは別に演出家が置かれた。先述のように、初期の長編で演出を務めた藪下泰司はアニメーター出身ではなく、教育映画の演出を務めた経歴があった[*115]。

とはいえ藪下の役割は、主としてアニメーターたちの様々なアイディアをひとつの作品内に構成することだった。大塚康生によれば『白蛇伝』や『少年猿飛佐助』の制作工程は、原画を担当するアニメーターの大工原章、森康二が藪下と打ち合わせて、ラフな原図からイメージボードや絵コンテを作成する「アニメーター主導」の体制だった[*116]。

藪下が後年に執筆したアニメーション制作の概説では、脚本とストーリーボード作成との間に「演出コンテ」なる工程を置いている[*117]。ここではアニメーターや背景美術、カメラマンや企画者、時には制作進行や作曲家も含めて、作品に関する集団的討議が行われ、キャラクターの設定や色彩設計などを含む基礎部分が決定される。この後、さらにストーリーボード作成でより詳しく各シーンの集団的検討が行われたうえで、ようやく演出家が絵コンテをまとめる。したがって藪下によれば、絵コンテの工程で行われるのは、それまでに決定された造形要素に対し、タイミングやカメラワークなど「映画として重要な時間要素」についての決定だった。こうした工程を経ることで、演出の内容は演出家が全てを統括するものではなくなる。確かにアニメーターは絵コンテの指示に従って作画を行うが、その絵コンテにはすでにメインアニメーターの意図が影響を与えているのである。

演出家に対するアニメーターの優位性は、後続世代へ劇場用長編の演出家が引き継がれても残存した。『ガリバーの宇宙旅行』で入社一年目の新人アニメーターだった宮崎駿が、ラストシーンに改変を加えるアイディアを提案して実現したことなどは[*118]、宮崎個人の資質以前に、こうした慣行の遍在を示すエピソードとして解せよう。

組織上の慣行でも、初期の東映動画では演出家が作品制作の根幹に置かれているとは言い難かった。もとよりシナリオライターや声優、音楽家といった社外の作家や演者を選定するのは企画者の職掌であり、演出家は企画者の許可を得たうえでの絵コンテ段階におけるシナリオ内容の改訂や、アフレコ時の演技指示などが許されるにすぎなかった。

企画者はまた、まず作画監督を指名し、そこから二者協議のうえで演出家を決めていた。たとえば高畑勲が、後に『太陽の王子ホルスの大冒険』となる劇場用長編の演出を打診されたのは、先に会社側から作画監督を依頼されていた大塚康生の希望によっていた[*119]。また七一年春公開の『どうぶつ宝島』でも、池田宏は作画監督の森康二から、スティーヴンソンの「宝島」を題材とする企画への誘いを受けたと述べている[*120]。東映動画の長編企画体制では、七〇年代初頭に至ってもなお、メインアニメーターが演出家に先行する構造が見られたのである。

しかし、こうしたアニメーター優位の集団討議方式は、放送日に合わせて短期に作品を完成させねばならないテレビシリーズ制作の現場で崩れ始めた。後述する演出家の懲戒をめぐる労使紛争において、高畑は同僚の擁護のため組合員として労働委員会の証言台に立ち、アニメーション制作における演出家の職務の実態とともに、絵コンテが重要かつ根本的な役割を果たす「演出中心主義」が成立しつつある現状を説明した[*121]。

少しわかりにくい気もしますけれども、動画映画というのは非常に人の手をたくさん経て作らなければならないわけです。できるだけスタッフ間の意思統一をはかっていろんなことについて話し合ったり、いろいろ検討し合ったりしながら進めていくのが本来の仕事なわけです。ところがテレビ短篇というのは歯車が回転するみたいなもので次から次へと来るし、それを期日までにあげていかなければならないわけですから、そういうふうな時間がとれないわけです。演出が絵コンテを作ってあとは流れ作業に任せるというような形になるので、その場合にほかのスタッフが、たとえばこうしたほうがいいんじゃないかというようなことをなかなか許されなくなって、演出が全部決めてしまってそのとおりやってもらう。それが演出中心主義です。

さらに審問の後半では、東映動画の管理部次長だった登石雋一（といししゅんいち）が、証人である高畑にいくつかの質問を行った。ここで登石は、演出家の企画者に対する優位性があるか否かを確認している。

登石　そうすると、演出中心主義という表現もあるんですけれども、それは演出者としてはむしろ権限としては企画者等より上であって——

証人　必ずしもそうは思いません。

登石　全部が演出が中心になっていくのだという理想形を言われたわけではないんですね。

証人　演出中心主義というのは仕事の実情で、仕事の進み方の上でそうなっているということを言っているのであって、決してぼくの理想形を言っているのとは全然違う。そうなってきているということですね。演出が中心であるとはほんとうは思っていません。

ここで高畑はテレビアニメの制作上、スケジュール管理に合理的な体制として演出が中心にならざるをえない「実情」が出来したのであり、それは必ずしも自身の理想ではないと述べている。また別の質問に対して高畑は、演出家が行う絵コンテ作業がシナリオ執筆期間と作画期間の間にあるため、スケジュール的にはむしろそれらに従属しており、決してアニメーション制作が演出家の意思によって主導されていないことを強調してもいる。この実情のもとで演出家は、アニメーション制作の主体というより、企業による管理の対象だった。

作画枚数削減のため、既存カットの兼用も勧奨された。高畑証言では、これがバンクシステムとして解説されている。同一のカットを毎回利用することを前提として作画する手法は、テレビシリーズの開始後、すぐ定着したわけではない。バンク素材の運用は、当初からそれを兼用することを前提とした、絵コンテ段階での作画指示と、その中間成果物を厳密に整理し管理する体制を必要とする。したがってここでも、演出家の工夫と指示が、コスト削減のための重要な役割を果たした。

ただし「演出が絵コンテを作ってあとは流れ作業に任せる」工程への変化は、演出意図をアニメーターに浸透させる演出家自身の自覚や創意工夫と並行して進んでいた。そこには六〇年前後の日本映画界におけるヌーヴェルヴァーグ受容と、それに基づいた監督主義の認知があった。

東京撮影所での撮影風景から刺激を受けたと語った池田宏は、同期の黒田や高畑と同じく、画家や漫画家ではなくアニメーション映画の監督を志望していたのであり、絵を描くことはできても描画の専門家ではなかった。このため自分より作画力に優れたアニメーターに自身の意図を伝えようとしても、アニメーターが独自の解釈や発想に基づいて作画を行ってしまう問題を抱えていた。したがって池田は多くの写真資料を収集し、動きのイメージ自体を示すようになっていった[*122]。アニメーターが自身の解釈や得手とする描き方を優先することなく、演出の指示に基づいて画面構成を行うことを求める志向は、先述の勝間田のそれとも共通していよう。

背景原図制度の再考も、演出意図の貫徹という観点から考えられた。背景原図とは、分業で作画されるキャラクターと背景の位置を前もって合わせるための工程で、当初は美術が受け持っていたものが、やがて原画家が担当カットごとに作成するものになった。このため担当者ごとの力量や感覚によって絵コンテ指示の再現にはバラつきが生じがちで、画面構成はアニメーターの裁量に依存していた。そのうえ、原画家が背景原図を兼担する工程上、そのチェックは原画作業完了後となるため、スケジュール上リテイクが困難だった[*123]。

後年、東映動画を退社した高畑は、『アルプスの少女ハイジ』でレイアウトマンが原画に先行して専門的にレイアウトを作成する集中管理制度を導入し、演出意図を各工程へ浸透させた。これは指示を明確化することで、質的低下やリテイクによるスケジュール遅延を防ぐ手段ともなった。この発想は高畑が、劇場用作品だけでなくテレビシリーズにおいても、演出意図が明瞭に伝達され、完成された番組にそれが表れるべきと考えていたことを示していよう。

このように見ると東映動画における「演出中心主義」とは、とりわけテレビシリーズ制作の限られた枠組みからくる厳しい要請と、演出家自身が作品の質的統一を司ろうとする明確な自覚との間で、危ういバランスの上に生み出されたものだったと言える。テレビシリーズ制作のために合理化された体制の中で、皮肉にも演出家はアニメーターより優位に立ち、中心的役割を果たすようになった。これは必ずしも演出家がアニメーション制作を統括して企業に対し優位に立つことを可能にしたものではなく、むしろ芹川や勝間田の演出に見られたように、時として商業ベースでの制作体制の合理化に寄与するものでさえあった。

この傾向は池田の手がけた劇場用作品にも見られた。B作『空飛ぶゆうれい船』で作画監督を務めた小田部羊一は、池田からの指示に「手間のかかるフルサイズを避けて、アップ中心の設計」をすることや、「意図的に過程を見せない」「結果芝居」といった簡略化の演出が明示されていたと回想している[*124]。キャラクターの説明的で細かい動作を省くことで、作画枚数の削減が試みられたのである。そして次に池田と小田部が手がけたA作『どうぶつ宝島』では、池田の依頼により、小田部が波の動きを簡略化するデザインを考案した。簡略化は、画面の質的な底上げと統一をはかる手法であったと同時に、僅かでもアニメーターの手間を省き、スケジュールの短縮による作業リソースの調整をはかる手段でもあった。「演出中心主義」の成立は、演出家がアニメーターより優位に立って作品を構成することを可能にしたが、同時にその意図は、企業の経済的合理性によって、強く拘束されたのだった。

労使関係

「実力主義」と労働組合

先述のように、増産のため導入された褒賞制度には、動画労組から懸念や批判的意見が表明されていた。しかしその具体的な議論の結果はセクションごとにまちまちだった。動画課では、「制度としては反対」だが「制度の内容を有利に変えること」ができるならば「賃金と考えることによりもらえるものはもらおう」という意見が主流を占めた。また仕上課も、「会社が呉れるなら有利にもらおう」という方針だった。一方で技術課は、「技術の判定が明示」されておらず、また実際それはしにくいことから「全員反対」を表明した。美術課は、「個人の仕事ではなくグループの仕事だから判定しにく」く、このままの制度ならば反対だが、個人ではなくグループ全体でならばもらうとした。そしてCM制作課は、「褒賞でなく給与として出して欲しい」と表明し、さらに業務がスポンサーとの関係で成り立っていることから、判定がしにくいとして「全員反対」の立場をとった。そして企画者や制作進行は「作品の質が落ちる」「演出および進行の労働強化になる」「組織が分裂するのではないか」といった要因から、全員が反対した*125。

全体として制度への不信感を共有しながらも、「もらえるものはもらおう」という意志が作画職に共通してあったのに対し、業務の集団性が強い部署では、個人に褒賞を出すことへの拒否感が根強いことが分かる。また企画者や制作進行が、制作体制全体を俯瞰した原則的立場から反対していることは注目に値しよう。

結果として、動画課と仕上課には、褒賞金が能率賞という形で個々人へ支払われたが、美術や技術、CM部門には技術賞という形で、部門ごとに一括して支払われたものを頭割りする形がとられた。このためアニメーターの収入の上げ幅が圧倒的に大きくなり、不平等感が醸成された。

褒賞制度への疑念自体も持続した。アニメーターからは、「一枚の絵としての『むずかしさ』」と「アニメーションとしての『むずかしさ』」には違いがあり、個々のアニメーターが担当するカットの質や指示内容ほか、複雑な実態を加味しない評価は不当として、一見すれば技術的評価よりも基準が明確に見える能率への褒賞が、妥当とは言えないことが指摘された。また演出家からは、アニメーターの仕事が機械的になるのではないかという危惧に加え、枚数をこなすことだけが追求されるとリテイクが出しにくくなり、原画も手すきをなくすことに追われて指導不足に陥ることで、結果として作品の質が低下するのではないかという懸念が表明された[*126]。アニメーターの観点からの指摘は、褒賞基準のさらなる明確化を求めるものであるのに対し、演出部門からの指摘は、より根底的な批判と言える。

褒賞制度に反対したにもかかわらず、結果としてこれを受け入れざるをえなくなった理由を、動画労組は「この制度がアニメーターの側に技術を認めよと云う、質或いは量の評価を要求する声が、近来にわかに高くなつていることに起因」すると分析した[*127]。つまり、アニメーターが賃上げの要求を行う際、その根拠として技術の高さを用いてきたことの陥穽が、そこに見出されたのである。

契約者への切り替えが本格的に勧奨され始めると、動画労組は映画界特有の「監督や俳優のように自分の顔や個性、才能等が主な商品になる」「スター的な労働者」を一般労働者と切り離して高賃金を支払う「スターシステム」として、これを問題視した。そしてごく限られた「スター」としての契約者の存在は、一般職員の低賃金と表裏一体のものであり、雇用形態が複雑化して労働者側の統一がとれなくなれば、労使交渉力も弱まるだろうと考えられた。

スターシステムは形としては、スター以外の労働者にとつて「俺も将来うまくなつてあんなに高い給与をもらうんだ」という具体的な希望の位置を示し、これによつて現在の低賃金をゴマ化し搾取を強めるという方法です。このためきわだつて高い賃金を支払いますが、そのかわり何時でも切れるように不安定な形〈契約〉にしておくことが同時に行われています。ですから映画界はこのスターシステムと臨時社員というやはり不安定な雇用形態という二つの悪条件によつて統一がむずかしく、したがつて力関係のうえで労働者の方が弱められていた。それが低賃金の本当の原因だつたのです[128]。

現在でもしばしば見られる、アニメーターは将来的に実力が付けば収入も上昇すると強調して現状を等閑視しようとする論理の問題性が、ここですでに明瞭に批判されている。

しかし契約化による賃金上昇は、会社側の合理化策であると同時に、特にアニメーターのような個々人の査定がされやすい職種では、否定しがたい魅力を持っていた。「技術を認めよと云う、質或いは量の評価を要求する声」は、その顕著な表れだった。アニメーターの承認欲求は、賃金という生活に関わる条件と絡まりあうことで、むしろ契約者への転換を受け入れやすい志向を顕在化させた。

特に不定期採用のアニメーターは、この頃には家計の維持を考えざるをえない二〇代後半から三〇代に達しており、労働運動によって少しずつ賃上げを達成するより、自身の技術を会社に認めさせ、個人的な収入増を確保することの方が容易かつ手早く見え始めていた。六三年九月までに、ある原画家が契約者になったことについて、動画課の職場討議では以下のような見解が出された。

（前略）仕事の責任量に対してあまりに賃金が低い。一律要求ばかり強く出されるためにその犠牲とされ、個人の要求を各人が冷静に考えて有利に導いて行こうとするだけの幅をもつていない現在、個人的に処理したいと願うのは仕方ないことである。しかし、どうして契約にならないと金が出ないのでしようか？[129]

褒賞制度への批判に続いて歯切れが悪いのは、これらの制度が少なくとも仕事の質や量において他を圧倒する職員にとっては有利なもので、またそうしたスタッフは職場において一定の敬意を払われる存在だったからではないかと思われる。結局「何故、組合員で仕事に応じた高賃金を払わないのであろうか」という問いに対しては、「組合員で高賃金労働者がいれば一個人の待遇にとどまらず、全体的に波及をなし、高賃金要求に拍車をかける条件になることを、会社として避ける手段」として、「雇用形態の複雑化は賃金体系の複雑化と同様に低賃金への道につながる」から、「スター的な労働者を組合として守る闘いが必要」であり、技術・能力の査定を受け入れつつ、組合が賃金体系のヴィジョンを把握する必要があるとの方針が示された[*130]。これは技術や能率による「適正な」給与格差の体系を、組合側が検討する方針ともいえる。しかし、こうした査定条件の体系化が困難なことは、褒賞制度の段階ですでに明らかだった。

低賃金から脱するための契約者への切り替えが止まることはなく、労働組合の構成員からも契約者化するものが続いた。また、組合の職場規制から脱するために契約者に切り替える場合もあった。個々人の作業が明確化されており、またワンカットの作画作業を途中で区切って行いにくいアニメーターの場合、時間外労働の拒否や時限ストに応じ難い側面があったからである。後述するように、会社による就業時間の管理が有名無実化していく中では、労働組合の職場規制だけが労働強化を意識化させる役割を伴っていたが、この規制への忌避感こそ、アニメーターが契約者化を選ぶ一因だった。会社による管理を嫌うのと同じように、組合による職場規制も忌避されたのである。

さらに正社員採用が停止されると、以降は契約者のみが増えることになったため、総従業員中の契約者の割合が増加していった。契約者の増加は労働組合の組織率低下を招き、六五年の時点で「五七〇名中三〇〇名という組織率の低さ」が問題視されるようになった[*131]。組合側は規約の変更により、契約者の加入を可能にするよう大会で提案し、その組織化は六〇年代後半の運動における焦眉の課題となった。

アニメーターの技能に対する承認欲求は、会社からしてもその査定や管理を行いがたいところがあったが、同時に労働組合が掲げる一律要求や行動にも背反する側面があった。自らの仕事を自ら管理し、それに見合った報酬を受け取るという価値観は、契約者制度と合致しやすかったのである。しかし契約者化という選択は、そうした価値観を共有しえない人々にも、会社の労務政策を通して影響を与えるものだったことを看過すべきではない。

CM部門の変遷と分離

CM部門の制作体制と業態は、劇場用長編ないしテレビシリーズを扱う部門のそれと、大きく異なるものであった。以下、この部門の位置づけや実態から確認していきたい。

東映動画の発足当初は製作部第二課がCM制作を担当し、受注は東映動画が独自に行っていた。CMやタイトルの作画を担当していた市野正二によれば、アニメーターが代理店に赴いて企画の相談を受けることさえあったという[*132]。しかし五九年八月、東映の傍系に代理店業務を行う東映商事が発足すると、窓口はそちらへ一本化された[*133]。

東映商事は、劇場用CMを製作する旺映社の時代から、東映動画へ制作を発注していた[*134]。旺映社は、五九年に東映から多額の出資を受けて東映シーエムシネマとなった後、さらに商号を東映商事と改めて営業体制を拡充した。東映は同年九月から、系統館向けサービスとして『東映ニュース』の製作を開始しており、その費用は劇場用CMの併映によってスポンサーから徴収する目論見だったため[*135]、需要が増加した。こうして東映商事は、先述のように劇場用とテレビ用を問わずCM制作を受注して、その内容により東映内の諸部門へ発注する窓口を務めることになったのである。その受注先のひとつが、東映動画の製作部第二課が改組したCM制作課だった。同課ではPR映画やCM映画、テレビCMなどの受注が増大し、売上高が年々上昇するなかで[*136]、六三年五月からは銀座の東映本社内に連絡室が置かれ、営業の促進がはかられた。

東映動画が制作したCMは、しばしば関連のフェスティバルで受賞した。後に株式会社白組の代表取締役となる島村達雄が携わった、サントリーの「赤玉ポートワイン」をはじめ、不二家の「パラソルチョコレート」、「アサヒペンタックス」、資生堂石鹸など、多くのCMが賞を得ている。また六六年には個別のフィルムだけでなく、東映動画がフジフィルムから送られる「フジ賞」を受賞した[*137]。東映動画のCM業界における地位には、確固たるものがあったと言えよう。なお、制作されたのは描画アニメーションだけではなく、人形などを用いた立体アニメーションはもちろん、俳優の出演する実写CMもあった。

短編が主となるCM制作は、初期の東映動画が短期的に収入を得られる事業でもあった。大川博は六〇年に大宅壮一との対談で、月間四〇〇～五〇〇本のテレビ用CM制作によって従業員の人件費が全て償却できていると豪語している[*138]。とはいえこれは、事業の優良性を訴えるための過大な発言の可能性がある。そもそも五九年の制作本数は、テレビCM三三一本と劇場用CM五一本、六〇年は双方合わせて五四三本とされているから[*139]、この記述は月産量ではなく年間の生産量の誤りだろう。

五七年七月から五八年六月までの一年間では、二〇〇本程度のCM制作で約二二〇〇万円の収入があった[*140]。一本当たりの受注額の相場は一〇万円強となるから、その売上高の概算は五九年で四〇〇〇万円、六〇年で五五〇〇万円程度と考えられる。これは確かに『白蛇伝』の直接費に比肩する収入だが、言うまでもなく売上高の全てが利益になるわけではなく、制作原価が存在する。CM制作による売上高と、東映動画の総人件費を比較することに、採算の優良制を訴える修辞以上の意味があるとは思えない。CM制作は月平均で三〇～四〇本程度の受注によって安定的な収入を短期的にもたらすことに意義があったと見られる。

しかし一方でCM部門は、長編部門やテレビ部門に比して、社内で軽視されがちなセクションでもあった。これは他部門との業態の違いに起因していた。労使関係に限定しても、長編部門が会社側の決定するスケジュール等の条件について直接交渉をなしえたのに対し、CM部門はスポンサーという外部の顧客の都合に合わせる必要があることから、残業協定ひとつをとっても順守がより困難だったし、おおよそ六〇秒の短い映像を小編成のグループごとに短期間で制作していたことから、労働条件そのものがグループごとにまちまちになり、全体でまとまった要求を出しにくいという特徴もあった[*141]。

このように制作体制が他律的で、小さなグループに分かれており、個々人の作業能率上昇によっては必ずしも生産性をあげられないために、CM部門では褒賞金を全体で受け取ることを選択したのである。しかしこれは、収入上では不利に働いた。

さらに、テレビアニメ制作に従事した社員が一律の付加給や出来高を受け取っていた際、労使交渉の結果として長編制作に携わる社員にも二〇％の付加給が検討されたが、CM部門には褒賞制度の改定案として、「毎月CM受注完成高の一・八％を支給する」ことが定められたに留まった[*142]。団体交渉によっても職場間の格差是正をなしえなかったことで、社内で一時的に労働組合への疑念が生じた[*143]。

いわゆる第二組合の発足は、そうした不信感の醸成を契機として起こった。六七年一一月二五日には「東映動画従業員生活向上組合」（通称「生向労」）が結成され、翌月六日に会社側と独自の労働協約を結んだ。当初の構成員は以前からの非動画労組員を含む八八名で、労使協調の方針をとり、各員に隔月二〇〇〇円の「生産協力給」が支給されると定められていた[*144]。

しかし生向労の活動は長くは続かなかった。後述するように六〇年代後半は、邦画の斜陽化とそれに伴う合理化や、東映における大川ワンマン体制の確立に伴い、東映グループ全体で再び労働運動が高揚する時期だった。この中で東映東京撮影所の第二組合「東映新労働組合連合」（新労連）は、六九年六月に期限切れとなる生産協力協定の更新を行わないまま廃棄し、ストライキの決行や、本社労組との協力関係の構築に至った[*145]。同様に生向労も、七〇年四月一五日付で「東映動画新労働組合」と改称し、六月一一日をもって「労使協調体制の確立に関する協定書」を破棄する旨を、会社側へ通告した。この理由を動画新労側は次のように説明している。

現在御承知の様にオール東映で働く仲間は手を取り合い大幅賃上げ、反合理化、その他の要求で闘っております私達組合は、この協定が存続する為、東映各組合との連協上種々の矛盾が起りその結果当然のこととして、この矛盾が組合員一人一人の上に重くのしかかり、もはやこの協定は私達組合を悩ませるもの以外何ものでもないものとなり現在の組合の立場上この協定書は不必要だと思われます[*146]。

東映グループ全体で合理化が進む中では、労使協調体制をとり、既存の組合から離反して活動を行うことに、それほどの意義が見出せなくなっていた。もとより生向労は、多数派となって第一組合の交渉力を減衰させるほど勢力を拡大するにも、第一組合へ攻勢を仕掛けるにも至っていなかったから、会社にとっての存在価値は低いもので、組合としては初期に定められた以上の有利な条件を引き出す担保もなかったであろう。であればむしろ、「正常な組合活動を押し進めて行く覚悟」を表明した方が交渉上有利であるばかりか、全東映労連の協力も仰げるのであり、もはや労使双方にとって第二組合を維持する意味が希薄になっていたのではないだろうか。

最終的に動画新労は、七一年六月二日付で従来の動画労組に統合された。その活動期間は僅か三年半であり、しかも最後の一年は労使協調路線を放棄していたから、この第二組合が東映動画や東映全体における労働運動に与えた影響は小さい。動画労組にとってはむしろ、漸増する契約者への対応の方が、ずっと大きな問題であった。とはいえこの分裂の背景には、急速な増産に起因する賃金体系の混乱や、制作体制の相違が必然的に生み出した矛盾の、ひとつの結果を見ることができるだろう。

労働組合の分裂は一時的なかつ小規模なものに留まったが、CM部門の処遇を巡る会社側の施策は、このセクション自体の分離へと至った。六九年一〇月には、CM製作部が東映商事の制作部と合併・独立する形で、東映シーエム株式会社となっている*147。その初代社長は山梨稔が兼任し、また専務取締役には東映動画で管理部長などを務めた木島巳之助が着任した。

東映シーエムの設立目的は主として、東映商事や東京・京都の制作所など各傍系で分散して行われていたCMとPR映画制作事業の統合による合理化にあった*148。また、すでにCM中に占めるアニメーションの割合は減少して、ほとんどが実写になっていたことも関係していたと思われる。そしていまひとつ、優良事業であるCM制作事業を、労働組合の強力な東映動画から分離し、利益の確保をはかる施策であった可能性も考えられよう。

CM制作は、劇場用作品やテレビシリーズの制作と異なり、東映動画に制作だけで利益をもたらす事業だった。六九年のCM制作による粗利益は、二五〇〇万円弱に達しており、映画およびテレビ番組制作による約二〇〇〇万円の赤字を補填していた[149]。したがってCM部門の分離は、東映動画に採算性の悪化を、間もなくもたらすものであった。

制作部門の管理をめぐる紛争

正社員、契約者へと切り替えた職員、当初から契約者として採用された新人などが併存した東映動画では、テレビシリーズ制作スケジュールの逼迫とともに労務管理が困難になりつつあった。長編とCMのみを制作していた時期から、正社員は時間外労働を行っていたが、テレビシリーズではこれが常態化した。一方で契約者には定時の規定が存在しないため、出退勤の時刻ではなく作業量によって報酬を算出することができた。しかしそのため、就業時間は人によってまちまちにならざるをえなかった。

スケジュールの逼迫に加え、社員と同じ職場で多くの契約者が勤務するようになったことは、定時の概念が粗略に扱われる結果を招いた。これは会社側からすれば悩ましいことだった。定時に即した業務の遂行は困難なため、正社員に対し就業規則どおりの勤務を強調すれば、時間通りの残業代の要求を招きかねない。テレビシリーズ制作の開始は、時間による労務管理をも崩壊させたのだった。

この問題は、アニメーターや演出家の処分をめぐる事件と労使紛争によって顕在化した。ひとつは六五年五月から八月にかけて起こった、いわゆる「小田部問題」である。これについては小田部と結婚していた奥山玲子の回想と[150]、労働組合が記録した日誌から経緯を再構成する。

①「小田部問題」と女性職員の動向

社員アニメーターだった小田部羊一は、子どもを保育園に送迎するため教習所へ通っていたことから、遅刻が増えたことが問題になった。始末書は提出したものの、事実関係の調査が進められ、九日間の職場離脱と虚偽の理由による遅刻を理由に、三日の出勤停止処分となった。その後も教習所通いが続いたため、解雇処分の可能性が浮上し、一時は小田部自身が辞表を出すところまで進んだ。辞表は後に返却されたが、結局は「退職勧告」が行われ、依願退職による契約化も提案された。

当時、それぞれ長編部門とテレビ部門で課長を務めていた茂呂清一と原徹は、森康二と相談し、小田部が新たなテレビシリーズのスタッフとして必要である旨を会社に訴えた。また、労働組合側は出勤停止処分までは個人的な問題とみなしていたが、すでに契約者になっていた大塚康生が会社側と個人で交渉したこと、また奥山が、育児休暇や保育施設の不備により共働きで子育てを行う職員に発生した共通の問題として組合で取り上げたことなどから[*151]、小田部を擁護する署名や請願が行われるようになった。署名は非組合員である契約者を含め、約二五〇名分が集められた。

会社側でも、この事件にどう対応するかは意見が分かれた。職場離脱を問題視する者がいる一方で、会社の就業規則上は処分できないという解釈もあった。就業規則をめぐる解釈が混乱しており、何を基準に処分を行うのか、はっきりとした見解は出しえなかった。依願退職による契約者への切り替えが勧奨されていたように、途中からはこれを機会として、正社員を契約者化しつつ、労働力としては確保するという目的が加わった形跡も見られる。労使交渉の結果、小田部は降格処分となった[*152]。

この事件は、小田部の個人的な勤務態度から生じた偶発的なものとは言い難い。社員と契約者が入り乱れてテレビシリーズ制作が続けられ、またスケジュールとコストの都合上、残業代が時間に応じて支払われない情勢では、社員アニメーターといえども「勤務体系がルーズ」にならざるをえず、担当した仕事を仕上げてさえいれば「夜が遅い分、朝の出勤が遅くても何も言われない状態」になっていた[*153]。つまり「小田部問題」とは、テレビシリーズ開始に伴う制作体制の混乱とコスト対策が、必然的にもたらした管理体制のルーズ化の結果だった。

他方で「小田部問題」は、女性職員の抱える諸問題に労働組合が取り組む実践的な場ともなった。

組合が結成されるまで女性職員は、経済的要求よりもセクハラなどの職場環境に関する要求が主であると見られていた。しかし、六一年の組合結成時に結婚退職の誓約書が撤廃されると、女性の就労継続事例が増加したことで、昇給の男女格差問題が前景化していた。

六四年一一月には、動画課で長編の作画を手掛ける女性アニメーターによりガリ版刷りのニュースが発行され、翌年には組合婦人部のニュース『はばたき』が発行された。この第二号では、動画課においては男性職員より女性職員の方が、勤続年数が長いことが指摘され、「女性は腰かけですぐ辞める」という会社側の認識が否定されている[*154]。男性の平均勤続年数四・一年に対し女性五・九年という差は、同業他社への労働移動が男性アニメーターに顕著に表れた現象の結果ではないかと思われる。

他の号では、ある仕上課の女性職員が、「何年でも長くつとめられ、結婚し、夫が突然事故で死んだり、病気になったりしても困らない生活をする為に、今から自分の手にしっかりした技術を持ちたいと思っていた」が、それは実際には「甘い考え」で、勤続しても給料が男性ほどには上がらなかったと述べている[*155]。これは有夫者の就労継続が実現したがゆえに、男女の賃金格差がより現実的で深刻な問題として浮上したことを示していよう。

また別の号に寄せられた声では、女性組合員が同一労働同一賃金の原則を理解すれば事足りるものではないと指摘されている[*156]。なぜならば、「女性たちを十分に能力を発揮しえない状態に追い込み、従ってそのことが格差の口実とされてしまう」からである。「男女の能力差は本質的にはないけれど、現象面ではまだ〳〵」あり、結婚や出産を経て「生活の様々の枷」が生じれば、「力を十分発揮できなく」なる。「子供のいる共稼ぎでも、家庭を犠牲にすることなしに、仕事にも全力投球出来るような、良い施設」がなければ、「本質的に男女の能力差はないにもかかわらず、いつまでたっても現象面の差はなくならず、賃金格差の口実にもなっていく」という指摘は、ジェンダー概念が社会関係を正当化し、また再生産していく過程を、実態に基づき言い当てた鋭いものだった。

女性職員たちにとって、職場環境の整備は昇給格差の廃絶とともに、就労継続を可能にする条件となり、生理休暇の有給化や育児施設設置の要求を導き出して、六五年の春闘では附帯要求に保育室の設置が掲げられた[*157]。要求自体は実現に至らなかったものの、五月には「小田部問題」が表面化し、組合は小田部の擁護に加わっていく。この介入は、すでに組合内の女性職員によって共働きの問題が論じられていたことにより可能になったものだろう。

むろん女性職員の就労継続のため、育児休業制度や保育所設置を求めた運動は、東映動画に特殊なものではなく、五〇年代後半に日本社会で進行したもので[*158]、結婚退職の拒否や生理休暇の獲得といった活動は、私鉄総連広島電鉄支部のような先駆的事例が見られる[*159]。とはいえ動画労組における女性たちの活動は、社会的な動向に倣っただけのものではなく、活動を通してとらえた職場の独自の実態を思弁的に分析・論述し、その成果を具体的な要求につなげる活力を持っていたことが注目に値しよう。

②福島東映閉館問題と懲戒処分

いまひとつの論点は、六六年に放映が開始されたテレビシリーズ『海賊王子』で演出を務めていた久岡敬史（ひさおかたかし）が、懲戒処分により三日間の出勤停止となったことをめぐる労使紛争である。本件は東京都労働委員会に不当労働行為救済が申し立てられており、先述の高畑証言を含む一部の速記録が残されているため、これを元に経緯を再構成する。

会社側が懲戒処分の根拠として示したのは、以下の四点だった。すなわち第一に、久岡は担当回のシナリオ生原稿を会社指示によらず社外に持ち出して絵コンテ作成を行ったが、その間の出社や連絡を怠ってスケジュールを混乱させており、これが就業規則にある「自己の職分を越える専断の行為」にあたること。第二に、生原稿の持ち出しは「所属長の許可なく会社の図書を持ち出した」行為に該当すること。第三に、生原稿を事前の通知なく連絡不能な状態においたのは、自宅作業の特例があるとはいえ無断欠勤同様であること。そして第四に、会社からの打電に対し翌日中に応答しなかったのは、上長の指示・命令の無視にあたることである。

久岡は当時、動画労組の副委員長であるとともに、全東映労連の中央執行委員長も務めており、東映直営館の福島東映閉館をめぐる団体交渉のため、現地を訪れていた。同時期に東映本社からも処分者が出ていたことから、本件は組合側には、久岡の一連の活動を理由とした処分ではないかと見られた。

この事件を理解するには、当時の演出家の勤務慣行を理解する必要がある。演出家は社員であっても、絵コンテを作成する期間として定められた一一日間は社外作業が認められており、作業の時間と場所を自身の裁量に基づいて選択できた。そのため当時の演出家は、絵コンテ作業中の問い合わせへの対応を避けて、自宅や喫茶店などを利用し仕事を進めるものが多かった。この間はタイムカード打刻の必要がなく、また作業状況を届け出る義務や出社の必要もなかった。ただし一日当たりの労働時間が八時間を超えても残業代は支払われず、給与とは別に演出担当料が支払われた。

本件の処分理由が、台本の生原稿を持ち出したことや、会社側からの連絡への応答が遅れたことに置かれたのは、久岡が福島を訪れたのが絵コンテ作業期間中であり、この間の行動を問題視することが難しかったからだろう。制作スケジュールの混乱にしても、主として台本生原稿の持ち出しが、製本のための入稿を遅らせたことを指したもので、絵コンテ作業自体の遅れがあったわけではなかった。また、生原稿の持ち出しについては、非組合員を含めた同僚の演出家たちが、例外的な行為ではないことを証言した。これはシナリオの完成が遅れた際、製本を待つことなく絵コンテを作成することで、作画スケジュールの逼迫を防ぐための手段だった。

これまでも指摘してきたように、制作部門の社員の勤務実態は、時間に基づく管理から外れつつあった。この点、契約者の場合は作業量によって報酬が算定されるから、勤務時間に基づく管理を行う必要がない。しかしテレビシリーズ制作において社員と契約者が混在した場合、二者の厳密な区別に基づいた管理を行うことは困難なのであり、現場は事実上のノルマに基づく「自由出勤制」となっていた。したがって小田部にせよ久岡にせよ、個々人に課された業務をこなしたうえでの逸脱行動を問うならば、それは恣意的なものになった。

久岡の福島での団交出席直後、東映動画は演出家に、絵コンテ作成期間でも出社時にはタイムカード打刻を義務付けようとしたが、実質的な意味がないばかりか、打刻をしても超過勤務の手当ては支払われないこと、また実質的に作業期間中の組合活動自体が抑制されかねないことから、これは組合員の激しい反発を招き、実現しなかった。

こうした観点からすると会社側は、テレビシリーズ制作により職員の身分が分化し複雑化したこと、そしてスケジュールの逼迫が常態化したことなどから、勤務時間によってアニメーターや演出家の管理を行うことを、断念せざるをえなくなったと思われる。小田部や久岡にまつわる事件は、それを意識させる事例だったのであり、契約者を前提とした制作体制への移行を、より促すものだったのではないだろうか。

*1 『東映アニメーション50年史―1956-2006～走り出す夢の先に～』東映アニメーション、三二頁、二〇〇六年

*2 前掲『東映アニメーション50年史』三二五-三二六三頁

*3 『東映十年史』東映、三二四頁、一九六二年

*4 当初の構想では年間二本の長編、各六本ずつの短編と中編、CM一〇〇本以上の生産計画が立てられていた（「東映、動画製作態勢成る―強力スタッフ揃え、年間二本の長編製作」『映画時報』五月号、三二頁、一九五八年）。

*5 前掲『東映十年史』二九七頁

*6 前掲『東映十年史』二四六-二五三頁

*7 「明るい希望と強い意志をもって社業の前進に務めん」『とうえい』一月号、一七頁、一九六三年

*8 「十二月下旬に公開 東映動画『わんわん忠臣蔵』」『読売新聞』一九六三年二月二〇日夕刊、七面

*9 『合同通信映画特信版』一九六三年二月一七日、五頁

*10 『長編ニュース』映演総連全東映連合東映動画労働組合ガリバースタッフ、一九六四年一〇月一〇日

*11 「頭脳総動員で世界のマーケットに雄飛」『映画ジャーナル』三月号、七八頁、一九六五年

*12 マンモススタッフ『モンマス（ママ）ニュース』三号、一九六四年一〇月

*13 「大川社長年頭挨拶 新体制の確立で新たな前進を」『とうえい』一月号、一〇頁、一九六六年

*14 『合同通信映画特信版』一九六五年一月二四日、二頁

*15 『映画年鑑 一九六六年版』時事通信社、二二四頁、一九六六年

*16 『合同通信映画特信版』一九六五年六月二七日、一頁

*17 『映画年鑑 一九六五年版』時事通信社、一九〇頁、一九六五年

＊18 「活気づく東映の動画 ことし中に長編三本」『読売新聞』一九六六年二月一日夕刊、一〇面

＊19 前掲『東映アニメーション50年史』三四頁

＊20 「東映長編研究 第14回 白川大作インタビュー（6）」『WEBアニメスタイル』二〇〇四年二月一五日（http://www.style.fm/log/02_topics/top041213.html、二〇一九年四月六日最終閲覧）

＊21 「日本映画の明日のために… アニメ分科会議事録」日本映画復興会議アニメーション分科会、四頁。年代の記載はないが、取り上げられている作品名から六七〜六八年のものと思われる。

＊22 「色彩で特徴を出す サイボーグ００９」『読売新聞』一九六六年六月九日夕刊、一〇面

＊23 編集を務めた千蔵豊によれば、『ちびっ子レミと名犬カピ』のこのシーンは、芹川があらかじめいくつかのカットを用意させ、具体的な組み合わせやタイミングは千蔵に任せることで成立したものだった（千蔵豊氏へのインタビュー、二〇一六年六月八日、於東村山市）。この手法は、詳細なタイミングを編集時に決める実写的なスタイルでありながら、同時に作画素材を無駄にせず済むものである。アニメーション制作の実態を理解したうえで、実写映画的な指示が行われた事例と言えよう。なお、芹川はこうした繰り返しを「エキストラショット」と呼んでいたという。大塚康生も『わんぱく王子の大蛇退治』でのスサノオが剣を振るうカットの兼用について、やはり芹川が「エクストラ」と呼んでいたと証言している（大塚康生『作画汗まみれ 改訂最新版』文藝春秋、一三三頁、二〇一三年）。

＊24 北浦寛之『テレビ成長期の日本映画―メディア間交渉のなかのドラマ』名古屋大学出版会、七一頁、二〇一八年

＊25 前掲「東映長編研究 第14回 白川大作インタビュー（6）『風のフジ丸』と「東映まんがまつり」の始まり」

＊26 『興行年鑑〔資料〕二』興行通信社、八〇頁、一九六四年

＊27 前掲『興行年鑑〔資料〕二』八一頁

＊28 前掲『興行年鑑〔資料〕二』八一頁

＊29 前掲『興行年鑑〔資料〕二』八二頁

＊30 『合同通信映画特信版』一九六四年五月三一日、六頁

＊31 『合同通信映画特信版』一九六四年六月七日、三頁

＊32 「鉄腕アトムか鉄人28号かサミーかフリッパーか」『映画ジャーナル』七月号、一二一一七頁、一九六四年

＊33 『合同通信映画特信版』一九六四年六月二一日

＊34 『興行年鑑〔資料〕三』興行通信社、七八、八三頁、一九六五年

*35 『合同通信映画特信版』一九六五年四月一日、七頁。やや後の時代になるが、七二年頃の「まんが週間」における売店収入は、平時に比べ四〇%程度増加するものだった（「昭和四七年（ワ）第七九八号準備書面（四）」一九七三年六月九日、四二頁）。
*36 『興行年鑑〔資料〕四』興行通信社、七七頁、一九六五年
*37 前掲『映画年鑑一九六六年版』二二四頁
*38 「全米の電波にのって三億をかせぐ『鉄腕アトム』」『週刊TVガイド』三月一日号、四七頁、一九六三年
*39 鷺巣政安、但馬オサム『アニメ・プロデューサー鷺巣政安―さぎすまさやす・元エイケン製作者』ぶんか社、四六頁、二〇一六年
*40 北浦前掲書、六六-六七頁
*41 「TVマンガぞくぞく登場」『週刊TVガイド』一月二日号、三三頁、一九六三年
*42 原口正宏「東映動画における高畑勲―その原点をさぐる」『文藝別冊 高畑勲―〈世界〉を映すアニメーション』河出書房新社、五六頁、二〇一八年
*43 「東映新年度における経営方針の要綱」『映画時報』二月号、二八頁、一九六三年
*44 「テレビとの協力体制」『とうえい』二月号、二一-五頁、一九五九年
*45 「東映動画の前途はあかるい―赤川次長の帰国談」『東映株式会社 社報』一〇月号、二五頁、一九五七年
*46 宮崎慎一「東映のテレビマンガ」『とうえい』一〇月号、一六頁、一九六六年
*47 詳細は次の拙稿を参照。木村智哉「テレビアニメーションの国産化と初期事業の形成―一九六〇年代日本のアニメーション制作会社とテレビ局を例に」谷川建司、須藤遙子、王向華編『東アジアのクリエイティヴ産業―文化のポリティクス』森話社、二三九-二五七頁、二〇一五年。
*48 『第三回定期大会議案書』映演総連全東映連合東映動画労働組合、一九六三年九月二七日、七二頁
*49 「昭和四十一年都委不第九号事件（東映動画）第七回審問速記録」一九六六年八月一二日、四九頁
*50 古田尚輝『『鉄腕アトム』の時代―映像産業の攻防』世界思想社、二四四-二四五頁、二〇〇九年
*51 これは矢吹の回想とは矛盾することになる。ただし矢吹の聞いたテレビアニメが、テレビCMか海外からの受注作品を想定していた可能性も考えられる。
*52 「月岡貞夫インタビュー」『まんだらけZENBU』五八号、三二六-三二七頁、二〇一三年
*53 「『狼少年ケン』など国産TV動画次々登場」『キネマ旬報』一〇月下旬号、一四一頁、一九六三年
*54 前掲『東映アニメーション50年史』三二頁。翌年、長編漫画製作部とTV漫画製作部は一度統合されたが、六七年に第一製作部と第二製作部として再度分離されている。

*55 『第二回定期大会経過報告』映演総連東映動画労働組合、一五-一七頁、一九六二年一〇月四日
*56 「昭和四七年(ワ)第七九八八号準備書面(二)」一九七三年一月二〇日、一三頁
*57 これは東映動画独自の政策というより、撮影所など東映の他の事業所の経営合理化と連動した変化だったと思われる。
*58 前掲「昭和四七年年(ワ)第七九八八号準備書面(二)」二四頁
*59 前掲『第三回定期大会議案書』七四-七九頁
*60 『TV短編ニュース』四号、一九六四年七月一三日
*61 小田克也「テレビ漫画映画に明日はあるか　アニメーター残酷物語」『映画史研究』二号、六七-六八頁、一九七三年。この回想に登場する「六〇%」は、ごく一時期四〇%の付加金をさらに増額した時期の措置である。『狼少年ケン』の放映が一一月に始まり、また同年末に長編『わんわん忠臣蔵』の公開があるために追い込みが重なった頃に、ひと月だけそうした措置がなされたとの記録がある(前掲『TV短編ニュース』)。
*62 「宮崎駿自作を語る」『出発点 1979~1996』徳間書店、四五九-四六一頁、一九九六年
*63 『第四回定期大会議案書』映演総連全東映連合東映動画労働組合、一九六四年九月一五日、一三一-一三二頁
*64 「従業員の皆さんへ」東映動画、一九六五年五月二六日
*65 「昭和四十一年都委不第九号事件(東映動画)第六回審問速記録」一九六六年八月一日、六-七頁
*66 原口正宏、長尾けんじ、赤星政尚『タツノコプロインサイダーズ』講談社、二八頁、二〇〇二年
*67 『魔女っ子大全集〈東映動画篇〉』バンダイ、一四八-一四九頁、一九九三年
*68 「ロングインタビュー　楠部大吉郎」『動画王』七号、キネマ旬報社、六〇頁、一九九八年
*69 山本アニメーション研究所は、後に三幸スタジオの経営者である原島本太郎のもとで「チルドレンズ・コーナー」として再編された(たつざわ『芦田漫画映画製作所の通史的な解明』アニメ・マンガ評論刊行会、一四頁、二〇一八年)。
*70 古田前掲書、二四七-二五〇頁
*71 前掲「『狼少年ケン』など国産TV動画次々登場」
*72 『テレビ朝日社史―ファミリー視聴の二五年』全国朝日放送、一九八四年、三四八頁
*73 古田前掲書、二五〇頁
*74 ただし、これを当時の長編の制作受託額約八〇〇〇万円と一分当たりで比較するならば二〇分の一以下である。ドラスティックなまでの低コスト化策が必要だった背景は、こうした数値的比較からも明らかだろう。

＊75 小野耕世「高橋茂人、日本におけるテレビCMとTVアニメの草創期を語る（TCJからズイヨーへの歴史）」『京都精華大学紀要』二六号、一九六頁、二〇〇四年

＊76 「テレビ映画の現状」『読売新聞』一九六一年五月二三日朝刊、五面

＊77 「TV映画の割当と外貨状況」『月刊テレビジョンリポート』一二月号、一六頁、一九五九年

＊78 津堅信之『アニメ作家としての手塚治虫―その軌跡と本質』NTT出版、一二〇‐一三四頁、二〇〇七年

＊79 『産経会社年鑑 第五版』産経新聞年鑑局、八一七頁、一九六四年

＊80 前掲『産経会社年鑑 第五版』六八二頁

＊81 もっともこれが一般的な事例とみなしうるのか、それとも特殊な事例であるのかは検証されていないから、自明の前提として考えることには慎重であった方がいいだろう。

＊82 「日本の映画監督㊺ 平田敏夫」『キネマ旬報』三月上旬号、一五八頁、一九九三年

＊83 富野由悠季『だから僕は…―ガンダムへの道』角川書店、七六頁、二〇〇二年

＊84 前掲「ロングインタビュー 楠部大吉郎」五八頁

＊85 『合同通信映画特信版』一九六四年三月八日、六頁

＊86 「〝狼少年ケン〟製作スタッフ並びに従業員の皆様へ」東映動画、一九六五年五月一九日

＊87 前掲『テレビ朝日社史』三六七頁

＊88 「従業員の皆さんへ」東映動画、一九六五年五月二六日

＊89 『昭和四七年（ワ）第七九八八号 準備書面（四）』一九七三年六月九日、七二頁

＊90 「テレビ・マンガ不況もKO」『読売新聞』一九六五年一〇月一七日朝刊、二〇面

＊91 日本アニメーション学会理論・歴史研究部会、二〇〇一年二月一七日

＊92 「NETテレビを明け渡した大川博」『財界』一二月一日号、一五‐一六頁、一九六四年

＊93 この差を両者の作業効率の違いとは断じきれない。社内では手すきを避けるために各員へ少しずつ作業を割り振る必要があったのに対し、外注先では少数スタッフによる制作体制が必須だったと思われるからである。

＊94 高度経済成長の一因として、豊富な若年労働者が定期的に採用されて労働者全体の平均給与の上昇を抑制し、なお生産性の向上が維持される熟練化のシステムがあったことが指摘される（橋本寿朗『戦後の日本経済』岩波書店、一四二‐一四五頁、一九九五年）。

＊95 大塚康生、森遊机『大塚康生インタビュー──アニメーション縦横無尽』実業之日本社、一二〇-一二二頁、二〇〇六年
＊96 池田宏「日本アニメーション学会・前史」『アニメーション研究』一一巻一号A、五四頁、二〇一〇年
＊97 原口前掲稿、五四頁
＊98 池田宏「作品に於けるメッセージ」『アニメーション研究』一二巻一号A、三六頁、二〇一一年
＊99 「アニメ大国の肖像（九二）絵でミュージカル実現 アニメ監督黒田昌郎さん（その二）」『中日新聞』二〇〇七年九月一三日朝刊、一四面
＊100 高畑勲『漫画映画の志──『やぶにらみの暴君』と『王と鳥』』岩波書店、三-四頁、二〇〇七年
＊101 池田宏「永遠の「先達」のまま逝ってしまったパクさん」『キネマ旬報』六月上旬特別号、一八頁、二〇一八年
＊102 原徹氏へのインタビュー、二〇一一年一二月二日、於横浜市（平成二三年度メディア芸術情報拠点・コンソーシアム構築事業）
＊103 池田宏「もう一つの『どうぶつ宝島』」『アニメーション研究』一三巻一号A、四〇-四一頁、二〇一二年
＊104 高畑勲『「ホルス」の映像表現』徳間書店、一一四-一一五頁、一九八三年
＊105 「PROFESSIONAL INTERVIEW Vol.8 演出家 葛西治（東映動画）」『アニメージュ』六月号、九三頁、一九八八年
＊106 東映株式会社総務部社史編纂担当編『東映の軌跡──The history of Toei : April 1st 1951-March 31st 2012』東映、一一四-一一五頁、二〇一六年
＊107 東西の「制作所」へ配転された人々の中には、撮影所の第一組合の構成員が含まれたため、全東映労連はこれを不当配転とみなし、六〇年代半ばにおける東映全体での労使紛争の火種となった。
＊108 先述した編集の千蔵豊が京都撮影所から東映動画へ出向となったのも六三年である。
＊109 東京撮影所の演技者から東映動画の進行主任になった事例としては、たとえば三沢徹夫の名前が見られる（『とうえい』一〇月号、一二頁、一九六六年）
＊110 「勝間田具治インタビュー」『まんだらけZENBU』六三号、二一二-二一三頁、二〇一四年
＊111 池田前掲稿「作品に於けるメッセージ」三三頁
＊112 「参考演技ふんだんに 東映動画第四作は安寿と厨子王 豪華キャスト、声の出演者たち」『読売新聞』一九六〇年八月九日夕刊、五面
＊113 「鳥羽僧正の〝鳥獣戯画〟川端竜子画伯が原画を東映動画スタジオで映画化」『読売新聞』一九六〇年三月一日夕刊、五面。『合同通信』一九六三年七月一日、二頁。なお、東映動画のアニメーターが、撮影所での実写映画制作に協力した事例も見られる。森康二は内田吐夢の『宮本武蔵 二刀流開眼』や『恋や恋なすな恋』でアニメーション作画を手掛けた。また『大忍術映画ワタリ』でもアニメーション合成が用いられており、やはり東映動画のアニメーターが作画を担当した。

＊114 高橋良輔「アニメ演出論―アニメにおける演出、または監督とは」『アニメ学』NTT出版、五一頁、二〇一一年
＊115 藪下泰次「文部省映画製作現場の思い出」『FC』二一号、一四-一五頁、一九七三年
＊116 大塚康生（叶精二取材・構成）「レイアウト変遷史―東映動画創設から現代まで」スタジオジブリ編『スタジオジブリ・レイアウト展』日本テレビ放送網、一〇-一一頁、二〇〇八年
＊117 藪下泰次「アニメーションの基礎」山田和夫監修『映画論講座3 映画の創造』合同出版、二八四-二八六頁、一九七七年
＊118 大塚前掲書、一五七頁
＊119 大塚前掲書、一六一頁
＊120 池田前掲稿「もう一つの『どうぶつ宝島』」三六頁
＊121 前掲「昭和四十一年都委不第九号事件（東映動画）第六回審問速記録」九頁。同「第七回審問速記録」五五-五六頁
＊122 池田宏前掲稿「日本アニメーション学会・前史」五四頁
＊123 高畑勲「レイアウトはアニメーション映画制作のキイ・ポイント」『アニメーション、折りにふれて』岩波書店、一五四頁、二〇一三年
＊124 叶精二『日本のアニメーションを築いた人々』若草書房、六八頁、二〇〇四年
＊125 前掲『第三回定期大会議案書』七四頁
＊126 前掲『第三回定期大会議案書』七七-七八頁
＊127 前掲『第三回定期大会議案書』七七頁
＊128 『第二回定期大会報告並に議案書』映画演劇労働組合総連合東映動画労働組合、一九六二年一〇月四日、一五-一六頁
＊129 前掲『第三回定期大会議案書』八三頁
＊130 前掲『第三回定期大会議案書』八三頁
＊131 『第五回定期大会議案書』映演総連全東映連合東映動画労働組合、四頁、一九六五年九月二一日
＊132 市野正二「テレビC・M発足当時のこと」『とうえい』一〇月号、一六頁、一九六六年
＊133 前掲『東映十年史』二九七頁
＊134 前掲『東映十年史』二九三頁
＊135 前掲『東映十年史』二九六頁。なお、ニュース映画の制作は、朝日新聞社との共同出資で設立された朝日テレビニュース社が担当した。
＊136 「コマーシャル」『とうえい』七月号、八-九頁、一九五九年。なお、初期に東映動画が制作を請け負ったUSIS映画の中には、タイ・アメリカ大使

館から受注した『ハヌマンの新しい冒険』など四作品が見られる。これらは反共宣伝映画とされている。

*137 「CM受賞作品一覧（ACCフェスティバル）」『とうえい』一〇月号、八頁、一九六六年

*138 「興行界の〝家康公〟大川博東映社長にきく」『週刊朝日』一二月一一日号、三二頁、一九六〇年

*139 前掲『東映十年史』二五一頁

*140 前掲「コマーシャル」

*141 動画労組「動画の現状報告」『かつどう』一九号、映演総連東映労働組合、二二頁、一九六二年

*142 『斗争ニュース』映演総連全東映連合東映動画労組斗争委、一九六四年一一月九日

*143 吉村次郎氏へのインタビュー、二〇一四年六月一三日、於練馬区

*144 「団体交渉申し入れ書」東映動画生活向上組合、一九六七年一一月二五日、『労働協約書』東映動画株式会社、東映動画従業員生活向上組合、一九六七年一二月六日

*145 東映東京制作所闘争記録委員会編『映画の労働者たち―写真と証言』東映労働組合、六五頁、一九九〇年

*146 東映動画新労働組合執行委員長斉藤柳太郎「労使協調体制の確立に関する協定書解消通告申出書」。文書発行日は未記載だが、組合内での協定破棄決定は七〇年六月一一日とある。

*147 前掲『東映の軌跡』一八三頁

*148 「多面的活躍を続ける東映映像産業の現況と新路線」『映画時報』六月号、一六－一八頁、一九七〇年

*149 「損益計算書 自 昭和四四年一月一日　至 昭和四四年一二月三一日」

*150 叶前掲書、九八－一〇〇頁

*151 奥山は出産後、出勤時間の自由な契約者への切り換えを勧奨され、賃金の査定を下げられたことなどから、もともと女性の継続的な就労や共働きへの強い関心を抱いていた（叶前掲書、九九頁）。これは後述するように、子育てをしながら仕事量を維持することの困難さを訴える論理を導いた。

*152 この場合の降格は、原画から動画への職務内容上の降格ではなく、おそらく原画員や動画員の中でさらに区分される職級上の降格だったと思われる。むろんそれは賃金に影響する要件である。

*153 叶前掲書、九九頁

*154 『はばたき』二号、女性格差反対斗争・教宣部、一九六五年二月一五日

*155 『はばたき』五号、女性格差反対斗争・教宣部、一九六五年三月一五日

*156 『はばたき』六号、女性格差反対斗争・教宣部、一九六五年三月二一日

*157 『はばたき』一〇号、女性格差反対斗争・教宣部、一九六五年四月三〇日

*158 宮下さおり、木本喜美子「女性労働者の一九六〇年代―「働き続ける」ことと「家庭」とのせめぎあい」大門正克、大槻奈巳、岡田知弘、佐藤隆、進藤兵、高岡裕之、柳沢遊編『高度成長の時代1 復興と離陸』大月書店、二三五頁、二〇一〇年

*159 河西宏祐『路面電車を守った労働組合―私鉄広電渋・小原保行と労働者群像』平原社、七八‐八三頁、二〇〇九年

Ⅲ　開花と破綻

一九七〇年前後の東映動画は、創業以来蓄積してきた人員と技術、劇場用長編とテレビシリーズ双方で開花の時期を迎え、企画や内容の充実化が実現した時期だった。しかし同時に模索されてきた制作体制の合理化もまた実行に移され、アニメーションの多様な創造性を担保してきたスタジオのあり方は、不可逆的な変容と破綻を迎えることになった。東映動画が七二年に発表した、大規模な人員削減と制作規模の縮小は、その具体的な表れだった。本章では、そこへ至る変化の過程を論述することで、七〇年代初頭における経営合理化の史的意義を検証したい。

この時期に至るまでに、邦画産業全体が急激な市場の縮小に直面してきていた。観客動員数はピークだった五八年の一一億人に対し、七〇年には二・五億人まで減少した。またスクリーン数では六〇年の七四五七スクリーンが最大値で、七一年には三〇〇〇スクリーンを割り込んだ。このため各社は制作部門の改廃による合理化を試みた。東宝は七〇年代に入ると、映画制作や美術などの各部門を分離独立させている。日活は六九年に調布の撮影所を売却し、七一年には製作中止の方針を決定した。日活ロマンポルノへの路線転換後に撮影所は買い戻されたが、その一部は再度売却されており、制作部門の縮小傾向は明らかだった。また松竹は、いち早く六六年に希望退職者を募集しており、大映は七一年に倒産した。東映では七一年の大川博死去後、社長を継いだ岡田茂(おかだしげる)が抜本的な経営改革に乗り出した。岡田は各部門の独立採算制を唱え、労働運動を抑制しつつ、映画製作からの撤退は行わない、一進一退の合理化を進めた。

アニメーション制作会社でも、産業構造への危機意識が高まっていた。高視聴率をとり長期シリーズ化するテレビアニメの制作は、短期的には制作会社の売上高を安定させることに資したが、長期的には物価上昇に伴い高騰する人件費と、据え置かれる受注額との間の差損が広がる結果を招き、またスケジュールや人員の確保にも無理が重なるようになった*1。これは各社に、経営のさらなる合理化や事業の再編を促した。

ＴＣＪは六九年にアニメーション制作部門を独立させ、ＴＣＪ動画センターを発足させた。同社の株式は、七三年にプロデューサーの村田英憲へと譲渡され、株式会社エイケンが発足した。ＣＭ制作会社としてのＴＣＪは、テレビアニメ制作開始後数年で、その事業から撤退したと言える。

虫プロダクションでは七一年に手塚治虫が社長を辞して顧問に退き、川畑栄一が二代目の社長に就任したが[*2]、情勢は厳しいままだった。同社労働組合の調査によれば、自己資金力に乏しい虫プロは、マーチャンダイジングや海外販売による制作原価と受注額との差損の補塡が難しくなると、製作費の前借りや、各種ライセンスの譲渡によって当座の運転資金を得るようになっており、長期的な資金回収のための手段を失っていた[*3]。虫プロダクションは七三年一一月に倒産し、以降七七年に労組主導で虫プロダクション株式会社が発足するまでの間、その姿を消した。倒産前後には少なからぬ主要スタッフが外部へ流出・独立し、いくつかのアニメーション制作会社が立ち上げられた。

テレビ映画制作会社である国際放映の傘下にあった東京ムービーも、六〇年代末には事業の危機を訴えていた。専務の岡美千雄は、多くの制作会社が「薄氷を踏む思いをしているのが実情」であり、海外輸出やマーチャンダイジングで「かろうじて帳尻を合わせているのが現実」だから、これが続けば「早晩、日本のアニメは根底から崩壊するにちがいない」と、厳しく現状を告発した[*4]。岡が理事長を務めていた日本動画製作者連盟は[*5]、七三年三月一〇日に、民放各局と代理店へ製作費値上げの陳情書を提出した[*6]。

さらにテレビ放送産業もまた、映画産業の不振を鑑み、早期の合理化の動きを見せ始めていた。放送時間の拡大は「二四時間の壁」による広告収入頭打ちの見通しをもたらし、「テレビ成長限界論」が唱えられた[*7]。これに伴う管理体制の強化は、放送局から一部のスタッフをドロップアウトさせ、番組制作を受注する独立プロダクションを形成させた。これは局からすれば、一定の製作費の中にコストを収める合理化の役割を果たすものだった。巨大化した企業から抜け出すことで制作の自由度を確保しようとする現場スタッフの動きが、外注による制作コスト抑制策と一致して合理化を後押しする構造は、本書で論じるアニメーション制作事業のそれと類似したところがある。

東映動画の合理化は、こうした邦画業界や放送業界の変化からも影響を被ったものであると考えられるが、本書ではとりわけ親会社であり、映画とテレビ双方のコンテンツ製作に携わる東映との関係および、その推移に焦点を絞って論じる。

なお本章では、註があまりに煩瑣になるため、出典をひとつひとつ明記することは控えたが、一連の合理化の一環として指名解雇・解約されたスタッフが、その無効確認を求めた裁判で、労使双方が提出した準備書面とその附帯資料の記述を多く用いている。これは当時における労使双方の状況認識と実態を明瞭に綴っているばかりでなく、東映動画側が提示した収支の一覧などに当時の役員や担当者の署名・捺印がなされた、企業のオフィシャルな記録でもある。これらの資料と公刊されている各種の映画産業資料を用いながら、まずは巨大な合理化に至るまでの東映動画の諸事業を追うこととする。

長編製作規模の縮小

「東映まんがまつり」興行の定着と変遷

テレビ番組の劇場公開を交えた長編アニメーション映画興行の手法は、児童の長期休みをねらった定番のプログラムとなり、六七年三月に「東映まんがまつり」の名称が登場した。翌六八年のみ「東映まんがパレード」など異なる名称が用いられたが、六九年からは再び「東映まんがまつり」に戻り、以降はこれが定着した。

興行界では、「まんが大行進」の時代から一貫して「まんが週間」の通称が定着しており、六〇年代後半には、定期的に児童を集客できるプログラムとして信頼を得ていた。六九年春の調査結果によれば、その観客層は、「一二歳以下の児童が全体の過半数以上を占め、とくに三才から六才の未就学児童である〝幼児〟の比率が四〇％弱と高率を示し、同時に三〇歳から三九歳のいわゆる〝親〟が三〇％強」だった*8。

六五年春の、『ガリバーの宇宙旅行』とテレビシリーズ上映を組み合わせた「まんが大行進」の大ヒットに続き、同年末には『わんわん忠臣蔵』再上映に『狼少年ケン』ほかを組み合わせた興行が行われ、これらの成果が興行関係者に、「まんが週間の潜在的興行力をいっぺんに認識させた」*9。

ただし、六〇年代半ば以降の東映の劇映画は、任侠路線へと転換していたため、東映娯楽版の時代から一転して、児童観客と東映の系統館との強いつながりは失われていた。そのため館の立地条件によっては、興行成績に大きな差が出ることがあった。六七年春の「まんが週間」では、高松東映が平時の三倍の興収を稼いだが、大阪繁華街の館では通常の六割を切る興収に留まった。これは後者の館がターミナルの中心にあり、幼児の動員に向かなかったためと考えられた[*10]。

当時、東映関西支社長を務めていたのは、動画スタジオ所長の経歴を持つ高橋勇だった。高橋は、関西地区の「まんが週間」の成績が関東・中部地区の後塵を拝していたため、直営館の興行宣伝や、支社の「足で稼ぐ」営業に力を入れた。まずいくつかの直営館では、教育映画を中心とした「日曜こども映画劇場」を定期的に行い、児童と保護者、教育界への浸透をはかった。また十六ミリ移動映写を利用し、団地や学校などで教育映画の上映会を開いた館主もあった。上映会では「東映まんがまつり」の割引券配布を行ったほか、会を通して知遇を得た地域の教育委員会やPTAの関係者を通し、券のみならずポスターやスチールによる宣伝を試みた[*11]。こうして「まんが週間」は、とりわけ児童を多く有する地域の館に強く浸透していった。

六〇年代末には「東映まんがまつり」の興行時期も、春と夏の年二回で定着し[*12]、七〇年代には春に長編、夏に中編ないし短編の新作を封切る形式が確立した。これは当時、春休みの方が児童を多く集客していた実態に拠っていたと思われる。より大きな興行収入をあげうる時期に、制作原価の高い作品を充てたのである。春興行が優位となる観客動向の原因は不祥だが、古くから冷暖房設備の乏しい映画館には、二月の「霜枯れ」、八月の「夏枯れ」と言われる現象があったため[*13]、長期休みに入った学童層の動向が注目されていた[*14]。しかし夏休みには旅行や帰省などを行う家庭も多かったことから[*15]、映画館への集客には一定の困難が伴ったと思われる。

劇場用作品と放映済みのテレビ番組を組み合わせる「東映まんがまつり」の興行形態は、A作の企画と製作の枠組みを問い直す機会にもなった可能性がある。

A作『少年ジャックと魔法使い』とB作『サイボーグ009 怪獣戦争』、テレビ映画『マグマ大使』第二〇話の三作を組み合わせた六七年三月の「東映まんがまつり」では[*16]、京阪神の東映直営四館で、封切後三日間、関西支社による観客アンケートが実施された[*17]。このアンケート結果のうち、「どの映画をみるために来たか」との問いに対し、最も高い数値を示したのは、『少年ジャックと魔法使い』の三七・四％だった。続く『サイボーグ009 怪獣戦争』は二八・九％で、動員力は制作原価に比例した。しかし「一番面白かった映画は何か」との問いに対しては、『サイボーグ009 怪獣戦争』が六〇％と高い割合を占めた。『少年ジャックと魔法使い』との回答は一九・八％であり、『マグマ大使』の二〇・二％を下回った。

この結果からはまず、A作が未だ観客動員のための大きな役割を果たしていたことが分かる。テレビ番組やマンガ原作の作品以外に、映画館でしか見られない内容の長編が加わっていることは、観客から一定の意義を見出されていたと言えよう。

一方で「一番面白かった映画は何か」という質問では、『サイボーグ009 怪獣戦争』が圧倒的に支持を集めた。内容如何の以前に、原作マンガによりすでに児童観客へ浸透していた作品が、最も印象を残したと考えることもできるが、ともあれこれはA作より少額の原価で制作されたB作でも、十分に観客が満足したことを示していた。製作費を支出する東映にしてみれば、より小さな出費で利益を上げうる企画が優先されるべきなのであり、こうしたアンケート結果は、A作の製作を再考する根拠になったと思われる。

このアンケート結果からは、「東映まんがまつり」の観客である児童層の映画受容についても知ることができる。「ふだん映画をどのくらいみるか」という質問には、回答者の四六・八％が「半年間に一回程度」と答えており、これに「一年に一回程度」と「三カ月間に一回程度」が続く［図表3-1］。多くの観客が長期休みの児童向けプログラムの常連であるとともに、それ以外の時期にはあまり映画館へ足を運んでいなかったことがうかがえる。また、「この映画を何で知ったか」という質問には、「テレビのスポット」が最も多い四三・一％で、続いて「新聞広告」と、関西支社が配布に力を入れていた「割引券」となる［図表3-2］。「予告編（劇場）」や「この劇場で」は〇・五％という低さで、映画鑑賞頻度とも対応しており、児童観客の多くがテレビを情報源として「東映まんがまつり」の存在を認知していたことになる。

マスコミ以外での宣伝でも、認知拡大のためにテレビのキャラクターが利用された。A作『太陽の王子ホルスの大冒険』とテレビシリーズ『ゲゲゲの鬼太郎』ほかから構成された六八年夏の「東映まんがパレード」では、宣伝用に作成されたホルスと鬼太郎の着ぐるみが、デパートや遊園地、団地などで割引券の配布を行った[*18]。宣伝を担当した福永邦昭によれば、二つの着ぐるみを用意したのは、オリジナル作品のキャラクターであるホルスだけでは児童の関心を引けないと考えたためだったという[*19]。

いわば「東映まんがまつり」は、テレビ放映や原作マンガによって、児童観客への浸透をすでに果たしている作品やキャラクターを利用して、その認知を広げつつ、一方で劇場でしか見られない作品を来場の牽引力とするという、複合的なプログラムだった。しかしその中では、とりわけA作の存在意義が脆弱なものとならざるをえない。劇場用作品はB作でも構わないからである。

六七年から六八年の事例を見るに、A作の存在意義は徐々に薄れつつあった。しかし六七年春のようにA作とB作が併

図表3-1｜ふだん映画をどのくらいみるか

1年に1回程度	17.1%
半年間に1回程度	46.8%
3か月間に1回程度	17.6%
2か月に1回程度	6.8%
1か月に1回程度	8.4%
1か月に2〜3回	3.3%

『合同通信映画特信版』1967年4月23日号より作成

図表3-2｜この映画を何で知ったか

テレビのスポット	43.1%
新聞広告	18.1%
新聞記事	2.5%
雑誌記事	5.4%
割引券	17.7%
予告編（劇場）	0.5%
予告編（団地）	0.2%
デパート展	2.8%
立看板	2.7%
この劇場で	0.5%
人から聞いて	6.5%

『合同通信映画特信版』1967年4月23日号より作成

映されるのは例外的で、A作とテレビ番組の組み合わせで興行されれば、A作が好評を博することも珍しくなかった。六九年春の「東映まんがまつり」は、六八年下半期から六九年上半期の東映配給作品で、封切配収第四位を記録する大ヒットを記録したが、ここで公開されたA作『長靴をはいた猫』は、児童観客の六割以上が一番面白かった作品として回答した[*20]。さらに七〇年春の調査では、動員比はテレビシリーズを上映した『タイガーマスク』や『ひみつのアッコちゃん』がそれぞれ三〇~四〇%台の高率を示したものの、満足度ではA作『ちびっ子レミと名犬カピ』が首位を占めた[*21]。

さらに、A作が担っていた古典童話などを原案とした作品は、文部省推薦など教育界からの後押しを受けやすく、これが宣伝上有利に働いてもいた[*22]。

(前略)この推薦を得るということは動員に大きな影響を与えます。観客層はもちろん小学校低学年児と幼稚園児だが、彼等は必ず父兄同伴できますし、〝将を射んと欲すれば馬を射よ〟との諺のとおり、まず親を射止めねばなりません。これが推薦を重んじる理由です[*23]。

すでに『西遊記』公開時には、同時期に封切られたディズニーの『眠れる森の美女』と比較した観客動態調査が行われており、後者を公開した渋谷パンテオンと新宿ミラノ座で回答を得た、保護者層と思われる二五歳以上の女性七五人中では、「ディズニーの長篇漫画だから」との回答が三〇・七%、「文部省特選の映画だから」との回答が八%あることが参照されている[*24]。各地の映画館や支社によって担われた教育界への宣伝活動は、地域社会でこうした保護者層の児童向け映画への認知を向上させ、児童観客の団体動員を容易にするためのものだった。ここへ本社の宣伝や、後述する企画段階からの内容上の工夫が加わったと言える。

以上のような興行市場の動向や宣伝上の必要性と、東映動画が人件費の高い社員アニメーターを投下するに足る予算枠組みの作品を必要としていたことを勘案すれば、東映は即座にA作を廃止するわけにもいかなかったと思われる。

なお、六九年冬には、東宝が「東宝チャンピオンまつり」と題し、「東映まんがまつり」と同じようにテレビ番組を含む複数本立ての児童向け興行を開始している。ただしこちらは必ずしも新作を伴わず、「ゴジラ」などの怪獣映画や『巨人の星』などのテレビアニメを再編集し、メインプログラムを構成することもあった。

東映と東宝の児童向け映画興行は、七〇年代を通して東映優位で進行したが、「東映まんがまつり」は観客年齢層が低いため、客単価が安くなり、動員数の割には興行収入が低減するという問題を抱えていた。「東映まんがまつり」六七年春興行の京阪神主要封切五館では、調査日の動員数で東宝のそれを上回った東映のプログラムが、興行収入では下回るという結果が出た。これは「東映まんがまつり」の方が東宝のそれよりも低年齢層を集めための結果だった。これに対し東映側は「増収の基本線は料金問題の検討でなく、番組編成上の問題である」との見解を示し、「子供のみならず大人にも観賞に耐えられるような作品が番組の柱になったとき」には「興収はエスカレートしよう」と見て、「東宝との差は大人の数の差だ」との認識を見せた[*25]。

親子連れの場合、仮に二人で入場した場合でも入場料金は一般劇映画に比して、四分の一から三分の一は減少せざるをえない。東映動画の長編は劇映画より長期間の日数をかけ、高額の資金を投下して製作されるにもかかわらず、配給・興行時には他のプログラムより低額の入場料によって賄われざるをえないという、収益構造の重大な慢性的弱点を抱えていたのである。

長編企画の変化

六〇年代後半の東映動画では、企画者と演出家の世代交代が進行し、またB作の登場により映画企画が複線化した。邦画市場の縮小により、東映動画が制作する劇場用作品の受注額は据え置きから削減へと向かうが、一方で新たな世代の企画者と演出家の手がける多彩な劇場用作品が、実験性や先駆性に富んだ六〇年代の豊かな成果を示し始めた。

企画部門では、東京撮影所や本社企画部などを経て東映動画へ出向した企画部長の関政次郎(せきまさじろう)の下、有賀健(ありがけん)や籏野義文(はたのよしふみ)など、若手の企画者が頭角を現した。彼らはいずれも営業部門の出身ではなく、むしろ演出家と共通する人文的素養を持っていた。以下、まずは企画者数名の略歴を確認してみたい。

後に企画部長となる有賀健は、五五年に東京大学仏文科を卒業して東映へ入社し、六一年八月に東映動画へ出向した[*26]。また、五九年の新卒採用世代には籏野義文と原徹がいた。籏野は青山学院大学英米文科の出身で、本社動画部を経て、東映動画企画部へ出向となった[*27]。原は早稲田大学第一文学部を卒業して東映動画へ入社した。大学在学中には漫画研究会の立ち上げに関わっており、東映の入社面接時に新聞などへ一コマ漫画を投稿した経験があると述べたことから、東映動画を勧められたという[*28]。より後進では、六二年に立教大学文学部を卒業して東映動画へ入社した横山賢二（よこやまけんじ）が、在学中にシナリオ研究クラブに所属していた[*29]。

こうした企画者たちには、アニメーションを芸術表現のひとつのフォームとして捉える観点が備わっていた。原は赤瀬川原平などの芸術家と親交を持ち、同人誌『形象』の編集に関わる一方、渾大防五郎のもとで企画サークル「創造工房悪魔」を立ち上げ、共同で「カッパ宇宙船」の企画を立案していた。これは後に、『宇宙パトロールホッパ』の原型となった[*30]。また、脚本家を志望して五八年に東映の芸術職に採用された飯島敬（いいじまたかし）は、児童向けの作品を視覚的に提示できる表現媒体に注目し、当初から動画制作に関わることを志望していた。

飯島　僕の場合は、東映が動画を始めたというので…。僕は動画に興味をもつて丶、そつちの方へ進もうと思つていましたから。他の会社にはないでしょう。

——動画のどんなところに興味を持つているんですか。

飯島　高校時代から童話を書いていまして、そつちの方でなんとかものになりたいと思つているのですが……。字で書いていますと、子供にわかるようにやさしく書かなければいけないでしょう。そうすると言葉が非常に制限されちやうんですよ。自分の言いたい事も言えなくなるし、書きたいと思うイメージも書けないんです。それをもつと直接的に訴えることの出来るのが漫画―動画ですね。だから僕としてはこの会社に入るより外になかつたんじやないかと思います[*31]。

多くの企画者は、テレビアニメの脚本や絵本化された東映動画作品の文などを担当しており、文芸的な志向や技能を共有していた。こうした企画者たちとの協力関係のもとで、五〇年代末から六〇年代初頭にかけて東映動画へ入社ないし異動してきた演出家志望者たちが、テレビシリーズの各話演出から長編の演出へと進出していった。

若手の前景化により、長編の扱う題材が変化した。B作では『サイボーグ009』の成功を受けて、翌年には続編『サイボーグ009 怪獣戦争』が封切られ、その後はテレビ人形劇のアニメーション映画版である『ひょっこりひょうたん島』を経て、再び石森章太郎原作の作品が『空飛ぶゆうれい船』『海底3万マイル』と続いた[*32]。石森は『西遊記』制作の折に手塚のアシスタントとしてスタッフ参加をした経験があり、同世代の企画者や演出家たちと気脈を通じていた。池田宏は『空飛ぶゆうれい船』の演出を手がけるにあたり、自由な翻案が許されたことを回想している[*33]。

A作では、原案や着想元こそありながらも、ほぼオリジナルの作品が制作されるようになった。ひとつはイギリスの古典的叙事詩「ベーオウルフ」を下敷きに、スラップスティックなミュージカルを実現した『少年ジャックと魔法使い』であり、もうひとつは太郎座の人形劇『春楡(チキサニ)の上に太陽』を着想元として、シリアスな物語を描いた『太陽の王子ホルスの大冒険』である。

一見して全く異なる試みに見えるこうした企画群には、ひとつの共通性が見出せる。劇場用作品の急速な同時代化である。デザインだけでなく物語内容や主題といった作品の構成要素が、三〇代のスタッフたちのアイディアによって一新された。『長靴をはいた猫』『アリババと40匹の盗賊』『どうぶつ宝島』など、古典を原案とした場合でさえ、そこにはしばしば大胆な脚色が加えられ、かつて批判されたような「講談社の絵本」の動画版といった水準にはとどまらなくなった。

次に従来は東映動画の長編として焦点を当てられることの少なかった『少年ジャックと魔法使い』から、その企画の系譜を追跡してみたい。これは、有賀健が劇場用長編として、最初に手掛けた作品でもある。

『少年ジャックと魔法使い』は、『ひょっこりひょうたん島』などを手がけた宇野誠一郎（うのせいいちろう）による劇伴が高く評価され、第二二回毎日映画コンクール音楽賞を受けている。宇野は本作でSE的、効果音的なものを避け「歩くという意味を音楽的に表現すること」に重点を置いた[*34]。また、プリレコ方式では「できあがったものが空虚な感じになる」ため、フィルムのスポッティングを詳細に行い、「ふつうの速さで演奏して音をとってから、半分の速さに戻して使う」ことで「まのびした感じを出す」という複雑な手法を用いて劇伴を構成した[*35]。その結果本作では、音楽とキャラクターの動きを高い水準で一致させることに成功している。

主要な舞台となる幻想の世界の美術は、『わんぱく王子の大蛇退治』でも美術を担当した小山礼司が手がけた[*36]。これは大工原章による等身が低く平面的なキャラクターデザインとともに、『わんぱく王子の大蛇退治』以降の長編のスタイルを、さらに発展させたものと言える。

『少年ジャックと魔法使い』のメインスタッフは、続いて六八年春のA作『アンデルセン物語』を手がけた。本作では音楽映画としての要素がさらに深められ、本格的なミュージカル作品が完成した。『アンデルセン物語』は文部省選定作品となったが、有賀はこれで「動画の世界がはっきりと世に認められた」と考えながらも、一方で「内心忸怩たるものがあった」と述べている。

> （前略）ではお客さまである子供たち自身が、本当に楽しんでくれただろうか。そう考えると、多少の疑問が残る。「アンデルセン物語」を映画館で見てみると、肝心の歌の部分で子供たちがざわめきはじめる。かならずしも子供たちは、心から楽しんでいないのではないか。わたしは子供たちに、映画の世界の楽しさを知ってほしかった。なんとかして、彼らを座席にクギづけにしたい。その思いが強かった[*37]。

こうした意図は、続いて有賀が企画を進めた六九年春のA作『長靴をはいた猫』へと引き継がれた。本作は『アンデルセン物語』で演出を担当した矢吹公郎と、脚本を手がけた井上ひさし、山元護久の三人が再び参加した一方[38]、作画監督には森康二を、美術には急逝した小山礼司に代わって浦田又治と土田勇を充てて制作された。

『長靴をはいた猫』は、前二作よりも活劇的なアクションの要素とスラップスティックなギャグをバランスよく盛り込んだ作品となった。この長編は従来、森康二によるキャラクターデザインや、大塚康生、宮崎駿といったアニメーターの布陣から言及されることが多いが、その作風は『少年ジャックと魔法使い』や『アンデルセン物語』から連続した、企画者としての有賀の試みが結実したものでもあった。

『長靴をはいた猫』の特徴は、その諧謔性に見られる。この作風は井上と山元のシナリオや、ギャグ監修を中原弓彦名義で担当した小林信彦の手腕に負うところが大きいだろう。主人公のペロは決して生真面目なヒーローではなく、むしろ気ままにふるまいながら悪役をやり込めていく。こうした路線は、やはり山元がシナリオを書いた『アリババと40匹の盗賊』のように[39]、古典における善悪を、全く反転させた作品にも共通している。

善悪の境界線を揺らがせる物語が次々と登場したのも、この頃の長編の特徴である。後述する『太陽の王子ホルスの大冒険』における、悪魔と人間の間で揺れ動くヒロインのヒルダはその代表例だが、ほぼ同時期に企画が進められた『少年ジャックと魔法使い』や『サイボーグ009怪獣戦争』にも、敵方で登場した少女が最終的には主人公側につくというコンセプトが共通して表れたことは、注目に値しよう。

芹川有吾は『サイボーグ009』の劇場版二作について、一作目は「映画的にはかなりつっこんだ、カットのつみ重ねにしても粘ってやった効果があらわれている」が、内容面では二作目が好きだと述べている[40]。そして実際に、敵でありながら009を助けることになる少女ヘレナには人気が集中した[41]。キャラクター描写に力点が置かれたことで、アニメーションはストーリーを体感させるメディア表現として確立されていったと言える。この方法論は、資金的にも時間的にも制限が強化されたテレビシリーズやB作の枠組みの中で、それに順応しつつも作品の質を改良するように生まれたものだった。

　しかしその成果は、より自由度の高いA作にも還元されて刺激を与え、アニメーション映画のあり方が常に問い直された。『太陽の王子ホルスの大冒険』は、そうした事例の一つだった。

『太陽の王子ホルスの大冒険』の制作

『太陽の王子ホルスの大冒険』は、その制作が難航し、中断を挟んで足掛け三年以上が費やされた異例の作品だった。一時中断は『ガリバーの宇宙旅行』でも行われたが、これは主としてテレビシリーズ制作開始による人員不足という外在的条件が原因だったから、本作とは経緯が異なる。

　作画監督を務めた大塚康生の回想によれば、東映動画の長編「第十作」となる予定の企画への参加を関政次郎から持ちかけられたのは、『ガリバーの宇宙旅行』封切りを控えた六五年三月八日だった[*42]。大塚はかねてから『狼少年ケン』の演出で注目していた高畑勲を強く推挙し、採用された。

　一週間後には松谷みよ子による新作民話である『龍の子太郎』が最初の企画案として提出されたが実現せず、一〇月にアイヌのユーカラに題材をとった人形劇『春楡の上に太陽』を着想元とした案が決定された[*43]。しかし「演出コンテの未完成、原動画作業能率が予定スケジュールの三分の一にも達しなかったこと等の理由」から、六六年一〇月一四日に制作が一時中断された[*44]。六七年一月二〇日には作業が再開されたが、その後も遅延が続き、封切は六八年七月となった。作画作業の完了は六八年一月一四日だったというから、再開後も丸一年が費やされたことになる。初号試写は春の「東映こどもまつり」封切と同じ、三月一九日だった。

　こうした過程を会社側がただ容認していたわけではなかった。大塚は制作中断後、関から以下のように訴えられたと回想している。

きみたちはたいへんなことをしているんだよ。会社はきみたちにプレハブを作ってくれといっているのに、きみたちがやろうとしているのは頑丈な鉄筋コンクリートだ。いわば注文主の依頼とちがうものを作ろうとしている。予算、スケジュールの大幅な超過はどういうことになるのかわかっているだろうね……[*45]

一方で、経営側が本作品の意義を全く認めていないわけでもなかった。大塚によれば「それまでに仕上がっていたラッシュ（怪魚退治まで）の画面の質の高さ」は会社側も認めていたという[*46]。また、東映動画社長の山梨稔は新聞紙上で以下のように述べていた。

『太陽の王子』は、スピードとギャグ中心のテレビ動画に対抗して、うちのフル・アニメーション・グループが本格的なものを示そうとした一種の〝反抗〟なんだな。あまり採算を度外視されてもこまるが、作らせてくれという彼らの情熱を殺してしまってもいけないし――[*47]

こうした管理職や経営者の発言には、制作スタッフの能動性が、企業の枠組みを逸脱してしまったことへの率直な戸惑いが見て取れよう。

山梨が、本作の制作自体を現状に対する「反抗」と捉えていることも興味深い。大塚が当時「これがきっと最後になる。もう手をかけた長編はできなくなる」と考えたことが「かたくなに質を守りぬこうという姿勢」の背景にあったと回想しているように[*48]、これはA作の枠組みが潰えようとしているという現状認識に基づいた、対抗的で、それゆえ能動的な実践としての側面を帯びていた。テレビシリーズ制作によって長編制作が中断されたのは、僅か二〜三年前のことであり、後述するような制作体制の合理化が進行していることも日々強く意識されていたから、この危機感にはまったく根拠がないわけではなかった。

本作は労使紛争の渦中で作られたと語られることがある。確かにその企画段階においては久岡懲戒処分に関する争議が続いていたが、これが本作の制作期間すべてにまたがっていたわけではない。労使交渉自体は様々なトピックに関して続けられていたが、これは組合が存在する以上、当然のことである。

東映グループ全体に目を向ければ、六六年一〇月に大川博の息子である大川毅が専務に就任し、また経営合理化のための「新体制確立運動」が六六年末にはひとまず決着するなど、企業として新たな局面を迎えつつあった。動画労組には、制作体制の混乱や一連の合理化策から生じた労使紛争を通し、会社側への根強い不信感が残存していたが、『太陽の王子ホルスの大冒険』制作再開後の交渉は、当該スタッフが自主的に進めた局地的なものと見るべきで、会社全体を揺るがすようなものではなかった。長編であるために投下される資金は巨額であり、会社側にとっても看過できない問題であったことは確かだが、これは主として制作スケジュールの問題で、作品内容に関するものではなかったし、組合員による本作の宣伝活動も、有志で実行委員会を組織して自主的に行う確固とした方針のもとに進められており、組合活動そのものとただちに一致するものではない。

ただし本作の企画原案が現場の職員たちにより構成されたことで、その実作の過程に既存の制作体制や経営方針への対抗的な意義が生じたことは確かである。たとえばキャラクターデザインは、作画監督が一括して行うのではなく公募方式が採られたが、これはかねてから要求されていた「スタッフの作品参加」、すなわちお仕着せの企画とスタッフ編成に基づかない、現場のアイディアを吸い上げた作品構想と、それに基づく人員配置の実践だった。入社後数年の若手アニメーターでありながら、『ガリバーの宇宙旅行』などで頭角を現し本作へ参加した宮崎駿は、「ついに、おれたちの活躍の場が来たんだって勝手に思っていました」と回想しているし[*49]、五八年に入社し、本作で美術監督を手がけた浦田又治も、「初めて若い人たちだけで作るということであったから、ぼくらも燃えた」と述べている[*50]。

一方で能動的なスタッフ編成は、現場での濃密な交流を前提としており、ともすれば参加者を選別する性格も伴った。大塚は親しい仲間を誘ったものの、スタッフ編成が「ちょっとうっとうしい」と断られたと回想しているし[*51]、力量が不十分であるとみなされれば、進行が遅れているにもかかわらず編成から外されていった者さえあったという。

制作再開後、製作担当としてこれを目の当たりにした原徹は、それが本作に掲げられた「団結」というテーマに反する、メインスタッフのエゴイスティックな選り好みだと考えた*[52]。濃密な人間関係に基づいたスタッフ編成は、その内部に入り込めれば創造的な役割を得られたが、それができない場合には、むしろ排除の論理として働いた。

メインスタッフを中心としたコミュニケーションの濃密さは、他のスタッフたちと自分たちとを区別して捉える意識を生み出していた。もっともそれは、自尊心というより自嘲として表れた。宮崎駿は自分たちの班を「クソコーナー」と自称していたと回想している。

『太陽の王子』で、ぼくらの班をぼくらはそう呼んだ。ようするに能率が悪く、アニメーターの鑑の反対。どうせあたしらはクソのようなものですよと、開きなおった面々の集まり*[53]

こうした自己認識は、アニメーターたちによるコミュニケーションの一形態として表れた「中傷絵画」にも見ることができる。原画用紙に描かれたと思しき一枚のそれには、初号完成時の想像図として「十作が、いい作品だなんて云った奴は誰だ」と乱闘するスタッフたちの姿が描かれている*[54]。合理化への対抗的意欲と、にもかかわらず遅延し続ける進行具合への無力感は、粘り強い取り組みへの動機になったと同時に、悲観的な態度も導いたのである。

スケジュールや予算等を鑑み、本作には唐突に静止画のシーンが挿入された場面がある。これは大塚康生によれば「最後の最後にスケジュールに追いつめられて、会社から『もうこれ以上枚数を使うな』という厳しい命令が出た」ことの結果だった*[55]。

高畑の作品構想は、実際に許された映画の規模に収まるものではなかった。本作は他のA作と大差ない八二分の作品として完成されたが、高畑は、あと一〇分あればと回想している*[56]。しかし「東映まんがまつり」形式が定着したこの時期、

A作といえども一本立てロードショーの機会はなく、一八〇分程度の上映プログラムのひとつとして封切られるほかなかった。A作の尺が伸びれば、その分だけ他の作品を削ってバラエティ性を減じるか、あるいは全体の尺を延長するしかない。しかし前者は集客に影響を与えるし、後者はプログラムの回転率を下げるから、いずれも興行側には歓迎されない。興行ベースに乗せるためには、八〇分規模の尺に合わせねばならなかった。そしてその長さは予算の規模にも観客の年齢層にも合致していた。

とはいえ本作は、全体として多くの創意工夫が結実した濃密な作品となった。高畑は本作品のアクションシーンに、短いカットを挿入するモンタージュを極力用いず「アクションに時間的空間的連続性をもたせて実在感と臨場感を出そう」と試みた[*57]。冒頭のホルスと狼の群れの戦いに、それは顕著に表れている。これはB作やテレビシリーズに定着しつつあった「結果芝居」のような、空間や時間の連続性を省略することで省力化を実現する手法への、対抗的な試みだった。『太陽の王子ホルスの大冒険』では、しばしばカメラを引いた構図の中で無数のキャラクターがうごめき、あるいは一連の動作の過程がワンカットで示された。これは極めて手間のかかる原動画作業を要請するから、作画作業が通常の長編に比して遅延するのは必然だっただろう。しかしこうした演出上の指示は、ただキャラクターの運動の外見的迫力や面白みを強調するためのものではなかった。むしろ本作ではストーリーもまた重視されており、キャラクターの精神的葛藤が描き出された。

悪魔グルンワルドの妹分でありながら、時にホルスや村の子どもたちに惹かれつつ「自分の苦しみ、コムプレックス、しっとをバネに『主体的』に『悪』を行って」おり、「イヤイヤながらも人形のように『悪』を行うよう強制」されているのではないヒルダの二面性は[*58]、同時期の他作品のキャラクター描写と比較しても、より深められている。ヒルダはグルンワルドから与えられた「命の玉」をホルスたちに届けさせ、一度は雪の上に倒れ伏すが、逆にそれによって解放されて生き残る。ヒルダは悪から善に不可逆的に転換するのではなく、また善を選ぶことによってただちに幸福になるのでもない。この重層的な描写は、ストーリーを重視しキャラクターの内面に迫りながらも、そのキャラクターが「時間的空間的連続性」の中で動くことで、実在感を持つことが可能なことを示していた。それは省力化されたアニメーション演出に対し、再び実在感を追求しつつ、同時にキャラクターの内面の動きにまでリアリティを付与しようとする試みだった。

こうしたアニメーションの映像表現や演出手法の追究は、個別の実験に留まることなく、本作の主題を通して統一され、アニメーション映画の制作そのものを問い直す試みとしての側面を、作品に付与した。本作での試みについて、高畑勲は次のように書き留めている。

この映画のなかで私たちがやろうとしたことは、それが本当に意図どおり達成されているかどうかはともかく、当時としては大変新しいことが多かったのではないかと思います。しかしその後の十五年の間に、(中略)そうしたものはすべて、あらゆるものを素材としてとりあげる日本のアニメーションのドン欲さのなかでごくありふれたものになってしまいました。

しかしそのなかですくなくともひとつのことだけは、いまなおありふれてもいないし、むしろこれから本格的に追求しなければならない大きな課題としてのこされています。それは、悪魔の手から「村を守る」というテーマをかかげたことによって私たちがイヤでも表現しなければならなくなったもの、すなわち、守るに価する「村」の描写です。

(中略)

「村が滅びる」のは、「村」というかたちで人々が築きあげてきた共同体の営みがまるごと破壊されたときなのではないでしょうか。何で食べ何で暮しをたてていくかの生産方法から衣食住の風習、祭儀文化娯楽にいたるまでの共同体の生活のあらゆる知恵や伝統、そこに含まれる相互扶助や相互信頼のありかたなど、人間が人間らしく生きるために必要な一切を元に復することが出来ない状態にまで壊滅させてしまうこと、これが「村を滅ぼす」ということの内容なのだと思います。したがってほんとうに「村を滅ぼす」には物理的な破壊力だけでは足りず、「村」または潜在的に「村」を形成し得る人々が外圧に耐えかねて、その場かぎりの利己的な気持ちをおさえきれず、内部矛盾を拡大してみずから「滅び」に手をかしてしまうことが必要条件です[*59]。

高畑の言う「村」は、本作の制作に取り組むスタッフの共同体としても捉えることができよう。それが「外圧」や「内部矛盾」によって「滅び」ると考えるならば、本作を完成させるべく皆が協力し、制作し続けることが、その共同体の防衛を意味することになる。

共同体のリーダー像もまた興味深い。主人公のホルスはタイトルでは「太陽の王子」と呼ばれているが、実際には王族の出身ではない。ホルスは一人の力で悪魔を倒すことはできず、彼が巨大な岩男モーグから引き抜いた「太陽の剣」も岩に覆われていて使うことができない。ホルスが「太陽の剣」を使えるようになるのは、共に村を守ろうとする村人たちと、それを鍛えなおしたときである。そしてホルスは「太陽の剣」を用いて一騎打ちをするのではなく、むしろ村人たちが持った武具や農具の反射する光を束ねることによって悪魔を倒すきっかけを作る。ホルスは単独で存立するヒーローではなく、村人たちの意思や力を媒介する主人公なのである。

こうした主人公の姿は、実態としての「演出中心主義」を、必ずしも自身の理想ではないと答えた高畑の姿と重なって見える。

本作において高畑は、確かにスタッフから募ったアイディアを取捨選択する立場にあった。しかしそれは演出家が主導する体制であると同時に、六〇年代前半までの本社企画によって主導された企画のあり方と比べれば、確かに現場職員が創造上の権限を掌握することをもたらした体制でもあった。スタッフの作品参加とは、そこへ向かおうとする変化の志向とその実践の過程として理解されるべき事象であり、会社側の意向に則った企画とスタッフ編成ではなく、現場のそれによって作品を制作しようとするならば、現場での強力なリーダーシップが必要になる。しかし同時にその実現のためには、会社ではなく現場からの支持を欠くことはできなかった。

演出家は本来、一人では作品を完成させられず、多くの同僚の力を借りることで、初めて自らのイメージを形象化できる。主人公が突出した能力によって他の人々を率いるのではなく、共同体を束ねる力量にこそ、その価値を見出す物語は、演出家を中心としてアイディアを募り、試行錯誤を重ね長編映画を構成しようとする制作体制の理念と対応していたのではないだろうか*[60]。

劇場用作品製作の構造

ここまで劇場用作品の製作枠組みについての説明は、東映が東映動画へ一定額で発注するものとの記述にとどめてきた。企画を実質的に東映動画が主導していても、製作は本社が行うものだったということになる。

いま少し詳細に、東映と東映動画の間で取り交わされた契約書や覚書の記述を参照して述べるならば、東映は東映動画が完成させた劇場用作品を所定の金額で買い取っており、この際に映画の著作権および原版、初号プリントの所有権は東映へ譲渡されていた。ただし買取金額は東映側の裁量で当初の決定より増額させることができ、東映動画の過度の赤字を防ぐためか、実際にはしばしば増額が行われた。

以上を踏まえつつ、ここではこの構造がどのような事業の実態を構成していたか記述することを通し、東映と東映動画の関係がいかなるもので、またそれがどのように変化していったのかを検証していく。

①『太陽の王子ホルスの大冒険』の興行成績から

『太陽の王子ホルスの大冒険』を含む「東映まんがパレード」の興行は、しばしば失敗に終わったとされてきた。大塚康生は「それまでの長編漫画の最低を記録」したと記し*[61]、森康二も封切初日の観客動員数を聞いた東映の部長が、「あんな作品じゃ　お客は来ませんよ」と述べたと回想している*[62]。しかしいずれも具体的な数値は示されていない。

大塚の証言には、児童観客が劇場内を走り回っていたことを悔しげに回想した部分も見られる*[63]。これは一見して、本作の不評さの示す事象のように見えるかもしれない。しかし長編の上映中、児童観客が集中していないことは、先述の有賀の回想にも見られる現象である。また、これは児童が入場料金を支払って来場したうえでのことであり、その反応をもってただちに不入りの傍証とすることはできない。

そもそも児童観客は、長編だけを目当てに映画館へ来ていたわけではない。先述のように「東映まんがまつり」形式の興行は、テレビ番組と劇場用作品の複合的なプログラムにより、集客をはかっていた。加えて六〇年代までは、テレビシリーズにはモノクロ作品が多く、一般家庭へのカラーテレビ受像機の普及率も低かったため、カラーの劇場用作品は独自の魅力を持っていた*64。したがって映画館に入場してみなければ分からない長編の内容を、プログラム全体の興行成績と直結させて考えることには無理がある。

ここでは『興行年鑑』をもとに、興行成績の実態を検証してみたい。浅草・新宿・渋谷・丸の内・梅田・大阪・名古屋・福岡の八つの東映直営館を合計した『太陽の王子ホルスの大冒険』を含む「東映まんがパレード」の動員数は、一一日間で約一六万人である。前年夏の『ひょっこりひょうたん島』他のプログラムは九日間で約一四万六〇〇〇人が、六六年夏の『サイボーグ009』他のプログラムは一四日間興行で約一九万人が、それぞれ入場している。前二年の夏興行と比べても、「東映まんがパレード」の一日当たりの動員数が極度に少ないとは言えず、例年並みである*65。

それでは前後する時期に東映系で封切られた実写映画との比較ではどうだろうか。六月末から八月末まで二か月間の封切作品の八館累計で、「東映まんがパレード」を越える動員数のものは、直後の八月一日に封切られた東映任侠路線のオールスター映画『侠客列伝』および併映の『盛り場ブルース』以外にない。したがってこの年夏封切の東映系プログラムの中では「東映まんがパレード」は大きく健闘したと言える。

ただし、先述のように児童向けプログラムは、興行収入が低減する弱点を持っていた。「東映まんがパレード」の新宿東映での興収は、『侠客列伝』および『盛り場ブルース』の六割弱である*66。しかし『侠客列伝』ほかの動員数は、一三日間で二万三三四八人だったのに対し、「東映まんがパレード」のそれは、一一日間二万二七九八人で、一日平均では後者が上回っている。にもかかわらず『侠客列伝』は、六八年下半期から六九年上半期の東映系封切作品中で、封切配収第三位に入ったのに対し、「東映まんがパレード」は五位以内に入っていない[*67]。ここでも、観客年齢層の低さが興行収入の低さをもたらしていたと考えられるのである。しかしこれも六八年夏に限った話ではない。

『太陽の王子ホルスの大冒険』の興行が不入りに終わったとする証言には、十分な信頼性が欠けている。ここで検証したのは限られた館の数値に過ぎないが、同時代的に指標として発表された館のそれに代表性がないとは考えにくい。

ただし基準を変えるならば、その興行を不振とみなすこともできる。ここまで動員数の比較は全て、夏季のそれと行ってきた。しかし六六年および六七年の夏に封切られた劇場用作品はB作であり、より高いコストで製作されたA作ならば、B作と同程度の動員数では不十分とも言える。

実際に先行するA作を含む興行での動員数と、『興行年鑑』記載の八館累計で比較してみたい。六七年春の「東映まんがまつり」と、六八年春の「東映こどもまつり」は、それぞれ二五万人以上を動員している。これに比べると「東映まんがパレード」の動員数は三分の二となる。つまりその興行成績は、先行するA作を含んだプログラムと比べれば不振と考えられる。ただしこれは作品内容による結果とは言えない。それは多分に、児童観客が映画鑑賞を長期休みのレジャーとして選択したかどうかという生活習慣に起因するからである。そして先述のように当時の興行では、春休みの動員数が夏休みのそれより多くなることが常態であった。

「東映まんがまつり」は、児童観客を定期的に映画館へ足を運ばせる習慣の確立に成功していた。しかしこの習慣化は、作品内容を問わず公開時期によって集客の規模が決定してしまう結果も招いていた。「東映まんがまつり」定着後、東映動画の劇場用作品は、年二回の公開時期とその観客層に基づく興収の規模に、予算や尺、スケジュールなどを強く拘束されるようになっていたのである。

②『長靴をはいた猫』の興行成績から

東映から映画制作を一定額で受注する東映動画にとって、興行成績の良し悪しはその収益に一義的な意味をもっておらず、制作原価と受注額との差額が損益を決定する要素だった。

もちろん受注額は、東映の配給収入を基準に決定されていただろう。春休みと夏休みの観客動員数が、作品の規模と連動するようになっていったのは、その表れと言える。しかし東映の利益は配収だけでなく直営館からも確保されており、東映動画より複合的かつ優先的に回収が可能だった。したがって「東映まんがまつり」が興行上ヒットした場合でも、東映がコストを解消しえたのに対し、東映動画は赤字になる構造があった。これを以下、A作である『長靴をはいた猫』を事例に検証したい［図表3-3］。

『長靴をはいた猫』は、テレビアニメや交通安全のPR映画とともに、六九年春の「東映まんがまつり」で封切られた。このプログラムは六八年下半期から六九年上半期の東映配給作品で、封切配収第四位を記録する大ヒットとなった。

このときの封切配収から、本社が負担する一作品あたりのプリント費、宣伝費、配給費の総和である営業経費を引くと、封切館での興行が終了した時点での東映の収入は七九六三万円となる*68。東映が『長靴をはいた猫』制作のため東映動画に発注した金額は七五〇〇万円であるから、そのコストは封切配収だけで解消できたことになる。併映作品の上映権料は不明だが、下番線への巡回においては営業経費のうち最大を占めるプリント費が減少すると思われるし、テレビ番組の上映にあたって本来の制作原価を大きく超えた金額を支払うとも考えにくい。裁判準備書面によれば、当時の総配収中における封切配収の割合は約六割とされているので、併映作品の諸コストも下番線からの残り四割の配収で、十分に充当できたのではないだろうか。

一方、東映動画の制作原価は七七九七万円強で、約二九七万円の赤字となった。興行でヒットした作品でも、東映は利益を得られたのに対し、東映動画は赤字を出したのである。

東映動画の損益は、東映からの受注額の多寡によって変動するものでしかない。仮に東映が、東映動画の費やす制作原価に見合う額面で発注すれば、東映動画は利益を得られ、発注額を配給収入によって解消できずに赤字を出すのは東映の側になる。いわば東映は、自社の配給網から確実に利益を得られる規模に発注額を抑えながら、制作リスクを子会社である東映動画へ転嫁していた構造になる。

従来、『太陽の王子ホルスの大冒険』がスケジュール遅延によって大幅な予算超過を起こしたことは、関係者の証言をもとに語られてきた。これらの証言では一億三〇〇〇万円が費やされたことが定説となっている[*69]。六〇年代後半、A作の受注額は概ね七〜八〇〇〇万円で推移しており、また裁判準備書面によれば、六八年の長編で五〇〇〇万円の赤字が生じたとの会社側の公式見解があるため、この定説は信憑性が高い。ただし、予算超過を起こしたのは『太陽の王子ホルスの大冒険』だけでない。東映動画の「累計製作原価」表によれば、少なくとも六九年以降の長編はA作かB作かを問わず、全て原価が受注額を上回っていた。

後述するように、それでも山梨体制の東映動画は、全体としては黒字経営を維持していた。しかしその維持のためには、映画制作事業そのものの見直しが浮上するのは必然だった。とはいえ、未だ興行市場では、A作を含めた劇場用作品の需

図表3-3｜『長靴をはいた猫』封切時の東映本社および東映動画の損益

A	封切配収	106,203
B	プリント費	11,762
C	宣伝費	8,769
D	配給費	6,042
E	総営業経費(B+C+D)	26,573
F	封切配収中の利益	79,630
G	東映動画の受注額	75,000
H	東映本社の利益(F−G)	4,630
I	東映動画の製作原価	77,970
J	東映動画の損益(G−I)	−2,970

(単位:千円)

『映画年鑑1970年版』および東映動画の「累計製作原価」表から作成

要が根強くあり、社内にはそれを制作する人員が多数在籍していた。東映動画がその一存で映画制作事業を改廃することもできない以上、東映本社の采配に依存した子会社としての地位に甘んじ続けざるをえなかったのである。

③映画制作規模の縮小

七一年春の『どうぶつ宝島』を最後に、東映動画はA作の継続的な制作を停止した。この変化は東映動画の意思決定や制作能力の減退、志向の変化などから起こったものではなかった。

ふたたび、当該時期の「累計製作原価」表によれば、東映動画へのA作の最終的な発注額は、六九年と七〇年には七五〇〇万円の水準が保たれていたが、七一年からはこれが五〇〇〇万円に減少した。これはB作相当の額面である。A作の基準で完成された『どうぶつ宝島』の制作原価は約一億三八〇〇万円に達しており、八八〇〇万円強の赤字が東映動画に残された。

翌年春の受注額復旧が望めないなら、それがB作相当の作品へと改変されるのは必然だった。そして七二年春の新作『ながぐつ三銃士』は、五三分の中編となった。演出の勝間田具治によれば、これは当初、八〇分の長編の予定だったが、予算の関係から尺を縮小するよう指示があり、「三銃士」を題材にすることを諦めて西部劇風の作品にしたという[*70]。

東映がこの段階でA作を不要と判断した根拠には何があったのだろうか。興行的な観点から見れば、それまで東映動画側の不採算性を等閑視してでも必要としていた児童向けプログラムに、アニメーション映画が必須のものではなくなったことが指摘できる。またより巨視的には、七一年八月に大川博が急逝し、岡田茂へと東映社長が交代して、各部門における経営の引き締めがさらに強化されたことも、これに拍車をかけたであろう。

ここでは前者の観点を検討したい。先述のように山梨体制では、劇場用作品の受注額が一度は抑制された額面で示されながら、後日の更改で増額されることが常態化していた。山梨は、「当時でも劇場用アニメを一本作るのには約一億五千万円ぐらいかかるのに、東映の営業サイドで出せるのはせいぜい五千万円ぐらいが限度」と言われたため、大川に直接交渉し、「一年に一本ぐらい子どものために奉仕するつもりで、一億円ばかり投げ出してもらいたい」と述べて承認を得たと回想している[71]。山梨退任後に受注額が五〇〇〇万円まで減額されたことを見ると、この回想には一定の信憑性があろう。東映は、かねてから予算の減額を試みながら実現できていなかったのである[72]。しかし、これは大川独自の判断によっていたから、社長交代による転換は必然だった。

大川死去直前の七一年七月からは、「東映まんがまつり」に特撮テレビ映画『仮面ライダー』がラインナップされ、続く七二年三月には劇場用作品『仮面ライダー対ショッカー』が『ながぐつ三銃士』とともに「東映まんがまつり」として封切られた。後者は、「平月では不可能ともいえる配収」をあげ、七二年上半期の封切配収で第五位を記録した。そしてこのヒットは明確に、『仮面ライダー対ショッカー』の人気によるものと認識されていた[73]。続く七二年夏の「東映まんがまつり」は「へんしん大会」と銘打たれ、劇場での人気アンケートの結果でも、新作『仮面ライダー対じごく大使』を含む実写ものが一〜三位を占めた[74]。児童向けプログラム中での劇場用作品は「仮面ライダー」を主軸としたものへ移り、東映動画に特有の執着を持たない岡田体制では、コストの高いアニメーション映画製作の見直しが進んだと思われる。

こうして七一年に東映は、先述のような劇場用作品の発注額削減を断行した。さらに九月には、七二年の劇場用作品の発注取りやめが東映動画へ提案され、交渉の後、東映動画は夏の新作について中止を検討することになった。

劇場用作品の取りやめは、その作画を専門的に担当する社員アニメーターの仕事がなくなることを意味したから、これは動画労組にとっても焦眉の課題となった。労使交渉の結果、東映動画は目減りした受注額での年間二作制作続行をはかったが、これは人件費や諸物価の高騰情勢に反しており、これまで東映動画が築き上げてきた体制の毀損なしには対応不可能だった。

労使間裁判の準備書面によれば、七二年夏公開のB作『魔犬ライナー0011変身せよ!』の制作時には、作画人員の縮小が進められた。従来、劇場用作品制作に従事してきた社員アニメーター四四名のうち一二名はテレビシリーズ制作へ回され、残り三二名の人員でノルマ消化率を一八〇%へ上昇させることが、会社方針として打ち出された。動画労組は一月の団交の席上で、会社案では過去の実績から見て公開に間に合わないこと、また「動画スタジオ存続のために無謀な質低下はさけなければならない」ことを主張した。しかしスケジュールが逼迫していたため、三月初旬には作画作業を三二名で開始し、間に合わない場合は「外注に出さず全員で」取り組むこととなった。

作画開始後、四月末にはスケジュール遅延の見通しが明らかになり、従来のスタッフ全員の投入が決定した。会社側は組合へ外注への同意を申し入れたが、組合側は先の団交での取り決めの順守を主張し、これを容認すれば今後のさらなる外注強化や人員削減につながりかねないと反対した。結果として『魔犬ライナー0011変身せよ!』の作画は社員のみで完遂された。制作日数はB作として標準的な一一六日だった。

この作業中、五月八日には労使間で議事確認が行われた。ここで、次年の春作品制作にあたっては、予算と過去の実績を勘案してその体制を編成すること、今回のような急激な能率アップ要求はせず、三月封切を前提にスケジュールを検討すること、次回作を「社員でやる場合は『魔犬ライナー』の様な製作期間、人員編成はしない」こと、「長編を製作する場合は、社内の人で製作することを原則とする」ことなどが確認された。

これらの議事確認の経緯を組合側は、会社側が「人員縮小政策の誤りを全面的に認めたもの」として認識した。一方会社側はこれを、社員アニメーターには予算から逆算されたノルマを「消化する能力がないということを確認した」ものと認識していた。こうした認識の隔たりは埋め合わされることなく、『魔犬ライナー0011変身せよ!』完成後の七月七日、「長編年一本、テレビ二ラインの新製作体制」への合理化案が発表され、合わせて希望退職者の募集が開始されたのだった。

テレビシリーズの拡大と制作体制の合理化

企画の変容と制作本数の増減

六〇年代後半、アニメーションに限らず東映が制作する児童向けテレビ番組の企画には、石森章太郎、横山光輝（よこやまみつてる）、水木（みずき）しげるといった漫画家との提携作品が定着していった。

『週刊少年マガジン』が一〇〇万部発行を達成し、さらに青年向けマンガ誌が相次いで刊行され始めたこの時期、団塊の世代を対象とした雑誌マンガの市場は拡大し、内容面での細分化が起こりつつあった。

東映動画ではマンガ原作作品の企画が、有賀健や籏野義文ら、三〇年代生まれの企画者たちによって進められた。そしてこうした路線を本社側で統轄していたのが、六四年六月の人事改変で関東支社の営業畑から本社営業部テレビ営業課へ異動し、翌年二月には新設されたテレビ部次長へ昇進した渡邉亮徳（わたなべよしのり）だった。ただし、マンガ原作路線は渡邉の指示のもとに確立したというより、個々の企画者間の情報交換によって伸長したと見た方がいいだろう。

テレビアニメの企画案は、放映枠や内容の重複を防ぐため、本社テレビ部で調整が行われた*[75]。実際の企画案を作成し、その具体的な検討をテレビ局などと行うのは東映動画の企画者だが、形式上の受注窓口は本社テレビ部であり、受注額から一本あたり五万円を手数料として得ていた。また、受注額や版権料の分配も、テレビ局と東映動画に本社テレビ部が加わった三者協議によって決定されるもので、企画案は絶えず本社と共有されていた。したがって東映のテレビ部には、子会社を含めたテレビ番組の企画案や情報が集約されており、東映全体で漫画家との提携企画が見られるようになったのである*[76]。

東映のテレビ番組企画は、雑誌連載マンガを原作にするだけでなく、漫画家を企画立案に巻き込み、当初から雑誌社との提携を前提として、マンガ連載とテレビ放映を進める方式へと深化した。出版文化を重んじた点において、これは時代小説などを基盤としたかつての企画の手法から連続したものだったが、そこに市場やジャンルの拡大期にあったマンガが加わったのである。これは後述する表現技法の進展と相まって、テレビアニメが扱う企画の路線自体を増加させた。

企画の多元化の中でも顕著なのが、少女向け路線の発生と定着によるターゲット層のジェンダー分化だった。六六年一二月には『魔法使いサリー』が放映開始され、以降『ひみつのアッコちゃん』から七二年の『魔法使いチャッピー』まで放映枠が持続した。この放映枠は七三年の『バビル二世』を経て、『ミラクル少女リミットちゃん』で少女向けへ回帰し、『魔女っ子メグちゃん』が放映終了した七五年九月いっぱいまで同じ路線が続いた。また一年後には別の放映枠で『キャンディ・キャンディ』の放映が始まっており、少女向け路線は確実な定着を見せた。

全てのテレビシリーズがマンガを原作としたわけではなかった。少女向け路線では『魔法のマコちゃん』が、マンガ家の原作や原案をあおがないオリジナル作品として企画されている。原徹によれば本作がオリジナル企画となったのは、この時期に依存するほど強力な原作がなく、また原作料の相場自体も上がっていたためで、企画者や演出家の芹川有吾などが、KJ法を用いて案をまとめたという*77。

テレビシリーズには確かにマンガ原作が多く用いられたが、必ずしもそこにアイディアを依存しきっていたわけではなく、それはむしろ企画を通しやすくし、またヒットを確実にするための手段だった。したがって、文芸的素養を備えた企画者や演出家がいれば、必要に応じてオリジナル企画が立案できた。

『魔法のマコちゃん』企画時に求められたのは、放映枠を維持することだった。六〇年代後半、東映動画が制作するテレビシリーズは週二本から四本の間で増減が続いた。東映動画としては受注本数を減少させないため、局側としては継続してきた路線を安定して次につなぐため、状況に応じて企画のあり方はフレキシブルに変化していた。

『狼少年ケン』新作放映中止後、作画職には契約者を充当する方針が導かれたように、複数の班から編成されたテレビシリーズの制作体制は、受注量の増減により手すきと人手不足とが定期的にもたらされるもので、事業や雇用の安定性と相反する性格を備えていた。加えて六〇年代後半には、『ウルトラQ』『ウルトラマン』に代表される特撮テレビ映画のヒットがあり、児童向けテレビ番組の放映枠をめぐる競争は、さらに熾烈なものになった。

企画者から製作部の課長となった原徹は、自身の中で企画と制作の立場が対立していたと述べる。テレビシリーズの受注が週三本に増えた際に外注先を押さえても、ひとつの番組が終了して受注が減った場合には手が空いてしまう。かといって再び受注が増えることを想定すれば、安易に外注先と手を切ることはできない。したがって企画は常に営業を行い、決まったシリーズ数を安定受注してくれなければ困るが、経験上そうはいかない立場も分かる、というのが原のジレンマだった[*78]。これはテレビシリーズが全て、他社との折衝に基づく受注によって成立する、生産上の特性に起因する問題だった。テレビシリーズ自体は放送網の中に定着したが、その流動しやすい制作本数をいかに安定的に維持するかが、制作会社の大きな課題となったのである。

表現技術の進展

①マシントレースの導入

六〇年代半ばにはテレビシリーズ制作上の技術に、二つの進展がもたらされた。ひとつは機械によるトレースの導入であり、いまひとつはカラー化である。どちらも先に劇場用作品で導入されていたものだが、これはテレビシリーズが扱う作風の拡大に寄与した。

アニメーターの永沢詢は、キャラクターの絵を立体的に動かすため、「気持ちをこめ」た線ではなく「ツルツル線」を描くことを要求されるのに違和感を覚えていたという[*79]。線にタッチを入れることが難しかったのは、紙に描かれた原動画からセルへのハンドトレース工程を経ることにも起因していた。個々人の線の表現は、素材と分業によって弱められたのである。しかしマシントレースの登場が、荒々しい線のタッチや鉛筆画のようなかすれを、セルの上に表現することを可能にした[*80]。

すでに『少年忍者風のフジ丸』では、セル上にレタッチを加えて絵画的な陰影をもった画面に仕上げる「ハーモニー方式」が試みられていたが[*81]、マシントレースのテレビシリーズへの導入により、より質感を備えた表現が表れ、劇画のテレビアニメ化に大きく寄与した。他社の作品では『巨人の星』や『佐武と市捕物控』などがこの効果を生かし、原作の作風や世界像を線のタッチから再現することに成功していた。

東映動画でマシントレースが積極的に活用されたテレビシリーズのひとつは、六九年九月から二年間放映された『タイガーマスク』だった。本作では鋭角的でラフなタッチを残したキャラクターデザインによる、スピーディで荒々しいアクションが実現した。

このマシントレースは、高機能なゼログラフィと、簡易化されたゼロファックスの二種類の機器によって行われた。原動画を紙からセルへ転写するほか、図の拡大や縮小、回転なども可能な複写機であるゼログラフィは、ウォルト・ディズニー・プロダクションが、『101匹わんちゃん』の制作にあたって導入したものだった。東映では東京撮影所で特殊技術課初代課長を務めた小西昌三が、セイキとともに導入をはかった[*82]。

ゼログラフィによる機械化は、ハンドトレース比で約三〇倍の作業効率が得られるとされた[*83]。しかし大がかりな装置のため、そのランニングコストは高かった。後述する社内資料『TVマンガ製作再検討重要事項』によれば、ゼログラフィには平均一四名という多くの作業人員や維持費が必要であり、拡大・縮小機能を利用して作画枚数を削減しようとしても、かえって手描きより高くついたのである。また、劇場用作品に用いられる場合、巨大なスクリーンに投影されることから、描線の再現に繊細な注意を払う必要があったため、全面移行は長らく避けられ、ハンドトレースが併用された。

コストの高いゼログラフィに代わり、テレビシリーズでも手軽に使用できる機械として、拡大・縮小等の機能を省き、原画とセルの間にカーボン紙を挟んで等倍の複写を行うよう簡易化された、ゼロファックスも開発された。それでも導入期におけるその単価は一枚当たりで八〇円かかり、ハンドトレースを含めた仕上工程を一話分まとめて外注したコストの方が安かった。

このようにマシントレースの導入は当初、スケジュールの短縮には資してもコスト面で問題を抱えていた。また、作業精度を保つには機器への習熟を必要としたため、誰でも使用できるものではなく、特殊効果に必要な場合以外の「過度の依存」はしないよう戒められていた。

マシントレースの導入は、機械の利用による効率化を目指したものだったが、それは即座には実現せず、むしろ特殊効果など表現の手段として先に定着した。採算性をいかに確立するかという商業制作上の普遍的な課題が、ここでも浮上したのだった。

②テレビシリーズのカラー化

六〇年代後半にはテレビ番組のカラーへの移行が進み、東映動画もこれに対応することになった。カラーテレビの国内普及率が五〇％を超えたのは七二年、白黒テレビの普及率を超えたのは翌七三年だったが、カラーテレビ受像機の販売促進のため、番組のカラー化はそれに先行した。また、番組輸出先の北米市場など、カラー化が先行した地域への販売のためにも、移行は必須だった。

東映動画のテレビシリーズでは、後述するアメリカのビデオ・クラフト・インターナショナルから受注した『キングコング』が、最初の事例だった。これはまさに、相手国のテレビ事情に対応したものだったが、国内向けより受注額の高い作品で、テレビシリーズに適した規模でのカラー制作を試みた側面もあったと思われる。

続いて国内向け作品では、六六年一二月からモノクロで放映が開始された『魔法使いサリー』が、第一八話からカラー化された。また六七年七月から放映開始した『ピュンピュン丸』は、当初からカラー作品だった。ただし、その後も『ゲゲゲの鬼太郎』や『サイボーグ００９』など、全話がモノクロで制作される作品は残った。六七年一〇月の社内告示では、「ＴＶ局のカラー放送化に伴ってカラー漫画への切換えが行われたものの、製作原価が高くつくほどにはスポンサーの経費負担を増やすことができない状況で、勢いダンピングや黒白作品への逆戻りという過渡的現象を呈して」いると述べられている*[84]。

カラー化はコストの上昇を招くため、その分受注額を上げねば賄えない。しかしスポンサーは費用対効果を考え、広告費を可能な限り抑制したいと考えるから、テレビシリーズのカラー化が一挙に訪れたわけではなく、六〇年代末まではモノクロ作品と併存していた。モノクロの新作テレビシリーズがなくなったのは、七〇年からだった。

モノクロからカラーへの移行に伴うコスト上昇を、いま少し精密に検証したい。ここでは同作品での制作原価を比較するため、最終クールのみがカラー化された『もーれつア太郎』を取り上げる*85。なお、制作原価からは直接費および直接人件費を対象とし、後述する間接費は対象外とした。

「累計製作原価」表によれば、モノクロからカラーへの移行で、原価が約五〇%の上昇を見せた費目は、製作準備費、材料費、フィルム費、技術費、そして直接人件費の五件である。それぞれの細目がどこまでの作業を含むかは詳らかでないが、少なくとも絵具やフィルムといった資材と、それを用いる日数やコストが大きく上昇したことは間違いない。特に用いる色数が増えたことによって彩色が複雑化し、ミスによるリテイク等も増えたと思われる。

その他に微増した費目の上昇を含めると、制作原価の総計はモノクロ時から約四七%上昇した。したがって平均受注額も、モノクロ時の約二五〇万円から、約三七〇万円へ値上がりした。カラーへの移行は同一シリーズのスポンサードの継続であっても、大きなコスト上昇をもたらしたのである。

とはいえモノクロだろうとカラーだろうと、受注額を制作原価が上回る構造は変わっていない。本作の場合、カラー化によって赤字は一回あたり約六万円上昇した。高度成長下のコスト増大に加え、放映形態の変化による赤字額の拡大も、アニメーション制作事業の負担となって、のしかかったのである。

制作体制の再検討

一定の受注を持続して制作体制を安定させ、利益をあげるためには、制作原価の圧縮によってスポンサーをつなぎとめ、なおかつ差損の減少と差益の発生を目指す必要がある。東映動画では六〇年代後半を通し、このための合理化策が様々に試みられた。

生産ライン管理の業務は、六六年に正式に導入された「製作担当制」によって制度化された。これは撮影所にならい、「各作品毎に製作部所属各課員により企画から製作完成まで必要な範囲において横断的に構成されるチーム＝スタッフを編成」する「スタッフ制」を敷き、その「最高責任者」として「製作担当」を置いて、その「指示によって製作業務を運営する」ものだった[*86]。工程のセクションごとではなく、関わる作品ごとにスタッフを管理する方式は、テレビシリーズのみならず劇場用作品でも導入された[*87]。これは作品別にメインスタッフが詰める場所を設けるスタッフルーム型の制作体制への移行であると同時に、各工程と紐づいた社内の各部門を単位とした横割り型管理から、外注先を含めて縦割り方式で管理を行う手法への転換でもあったと思われる。

作品ごとのスタッフ管理や、外注プロダクションのユニット化が進行していった六〇年代後半の合理化策は、七〇年代初頭に『TVマンガ製作再検討重要事項』としてまとめられた[*88]。この案は、「言うまでもなく東映動画の存亡が問われている」ことから「各パートにおける合理的方法」を、諸スタッフが徹底的に認識する必要があると述べ、東映動画の既存のあり方を「撮影所システムを導入」したものと規定して、「新しい合理的なシステムを導入して」いる他のプロダクションを参照し、「新たなシステムと赤字削減」の方法を探ることを呼びかけものだった。以下、この案を参照しつつ、合理化策の具体的内容を検証したい。

①スタッフ制の導入と企画・演出の重点化

まず、制作工程全体の掌握のため「ジェネラル・プロデューサをトップに企画をこのラインに投入」し、「スタッフ全員が、縦ワリ的考えで、己が予算内に作品を完成させていく」構想が説かれた。これは具体的には、「極言すれば、三ラインの作品があれば三つのユニット・プロがあると云う意識で、それぞれがいかにして、予算を厳守として作業を進めていき、新しい企画をつくり、存在させていく」かに積極的に取り組む仕組みだった。作品ごとのラインで放映枠を存続させ、永続的にこれを保つよう努力する体制と言える。

さらに「企画の未決定が、東映動画の存続に直接かゝわる」ため、「作品を絶やさないためには、日常的な活動が必要」で、「対代理店、対局、対スポンサー、対雑誌社との日常的折衝」が重要となるから、「対外折衝の専門化のために、営業マンの設定も一考する余地がある」とされた。テレビシリーズ受注の安定化の重要性が訴えられると同時に、その解決策が他企業との折衝の強化と営業を重視する方針へと関連付けられている。加えて劇場用作品とテレビシリーズの制作に加え、「関連事業」という形で版権などの営業部門が並記された。詳細は次章で論じるが、この時期すでに版権収入は無視し難い伸長を見せ始めており、営業部門を制作部門とともに、企業経営の両輪と捉える発想が芽生え始めていたのである。

演出パートでは、テレビシリーズから演出助手を廃止し、「演出一員制」を導入することが提案された。これまで演出助手の担当とされていた業務は、演出家と制作進行、企画者がそれぞれ受け持つことで、演出部門のスリム化がはかられたと言える。これは一時期、社内の演出助手を配転することによって実現した。

「最も演出家に銘記されたい事」としては、「演出の在り方で、スケジュールと予算が崩れる」のであり、演出の指示が「枚数もしかり、作画内容もしかり、仕上、撮影内容、D．B（引用者註：ダビング）に至るまで、全パートに及ぶ」ため、「四〇〇万になる予算を左右するのは演出」であると明記され、また製作担当と進行がこれをコントロールする必要性が説かれた。これは演出を全工程の質的責任者とみなして管理し、また演出家自身もそれを自覚することで、予算内での制作を目ざす発想である。演出家が、枚数削減に寄与するよう作画の指示内容を単純化し、あるいは手間のかかる効果を控え、バンクを利用すれば、コスト削減に資するからである。

さらに具体的には、テレビシリーズの受注額や作品内容によって予算が区分され、A作品を三三〇〇枚以下、B作品を三五〇〇枚以下と、作画枚数の制限目標が設定された*89。この目安は後年、より厳格な形で導入される。こうした制作管理の手法はいずれも、「演出中心主義」の制度化の成果だった。このような管理手法の確立により、演出家は絵コンテ制作を通し、経済的合理性のもとにその意図を、より厳しく掣肘されるようになったのである。

二章で触れたように、高畑の労働員会での証言には、演出工程を集中的に管理する手法としての「演出中心主義」への批判的言及が見られた。アニメーション制作を質的な側面で統率する演出家役割の自覚は、同時に演出家を対象とした制作管理を企業側が推し進める基盤ともなったのである。作画工程以降に指示を正確に浸透させることを通し、演出意図の貫徹を企図する演出家と、絵コンテ作成段階から演出家に、経済的合理性を保証する演出指示を求める会社側との間には、根源的な緊張関係が潜在しており、そうした危いバランスの上に、演出家主導型の制作フローが成立したと言える。

②作画の外注

作画工程では、外注が重要な課題となった。原動画作業では「作画内容も今や、社内がよくて、外注が悪いと云う時代も去ってしまった」と指摘され、「能力のないもの、非協力的なものは自然消滅（退社）へもっていく。最終的には外注依存強化」との提案がなされた。また「有能タレントのみを五名～七名」かかえ、「外注の作監や、新企画作成、マーチャンダイズ（ママ）イング、出版関連などをやって」いくというような、ライセンスと生産ラインの管理会社化へ向けた志向が、ここにはすでに見られる。

先述のように演出家の一部からは、外注先アニメーターの積極的利用の意義が認識されていた。テレビシリーズの定着と企画の多元化による作風の変化と拡大は、従来の長編を担ってきたアニメーターを必要としない体制をも導いた。社内アニメーターの技術が低いわけではなかったが、それを運用できる予算や企画の枠組みがなく、向上した下請けプロダクション側の技術力がテレビシリーズに求められる水準と釣り合うようになると、東映動画が社内で培ってきた技術力は、優位性を認められなくなったのである。

仕上げパートでは、東映動画独自の方式として実行されていた「換算」に疑問が付された。「換算」は、複雑なデザインや色数の多さのため、手間のかかるカットを担当した契約者への支払額を、当該部署の係長が個別に相当する枚数を割り出し、事実上の増額によって対応した慣習だった[*90]。これは当時、動画課には存在せず、仕上課のみで実施されていた。本案の検討時、「換算」が適用される作業は四〇～四五％あったとされており、例外的措置ではなかった。

この「換算」により、仕上げの平均単価は動画のそれより高くなったため、原動画を「熟練労働」、仕上げを「単純労働」と位置づける観点から、「原動画と云う創造的熟練パートに於いて適正な仕事評価の換算が存在しなくて、何故、仕上パートにあるのか」と、廃止と対案の検討が唱えられた。しかし、この見解には留意が必要だろう。仮に原動画が「熟練労働」、仕上げが「単純労働」であるならば、報酬の適正価格を計算によって割り出す「換算」が「単純」なパートで先に発生したのは必然だからである。この制度が問題視されたのはむしろ、外注化の促進により下請けプロダクションに存在しない慣行であることが注目されたためではないだろうか[*91]。

作画工程全般の社外発注が進行したことで、下請けプロダクション対策も必要になった。このため大規模な発注先を中心に小プロダクションを組織化し、原則的に個人は使用せず各プロダクションへ編入させていくという方針が示された。これは先述した演出一員制のもとで、演出家と制作進行に業務が集中することから、アニメーター等の労務管理を下請け側に一任するための施策だろう。

また、「進行している契約者の組織化にそなえて、外注下請プロを強化し専属契約して固定し、その消化能力を高めていく必要があり、社内仕上は漸次、自然消滅を図っていく以外にない」との予測も示された[*92]。後述する六〇年代末から七〇年代初頭に進行した、契約者の労働組合への対策である。個々人との契約を避け、下請けプロダクションへの投入と会社間での受発注を行うことで、契約者組合が発足した場合でも東映動画が労使交渉の矢面の立たずに済むよう方策が練られていたと思われる。

むろん、仕上げの完全外注はコスト対策でもあり、具体的な計算が行われている。外注した場合の一話当たりの発注額三六万円に対し、社内で作業を行った場合は一話あたり三六〇〇枚ならば約五三万円となり、約一七万円の差額が出ると考えられた[*93]。年間で五〇話ならば、完全外注に切り替えた場合は八〇〇万円以上が浮くことになるため、さらなる外注化の推進が唱えられたのである。

③撮影およびポストプロダクション工程

作画工程と異なり撮影は、テレビシリーズでも社員が中心で、二班各七名ずつが三台の撮影台を使用していた。また長編制作の場合は、社員八名にアルバイト四〜六名を加えて行われた。

本案ではテレビシリーズでの人員数の、六名への縮小が検討された。そのためには、複雑なカメラワークやセルワーク、大判や変形セルなどの使用を極力避けることが必要だった。またアメリカ製作品を検討し、フィックスとフォローのみを使って、トラックバックやトラックアップさえ使用しない単純な内容にすれば、簡単なカットは一人でも処理できると見られた。これは事実上、演出に対する指示だった。

スケジュール面では、約八日の期間を七日に短縮することが提案され、そのため撮影素材を円滑に納入するとともに、リテイクを最小限にして使用フィート数を減らすなどの方法が示された。また、演出が定時出社することで、指示待ちによる時間のロスを減らすことも説かれた。

既存のスケジュールで週二本、月九本を放映した場合、社内班だけでは三本分のラインが不足するため、社内機材二台を使用する外注班が利用されていた。この班は「スガヤ班」と呼ばれており、後に「スタジオ珊瑚礁」となる菅谷正昭らのグループだったと思われる。

週三本放映の場合にはさらに外注が増えるため、「アサヒ班」への発注が行われた。これは所在地が東長崎となっていることから、演出や作画から撮影までの「グロス請け」が可能だった練馬区の下請け会社である朝日フィルムを指したものだろう。ここでの社外作業の場合、社内機材を利用させる外注に比して発注単価が約二倍になったため、これもコストの圧縮が必要とされた。

テレビシリーズで使用するフィルムの十六ミリ化も検討された。この頃、テレビシリーズでもフィルムは三五ミリが使用されていたが[*94]、すでに他のプロダクションでは十六ミリを使用するところもあった。三五ミリから十六ミリに切り替えた場合、年間本数を一五六本とすると、フィルム費用だけで年間三七〇〇万円、さらに機械設備費で約五〇〇〇万円の節約ができると考えられた。しかし、現行の三五ミリ機材の減価償却が劇場用作品の予算だけでは賄えないこと、また十六ミリを新たに導入した場合、当初は未熟練によるロスが生じかねないこと、さらに十六ミリ機材の追加購入による減価償却が新たに生ずることなどから即座の転換はできなかった。

一方、編集・録音工程での不採算性は、その多くが外在的な条件に規定されていた。指示が不完全な絵コンテや頻繁なリテイクは、編集作業上の混乱を増やすとして、演出側が戒められた。録音パートでも、声優やダビングルームのスケジュールによって作業時間が規定されるため、自律的な調整が困難だった。また、受注本数が減少した場合、余った人員は長編に編入されていたが、長編制作が年間を通して行われるわけではないので、手すき期間にはCM制作や外国版の作成などで遊休化を回避していた。

他律的なスケジュール事情と、それによる遊休人員発生への対処は、七三年に編集・録音部門を分離したタバックの設立へとつながったと思われる。タバックは東映動画や東映ほか数社が株式を分有し、東映動画以外からも業務を請け負う専門企業となった。

他の提案も、ほとんどが後年に何らかの形で実現した。テレビシリーズ撮影の十六ミリへの移行は七〇年代半ばに完了し、外注先のローテーションによるテレビシリーズ制作の体制も完全に定着した。六〇年代後半の現状を踏まえた検討案には、すでに七〇年代の合理化を支える要素がそろっていたのである*95。この点で、七二年に実行された大規模な経営合理化は経営方針の大転換点とは言えず、むしろ六〇年代後半から継続した一連の施策の延長線上にあったものと言える。

輸出と合作の実態

東映による輸出事業

東映動画の設立当初から、海外企業との合作や欧米圏からの制作受託は、国外市場進出のための有益な手段と考えられていた。しかし先述のように、アニメーション映画だけでなく実写の領域でも、国際的な合作はなかなか実現に至らなかった。

東映と海外企業との合作が実現し始めたのは、六〇年代後半からである。六六年には『海底大戦争』が、六八年には

『ガンマー第三号 宇宙大作戦』が、ラム・フィルムとの合作によって製作された[96]。また、六七年にハワイの日系人向け日本語放送局であるＫＩＫＵ・ＴＶが本放送を開始すると、その番組供給元としてＮＥＴが協力を行ったことから、主要株主であった東映のテレビ映画にも、海外市場の拡大期が訪れた[97]。

六六年の年頭あいさつで大川博は、東映の関連事業年次方針の一つに「映画の輸出増大と合作映画の積極化」を掲げた。大川によれば、日本映画の輸出は五〇〇万ドルの年間予算を組んでいながら三五〇～四〇〇万ドルの収入に留まっており、特にその中で東映が占める額は六〇～六五万ドル程度に過ぎなかった。そのため大川はアニメーションを再度重視し、「日本の映画で今後もっと外貨を獲得できるものがあるとすれば、それは動画だ」と述べた[98]。

ここでの大川の発言は、以前よりやや深まりを見せている。アニメーションが言語や生活様式のハンディキャップを持たない「インターナショナルなもの」だという認識は変わっていないものの、それが「なかなかうまくいってない」原因が企画に求められ、「インターナショナルな企画を取り上げていけば、動画はもっと発展する余地がある」と指摘したのである。そして大川は、日本映画輸出振興に関する国会審議をにらみ[99]、もしそれが実現するならば「思いきった動画を作って」みたいと表明した[100]。

大川は続く六七年の年頭あいさつでも「動画事業の体質改善と合作・輸出の促進」を掲げ、「東映動画のスタジオはディズニーに次いで世界で二番の設備を誇つているのだから、売上げの方も世界で二番目になつていい筈だ。動画は企業として大変むづかしいものであるが、それだけに軌道にのれば東映のドル箱になる可能性を充分に持つている。漫画は海外市場開発の花形であるから、これからは海外でも評価されるような立派な企画を立ててもらいたい。また外国との合作も積極化してゆきたい」と述べた[101]。こうした発言は、輸出や合作による利益が思うように生じていなかったことを、逆説的に示すものだろう。

労使間裁判の準備書面によれば、東映本社が行ったアニメーション輸出事業の実態は以下のとおりである。七二年上半期の長編輸出収入中に占める配給諸経費は九二%に達しており、輸出一件当たりの平均純利益は六万五〇〇〇円弱で、作品別に見れば経費が収入を上回っているものも半数近くあった。テレビアニメの輸出も、その利益はごく薄いもので、収入中に占める原価率が八八％に達しており、一話あたりの純利益は三〇〇〇円に満たなかった。

もちろん東映にとって、アニメーションは輸出品のひとつにすぎない。他の劇映画などを含めた売上高から優先的に輸出経費を確保できる東映は、僅かでも利益が出ていれば事業として成立させられる。しかしその利益はあくまで、本社の経費を解消する水準に留まっており、東映動画への発注額の維持や引上げをもたらすほどの規模ではなかった。国外配給の利益は、東映と東映動画の協議によって配分比率を決めることが定められていたが、前述のような実態である以上、恒常的な還元は望みがたいものだったろう。輸出事業は東映動画を利するようには働いていなかったのである。

合作の実現

六六年には海外企業とのアニメーションの合作も実現した。この年三月に東映は、アメリカのビデオ・クラフト・インターナショナルと合作契約を締結し、東映動画でテレビシリーズ『キングコング』および『００１／７親指トム』の制作が開始された。この二作は六六年九月からＡＢＣで放映され、初回四四％の視聴率をあげた*[102]。ビデオ・クラフト・インターナショナルは、ＡＢＣ出身のアーサー・ランキン・ジュニアが、ジュールス・バスとともに立ち上げた制作会社であり、この契約の前後には東映動画のみならず、日本の主だったアニメーション制作会社へ、それぞれ発注を行っていた。

続いてビデオ・クラフト・インターナショナルは、六八年四月に単発番組『メイフラワー号の鼠』の制作を東映動画へ委託した。本作もＡＢＣで同年一〇月に放映された。そして六九年一月には、全一七回のシリーズである『スモーキー・ザ・ベア』が完成した。本作は北米での放映で、初回に四二％の視聴率をあげた*[103]。

これら合作の制作は基本的に、「シナリオ、絵コンテおよび録音テープだけがアメリカ側から渡され、そのあとの作画、撮影の一切は日本側がするという形式」だった*[104]。ただしプロデューサーを務めた原徹によれば、ランキンは低予算での制作を実現するため、アメリカ側でユニオンに加入していないフリーランサーを使用しており、送られてきた中には質の低い絵コンテもあったという[105]。これはランキンの「ランナウェイプロダクション」が、経済的事由によるものだったことをうかがわせるエピソードであろう。

『キングコング』と『001／7親指トム』の時点で、どの程度の利益があがったのかを示す史料は確認できていない。ただし原によれば、この二作は国内放映を含めて約六〇〇〇万円の利益を上げた[106]。一方『スモーキー・ザ・ベア』については、裁判準備書面の附帯資料で収支が確認できる。その受注額は約八八五六万円で、一回あたり平均が五二〇万円強である。対して制作原価は一億一六七五万円強で、一回あたり六八七万円弱が費やされている。受注額を制作原価が上回っていることから、一転して『スモーキー・ザ・ベア』の制作は赤字だったことになる。

また、国内向けのカラーテレビシリーズと比較して高額の費用が投じられたことも分かる。内訳の中で国内作品より額面が低いのは、極めて少額な「原作脚本費」と、まったく出費のない「音楽費」、ほぼ変わりのない「技術費」の三項目のみである。このうち前二者は、それらがビデオ・クラフト・インターナショナル側で用意されるものだったからだろう。

山梨稔は『キングコング』と『001／7親指トム』の時点で、「多少の損はあっても東映動画の名を売ろう」と考えており、「金銭的な不足分は日本での放映の収入でカバーする」という構想を表明していた[107]。これは国内収支の赤字を輸出収入で補填するのと逆の発想だった。したがってランキン側から得られる受注額とは別に、東映が日本でのテレビ放映権を取得し、番組が実際に放映されることによって収入を得る必要があった。

『キングコング』と『001／7親指トム』は、日本ではまず、六六年の大晦日にNET系列で特番『世界の王者キングコング大会』として放映され、翌六七年四月から半年間のシリーズ放映が行われた。一方で後続の二作については、東映アニメーションの社史は、日本放映がなかったとしている[108]。ただし、過去の会社案内に掲載された作品リストには、『メイフラワー号の鼠』がNTVで、『スモーキー・ザ・ベア』がNHKで放映されたとある[109]。原口正宏の調査によれば、『メイフラワー号の鼠』は六九年三月二九日の放映が確認されている。また『スモーキー・ザ・ベア』は、七〇年の「累計製作原価」表に「国内版」の内訳が見られるため、国内放映用の素材が制作・販売されたことが分かる。

『スモーキー・ザ・ベア』の国内放映に該当すると思しき作品は、NHKが日曜夕方に、児童向け海外番組を組み合わせて放映した「少年映画劇場」の中に確認できる。この番組内で、七〇年一〇月一八日から七一年二月二一日まで『進めや進め! スモーキー』が放映されており、「全米の少年少女の人気をさらったアニメーション」と報じられている*110。話数が社史の記述と一致すること、主人公が森林警備隊の熊スモーキーであること、日本での放映局がNHKであることなど、これが該当する可能性は高い。

ただし番組について報じた記事は、あくまでアメリカ製番組の日本放映として扱っている。おそらくNHKは、海外番組として放映権を購入し、その放映素材が国内業者である東映動画によって制作・納品されたのではないかと考えられる。国内版制作で得られた収入が、あまりに少ないからである。

『スモーキー・ザ・ベア』国内版制作では、東映動画は一話あたり七〇万円の収入を得ている。本作は一話一〇分であるが、当時カラー三〇分枠のテレビアニメ制作で東映動画が得ていた収入は、先述のように三七〇万円程度だったから、単純に国内版の収入額を三倍してみても、極めて少額である。したがって、この収入は放映権料などを含まない、日本放映版の制作実費だったものと推定できるのである。

この日本放映版の制作では、「企画費」「原作脚本費」「フィルム費」「製作諸掛費」のみが出費され、総売上高の一一九〇万円に対して、制作原価は三一二万円強に留まったため黒字が出ている。しかし北米版制作時の繰越赤字二八一九万円強を補填するには及ばず、二〇〇〇万円弱の赤字が残った。国内での放映権を東映が取得しなかった場合には、東映動画のテレビシリーズ合作事業は利益をあげえなかったと見られる。

国内放映権取得の有無についての理由は詳らかでないが、日本での放映を実現できるだけの知名度が、作品やキャラクターに備わっていたか否かが重要な分岐点として考えられる。放映しにくい作品の権利を購入することは、リスクが高いからである。

しかしランキンとの合作は、いずれも発注者側に企画主体があり、そのキャラクターや題材は必ずしも日本を前提に用意されたものではなかった。『キングコング』は東宝の合作怪獣映画による知名度があり、また『001/7親指トム』も洋画「007」のポピュラリティを期待することができた。しかしその後続作品は、日本での知名度に欠けていた。

当初大川は、合作では人件費の安さと技術力をアピールし、企画は相手側企業のものを使って海外進出をはかる構想を抱いていた*111。ハーマンやランキンとの合作協定は、これに一致している。したがってテレビシリーズの合作は、そうした構想の実現ではあった。しかし企画上で受動的になることは、国内放映を実現するためには不利に働いた。

いまひとつの問題として、合作交渉をめぐる組織上の二重構造が指摘できる。日本国内での放映権の取得を含む合作協定の締結は本社国際部の職掌で、東映動画には権限がなかった。しかし契約担当者と制作実務の担当者では、アニメーションに関する認識に乖離があり、前者が制作側の事情を踏まえて交渉を行うことは困難だっただろう。他方で東映動画のプロデューサーだった原徹はアメリカ視察の経験を持っていたが、本社側の権限である契約交渉に介入することはできなかった。これは東映と東映動画の二重構造ゆえに生まれた非合理性と言えよう。

合作の制作現場を管理していた原徹に、やがてランキンは独立をもちかけた。原は七二年に東映動画や下請けプロダクションのスタッフを引き連れて、海外からの下請け制作を主要な事業とする会社トップクラフトを設立し、八〇年代初頭までランキンなどの仕事をはじめとした合作を続けた。一方で『スモーキー・ザ・ベア』を最後に、東映動画における海外企業との合作は、一〇年近く途絶えた。合作の具体的な枠組みと人脈が社外へと流出したこと、さらに『スモーキー・ザ・ベア』が、国内版の販売を含めても赤字に終わったこと、また七一年のドル価格三〇八円への引き下げと七三年の変動相場制への移行などが、受注が途絶えた要因として考えられる。

東映動画発足以来の海外との合作構想は、十分に軌道に乗らないまま、ここで一度潰えたのである。

経営危機と人員削減

大川体制の内実とその終焉

七一年八月に大川博が死去すると、社長を引き継いだ岡田茂は東映の不採算部門や傍系企業の整理に着手した。ここまで述べてきたように、東映動画は東映から制作実務を受注する関係にあったが、山梨の回想に見られたように大川体制下の東映は、劇場用作品の制作にあたって一定の融通を効かせていたから、詳細な経緯を知らなければ、新たな社長となった岡田が東映動画を不採算部門とみなすのは、自然な成り行きであったかもしれない。

大川体制における東映動画の経営は、厳格な予算制度に基づき東映の経営を再建した経理の専門家という、大川個人のイメージから乖離しているように見えるかもしれない。しかし、予算主義に基づく制作部門の一元的な掌握こそが、長期的には大川の権限を強化し、むしろ放漫さを伴うワンマン体制を導いたと思われる。まずはこの、大川ワンマン体制への移行について見ていきたい。

大川が東急から派遣され、撮影所の不採算性への批判と徹底した予算主義を打ち出したとき、制作現場との間には対立が生じた。企画参与室の渡邊達人(わたなべたつと)は、東急側との交渉材料とすべく観客動員数と配給収入の関係を検証し、経営難の要因は制作部門ではなく脆弱な配給体制にあることを指摘した。撮影所側からすれば、大川が問題視した無理な金策のための借金の累積も、配給番組に穴を開けないために資金不足を現場が賄った結果だった。このためマキノ光雄が本社へ配転された後に京都撮影所長となった長橋善語は、一律予算主義の徹底によって資金が不足すると、新たに送金があるまで作品を渡すことを拒んで本社の方針に対峙した*112。こうした現場からの反抗は、やがて作品の等級ごとの予算主義や、二本立て全プロ配給の徹底による配給網の獲得・維持といった政策を導いた。発足当初の東映において、経営改善のために送り込まれた大川の権限は、制作部門が独自に持つ力によって掣肘されており、いかに東急本社を背景にしても、その意思が東映全体を左右することは難しかった。

しかし経営が改善され、東映が邦画大手の中でも有力な企業に成長した矢先、企画と制作部門を掌握していたマキノ光雄が五七年一二月に死去すると、経営面に留まらず「企画製作に関する業務は爾今取締役社長が自らこれを担当することになり」[*113]、大川の権限は拡大していった。さらに五九年に大川が『財界』の経営者賞を受賞し、その手腕に実業界からの強い信頼が寄せられるなかで、東映は子会社の新設を含めた経営の拡大を続け、やがて第二東映の設立や、一時的な株式芸大作路線への転換と娯楽路線への回帰など、六〇年代前半の迷走期に至る。そして六四年九月に、東映が直接的な株式関係を解消して東急傘下から独立し、東急系列の役員が一掃されたことで、大川ワンマン体制は確実なものになった。

東急からの独立は、表向きは東映の系列会社が増加したことで、大川が東急副社長の役を務められなくなったことなどが理由とされた[*114]。しかし岡田茂はその背後に、五島慶太死去後の東急グループ内における、五島昇と大川との確執があったと述べている[*115]。

五島慶太の生前から東急とのつながりが強かった岡田茂は、東映の独立を前に五島昇から、今後の東映は「大川商店になるだろう」と言われ、東急への移籍を誘われた[*116]。そして実際に分離後には、五島昇をはじめ東急系の取締役が辞任し、かわって六五年四月には、大川博の息子である大川毅が取締役に就いた。こうして東映の企業としての規模拡大の中で、大川一族の意思が東映の経営方針に影響を与えるようになった。

大川の権限は六〇年代前半を通して強化され、ワンマン経営による弊害をもたらし始めた。先述した大川がＮＥＴの社長を辞任した経緯も、その一つの表れだった[*117]。

一方で、東急という資金的後ろ盾を失った東映は、経営の引き締めを強化していく必要にも迫られた。六〇年代の邦画産業斜陽化のなかで、各映画会社が事業の多角化による収益の回復をはかったが、東映も例外ではなく、すでに六二年には年頭の基本方針表明で「多角経営の推進」が唱えられ、有価証券報告書にも「付帯事業」の項目が加えられた。多角経営は映画関連事業以外へ拡大し、東映商事による貿易事業や、プラスチック事業、タクシー事業、不動産やホテル事業などが始められた[*118]。さらに映画観客が減少すると、一部の劇場がボーリング場へ改装され、東映は映像部門とレジャー部門の二つからなる「総合娯楽会社」への転換をはかった[*119]。事業の多角化は、東映全体の収入増をはかりつつ、新部門への配置転換や出向によって、映画制作部門の余剰人員の受け皿となる機能を持っていた。先述の受賞に見られるように、経営者としての手腕を社会的にも評価されるようになっていた大川博は、自身の経営者としての対外イメージを、より重んじるようになっており、第二東映のための増員が一転して余剰人員となった後も、解雇は極力避けて配置転換や出向などで対応する傾向が強かった。東映動画や、新設した「制作所」などへ、撮影所からの異動が行われたのも、解雇によらずして余剰人員を整理する手法の一つであった。

新事業は映画事業収入の縮小を補う役割を果たしたが、配転される人々にとってそれは、事業転換のリスクを負わされることを意味しており、東映側は労働組合対策を強化する必要にも迫られた。このため、制作所が本社から経営上分離された六五年から六六年にかけて、東映内の労使の勢力は大幅に変化した。有価証券報告書によれば、東映労組の構成員は、八七四名から一九二名へ激減したのに対し、六五年に発足した当初は労使協調路線をとっていた第二組合である新労連の構成員は、七九七名から一一六一名へと増加した。これは制作所への出向者に第一組合の構成員が多く含まれていたこと、そして出向を避けるために東映労組を脱退して新労連に加入する者が少なからずいたためだと思われる。

加えて制作所には、テレビ映画やPR映画の受注制作から、スタジオや設備のレンタルまでの様々な関連事業を、積極的な営業に基づいて展開し、独自の収入を得ることが求められた[*120]。独自営業に基づく独立採算制の原則は、後に岡田体制下で厳格化される手法の先駆けだった。

このように、東急からの独立に伴う権限の強化によって東映グループ内の経営合理化を主導していた大川体制だったが、その末期には蓄積した矛盾が噴出することになる。大川毅らの部下に対する高圧的な態度が問題化し、中間管理職の離反と第二組合である新労連からの批判を招いたのである。

六八年には部課長クラスの有志が、「同僚である部課長や後輩にあたる部下たちが、次々と前途に希望を失い、あるいは屈辱に耐えかねて去ってゆく」「非人道的な圧政」を暴露した*[121]。後に東映動画の社長となる今田智憲も、大川一族との対立により取締役を退任し、一時東映グループを去ることになった。また新労連も、大川毅の問題をめぐって会社側との対立を深め、六九年六月には生産協力協定を期限切れのまま廃棄して、第一組合との協力関係を構築していった*[122]。先述のように新労連は、第一組合からの分裂後に多数派を獲得しており、これが労務政策における会社側の攻勢を可能としていたから、この転換は労使間の勢力図を再び一変させた。

岡田茂は労務対策のために招いた専門家でさえ、部課長クラスまでが離反していることを指摘して、会社側に問題ありと進言したと回想している*[123]。この内紛で顕在化した東映の「大川商店」化は、合理化だけならば抑制し得ていた中間管理職を含む職員の不満を表面化させ、会社側の統制を失わせる大きなきっかけとして作用したのであった*[124]。

こうした大川ワンマン体制下で、東映動画は構造的に潜在した不採算性を引き受けながらも、それを半ば等閑視される独特の扱いを受けていた。主要な観客を成人男性観客中心の任侠路線に転換し、深夜興行にも積極的に乗り出した後の東映では、東映動画の作品は児童観客を集客する数少ないプログラムだった。高い社会的評価を受けがたい任侠映画と対照的に、時に文部省推薦すら取り得る児童向け作品を制作する東映動画の事業に対し、「アニメーション製作は東映の良心という鷹揚さ」があったとの証言が見られるように*[125]、対外的イメージからもその潜在的な不採算性が看過されていたと思われる。まして財界人としての地歩を固めた大川にとって、自らはじめた独自性の強い事業を縮小することは、その評価にも関わると考えられただろう。大川の死後、岡田体制への移行で再審に付されたのは、こうした旧体制の産物だった。

岡田茂は七二年に入ると、本社機構合理化の一環として「事業部制」を敷いた。これは「独立採算制の強化と部内別収益性の高揚、権限の分割・委譲による事務処理の簡素化などを促進する」ための施策だった*[126]。そして付帯事業についてはその採算性を再考し、七三年夏には過当競争の激化とブームの終息によって事業場ごとの収入が減少したボーリング場を削減して、その五割以上を閉鎖している*[127]。また傍系会社については「資本と経営の分離」「自主独立態勢の推進と協力関係の強化」を基本理念とし、経営責任の主体を個々の会社に置いて「自主独立の姿勢」を求めた*[128]。これは短期的には東映動画へ、人員削減を伴う一大合理化をもたらした一方で、長期的にはその経営改善とともに、東映動画の自立性を強める作用があった。後者については次章に譲り、ここでは前者の合理化について論じておきたい。

独立採算制の強化と、経営責任・権限の委譲は、山梨稔に変わり社長職に就いた高橋勇へ、不採算性の独自の解消を促した。こうした変化は、劇場用作品の「製作」クレジットにも表れた。大川博は生前、東映動画の劇場用作品の「製作」に一貫してクレジットされ続けていた。このことからも、その事業の主体がまぎれもなく東映本社のものと考えられていたことがうかがえよう。しかし岡田体制下で最初に公開された七二年春の『ながぐつ三銃士』では、「製作」には岡田ではなく高橋勇の名が記された。それまで東映動画社長は一貫して「企画」にクレジットされ続けてきたから、この表記の変化はアニメーション映画製作事業が東映のものではなく、あくまで東映動画のものだという認識へ転換したことを意味していよう。ここには、たとえ本社の資金で受託制作を行っていても、「製作」の責任は東映動画が負うという姿勢が明確に示されている*[129]。これは岡田体制における事業部制や、傍系企業ごとの独立採算の基本方針と一致していた。

こうした変化を踏まえると、一見して大川体制の終焉と岡田茂の厳格な独立採算制への移行が、東映動画の強硬な合理化の主たる要因を構成したように見えるかもしれない。しかし別の見方もできる。そもそも東映動画の長編制作における赤字は、本社からの受注額によってその規模が変化するのであり、仮に採算がとれるだけの金額で受注できていれば、東映動画はこの事業で黒字を出し得たのである。この場合、発注額が配収に見合わなければ東映側の事業は赤字になるから、東映は「東映まんがまつり」の市場を営業努力によって広げ、採算性を確保するほかない。

もっともすでに興行市場に好評をもって定着した「東映まんがまつり」と、その配給・興行を支えるブロックブッキング制のもとでは、フレキシブルに興行市場を拡大していくことは困難だったろう。したがって東映は、制作枠組みを賄いうるだけの市場を確保するのではなく、既存の市場規模に合わせて制作規模を縮小することを選択し、東映動画はその判断のもとで人員削減に至った。これは東映動画単独の経営判断というより、東映の判断の結果だった。

そしてこうした結果に至る要因は、大川体制下ですでに見られたものだった。下請け構造上の問題を改善することなく維持してきたのは大川体制であり、そこから岡田体制への移行は、合理化が発現した要因であっても、合理化の必要性が生じた要因ではなかったのである。

不採算要因としての間接費

既述のように東映動画の劇場用作品制作はすべて東映からの受注によって成り立っており、その事業は興行収入の多寡にかかわらず、差損が出た時点で赤字となった。したがって東映が発注額を削減すれば、それはただちに東映動画の制作体制の合理化へとつながった。

またテレビシリーズ制作において東映動画は、制作本数を同業他社との競争下で維持し、売上高と生産ラインを安定させるため、常にコストの抑制を求められる構造下に置かれていた。これは人件費や資材など、制作原価の高騰と相反するものだった。それを補いうるマーチャンダイジングの手法は未だ確立過程にあり、海外販売の契約は本社国際部の職掌だったから、東映動画の差損を補填するほどには至らなかった。加えて比較的利益率の高いCM制作を行う部門が六九年に分離されたことで、東映動画の収支バランスは大きく揺らいだ。

こうして七一年に東映動画は、単年度で約一億一八六〇万円の赤字を出すに至った。これは前年度からの繰越金である約二〇〇〇万円を取崩してなお、巨額の負債を残すものだった。

すでに七一年九月の「経営政策審議会資料」には、以下のように記されている。劇場かテレビかを問わず「受注額の増額については現状極めて困難な状態」で、「固定的又は減少の傾向にあり、これに対する当社独自での対応戦略は期待できない」。増収策として版権事業や関連事業の営業活動を拡充しつつ、劇場用作品の制作本数減とテレビ用作品の作業能率向上をはからねばならないが、「家内工業的生産の企業体質からみて能率の問題にも限度があり、生産性と労務費のアンバランスは容易に均衡し得ない」。これはアニメーション制作事業が受注によって成り立つ、その限界性を指摘したものだった。

しかしこうした構造的問題に加えて、東映動画には特有の不採算要因があった。人件費等とは異なる経費によって構成される、間接費である。

東映動画に限らず、映画制作会社における制作コストは直接費と間接費に区分される。東映動画における直接費は、個々の映画に投下された費用として算出が可能なもので、企画費・原作脚本費・スタッフ費・製作準備費・材料費・音楽費・フィルム費・技術費・交通費・時間外手当・製作諸掛費・製作宣伝費から成り立つ。また当時の東映動画では直接費とは別に直接人件費も算出されており、その費目は進行・演出・マネジメントスタッフ・事務・映写・企画・ゼロックスとなっている。

一方で間接費は、個々の作品ごとに算出しにくい費用、すなわち電気料・修繕費・消耗品費・通信費・交通費・図書新聞料・厚生福利費・雑費・減価償却費・交際接待費からなる維持経費、各部署役員の人件費、地代家賃から構成されている*[130]。七〇年前後の間接費の総計は約一億～一億二五〇〇万円で、これが一定の比率で各作品に配分される*[131]。同時期の売上高は概ね一〇億円前後だから、その約一割が間接費解消にあてられていたことになる。

間接費の制作原価への割当は、次のように行われた。六九年では、テレビシリーズ一話あたりモノクロ作品で二二～二五万円、カラー作品で四〇～四七万円程度が配分されている。これは受注額の概ね一〇～一五パーセントである。またA作『長靴をはいた猫』には一六三〇万円弱が、B作『空飛ぶゆうれい船』には八二九万円強が計上された。前者の受注額は七五〇〇万円、後者のそれは三五〇〇万円だから、間接費の比率は四～五パーセント程度だが、額面としては劇場用作品で巨額の解消がはかられていたと言える。無論これは間接費の性格上、実際に当該作品の制作に投じられた費用とは限らないものである。

東映動画の場合、間接費を配分する作品数が少ないことが問題だった。すでに発足時の検討で、日動映画は「通常二巻物で三ヶ月を要するため、現に年間平均四本程度しか製作できない。その四本に年間の間接費がかかつてくるから作品コストが高くなる」と、生産量の過少さが間接費によるコスト増大を招いていることが指摘されていた*[132]。しかしこの問題は根本的な解決策を見ないまま、東映動画へ持ち越された。

六〇年代後半には、すでに大手映画会社の量産体制のピークは過ぎていたが、東映本社は未だ劇映画だけで年間六〇本程度を制作していた。一方で東映動画の劇場用作品は、年間二本の制作に留まる。したがって映画一本あたりで解消すべき間接費は過重になり、その採算性を悪化させる。六九年の作品で比較するならば、『長靴をはいた猫』の間接費一六三〇万円弱に対し、本社劇映画の間接費平均額は五八〇万円弱である*[133]。つまり東映動画の制作原価が本社に比して高騰した要因には、間接費もあったことになる。実写より長い制作期間を必要とするアニメーション制作は、間接費解消のための大きなハンディキャップを抱えていたのである。

この間接費中で巨額を占めていたのは、地代家賃である。東京撮影所の敷地内にあった東映動画の社屋と土地は、東映の資産であり、毎年その賃料が東映へ支払われていた。東映動画で七一年頃に検討されたと思しき「新体制（案）」では、この年額を四五〇〇万円と見積もっているが、これは当時のB作の受注額に比肩している*[134]。

人員削減を行った東映動画社長の登石雋一は、七三年三月の職場団交で、スタジオの一部を本社に返納して別の関連会社と同居するか、移転も検討すると述べている。スタジオ移転の諸費用と比較した場合、現状の「家賃を払うのは馬鹿馬鹿しい」から、移転して多角経営を行うという案だった*[135]。これはアニメーション制作の実務を完全に外注し、東映動画が企画と制作工程およびライセンスの管理のみを行うようにするならば、確かに合理的な施策ではあった*[136]。

従来、東映動画の不採算性に関する議論では、制作現場の生産性が注目されてきた。同時代の諸合理化案もさることながら、東映動画発足時の事業計画におけるコスト試算上の問題点を資料に基づき明らかにした池田宏の分析も*[137]、その大きな成果といえる。しかし、初期の原価試算に見通しの甘さがあったことは確かではあっても、それを不採算性の主たる要因とみなせば、制作現場の合理化は必然的な結果となる。

実際にはここまで見てきたように、東映動画には制作体制の合理化や人員削減によっては解消できない、間接費という大きな不採算要因があった。この直接に収益を生み出さない巨額の間接費は、利益率の高い別の事業の収益によって解消されるほかないものである。CM制作事業を失った東映動画は、後に版権事業によってこれを実現することになる。

契約者組合の結成

六〇年代末から七〇年代初頭にかけての東映では、契約者による労働組合の結成が進んだ[*138]。七〇年には東映テレビプロを皮切りに、東京撮影所および東京制作所、そして東映動画で、それぞれ契約者集団や部会が組織された。

東映動画ではすでに六八年以降、契約者への一時金支給等を求めた前例があり、七〇年一二月には一〇〇名を超える契約者とアルバイトが、「東映動画契約者集団」の結成に参加した。これは労働組合ではなく契約者の代表機関の形式をとっていたが、会社側とは継続的に、労働条件の交渉を行っていた。

七二年四月二〇日には、この契約者集団をもとに、構成員九二名の東映動画スタジオ労働組合（スタ労）が発足し、五月一一日には撮影所や制作所、テレビプロといった大泉地区の各事業所の契約者組織とともに、労働組合として公然化した。ただし、東映動画がスタ労を正式に交渉相手として認めるのは、年末の「臨時休業」解除後になった。

先述のように、東映動画において社員が契約者になることは、当初は歩合制による収入増と、会社の就業規則や組合の職場規制からの離脱を実現するための選択肢だった。しかし六五年に東映動画が社員採用を停止すると、必然的に新規採用者は、すべて契約者となった。これは新人にとって、契約者であることが労働条件の個人的選択の結果ではなく、絶対的な前提となったことを意味する大きな転換だった[*139]。

契約者は一定期間ごとの業務委託契約を結んでいたが、大抵の場合は更新があり、実質的に東映動画での就労を継続する者も少なくなかった。しかし更新時の報酬増が絶対ではなく、また受注不安定性に対応する調整弁としての位置づけから長期的な雇用継続の保証もないため、低収入や雇用不安の問題が顕在化した。さらに契約者制度が六〇年代半ばに拡大してから数年間、彼らが年齢を重ねる過程で経営危機が進行し、将来性への不安も浮上してきた。これが契約者による労働組合組織化の基盤となった。

当初の動画労組の組合規約では、組合員の資格は契約者と課長以上の管理職を除く者に限られていた。これは非正規職員を排除していたというより、当初は正規雇用者がほとんどだったことの表れだろう。契約者の増加による組織率低下は、動画労組にとっても焦眉の課題であり、規約改定に見られたように、契約者組合の組織化は支援すべきものだった。

こうして旗揚げされた東映動画契約者集団の第一回定期大会議案書では、契約者を特殊な技術者と捉えてスター俳優と同じ個人事業主とみなす会社側の見解に対し、「我々はスターではない。野球の選手でもなければスモウ取り（ママ）でもない。たまたま会社が（ママ）この制度に無理やりにはめこまれた一介の労働者に過ぎない」として、会社側の意図が「労働戦線の分断」や「いつでも解雇できる」こと、さらに終身雇用義務や生活賃金の支給、社会保障等の負担のない「金のかからない労働力」にあると批判した。そしてさらに興味深いのは、以下の一節である。

> 人は誰れしも一年を経過すれば一歳年をとる。そして年毎に貴重な体験を経て成長して行く。しかし体力とその制（ママ）産の量は正比例して行くとは限らない。しかし現行の契約制度の中には（ママ）この体力の減退も停滞も許さない形態になっている。常に一定の上昇率をもって上昇（生産量が）しなくては生活出来ない様になっている。こんな馬鹿げたことが可能であると思う者は何処にもいない。伸長の止った者はやめて行かざるを得ないシステムになっている。そして新らしい若年労働者と新陳代謝する使い捨ての制度なのである。

この指摘は、歩合制にせよ月極制にせよ、実質的には契約者制度が、常に技術と速度を向上させることでしか生活賃金の上昇を実現しえないことの問題点を鋭く突いていた。定期昇給のある社員とは異なり、契約者は年齢とともに作業量を増大させない限り、ライフコース上で増大していく家計の出費を賄えなくなるのである。特にこれは女性の契約者にとって大きな問題だった。産休や育休などの措置が得られない契約者は、家事労働が増加すれば作業量が減少し、収入や雇用が不安定化するからである。

先述のように組合結成以前の東映動画では、女性職員の就職にあたり結婚退職誓約書への署名が強いられていた。当時は女性労働者の就労継続をイレギュラーな事例とみなし、その賃金も家計補助的なものと考える観念が強かったのである*140。しかし動画労組の発足により誓約書が破棄され、長期勤続する女性職員が増えたことで、女性職員の労働者としての権利を擁護する観点が醸成されていった。

とはいえ、女性が就労継続を達成できる職場環境が即座に整備されたわけではなかったから、前章で触れたように勤続する女性職員の増加は、むしろ問題の顕在化と拡大を招いた。たとえば奥山玲子と小田部羊一の夫妻が直面した問題は、その具体的な表れであった。

奥山の場合は育児を夫である小田部羊一と分担していたが、多くの女性職員にとって家事と仕事の両立はより困難な問題であり、契約者への切り換えや退職への応諾も少なくなかったと見られる。退職による欠員補充は契約者で賄われたから、これは労働力の契約者への転換を意味した。七二年の段階では、演出や原動画部門の社員と契約者の比率が概ね七対三なのに対し、女性職員が多かったとされる彩色部門では、社員五七%に対して契約者四三%と、他に比して契約者の多い職場となっている［図表3-4］。

しかし女性契約者の増加と定着は、仕上課を組合運動の活発な職場へと変えた。作業量が賃金に直接影響し、一年ごとの契約更新のため長期的な見通しの立たない契約者の中でも、先述のような女性特有のハンディキャップを持った職員たちが、労働運動によって就労継続と生活賃金の獲得などを求めたからである。裁判準備書面によれば、すでに契約者集団の組織化以前から、六五年に発足した個人加盟の労働組合である映像文化関連産業労働組合（映産労）に加入していた者もおり、また従来は女性契約者の親睦団体だった「美女会」が、労働問題の情報共有の場としても機能していたという。そして契約者の増加による生活問題の顕在化や「換算」問題への対処を通して、仕上課は組合運動を牽引する職場となった。

こうした契約者の組織化は、会社側にとっては労使交渉によらず個人ごとに就労形態と人件費を決定しうる利点が消えることを意味していたから、東映全体で契約者組合は大きな争点となった。契約者組合の公然化に対し、岡田茂は契約者

図表3-4｜1972年の演出・作画部門における社員と契約者の人数と比率

	社員	契約者	合計
演出	24(71%)	10(29%)	34
原動画	39(70%)	17(30%)	56
トレース	10(100%)	0(0%)	10
彩色	21(57%)	16(43%)	37

人数(%)

※裁判準備書面より作成

制度を「映画界の長い慣行」であり「テレビ映画の場合、契約者制度がなければ成立たないのが現状。待遇なら修正しよう」と述べ[*141]、契約者は個人事業主であって労働者ではないとの認識のもと、労使交渉には応じないとした。ここにも本書が指摘してきた、テレビ番組が抱える受注不安定性が、労働者の不安定雇用によって賄われる構造が見て取れる。

労使対立が激化する中、六月には東映テレビプロダクションで指名解約が行われ、続いて会社は「臨時休業」を宣言すると、『プレイガール』『仮面ライダー』などのテレビ番組制作を、外部のプロダクションやフリーのスタッフを利用して進めた。これは八月に東映動画で起こる「臨時休業」と、同様の施策だった。契約者制度の維持は、いち事業所の問題というより東映全体の問題であり、それゆえ各所で同時に同様の労使紛争が続発したのである。

人員削減の実行とその基準

七二年七月七日、東映動画は人員削減を含む経営合理化案を発表した[*142]。当時の東映動画には社員二一七名、専属契約者一〇二名、合計三一九名からなる職員がおり[*143]、人件費は総収入の約五五%を占めていたため、この社内人員を一七〇名まで削減して外注の比率を増やす一方、劇場用作品は年一本、テレビシリーズは週二本に制作規模を縮小しつつ、関連事業を増強するというのが、その主たる方針だった[*144]。

経営危機の要因を、東映動画は以下の四点から説明している。第一に、六八年頃から劇場用かテレビ用かを問わず収支状態が悪化してきたこと、第二に、人件費をはじめとして諸物価が高騰したこと、第三に、「テレビ業界の厳しい経済的事情からくるテレビ受注額の低迷」があること、そして第四に、劇映画部門の全般的不況を反映して劇場用作品の興行収入も上がらないことである。また社史ではこれを、制作期間の関係上、投下資本の回収にも長期間を要する劇場用作品制作の特性や、テレビシリーズの受注額と制作原価との差損に集約して解説している*145。

人員削減にあたっては様々な手法がとられた。東映からの出向社員四七名のうち、一二名は本社への復帰ないし傍系他社への再出向となった。この中には、本社テレビ部門へ移った飯島敬や斉藤侑(さいとうたすく)といった企画者などが含まれた。また、編集・録音部門が株式会社タバックとして独立した際には、製作部長の伊藤企義(いとうきよし)以下六名が移籍した。

東映動画に残留した出向者の中には、管理職や制作進行、撮影・編集などの技術職、演出助手、そして有賀健や籏野義文ら企画者などが含まれた。企画営業部の人員が多く残存したことについて、東映動画は裁判準備書面で、「関連事業及び版権は会社の中で採算の良い部門であり、この部門を今後大いに伸して製作部門の欠損を少しでも補うというのが会社の方針」と述べ、これらの人員を「核にして拡大して行かなければ、事業の伸展は望めない」と説明している。すでにこの時点で、版権・関連事業の拡大を今後の経営の主幹に置くことが構想されていたと分かる。実際、裁判準備書面附帯資料にある合理化案の人員表でも、製作部員は大幅に削減されているのに対し、企画営業部員は増強されている。東映動画における人員削減とは、社内制作部門の縮小と、営業主導型企業への転換を目指すものだったと言える。

出向者の選定と並行して、希望退職・解約者が募集された。その条件は、社員および嘱託には退職金と基本給三か月分の餞別金を、契約者には推定月収の四か月分を、アルバイトには勤続年数によって平均月収の一〜三か月分をそれぞれ支給するというものだった*146。しかし応募者は想定した人数に達せず、また労働組合がこれに強力に反対した。

人員削減の目標を達成できず、また団体交渉の難航から職場闘争による時限ストが頻発したことで、東映動画は八月三日に「臨時休業」を宣言し、仕掛中の仕事は劇場用かテレビ用かを問わず、非組合員と下請けプロダクションを利用して社外で進行させた。「臨時休業」は一二月二六日まで継続され、この間の八月一〇日には四三名の指名解雇・解約が発表された。被指名者のうち二三名は社員であり、また契約者とアルバイトを含む作画職は三四名を数えた。

指名解雇・解約は、各課の削減後の人員数を策定し、そこから本社復帰者や退職・解約の応諾者を除いても所定の人数に達しない人数分を、考課成績の低いものから選定したものと説明された。これに対し組合側は、体調不良による作業量低下の時期があった者を除けば、その解雇は組合活動によるものと主張し、解雇・解約の無効確認を提訴した。

作画職の解雇基準は複雑なものだった。会社側が裁判中に根拠として提示した資料には、七一年から七二年の作業実績と人事考課の二つがあるが、二者は密接に関係していると考えられるものの、必ずしも考課ないし作業実績下位の者が指名解雇されていない事例も散見される。

社員アニメーターの的場茂夫（まとばしげお）は、期間中の実績枚数合計が三三三四枚、人事考課の評点が六〇点となっている。一方、解雇対象とならなかった社員アニメーターのうち、的場より人事考課の評点が低い者の作業実績枚数は三五〇九枚である。また、彩色の契約者だった佐藤道代は、七一年七月から七二年六月までの合計枚数が六九七五枚、月平均が約五八一枚であるが、解約対象ではない同程度の勤続契約者の中には、年間合計六二二三枚、月平均五一九枚の者がいる。つまり人事考課は、作業実績以外の何らかの評価も加味されたものだったことになる。

解雇基準を構成する要素の複雑さは、演出家の山本寛巳（やまもとひろみ）の事例にも表れている。演出家は当時在籍した二四名すべてが社員であり、三名の出向社員のうち二名が本社復帰、五名が社内配転予定者となった。残る一七名のうち四名の課長待遇者を除いた中から、五年間の考課を基準として指名者が確定された。

考課表を見ると、山本の五三点という評点は突出して低いわけではない。五〇点台のものは山本以外に二名おり、それぞれ五五点、五四点となっているからである。また、評点を構成するＡＢＣを七段階に区分した評価でＣ以下を付けられた者は存在せず、従来演出家としての不適正が問われた事例はなかった。

ここで山本に、他の演出家に比して異質な点があるとすれば、第一にその勤続年数が最も長いことである。山本の入社は五八年四月であり、七二年四月三〇日現在で勤続一四年を超えていた。

社員アニメーターについても同様の特徴が見られる。六五年を最後に社員採用が停止された東映動画において、社員の勤続年数は長く、原動画では九年以下の者は存在しない。そして指名解雇者一六名のうち、五〇年代末からの勤続者は一〇名にのぼる。

定期採用の社員の給与は、勤続年数に比例して高かったと思われる。演出家ならば、山本の一年後に入社した池田、黒田、高畑は、管理職待遇となるか退社していたことを考えると、勤続年数が長いために賃金が上昇した非管理職の社員を解雇する意図があったのではないだろうか。

第二に、労働組合活動への積極的な関与によって時間外労働が減少し、作業量が低下した可能性も勘案する必要がある。東映動画は、山本のここ四年間での演出本数が年間平均六本であり、他の人員の七〜九本よりも少ないことや、その他の勤務態度を評価に反映させたと説明しているからである。会社側が把握していた範囲でも、たとえば山本は六三年度に副委員長、六七年八月に共闘部長の執行委員、そして六八年度から七一年度までの四年間は特別副委員長に就いている。またこの間、六七年の共闘部長として練馬区労働組合協議会（区労協）に組合を代表して参加し、議長や事務局長を務めていた。六七年以降の役員への連続就任期は、まさに考課期間と重なるものであり、これが山本の演出担当数の少なさにつながっていたのではないだろうか。組合側も作業量について、山本が区労協の要職にあったことから残業のできない時期があったことを指摘している。なお、先述の的場の考課についても、会社の参照した期間が組合役員を務めた時期と重なっていたことから、組合側はその評価基準が組合活動に対する恣意性を伴っていると主張した。

久岡への懲戒処分時に見られたように、会社が社員の組合活動を定時の概念によって規制すること自体が、そもそも困難だった。組合役員を務めた演出家に担当本数の減少傾向が見られたとしても、平時には給与と別に支払われる担当料が少なくなるだけだっただろう。

一方で、組合の役員を務めながら解雇対象とならなかった者もいることは、直接の解雇基準に活動への関与があったと見ることを難しくする。動画労組では、役員を務めることは決して珍しいことではなく、毎年のように三役が交代するアマチュアリズムが徹底されていたからである。

こうした考課条件の精査から、ただちに本件を、組合活動が直接の理由となった指名解雇・解約と断定することは、なお難しい。しかし構造的な問題を指摘することはできる。勤続年数が長く、労働組合の組織化過程に携わった世代の社員が、その後も組合活動において中心的な役目を担い続けた場合、勤続年数に比例して比較的給与が高く、組合役員を歴任した社員が複数現れる。こうした人々の中でも、特に個人作業量が算定しやすい作画職ないし演出家は、作業量に基づいた人事評価を行えば、解雇対象に該当しやすい構造があったと思われる。

契約者の解約についても、同様の構造が考えられる。生活賃金を得るために作業ノルマを守らねばならない契約者の場合、限りある時間を制作実務と組合活動とでどのように配分するかが、社員より厳しく問われる。作業量と賃金の額が連動している以上、組合活動により作業量が減少した場合は、報酬の低下を受け入れるか、その分を補うべくフレキシブルに働くほかない[*147]。そして後者に限界がある以上、作業量が低下して考課上不利になる構造があった。

社員にせよ契約者にせよ、勤続年数や作業実績、人事考課を数値化して選別すれば、その対象には熱心な組合構成員が該当しやすいことになる。特に時間外労働の成果を含む作業量という評価基準は、労働強化と合理化に対抗する組合の主要構成員とその活動を、原理的に排除するよう働いたと言える。

さらに、こうした要因が前景化したのは、あくまで人員削減策を前提にしていたことを看過すべきではない。人員削減は制作規模の縮小という経営方針の転換によって起こったものであり、そこで行われた指名解雇の該当者も、それまでは問題視されていなかった個々の勤務状況が突如として取り上げられたことになる。何人を残留させ何人を解雇するかという数的な決定が先にあって、そこから選定が行われたのである。とりわけ社員アニメーターの担当する劇場用作品の本数と規模が、本社の意向に沿って削減されたことを考えるならば、東映動画はいわば、お仕着せの縮みゆく衣服に合わせて自らの肉体の一部を切除したことになるだろう。

さて、指名解雇・解約の対象となった職員たちのうち、労災休業中のため解雇が撤回された山下恭子らと、指名解雇への応諾者とを除いた二三名は、七二年九月二〇日に東京地裁へ解雇無効確認の提訴を行った。裁判の継続中、争議団の団長を務めた金子允洋が体調悪化により退団するなどして五名が去ったが、七四年七月一六日の団体交渉で、残留していた一八人の復職案が会社側から示され、和解が成立した。復職者の雇用条件は以前と同じものだったが、一部には配置転換を伴った。動画労組ではこの争議を「一八人闘争」と呼んだ。

しかし一八人闘争の継続中も自主退職などによって、予定された規模までの人員削減は進行していた。会社側が一八人の復職を認めたのも、人員削減が確実に進み、本件は経営危機による普通解雇・解約であると説明する根拠が薄れたからであった。

先述の山本寛巳は、自分たちは一八人闘争には勝ったが会社は合理化に成功したと述べた*148。和解とはいえ裁判を行った目的自体は果たされたが、人員削減と外注体制の強化、そして一部部門の分離が実現したからである。会社側の判断と指名解雇対象者の見解という、正反対の立場からの観測が一致していることは、合理化の結末を明瞭に描き出していよう。東映動画は所期の目的を、ほぼ達成したのだった。

「臨時休業」中の職員たち

「臨時休業」中も制作実務が停止されたわけではなく、マネジメントスタッフと非組合員による、劇場用作品『パンダの大冒険』を含めた社外制作が行われた。またテレビシリーズでも、この時期に制作が行われていた『デビルマン』などの作業が社外へと持ち出された*149。

「臨時休業」はしばしばロックアウトと称され、また同時代的にも労働組合から「夜逃げロック」「登石ロック」などと呼ばれたが、実際には会社側は社屋を封鎖しておらず、むしろ職員が自由にスタジオに出入りできる状態にあり、通常のロックアウトとは異なる様相を呈していた。

会社側が職場を占拠することなく、労働組合を排除しつつテレビシリーズ制作を続けられたのは、下請けプロダクションのユニット化がすでに機能していた結果だった。これは分業から成り立つ商業アニメーション制作において、もはや生産の現場を労使間で争奪する意味が、使用者側になくなっていたことを示唆しているだろう。企画や制作管理といった工程をヘッドワークと位置づけ、その権限や権利と、一定の技術力を持つ下請けプロダクションとを押さえていれば、社内人員特有の技術や企画内容にこだわらない限り、作品を制作することが可能になっていたのである[*150]。

下請けプロダクションの有用性の向上はまた、労働組合による職場占拠であるストライキが大きな成果をあげられなくなる結果をもたらしていた。この点で「臨時休業」時のテレビシリーズ制作体制は、平時のそれと隔絶した特殊なものではなかった。

社外作業の全面化は、下請けプロダクションや非組合員の契約者には、キャリアアップの機会としても機能した。「臨時休業」以前、演出までを外注先へ任せることは、ごく少数の例外だったが、七二年夏以降は演出を含めた発注が定着していった。また、最初期のB作を除けば社員の作画職を用いてきた劇場用作品に、社外のスタッフや契約者が加わった『パンダの大冒険』の制作体制は、大きな転換だった。以降の劇場用作品には、テレビアニメからのスピンオフが増えたこともあり、社外人員が用いられることは珍しくなくなった。

『パンダの大冒険』で作画監督をつとめた高橋信也（たかはししんや）は、東映動画スタジオの外部で作業を行った当時を以下のように回想している。

そんな状態で、しかもスケジュールもあまりとれませんでしたから、すべてがまにあわせになってしまい、キャラクターひとつ十分に練る余裕がなく、自分としては意をつくした作品とはいえません。

いろいろな意味で、いい思い出というものがないのです。あの時期のことを考えるとつらい思いが先に立ってしまうんです。

仕事がやりたくてしようがない、ましてやぼく程度の存在で作画監督をやれるなど、本来なら喜んで飛びつきたいところだったのですが、事情が事情ですからよほど考えました。

しかし、どうしても仕事をやりたいという気持ちが絶ち切れず引き受けましたが、当時の組合の立場からいえば利敵行為とでもいうのでしょうか、あとをつけまわされたり、組合員のなかにはぼくと同期の連中もいましたから、その連中とうまくいかなくなって人間関係にまでヒビが入ってしまいました。

しかし、長編アニメ一本全体の責任を負って仕事をするということは得がたい機会ですし、事実、ものの出来のよしあしはべつとして、ぼくにとって貴重な体験であったということは否定できません[*151]。


高橋は宮崎駿と同じ一九六三年に、東映動画へ社員アニメーターとして入社したが、その後契約者となり、テレビシリーズの作画監督やキャラクターデザインを務めていた。七三年当時は新作の劇場用アニメーション映画が、年間に五本程度しかない時代であり、そのほとんどは東映動画が制作するものだったから、アニメーターとして一〇年近く務めた高橋にとって初めて劇場用作品の作画監督を任された本作は、決して逃したくない機会だった。しかしそれは、組合員である同僚たちの利益とは相反しており、高橋に葛藤を強いるものだった。

様々なスタジオでの勤務を経て東映動画の契約者となった職員は、より目前の仕事を優先しやすかった。TCJや第一動画を経て東映動画の契約者となったアニメーターの野田卓雄(のだたくお)は、対談相手であるアニメーターの羽原信義に対して以下のように回想する。

野田　ロックアウトされている間、アニメーターはなにもできなくなってしまうんです。労働争議より、仕事をしたほうがいい(笑)。でも、ロックアウト中に仕事をしたら、仲間うちには印象がよくなかった。僕は組合員じゃなかったし、政治的なことには疎かったのですが、仕方なく労組の集会には参加して……それが嫌になってしまいました。

こっちは画を描きたいだけですし。

羽原　アニメーターなら画を描きたいですよね。

野田　うん。「なにもしないと、ダメになっちゃうよ」という気持ちですから、東映にもいづらくなってね。で、ちょうど同じようなことを思っていたのが、生頼昭憲さんという人で。後に演出になった人ですが、そのときは僕と一緒でアニメーターでして。「野田ちゃん、辞めるの？　俺も辞めたいんだ」と話していて、ふたりで辞めました。僕はフリーでやっていこうかと思っていたのですが、生頼くんが「プロダクション作らない？」と言うので、「それもいいね」と。（中略）僕の周辺にも「辞めたい」という人がふたりいましたので、彼らも連れて行きました*[152]。

とはいえ、「臨時休業」中の組合活動は仕事と二者択一のものではなく、むしろ平常通りの仕事に復帰するための活動であり、それ自体が狭義の政治性をもつものではなかった。一年ごとに三役が交代することが常態化していた当時の動画労組が、特定の思想性をもった活動を行うことは困難であり、また「臨時休業中」の組合のスローガンは「アニメの灯を消すな」ですらあった。アニメーション制作事業の改廃を考えていたのは、一度は東映動画を「なおる見込みのない部門」「すみやかにその部分を除去」すべき、企業体にとっての「ガン」と述べた岡田茂の発言に見られたように*[153]、東映だった。しかし「臨時休業」や、それに対抗した組合活動の意味と文脈は、継続的に東映動画で働いていたわけではない人々には掴みにくいものになっていたと思われる。「臨時休業」中に組合側が、従来の就業と制作体制への復旧を求めて行う活動が、仕事より組合運動を優先しているかのように見られることすらあったのは、そのためだった。

そしてもともと流動性を前提として働いていた人々にとっては、東映動画との専属契約や社内の制作環境、人間関係に固執しないなら、移籍や独立が、異なる形での就労継続の選択肢たり得た。小規模な下請けプロダクションは、そのモデルとしても機能した。

労働運動を通し様々な改善要求が行われはじめた頃の背景を、動画労組の初代委員長を務めた永沢詢は以下のように述べる。

何があっても逃げ場がないですから、そこで何とかしようっていう事が起こるんです。(中略)結局、初期の頃は東映で虫プロ以外、他のプロダクションへ行った人はほとんどいないんじゃないですか。やっぱり「会社」なんですよね。生活がかかってくると*154。

労働組合が組織化された六〇年前後には、東映動画以外のアニメーション制作会社の選択肢は、極めて限られていた。しかしテレビシリーズの増加とともに、元請けだけでなく下請けプロダクションが社外に整備され、職場の選択肢は増えていった。また契約者制度の普及により流動性は高まり、移籍が容易になった分だけ、「そこで何とかしよう」とする意識は希薄化した。労働現場で生じる不満は、労働運動より労働移動によって、個人的に解消されるようになったのである。「臨時休業」中の判断は、むしろ東映動画という職場への執着如何によるところも大きく、必ずしも企業側か組合側かといった認識では測れないところがあった。池田宏はすでに組合員ではない管理職待遇の職員だったが、社外制作には非協力的だったと回想している。

組合員であるか否かではなく、信頼できるスタッフであるか否かであった。信頼できるスタッフと離れ、自分だけ良い子になって創作活動の場を確保するなどは考えられなかったのである*155。

池田が会社側の立場で行動することの方を「自分だけ良い子に」なることと表現しているのは興味深い。池田はこの時点で、すでに東映動画での勤続が一〇年を超える社員演出家であり、職員たちとの親交を長く持っていた。個々人の選択は、それまでに培った人的な資源にも拠るところが大きかったと思われる。

また、七〇年に契約者として東映動画の演出助手となった森下孝三は、合理化が進行する中で自主的に他社へ移籍していく者が少なからずいた理由として、東映動画では余剰人員であっても新興の他社にとっては「即戦力」だったのであり、より上の地位につけることを条件にした勧誘が数多くあったからだと述べている。森下自身がそれに応諾しなかったのは、やはり「周囲のメンバーとの絆」や会社に対する「愛着」のためだった*156。

こうした「臨時休業」時の選択は、その解除後まで影響を及ぼした。「臨時休業」は「一週間以上に亘る職場団交が続き(為に放映に間に合わないと会社が判断して)企業維持上、緊急止むを得ざる事として行った」もので「会社の責に帰すべき事由ではない」ため、この間の給与は支払わないというのが東映動画の説明だったから、組合員たちの生活は困窮し、洋品店勤務から道路工事まで、様々なアルバイトで争議の資金を稼いでいた。結果として九月一四日には、賃金の六〇%分を社員および契約者に支払うよう方針が改められ*157、さらに残りの四〇%分の未払いについては、支給の訴訟取り下げを条件に九~一二月の二〇%分までが生補金の名目で支払われたが、事実上の減額や遅配が起こったことは確かであり、生活不安が高まった。これは組合を脱退して社外作業に参加することを促す作用を果たした。それゆえ困窮に耐えて残った組合員たちにとって、会社側で行動した職員への隔意は、再び仕事を共にするようになった後も尾を引いたのである。

職業としてアニメーション制作に取り組むにあたり、自身の仕事をいかに選択するかは、個々人の立場や志向によっても変わるものだろう。しかしそうした差異は、以前は社内に併存して、東映動画の作品を豊饒化していた。「臨時休業」はこうした制作の基盤に、長らく修復困難な亀裂を入れたのだった。

人員流出の意義

人員削減の実行以前から、社外への人員の流出は始まっていた。それは、六四年の段階で六〇〇名近くにのぼった職員数が、すでに三〇〇名強まで減少していたことに表れている。

最も著名な事例は、七一年に高畑勲、小田部羊一、宮崎駿の三人が退社し、Aプロダクションへ移籍したことだろう。

すでに高畑は、『太陽の王子ホルスの大冒険』での大幅なスケジュールと予算の超過から降格・減給処分を受けていた*[158]。同じように完成が遅延した『ガリバーの宇宙旅行』を手がけた黒田昌郎が、以降はテレビシリーズの演出のみを担当していたことからしても、高畑が劇場用作品で次の機会を得ることは難しかっただろう。

そこへAプロダクションに移籍していた大塚康生を通し、同社と提携していた東京ムービーの企画が持ち込まれた。Aプロダクションで大塚らが手がけた作品群は、高畑らにも少なからぬ刺激を与えており、また大塚自身を通して他社の動向が漏れ聞こえていた当時は、東映動画のスタッフが「浮き足立って」いる状態にあった*[159]。高畑にとって東映動画は、すでに今後の作品制作の場が見出せない会社であり、持ち込まれた企画は魅力的に映った。こうして高畑は、宮崎と小田部を誘い、退社した。

高畑は退社にあたり、労働組合の同僚たちと話し合いの場を持ったが*[160]、それでもその選択は親交の厚かった人々を動揺させ、また東映動画の将来を危ぶませるに十分だった。高畑は動画労組で数度の要職経験を持つ人物だったし、小田部はすでに劇場用作品の作画監督を務めていた。そして宮崎も若手のアニメーターとして力量を認められていたから、こうした人々が退社したこと、あるいはともに退社するよう誘われなかったことが、残された人々の自信や意気の低下を招いた*[161]。

高畑と同期の演出家たちも、次々と東映動画の制作現場を離れた。黒田昌郎は七一年に、演出家から仕上課の課長へと配転された*[162]。この人事は、機構上昇進のため不当配転としては戦えず、黒田は一年以内に演出に戻さなければ辞めると宣言したうえで応じたが、やがて仕上課長として解雇候補者の選出を行うよう指示が下った。黒田はそれを拒否し、七二年二月に東映動画を退社した*[163]。

池田宏もまた、「臨時休業」後に新設された研究開発室へ異動し、演出から退いた*[164]。ただし、後にコンピュータグラフィックス開発の拠点となるこの部門への配転は、池田が演出家時代に取り組んでいた、写真収集による作画イメージの提示と管理の発想を、データベース的な発想として引き継ぐ意味での関心の連続性はあった。池田は八〇年代まで東映動画に残った。

企画・制作側の同期では、先述のように原徹が退社した。原は職務を通して合理化案の検討にも携わってきていたが、結果として限界を覚え、独立を選んだのである*165。

これら五九年入社世代の職員たちは、六〇年代を通して試みられたアニメーションの表現や制作体制の変革の一端を主導した人々であった。その社外への流出は、たとえば高畑らが『アルプスの少女ハイジ』で試みたレイアウト制度のように、その後のアニメーション業界に普及する枠組みが形成されていくきっかけとなった。しかしそれは、東映動画の内部にそうした変革のダイナミズムが失われていくことも意味していた。

続発した労働移動が技術者として力量を示すひとつの指標となったことは、東映動画への残留が、生活を優先した打算の結果なのではないかという考えをも導いた。こうして合理化の進む東映動画から自主的に去っていくことを肯定的に捉える考えが、とりわけアニメーターに広まった。七六年まで残留したアニメーターの奥山玲子は、「臨時休業」時の心境を以下のように回想している。

私もやめようかと思ったんです。もうこれで、創作の場としての東映動画は終わったと思いましたから。しかし、一方では争議団もいましたらから、とりあえず残ったんですが、私は創作の場としてスタジオを考えるほうですし、そこを生活を守る場にしようという人たちとは、多少考え方にも相違がありました。

作品を作る、あるいは作れる場所としてそこにいる意味があるんで、労働者としてだけそこにいるんじゃ意味がないと思うんです。作品を作らなきゃ意味がないということです*166。

このように奥山には、組合の方針に懐疑的な発言も見られる。

（前略）組合が強いのをいいことに、一日二、三枚しか描かない人も出て来て、しかも仕事に応じた給料の差もない。格差是正で頑張って来た運動の結果が悪平等を生むとは皮肉でした。宮さんは辞める前に随分そのことを問題提起していましたが、組合と対立する能力主義と批判されたりしていました。そうした停滞ムードで、能力のある人たちが次々と辞めて行ったのは必然でした[167]。

ただし七二年の考課では、一日に二〜三枚程度、すなわち年間に一〇〇〇枚を下回る生産量のアニメーターは、ほぼ存在しない。特に生産量の少ない人物にしても、当該時期は病欠を挟んで組合三役を務めた期間と重なっており、残業時間の減少などの影響が考えられ[168]、この証言は誇張されたものの可能性がある。

契約者への切り換えが始まったとき顕在化したように、アニメーターは自分が個人的に有する技術を担保として、地位や賃金の向上を訴えるようになっていた。そうした観点からは、労働組合による職員一般の生活権や同一労働同一賃金原則の主張は、懐疑的に見られるようになった。実際のところ「仕事に応じた給料の差もない」のは、同一労働同一賃金の原則が貫徹していたからというより、先述した技術者資格制度の結果だろう。この制度に基づく賃金は、技術や制作上での地位、作業量などの査定によってなされる前提はあったが、評価基準は不透明なもので、当初から組合に問題視されていた。しかし賃金に対する不満には、自身への評価が適正であるかどうかという判断がつきまとうから、特に個々人の作業量が算定しやすいアニメーターには、自身の技術力を会社側に認めさせることで、賃金を上昇させようとする「実力主義」的志向が芽生えた。この「実力主義」は、会社側の契約者認識とむしろ親和的なものであり、組合はそこから慎重に距離をとろうとしていた。奥山の事例は、女性アニメーターの地位向上を目指す主張が、個人的な技能の高さに依拠したことで、皮肉にも契約者への移行や他社への移籍によって賃金の上昇を実現させようとした男性アニメーターたちと、同様の陥穽へと至ったものとも考えられよう。

商業ベースでの制作現場は「ものをつくる場所」であると同時に生活の場所でもある。かつて東映動画の労働運動には、本社の労務政策に基づく労働条件の改善要求と、本社の掌握する企画権の取得を求める創作上の要求とが連動していた。テレビシリーズの増産を控えた時期、動画労組の議案書はこれを「果して長編動画を作りつづけうるかどうかというスタジオ労働者の作家としての側面にも重要な問題」と指摘しており、「労働者」であることと「作家」であることを分離させて考えてはいなかった*169。

しかしコスト抑制策の中でアニメーターの「実力主義」志向が顕在化したことで、労働と創造が結びついた運動の論理は、創造を重視する側から解体されていった。これは奥山が女性で初めて劇場用作品の作画監督を務めた職員であり、六八年には詩画集『墓標』を出版して個人作家の活動を始めてもいたことや、宮崎が『太陽の王子ホルスの大冒険』で「場面設計」という、より統括的な地位で仕事を務めたアニメーターだったこととも関係していよう。労働運動は、キャリアアップによって自身の意欲を満たすとともに、個人的に労働条件を選びうる実力者のためのものではなく、そうした資源をもたない一般職員が集団的に生活を守る方途である以上、顕在化しやすい個々人の能力を根拠とする発想は、集団的な権利の擁護とは乖離するものだったのである。

しかし本来、個々人の姿勢や思想の差異を前提としつつ、協働のあり方を模索しえたのが、社内一貫作業の可能な東映動画の特徴だった。小田部羊一は「東映動画の土壌」を以下のように評している。

（前略）それは大勢の人間がいてある作品を作って、大勢というのはただ大勢じゃなくて、いろんな才能とか能力を持った人間と一緒にやってるということですよね*170。

同じくアニメーターだった杉山卓も類似した評価を下している。

さまざまな問題点、見方によっては手ばなしで賛美しがたい体質を抱えてはいたが、ある時期の東映動画が推進し、担ったものは評価してもしすぎる事はない。

何が誰それの功績と、いちいち指摘するのはむずかしいが、関わった人々すべての意識が集約され、総合されて独特の場をつくり出し、それがお互いに交感することで、他から見れば明らかにそれと分かる、ひとつの雰囲気が生まれ、それが体質となった*171。

進行した合理化は、様々な人々が「一緒にやって」その成果が「集約され、総合されて」きた職場に亀裂を入れた。それは個々人の人間関係だけでなく、労働と創造との意義を関連させながら問うてきた職員たちの試みにも及んだのだった。

*1 「座談会 アニメとアニメ・ブームを語る ブームの裏のこの意外な実態と背景」『YTV Report』七月号、二六頁、一九七〇年
*2 『AVジャーナル』八月号、五七頁、一九七一年
*3 『アニメれぽーと』三号、一〇－一八頁、一九七五年
*4 前掲「座談会 アニメとアニメ・ブームを語る ブームの裏のこの意外な実態と背景」二七頁
*5 日本動画製作者連盟は、東映動画、東京ムービー、TCJ動画センター、虫プロダクション、電通映画社の五社からなる業界団体だった。
*6 「危機のアニメ界 値上げ陳情」『読売新聞』一九七三年三月五日朝刊、一三面
*7 YTV Report 編集部「民放に多角化を迫る必然は何んなのか 民放の企業構造と経営環境」『YTV Report』七月号、二八頁、一九七一年
*8 「「長靴」の成功を〝夏休み〟に直結させよう」『映画ジャーナル』六月号、三三頁、一九六九年
*9 「任侠路線のなかの東映まんが週間を生かして三倍稼ぐ」『映画ジャーナル』六月号、四七頁、一九六七年
*10 前掲「任侠路線のなかの東映まんが週間を生かして三倍稼ぐ」四六頁
*11 前掲「任侠路線のなかの東映まんが週間を生かして三倍稼ぐ」四七－五〇頁
*12 例外的に冬に興行が行われることもあったが、これは他社からの買い取り作品とテレビ番組のみのプログラムで構成されるもので、成人観客の少ない地方館の需要に応えたものだったと思われる。

＊13 『合同通信映画特信版』一九五七年二月二四日、二頁

＊14 『合同通信映画特信版』一九五七年五月一二日、二頁

＊15 『怪獣総進撃』ほか、六八年八月一日封切の東宝作品では、児童観客が海や山へ出かけたことが集客の伸び悩みの原因として推定されている（『合同通信映画特信版』一九六八年八月二五日、三頁）。

＊16 この三作品のほか、少なくとも新宿東映では、東映動画が五九年に制作した教育映画『たぬきさん大当たり』を併映した記録が見られる（『映画年鑑 一九六八年版』時事通信社、一九六八年、六一頁）。しかし『興行年鑑』や後述する関西数館でのアンケートには、本作が記載されていないことから、これは特定の館のみで上映された作品の可能性がある。

＊17 『合同通信映画特信版』一九六七年四月二三日、六-七頁

＊18 岡田敬三「宣伝は三月から始った」『映画ジャーナル』二月号、五九頁、一九六八年

＊19 福永邦昭氏へのインタビュー、二〇一七年三月四日、於新宿区

＊20 前掲「「長靴」の成功を〝夏休み〟に直結させよう」三二頁

＊21 「資料／東映「まんが週間」観客動態調査」『映画ジャーナル』四月号、四七頁、一九七〇年

＊22 文部省選定および特選映画は、同省教育映画等審査分科審議会が選考するもので、教育関係者を中心に四〇名程度の委員が審議を行っていた。委員の三分の二が推薦した作品は「選定」となり、全員の推薦が一致したものは「特選」となる（「特選という名の映画」『週刊娯楽よみうり』二月一四日号、五〇-五三頁、一九五六年）。

＊23 岡田敬三前掲稿、五八-五九頁。なお、浅野俊和は「東映まんがまつり」のこうした性格について、児童文学に関する菅忠道の議論を敷衍しつつ、観て楽しむ子どもと映画館へ連れていく保護者との「顧客の二重性」を抱えていたものと整理している（「新聞広告に見る「東映まんがまつり」の成立と変容—子ども向け映画興行の社会史」『児童文学論叢』一一号、一頁、二〇〇六年）。

＊24 「『西遊記』と『眠れる森の美女』（上）—子供と母親の映画観覧動態」『とうえい』一〇月号、三五頁、一九六〇年

＊25 前掲「任侠路線のなかの東映まんが週間を生かして三倍稼ぐ」五〇頁

＊26 赤星政尚編『鉄の城—マジンガーZ解体新書』講談社、六四頁、一九九八年

＊27 赤星編前掲書、一六五頁

＊28 原徹氏へのインタビュー、二〇一一年一二月一一日、於横浜市（平成二三年度文化庁メディア芸術情報拠点・コンソーシアム構築事業）

＊29 「アニワル 今月の顔 第7回 横山賢治さん」『アニメージュ』一〇月号、八一頁、一九八九年

*30 『東映アニメモノクロ傑作選 Vol.2 パトロール・ホッパ 宇宙っ子ジュン』映像特典 原徹氏（企画）インタビュー、二〇〇五年

*31 「サラリーマンの門」『とうえい』五月号、一一頁、一九五八年

*32 『海底3万マイル』は石森章太郎原作作品であったが、既存のマンガを用いたものではなく、当初から中編映画化することを前提に新作が描き下ろされた。原作に大幅な翻案が加えられた、前年公開の『空飛ぶゆうれい船』から、さらにオリジナル性が強まったと言える。

*33 池田宏「作品に於けるメッセージ」『アニメーション研究』一二巻一号A、三二頁、二〇一一年

*34 秋山邦晴「日本映画音楽史を形作る人々 隔号連載・47 宇野誠一郎 アニメーション映画の系譜8」『キネマ旬報』七月下旬号、一三八頁、一九七六年

*35 東映動画編『東映動画長編アニメ大全集 上巻』徳間書店、一三二頁、一九七八年

*36 前掲『東映動画長編アニメ大全集 上巻』一三二頁

*37 『クロニクル東映 ― 1947-1991 I』東映、二三四-二三五頁、一九九二年

*38 井上と山元の脚本、宇野による劇伴という布陣は、『ひょっこりひょうたん島』と同様である。

*39 『アリババと40匹の盗賊』は、簱野義文・企画、設楽博・演出で、七一年七月に封切られたB作である。盗賊を倒して財宝を手に入れたアリババの子孫は堕落して横暴な王になっており、頼みのランプの魔人が苦手な猫を狩りつくそうとしている。猫を助けた主人公は、自分がかつて初代アリババに倒された盗賊アル・ハックの子孫であると知らされ、現代のアリババを倒そうと、猫たちとともに立ち上がる。ちょうど『アリババと40人の盗賊』とは正反対の構図になった作品と言える。

*40 前掲『東映動画長編アニメ大全集 上巻』二四二頁

*41 前掲『東映動画長編アニメ大全集 上巻』二四二頁

*42 以降の日程の記述は、大塚康生『作画汗まみれ 改訂最新版』文藝春秋、一五九-一六九頁、二〇一三年による。

*43 「春楡（チキサニ）の上に太陽」については以下を参照。鷲谷花「美しい悪魔の妹たち ―『太陽の王子ホルスの大冒険』にみる戦後人形劇史とアニメーション史の交錯」『ユリイカ ― 詩と批評』七月臨時増刊号、二六四-二六八頁、二〇一八年

*44 「『太陽の王子・ホルスの大冒険』製作再開に当って」東映動画、一九六七年一月二〇日

*45 大塚前掲書、一六九頁

*46 大塚前掲書、一六八頁

*47 「商売繁盛の東映動画」『読売新聞』一九六七年一一月二三日夕刊、一二面

*48 大塚前掲書、一六七頁

＊49 「宮崎駿自作を語る」『出発点 1979〜1996』徳間書店、四六三頁、一九九六年

＊50 「PROFESSIONAL INTERVIEW Vol.7 美術監督 浦田又治（東映動画）」『アニメージュ』三月号、一一六頁、一九八八年

＊51 大塚康生、森遊机『大塚康生インタビュー──アニメーション縦横無尽』実業之日本社、一一〇‐一一一頁、二〇〇六年

＊52 原徹氏へのインタビュー、二〇一二年一月二一日、於横浜市（平成二三年度文化庁メディア芸術情報拠点・コンソーシアム構築事業）

＊53 宮崎駿「中傷絵画」大塚前掲書、三三七頁

＊54 『大塚康生のおもちゃ箱』大塚康生、三五頁、一九九六年。

＊55 大塚、森前掲書、一一八頁

＊56 高畑勲『「ホルス」の映像表現』徳間書店、一八〇頁、一九八三年

＊57 高畑前掲書、一一六頁

＊58 高畑前掲書、一二〇〇頁

＊59 高畑前掲書、一一一‐一一三頁

＊60 この点で、本作を当時の政治状況や思想を反映したものとして読み解く批評は、かえって作り手より視野狭窄を起こしているのではないか。当時のスタッフがそうしたことに無関心だったわけではないことは、たとえば労働組合のニュースなどからも確認できるが、そうした状況把握は、常に最も自分たちを身近にとりまくスタジオのあり方を通して解釈され、また作品のテーマの中へと盛り込まれていったのではないだろうか。こうした構造については、本書の結論部にて、再び触れることとする。

＊61 大塚前掲書、一七一頁

＊62 森やすじ『アニメーターの自伝 もぐらの歌』徳間書店、一三八頁、一九八四年

＊63 大塚前掲書、一七一頁

＊64 五五年生まれの評論家である池田憲章は、「東映の長編まんが映画は、アニメならではの色彩の美しさ」という「劇場だけの魅力」を持っていたと述べている（「池田憲章の怪獣おたっしゃ倶楽部 第一回」『Newtype』四月号、一二頁、一九八五年）。

＊65 詳細な比較は以下の拙稿を参照。「東映動画株式会社における映画製作事業とその縮小」谷川建司編『戦後映画の産業空間──資本・娯楽・興行』森話社、九七頁、二〇一六年。なお、同年八月公開の東宝特撮映画『怪獣総進撃』ほか二作を組み合わせた封切興行は、東宝系八館累計動員数で約一三万六〇〇〇名と、前年よりやや低いため、東宝側へ児童観客が流れたとも考えにくい。

＊66 『映画年鑑 一九七〇年版』時事通信社、六〇頁、一九七〇年

*67 前掲『映画年鑑 一九七〇年版』二四四頁
*68 前掲『映画年鑑 一九七〇年版』二四四頁
*69 『ロマンアルバム・エクセレント⑥⓪ 太陽の王子ホルスの大冒険』徳間書店、一四二頁、一九八四年
*70 勝間田具治氏へのインタビュー、二〇一五年九月二日、於練馬区
*71 東映動画編『東映動画長編アニメ大全集 下巻』徳間書店、七八頁、一九七八年
*72 ただし東映動画の劇場用長編が、児童向け映画として比類ないほどの製作費を投下していたわけではない。東宝の怪獣映画では、六七年公開の『ゴジラの息子』の間接費を含む総製作費が一億二八二二万円強（『映画年鑑 一九六九年版』時事通信社、二三六頁、一九六九年）、六八年公開の『怪獣総進撃』のそれが一億五三八一万円と（前掲『映画年鑑 一九七〇年版』二三八頁）、総じて東映動画のアニメーション映画より多額の原価を投じられていた。
*73 『映画年鑑 一九七三年版』時事映画通信社、一九七二年、八八頁
*74 「本格アニメがピンチ！」『毎日新聞』一九七二年七月三一日夕刊、七面
*75 本社テレビ部門の名称は時期によって、営業部テレビ営業課、企画製作本部テレビ室、テレビ部など様々に変更されている。
*76 実写のテレビ映画では、『丸出だめ夫』や『悪魔くん』といったマンガ原作番組が、六六年に放映されている。
*77 前掲原氏へのインタビュー、二〇一二年一月二一日
*78 前掲原氏へのインタビュー、二〇一二年一月二一日
*79 永沢まこと『絵を描きたいあなたへ』講談社、五一-五八頁、一九九七年
*80 氷川竜介「アニメ特殊技法の変遷」御園まこと監修『図説テレビアニメ全書』原書房、一八九頁、一九九九年
*81 山口且訓、渡辺泰『日本アニメーション映画史』有文社、一二一-一二三頁、一九七七年
*82 「第一八回（昭和三九年度）日本映画技術協会賞 受賞者の横顔」『映画技術』七月号、三八頁、一九六五年
*83 『東映アニメーション50年史―1956-2006～走り出す夢の先に～』東映アニメーション、三二頁、二〇〇六年
*84 「今後の事業展望について」東映動画、一九六七年一〇月九日
*85 制作原価である以上は、放映時期よりも前に投下されていることになるから、特にモノクロ版の何話かは前年から制作が行われているであろうが、製作費の支払いは放映後であると思われ、「累計製作原価」表でもそれに対応して年ごとに区分された決算がなされているため、本書でもそれにならう。
*86 「都労委昭和四一年（不）第八号 同第九号 不当労働行為救済申立事件 最終準備書面」九一-九二頁
*87 ただし劇場用作品のクレジットでは、製作担当は七〇年代初頭まで「企画」の項に併記された。

*88 取り上げられている仕掛中の作品タイトルからして、七一年のものと推定される。

*89 ここでの例として、A作品には『さるとびエッちゃん』『ゲゲゲの鬼太郎』が、B作品には『リュウの道』が挙げられている。『リュウの道』は石森章太郎原作のテレビシリーズ『原始少年リュウ』である。

*90 「彩色契約者の出来高制度撤廃に向けてのあゆみ」東映動画労働組合。年代無記載だが、一九七八年のものと思われる。なお、解雇・解約無効確認の裁判準備書面に附帯された会社側資料では、劇場用作品とテレビ用作品、原画と動画の違いを加味した作業量の評価を行うため、動画課にも換算を行った考課が見られる。

*91 「換算」に関する議論は七〇年代へ持ち越され、特に契約者の収入安定化に向けた労使交渉が続けられた。この結果、「換算」の厳密な制度化に代わり、仕上課の契約者への月極制賃金の導入や、出来高制で働く女性への有給生理休暇の獲得などが実現した。

*92 仕上工程の外部化は、現在の東映アニメーションが彩色をフィリピンの子会社へ委託しているように、漸進的に実現していった。

*93 これはゼロファックス使用の場合一枚八〇円、彩色が六七円として、一話当たり三六〇〇枚の作画枚数を用いた場合である。

*94 したがってこの時期の「東映まんがまつり」でのテレビアニメ上映が「ブローアップ版」とされるのは、テレビ用作品を劇場のスクリーンに拡大投影することを便宜的に指したものである。

*95 このほか、東映動画が映画会社としての機構を移植したために独自に存在していたパートである「記録」の改廃も検討された。東映動画での記録は主に、ラッシュをチェックして欠落カットがないか確認することや、リテイク箇所の記録と連絡、ダビングや編集用に、演出家らの指示をとりまとめることなどだった。これらを編集や進行、演出などのパートに振り分けることで、記録の人数を縮小することが提案された。ただしその完全な廃止は実現していない。

*96 『ガンマー第3号 宇宙大作戦』の監督を務めた深作欣二によれば、本作は当初、東映が日本で封切る予定はなく、ラム・フィルムがSF映画の企画を低コストで実現させるために、アクション映画の経験がある東映の撮影所施設とスタッフを利用した「完全な下請け」の企画だった（深作欣二、山根貞夫『映画監督 深作欣二』ワイズ出版、一七六－一七七頁、二〇〇三年）。

*97 大場吾郎『テレビ番組海外展開60年史―文化交流とコンテンツビジネスの狭間で』人文書院、一〇四－一一二頁、二〇一七年。ただしこれも、日系人市場を対象としたものだったことには留意が必要だろう。

*98 「大川社長年頭挨拶 新体制の確立で新たな前進を」『とうえい』一月号、一二－一三頁、一九六六年

*99 これは翌六七年の「社団法人日本映画輸出振興協会（輸振協）」設立につながる動きだった。ただし谷川建司によれば、東映は結局、輸振協の助成金を得ていない（谷川建司「日本映画輸出振興協会と輸出向けコンテンツ―政府資金活用による怪獣映画製作とその顛末」谷川前掲編『戦後映画の産業空間―資本・娯楽・

興行』八二-八三頁)。

*100 前掲「大川社長年頭挨拶 新体制の確立で新たな前進を」一三頁

*101 『合同通信』一九六七年一月一〇日、六頁

*102 「アメリカで四四%の視聴率「キングコングと親指トム」東映動画、米との合作マンガ」『読売新聞』一九六六年九月九日朝刊、七面

*103 「春休みに公開 東映動画大作 ちびっこレミと名犬カピ」『読売新聞』一九七〇年二月三日夕刊、九面

*104 前掲「アメリカで四四%の視聴率「キングコングと親指トム」東映動画、米との合作マンガ」

*105 原徹氏へのインタビュー、二〇一二年一月一三日、於横浜市(平成二三年度文化庁メディア芸術情報拠点・コンソーシアム構築事業)

*106 前掲原氏へのインタビュー、二〇一二年一月一三日

*107 「ここに悩みがある テレビ動画のアメリカ進出 全米ネットで暗礁に」『読売新聞』一九六六年九月一七日夕刊、一二面

*108 前掲『東映アニメーション50年史』三九頁

*109 『TOEI ANIMATION』東映動画、五五頁、一九八九年

*110 「米のアイドルがNHKに」『読売新聞』一九七〇年一〇月一四日朝刊、一三面

*111 「興行界の〝家康公〟大川博東映社長にきく」『週刊朝日』一二月一一日号、三二頁、一九六〇年

*112 渡邉達人『私の東映30年』渡邊達人、一九九一年、六〇-六三頁

*113 「社長自ら担当 企画製作に関する業務」『東映株式会社 社報』一二月号、表紙裏、一九五七年

*114 「東映、東急系から分離 大川社長が発表 今月三〇日を期限に」『朝日新聞』一九六四年九月五日朝刊、五面

*115 岡田茂『波乱万丈の映画人生―岡田茂自伝』角川書店、一九一-一九六頁、二〇〇四年

*116 岡田前掲書、一九三-一九四頁

*117 「NETテレビを明け渡した大川博」『財界』一二月一日号、一二一-一六頁、一九六四年

*118 『合同通信映画特信版』一九六二年一月二一日、四頁

*119 大川博「映像産業の推進者として」『映画時報』六月号、一五頁、一九七〇年

*120 『合同通信映画特信版』一九六五年八月一五日、六頁

*121 「再び〝東映城〟を狙撃した怪文書」『実業往来』一二月号、一二八-一二九頁、一九七〇年

*122 東映東京制作所闘争記録委員会編『映画の労働者たち―写真と証言』東映労働組合、六四-六五頁、一九九〇年

*123 岡田前掲書、二〇〇頁

*124 近年では大川ジュニア問題は「ありがちなお家騒動」で、その背景にはワンマン社長の息子として「衆目にさらされ」た、「一般の社員などにはわかりようもない」「緊張感」があるとした同情的評価もある（津堅信之『ディズニーを目指した男 大川博―忘れられた創業者』日本評論社、一五五頁、二〇一六年）。しかし労働法規上の問題のみならず、大川毅を含む役員の背任が疑われる行為まで報道された一連の事件を（前掲「再び〝東映城〟を狙撃した怪文書」二二六-二二七頁）、そのように私的な感情や振る舞いの問題として評価することは適切ではあるまい。役員の行動について社内に自浄化のモメントが期待できない場合、その問題が一般社会へ問われることで、投資家方面への配慮から上場企業の正常化がはかられることは、健全な経営を担保するうえでの機能のひとつではないだろうか。

*125 古田尚輝『『鉄腕アトム』の時代―映像産業の攻防』世界思想社、二三三頁、二〇〇九年

*126 『合同通信映画特信版』一九七二年七月二日、一頁

*127 「四九年の東映は激しく変貌する」『AVジャーナル』一一月号、一八頁、一九七三年

*128 「東映に資本家はいない 岡田社長に年頭所感を聞く」『映画時報』二月号、一九頁、一九七二年

*129 これと同時期の変化に、「企画」内の連盟表記から製作担当が外れ、独自にクレジットされるようになったことが指摘できる。『ながぐつ三銃士』では、「企画」も厳密に企画部員の単独表記となり、別途製作担当がクレジットされるようになったのである。ここからは、アニメーション製作を東映動画単独のものとした東映グループ内での責任所在の区分とともに、東映動画内での企画と製作担当の職掌・責任も明確化されたことがうかがえる。

*130 「新体制（案）」東映動画。「ゼロックス」は、マシントレース工程の人件費を指すと思われる。

*131 後述するようにこれは、東映動画が東映から年間二本受注する劇場用作品の製作費に比肩する金額である。

*132 『第一回漫画映画製作研究委員会議題』一九五六年四月一日

*133 前掲『映画年鑑 一九七〇年版』三三二頁

*134 東映の有価証券報告書によれば、当時の東映動画の土地、建物、設備の有形固定資産帳簿価格は八二八〇万九〇〇〇円である。東映にとって東映動画へのスタジオ設備一切の貸借が、不動産事業として優良なものであったことがうかがえよう。

*135 『東映動画争議団機関誌 アニメの灯』二号、東映動画争議団、一九七三年三月一〇日。なお、スタジオの移転自体は実現しなかったが、登石体制最後期の七四年七月には、新宿東口の靖国通り沿いにある白鳳ビル内に新宿営業所が開設された。

*136 結果的に東映動画スタジオ自体を放棄する案は実現してない。その経緯は不詳だが、間もなく制作本数が一転して増加へ向かったこと、また元

より本社の資産であったスタジオと設備の一切を東映動画の一存で返納しても、これほどに規模と設備が整ったスタジオを購入ないし借用する他のアニメーション制作会社は考えられないから、本社には別の運用手段がないのであり、継続的な利用が求められたことなどが考えられよう。

*137 池田宏「東映動画研究―生産性とその向上」『アニメーション研究』一三巻一号A、五一七頁、二〇一二年

*138 契約者による労働組合が公然化に至る過程の記述は、次の史料を参考にした。前掲『映画の労働者たち』七六頁、『東映動画争議団勝利の記録』五頁（発行年未記載だが、一九七五年のものと思われる）、映演総連全東映労連東映動画労働組合『第一三・一四回定期大会議案書』四一-四五頁、一九七三年。

*139 これは東映全体の動きでもあった。六五年は本社で、先述の「新体制確立運動」による合理化が開始された時期であり、また、それまで演出家や企画者、脚本家を志望する新人を採用していた芸術職の募集が行われた最後の年でもあった（東映株式会社総務部社史編纂担当編『東映の軌跡―The history of Toei：April 1st 1951-March 31st 2012』東映、一一五頁、二〇一六年）。東映動画の社員採用停止は、こうした東映の労務政策が波及したものだった可能性もある。

*140 七二年の人員削減時、指名解雇対象者の選定においても、有夫者はその対象となった。

*141 「合理化で労使が対立「商売は商売」と岡田社長」『朝日新聞』一九七二年九月二日夕刊、九面

*142 前掲『東映アニメーション50年史』四八頁

*143 「アニメに賭けた創業の初心に立ち返る」『AVジャーナル』七月号、二四頁、一九九六年

*144 「希望解約の募集について」東映動画株式会社、一九七二年七月八日

*145 『東映動画40年の歩み』東映動画、一一頁、一九九七年

*146 『連合タイムス』一九七二年八月七日、四頁

*147 これはアニメーターや演出家のように作業が個人ベースで進められる契約者が、組合活動に加わりにくい要因も構成していた。

*148 山本寛巳氏へのインタビュー、二〇〇七年一月七日、於練馬区

*149 『デビルマン』では、八月二六日放映の第七話から一〇月一四日放映の一四話まで、演出の名前が「鈴木実」で統一され、他のスタッフも一部、変名が用いられている（赤星政尚編『デビルマン解体新書』講談社、一二四-一二五頁、一九九九年）。

*150 これは韓国を初めとする東アジア諸国への発注を常態化させる前提でもあった。

*151 前掲『東映動画長編アニメ大全集 下巻』一七二頁

*152 「70年代アニメ秘話① 野田卓雄×羽原信義」『いまだから語れる70年代アニメ秘話―テレビまんがの時代』洋泉社、一九-二〇頁、二〇一二年

＊153 「合理化と社長のガン発言」『読売新聞』一九七二年一月二七日夕刊、九面

＊154 「東映長編研究 第8回 永沢詢インタビュー（6）」『WEBアニメスタイル』 http://www.style.fm/log/02_topiCs/top041029A.html

＊155 池田宏「もう一つの『どうぶつ宝島』」『アニメーション研究』一三巻一号A、三九頁、二〇一二年

＊156 森下孝三『東映アニメーション演出家40年奮闘史―アニメ『ドラゴンボールZ』『聖闘士星矢』『トランスフォーマー』を手がけた男』一迅社、八四―八五頁、二〇一〇年

＊157 『東映動画争議団勝利の記録』一一頁（発行年未記載だが、一九七五年のものと思われる）

＊158 もっとも当時の東映動画においては、会社機構上の職位が「演出助手」であっても、テレビシリーズでは演出を務めており、またその実態に基づいてクレジットされていることもある。この場合、勤務実態として演出助手を務めたことは明らかに降格であるが、その機構上の肩書ではどのようになっていたかは、また別の問題として調べられる必要があろう。

＊159 叶精二『日本のアニメーションを築いた人々』若草書房、一〇四頁、二〇〇四年

＊160 高畑勲、宮崎駿、小田部羊一『幻の「長くつ下のピッピ」』岩波書店、一三七―一三八頁、二〇一四年

＊161 池田前掲稿「もう一つの『どうぶつ宝島』」三九頁

＊162 これ以前から黒田は技術者資格制度上の管理職待遇者だったが、このときの配転はそれとは異なり、制作部門の人員削減ないし労務対策上の観点から行われた合理化策の一環だったと思われる。

＊163 「アニメ大国の肖像（九二）大好きな「人間」を描く アニメ監督黒田昌郎さん（その二）」『中日新聞』二〇〇七年九月二〇日朝刊、一二面

＊164 池田前掲稿「もう一つの『どうぶつ宝島』」三九頁

＊165 前掲原氏へのインタビュー、二〇二一年一月一三日

＊166 前掲『東映動画長編アニメ大全集 下巻』一五〇頁

＊167 叶前掲書、一〇七―一〇八頁

＊168 先述した小田部問題や久岡懲戒処分問題にも見られたように、原価抑制策の結果として時間による社員の労務管理は機能しなくなり、就業時間という概念が実態として希薄化したため、組合活動を行うべき時間自体が定めがたいものになっていたことを踏まえる必要もある。会社側は裁判準備書面において、組合三役については就業時間中の組合活動を「黙認」したことがあるとさえ回答している。なお七〇年代半ば以降、労働運動が徐々に契約者によって牽引されるようになると、彼らには就業時間が定められておらず、工程上の指示とスケジュールに従うべきことが契約書で取り決められた事項であったため、就業時間中の組合活動という概念自体が成立しなくなった。

＊169 『第三回定期大会議案書』映演総連全東映連合東映動画労働組合、一九六三年九月二七日、七三頁

＊170 「インタビュー　小田部羊一・奥山玲子・宮崎駿・スタジオジブリ前史　彼は風を切って走っていないと気が済まないんです。」『フィルムメーカーズ⑥　宮崎駿』キネマ旬報社、五三頁、一九九九年

＊171 杉山卓「テレビアニメ前史―東映長編アニメの時代」前掲『図説テレビアニメ全書』一一九‐一二〇頁

Ⅳ　改革と復興

作り手や作品への関心から東映動画に言及した従来の研究は、七〇年代初頭の変化を、巨大で不可逆的な断絶の瞬間として見なす傾向が強い。とりわけ劇場用作品に価値を置く論者は、A作の途絶とその前後での諸スタッフの流出、そして「臨時休業」を画期として作品の質が低下し、過剰な商業主義に陥ったとみなす傾向が強く、それ以後の東映動画への関心が希薄であった。

一方で七〇年代に放映された『マジンガーZ』などのロボット路線や、六〇年代から継続した少女向けの魔女っ子路線などについては、キャラクターや物語と、その作り手にまつわるエピソードが蓄積されてきた。こちらはスタッフや個別の表現に見られる影響関係への記述こそ豊富だが、集められた諸現象を歴史的な視点のもとに体系的に整理するには至っていない。

これに対し本章では、一九七〇年代初頭におきた一見して大きな変動を、歴史的な断絶の瞬間としては捉えず、むしろそれ以前からの連続的な視点の下に位置づけて論じることで、東映動画の長期的な変動の諸相を描き出すことを試みる。この緩慢な構造変化の過程は、未だ検証されていない事象を数多く含むものである。

確かにこの時代を商業的であると評することには、一定の根拠がある。七〇年代は東映動画の営業が大きく拡大し、作品制作が商品化と結びついていく転換期だった。しかしそれは、六〇年代後半を通して蓄積された経営合理化案の実践の成果でもあった。制作と営業の均衡を探る姿勢は、本章での記述のひとつの重点をなす。それは作家や作品に関する批評とは異なる観点から、しかし産業論とも異なるひとつの文化創造の論理を検討する作業になるだろう。

また、八〇年代に入ると東映動画は、制作部門への新人採用を、特殊な形であれ再開させることになる。ここには経営の合理化と制作体制の安定化、そして企画内容の刷新といった、矛盾しながら絡み合う複数の要素に、企業がいかに対応するかという、七二年以前から東映動画が直面してきた問題が、再び浮かび上がることになる。

本章では既存の作家・作品論的研究と産業論の双方から欠落してきた、七〇年代以降の東映動画に光を当てるが、それはこの時期の東映動画に作家・作品論上で意義深いものがあると主張するものではないし、また産業振興につながるビジネス構造のモデルを見出そうとするものでもない。ここではそうした既存の枠組みに寄らず、まったく異なる価値に目を向けてみたい。それは東映動画というアニメーション文化の創造の場を、その底辺で下支えしてきた営みでもある。

経営の再建

経営者とその方針

東映動画を連続的な視点のもとで比較検証するには、その経営方針の変化を確認する必要がある。ここでは六四年一月をもって大川博が東映動画の会長に退いた後、社長職を継承した経営者たちの経歴や施策から、その変化を概観したい。なお、大川退任後に八か月間在任したが、東映グループの東急からの分離に伴って辞任した山崎季四郎は除き、山梨稔、高橋勇、登石雋一、今田智憲の四人を記述の対象とする。

①山梨稔

山梨稔は、六四年一〇月から七一年年頭まで社長を務めた。この間に東映動画は、B作の開始による年間二本の劇場用作品制作とテレビシリーズ制作との両立、アメリカ企業からの受注による合作など、発足以来の懸案事項をほぼ実現させた。

また、先述のように山梨は、大川との談合によって東映動画に潜在した不採算の構造を等閑視させる役割を果たした形跡がある。ただし、山梨在任時の経営状況は慢性的に赤字だったわけではなく、採算割れが起こったのは、前任者から引き継いだテレビシリーズと劇場用作品の制作体制の混乱が残っていた六四〜六五年の間のみで、以降単年度では黒字経営を続けていた[図表4-1]*1。つまり、東映動画の経営を軌道に乗せたのも、山梨だったと言える。

また退任直前の七〇年には、営業上の収支で一六〇〇万円強の赤字が出たが、東映動画が保有していた本社株の売却益で、これを着任前から引き継いだ累積赤字ごと一掃している。これにより翌年、高橋勇が新社長に着任した際には、東映動画は一旦、完全な黒字経営へと転じていた。

山梨の方針は、あくまで本社の立場を尊重し、下請け制作のリスクを引き受けながらも、事業存続が難しくなるほどの不利益は被らないよう手配りをする巧妙なものだった。そうした手腕は、山梨の映画人としての経歴に一貫して見られるものである。

映画史の領域では、山梨は満州映画協会で李香蘭の映画女優としてのデビューに携わった人物として知られる。P.C.L.出身の山梨は、初期の満映で配給部長や総務部長を務めた。山口猛によれば、山梨は「機密費」を任され、満映の円滑な事業遂行のため関東軍への工作資金に用いていた形跡があるという[*2]。しかし裏面での取引に長けた山梨の手腕は、新たに理事長に就任した甘粕正彦から疎んじられ、満映を退くことになった。敗戦後は中小規模の制作会社の役員や経営者を務め、富士映画で出会った大蔵貢とともに新東宝へ招かれて専務となった。

新東宝時代にも裏取引に長けた側面が見られる。五八年に発覚した事件では、事業不振ゆえの行為として起訴猶予となったものの、大蔵らとともに架空のロケ費による偽造伝票で蓄積しておいた裏金を、社員給与の財源としていたことなどが明らかになった[*3]。

新東宝専務時代の山梨には、会社の維持運営やそのための資金調達に、なりふり構わない辣腕ぶりを見ることができる。その評価には毀誉褒貶あったが、新東宝倒産間際に試みられた第二東映との合併交渉を取り仕切ったのも[*4]、これを独断的な介入で破談に追い込んだ大蔵貢が社長を退任した後、代表取締役や再建委員会議長を務めたのも山梨であり[*5]、その手腕は認められていたと思われる。

その後相談役に退いた山梨は、六一年八月に新東宝が倒産すると、一時の浪人時代を経て、六三年八月に東映プラスチック工業株式会社社長となった後[*6]、東映動画の社長に着任した。

山梨には企業組織の既存の構造を巧みに利用して、資金繰りの目途をつける手腕があった。大川との談合はその顕著な表れであり、この手腕によって山梨は東映動画を黒字経営に導いたと思われる。こうして山梨体制は東映動画を、六〇年代後半を通して安定的に経営することができていたが、そこに潜在した不採算要因を剔抉し解消することはできなかった。

②高橋勇

山梨退任後に着任した高橋勇は、間もなく体調の悪化で職を退き、常務取締役だった北島清がしばらく社長代行を務めることになった。

先述のように高橋には、東映関西支社で、「まんが週間」と呼ばれていた児童向け映画興行の宣伝活動を活発化させ、市場を拡大した実績があった[*7]。またその是非はともかく、動画スタジオ所長在任期には、企画・文芸の力量や人脈を長編制作に活かした業績もあった。しかし経営危機下で労使対立が深まるこの時期に東映動画の社長を任せた東映の人事には、積極的な意義が見出しがたい。岡田茂は京都撮影所長を務めた頃の高橋を、「労働基準法やら労働三法がどんなもの

図表4-1｜東映動画の売上高と収支

年	売上高	収支
1963	304,150	−21,250
1964	515,030	−7,800
1965	652,680	−122,930
1966	734,930	980
1967	769,590	59,870
1968	989,630	10,360
1969	896,960	10,420
1970	865,920	91,230
1971	1,169,810	−118,600
1972	1,389,280	−192,580

（単位:千円）

※「アニメに賭けた創業の初心に立ち返る」（『AVジャーナル』7月号、26頁、1996年）より作成

かわからない人」で「労使交渉に勝てるわけがない」と評している[8]。これは高橋勇の足下で動画労組の再組織化が進んでいた六一年の経緯を考えても、妥当な評価だろう。

高橋の文芸的素養はすでに六〇年代初頭には古色蒼然としており、新たに入社した企画者たちの構想がこれを刷新していた。また、関西支社で市場拡大を果たしたその営業手腕にしても、東映から制作実務を受託するだけの東映動画社長では振るいようがない。その手腕は東映の営業畑で、少しでも東映動画への発注額が潤沢になるよう生かされるべきだっただろう。まして山梨により累積赤字が一掃された直後では、経営合理化を慎重に行う経営者が選ばれてしかるべきだった。

換言すれば東映動画における大規模な人員削減は、高橋体制での再度の赤字累積によって、皮肉にも経営レベルの必然性を持ち得たのだった。高橋個人が解決しえない経営難と労使紛争に悩み、体調を悪化させたことを見ても、その人事は不幸で不適切なものだった。

③登石雋一

七二年六月三〇日に新社長に着任した登石雋一は、労務の豊富な経験を持っていた。東京大学法学部卒で、学生時には駒場の演劇研究会（新制大学）に所属し[9]、東映入社後は総務や製作部などを経て東京撮影所企画課長となった。進行主任を務めた『夢のハワイで盆踊り』では、ハワイロケ時の撮影助手削減をきっかけに起こった労使紛争に関わり[10]、六五年に東映動画に出向して管理部次長を務めた際にも、久岡敬史の懲戒処分をめぐる労働委員会調停に出席した。

六八年に本社へ復帰して勤労部長を務めた時期は、先述した東映の合理化と大川毅の問題をめぐる労働運動の再燃期でもあった。興味深いのは、大川ワンマン体制への批判が社内の管理職まで広がったこの時期、登石が「一部長の努力誠意だけでは、混迷した社内の事態を収拾できない」と退社を願い出ていたことである[11]。

当時、東映新労連は「非人間的経営者の排除」と並んで「近代的労使関係の確立」を掲げていたが、これは会社側で労務対策を担当していた戸松武雄が掲げた労使協調体制のスローガンと相似していた[12]。会社側は労使関係の正常化を唱えるにあたり、自らの襟をも正さざるをえなくなっていたのである。これはまさに中間管理職の職権で解決することは不可能なことだった。ともすれば久岡懲戒時のように、無理な攻勢を仕掛けねばならない事例があったからである。

慰留された登石は一度、労務畑から離れ中部支社長などを務めたが、岡田体制移行後に本社経営企画室長となり、東映動画の社長へ就任して経営合理化に着手した。

すでに合理化案には様々なものが立案されていた。再度東映動画へ出向した登石は、合理化案を早急に検討し直して採用した。その判断にはおそらく、かつての東映動画への出向や労組対策の経験が生きていただろう。福島東映閉館問題を初め、六〇年代半ばの労使紛争に関わった経験は、アニメーション制作事業を労務の視点で捉え、その体制合理化に関する知識と素養を蓄積する機会として作用したと思われる。

登石は東映動画を、初めて経営の視線で冷厳に見つめた経営者だった。「東映の良心」というような温情的判断を許さず、東映側の利益を代表する立場からでも、赤字経営の解決をはかったからである。とはいえその立場ゆえに登石は、映画制作の受注額減や高額な間接費の存在といった本社との構造的問題には深く立ち入らず、不採算性の解消を社内人員の縮小によってはかった。これは必然的に、巨大な労使紛争へとつながった。

なお、登石は東映動画の経営合理化を実現させた後、争議団との和解を見る前に、七四年には企画製作部長兼経営企画室長として本社へ復帰し、八一年からは定年退職まで東映化工の社長を務めた。

④今田智憲

七四年八月に東映動画社長に着任した今田智憲は、九三年四月まで二〇年近くの長期にわたりその職を務め、「今田路線」と言われた一連の方針を実行して、その成果を定着させた。今田路線の定義は本章全体を通し論ずべき問題だが、その具体的手法は、合理化がもたらした労使対立の緩和と、版権事業を重視した営業の拡大による経営改善に集約できる。

こうした手法は、今田の経歴と無関係ではないだろう。今田は四六年に東京産業大学（現・一橋大学）を卒業し、同郷の幼馴染である岡田茂のいた東横映画へ入社した。

今田は五六年の東映動画発足に先立ち、漫画映画製作研究委員会に出席し、製作する作品は「海外市場の性格上、絶対に天然色で、長編漫画でなければ収入は揚がらない」との提言を行っていた*13。そのため今田を東映動画設立に積極的に関与した人物と見る向きもあるが*14、中編や短編の計画しかない事業案に対し、カラー長編制作の意義と可能性を問う発言の文脈からすると、これは営業側から計画の甘さを危ぶんだ、反対に近い消極的意見と見た方がよいだろう。

その後、長らく今田は東映動画の経営に直接関与することはなく、本社営業部長や外国部長などを務め、六二年に岡田とともに取締役に就任した。さらに六四年一〇月からは東京撮影所長を務めた。

テレビ事業にも初期から関わった。五八年からは朝日テレビニュース社の常務取締役を務めており、五九年には東映テレビ部長にも着任した。テレビ部門での部下には渡邊亮徳がいた。

今田は東映の新規事業拡大に多く関わった重役であり、投射型テレヴィジョンであるアイドフォアの劇場利用計画や、第二東映設立でも指揮をとった。しかし先述のように大川との関係が悪化し、東映芸能社長に出向した後、七〇年に東映を一度退社して、日活の元重役である江守清樹郎が社長を務めたユニオン映画株式会社の取締役となった。その後、岡田茂が東映社長に就任すると、七三年八月に東盛商事（現・東映ビデオ）株式会社社長として呼び戻され、続いて翌年に東映動画社長に着任した。

営業畑出身の今田の経験は、人件費抑制による合理化とは異なる経営改善策を東映動画へ定着させた。今田は、たとえ人員整理を行っても「人件費は経営の如何にかかわらず上げなければ」ならないため、三年も経てば「また元の木阿彌になってしまう」とし*15、制作事業以外で収益を上げる方法を求めた。そして七五年一月には「事業の多角化と頭脳集約型企業」というスローガンを掲げ、目指すべき方針とした*16。

特に利益をあげたのが、版権事業だった。今田経営下の東映動画では「座して待つ版権事務」を「能動的な版権セールスに変え」「キャラクターを積極的にいろんな業種にこちらから売り込む」ことが進められた*17。

当時、版権収入の五〇％は玩具メーカー関係だった[18]。後述するように、制作会社が玩具メーカーと折衝して企画を考案するプロセスは、ヒット番組のキャラクター利用許諾で副次的利益の創出を事後的に試みる、それまでの商品化の定石とは一線を画していた。こうしたタイアップの発想を積極的に採用する素地は、すでに今田の本社時代、邦画の斜陽化に伴い多角的な収入を模索する際の発言に見ることができる。

（前略）従来の映画のタイアップの方式では駄目ですよ。今までは特定の会社の商品を小道具に使って新聞広告やポスター代を負担させたり、団体動員券を買わせたりしていたが、これでは今や駄目ですよ。相手の利益とこちらの利益がプラスになるような方法を考えるべきですよ。それは撮影を開始してから思いつきで相手方の会社に話をもって行くより、企画と同時に相手方をその映画に協力させるようにしなければならない[19]。

ここにはすでに、作品ができ上がってから提携先を探すのではなく、企画段階から提携の方法を構想する発想が見て取れる。この経験は企画者たちの手により伸長しつつあった、版権営業と紐づいた企画構想に注目する基盤たりえただろう[20]。

加えて、東映本社でのキャリアアップを望み難い経歴自体も、東映動画独自の経営改善に専念する背景たりえたと思われる。東映動画の社長や重役などのポストは、従来は東映内のキャリアコースの一環としての意味を持っていた。歴代の動画スタジオ所長や社長たちは、多くが東映の各部長や支社長、撮影所長などを経て着任しており、巨大な企業グループの中で様々な部署や傍系子会社の要職を歴任してキャリアを上昇させていく過程に、東映動画の社長職もあったことが分かる。こうしたコースから外れていた東映動画の社長は、今田以前には新東宝の専務だった山梨のみである。しかし今田の場合、山梨とは異なり東映内の要職の経験と人脈を蓄積しており、さらに岡田との個人的親交によって、自らの裁量に基づいた独自の経営が可能だった。また今田には、後述する新人採用をめぐる施策のように、足下の従業員への一定の寛容さが備わっていた。これは大規模な労使紛争の後に着任したことからくる配慮である以上に、今田自身の東映の重役としての挫折経験に根差す姿勢でもあったろう。

ただし、今田体制下における東映動画の復興は、登石体制下における合理化があって初めて実現したことに留意する必要がある。東映動画は七七年までに、七〇年代初頭からの累積赤字を一掃しているが、すでに社内制作部門の縮小が断行された後の七三年時点で、単年度の赤字は四八万円に激減していた[*21]。この合理化に続いて示された、今田の「頭脳集約型企業」という方針に表されたように、その構想は自社の事業を従来の労働集約型から、企画や営業といったヘッドワークとライセンスを掌握する管理会社へ転換しようとするもので、必ずしも営業利益によって制作差損を補填する体制を目指したわけではなかった。しかし今田は、経営合理化を念頭に置きながらも、その現実的姿勢によって労使関係の安定化も志向していた。したがって問題は、それをどの水準で実現し、社内制作と外注のバランスをどの程度とするか、またそれに伴って社内制作部門の合理化をどの程度に留めるのか、ということだった。この点で今田の姿勢は、管理会社化を志向しつつも労使対立の激化をもたらす強硬な合理化は行わず、短期的には社内制作部門も適宜活用して、そのコスト解消を様々に模索するものとなった。そのため今田は、おそらく自身の構想からは外れた、制作事業と版権事業を両輪として、後者が前者を支える構造を定着させることになった。

版権事業の強化

これまで幾度か触れたように、登石体制から今田体制にかけて強化されたのは、キャラクターの商品化や催事等への利用許諾によって収入を得る版権事業だった。しかし、本社から制作事業を受注する子会社としての東映動画が独自に版権事業を行うことは、一般的なライセンス管理の観点からすれば、特異に見えるだろう。ここでは東映動画が版権事業に進出し、登石・今田体制下でこれを本格化させるまでの経緯を概観してみたい。

版権営業は六〇年代には、制作事業の傍らで細々と行われていた。劇場用長編『西遊記』では、セイカノートからキャラクターの使用許諾申込みがあり、商品化権に関する知識や方法論のなかった東映では、相手側がすでに取引のあったディズニー関連の商品についての使用許諾契約書を参考に契約を結んだとされる*[22]。

六三年に国産テレビアニメが放映開始されると、版権営業への注目が高まった。テレビアニメへの参入自体が、海外販売や商品化の可能性を鑑みたものだったから、その進捗は大きく期待されていた。六四年二月には東映動画の企画部に企画渉外課が設けられて、宣伝とともにマーチャンダイジングを担当することが定められ、さらに六月にはキャラクター商品化の推進をはかるため、提携先企業が加盟した「いずみ会」が発足した*[23]。これは品種ごとに特定のメーカーへ独占的にキャラクター使用許諾を行う構想をもっていたようだが、間もなくキャラクターの商品化事例が激増し、商品化許諾事業が重視されるようになるにつれ、事実上「使用者の親睦団体」となっていったようである*[24]。

六四年末には企画者の飯島敬と原徹が『狼少年ケン』放映権の販売手続きのため渡米して、アニメーション制作会社やディズニーランドなどを視察した後、商品化についての言及を含む報告を行った。二人はハンナ・バーベラ社を見学した際、大量の関連商品を見たことに触れ、制作以外は出版事業のみを行っているウォルター・ランツ社と比較して、商品化権事業の優位性を説いた*[25]。

これは出版と商品化権とを分けて考えたうえで後者の重要性に注目した、当時としては先駆的な見解だった。この報告を対談相手として受けた藪下泰司は、「漫画の作り方が全然違って来た」と捉え興味を示したが、版権を取扱う枠組みの整備は、すぐには進展しなかった。当初の版権営業は、あくまでキャラクター人気を元に各メーカーが申請した関連商品の製造・販売を許諾するもので、制作業務に付帯して生じた仕事にすぎず、その実務は先述の企画渉外課に置かれた宣伝係が細々と担当していた。また、六八年に『ゲゲゲの鬼太郎』がフジテレビで開始されるまで、東映動画の制作するテレビシリーズはすべてNETで放映されていたが、同局が後発のためネット局数が少なく、全国をカヴァーしきれない点も、キャラクター商品の展開にはハンディキャップだったと言われる*[26]。

六六年一月、東映本社の社屋内に置かれた、東映動画CM製作部銀座連絡室が拡充され、営業部内に版権課が設けられた。この版権課は六九年に企画室へ移り、ここで先述した企画業務の重点化による営業強化が試みられて、商品化を前提とした企画立案のあり方が検討され始めた。

登石体制下の七二年、「臨時休業」後に版権課が再び営業部内へ戻り、版権営業の拡大整備が進められた。登石は、アニメ界では「つくればつくるほど赤字を重ねる」が、「版権収入が年に一億五千万円ほどあって、ちょうどテレビ動画製作の赤字を埋めている」と述べ、「黒字を生むにはこの版権収入を拡大しなければならない」として、新宿営業所の開設に言及している*27。

こうして登石体制下で明確化された版権営業は、今田体制下でさらに重視されるようになり、七五年には版権課が版権営業部へと昇格した*28。このように東映動画における版権営業は、六〇年代に企画部門と営業部門の間で徐々に拡充され、七〇年代に入って本格化したものだった。

版権事業の売上高は、七〇年代初頭にはすでに大きく伸長していた。裁判準備書面附帯資料によれば、六九年には五七〇〇万円強だったものが、翌七〇年には二倍以上の一億三〇〇〇万円弱へと増加し、さらに七一年には前年比で三倍以上の約四億一〇〇〇万円に、そして七二年には七億九〇〇〇万円強へと拡大していた。この時期のテレビシリーズでは、『タイガーマスク』のソフトビニール製人形や、商品化可能なアイテムの登場を想定して原案が練られた『ひみつのアッコちゃん』のコンパクトなどが*29、中嶋製作所により製造されており、キャラクター商品の販売と結びついた企画の祖型が見られた。

七一年から七二年の版権収入の急激な伸長には、東映動画が当時担当していた、児童向け番組全般の版権窓口業務による収入が大きく貢献していた。この中には、本社テレビ部がプロデュースする実写番組のそれも含まれた。七二年には『仮面ライダー』による版権収入が約三億七〇〇〇万円と、総額中の四七%を占めており、他の実写特撮番組三作品を含めると、その割合は八〇%を超える［図表4-2］。ただしこれは、アニメーション番組の版権収入が不振だったというより、『仮面ライダー』に代表される特撮番組のヒットの巨大さを示すものだろう。

東映動画がアニメーションのみならず、児童向け番組全般の窓口業務を始めたのは、「動画の企画担当者が『仮面ライダー』のキャラクターは商品化が可能ではないかと気がつき、東映に対して『仮面ライダー』の版権を動画で取り扱わせてほしい旨を申し入れて東映がこれを許可して東映の実写キャラクターも東映動画が版権の取り扱いをするようになった」ことによっていた[*30]。窓口業務の重要性は、東映動画の版権課設立以降、徐々に認知が進んでいたものと思われる。

この過程をうかがい知れる資料に、版権関係の契約書がある。以下、放映年も付しつつ、作品ごとの契約内容の推移を追ってみたい。

裁判準備書面附帯資料として確認できた最も古いものは、水木しげる、講談社、東映動画の三者間で締結された『墓場

図表4-2｜1972年の版権収入とその比率

作品名	売上高	比率
仮面ライダー（特撮）	371,087	47%
超人バロム1（特撮）	138,119	17%
人造人間キカイダー（特撮）	71,527	9%
変身忍者嵐（特撮）	66,826	8%
魔法使いチャッピー（アニメ）	45,928	6%
デビルマン（アニメ）	26,683	3%
原始少年リュウ（アニメ）	15,456	2%
その他	58,197	7%
合計	793,823	100%

（単位:千円）

※裁判準備書面附帯資料「損益計算書」（1972年）より作成

の鬼太郎』のものである[図表4-3]。これは翌六八年一月からフジテレビ系列で放映された『ゲゲゲの鬼太郎』第一シリーズに関するものと思われ、三者のうち水木しげるが講談社に「一般商品化権を独占的かつ排他的」に「使用せしめることに同意」して、東映動画が「これを確認」していた。水木と東映動画は権利許諾の問いあわせがあった際には講談社に通知し、その許諾を委ねるとされており、講談社はこの業務で使用料の一〇%を事務費としてトップオフした後、三者が三〇%ずつを配分する内容だった。

次に古いものは『ひみつのアッコちゃん』(一九六九〜七〇)の商品化に関する契約書である。ここでは赤塚不二夫(あかつかふじお)の有限会社フジオ・プロが、「一般商品化権に関し、その出願登録もしくは第三者に対する実施権または使用権の設定等、一切の権利を占有することを確認」し、その規定により「一般商品化権を独占的かつ排他的に」東映動画に使用せしめることが同意されている。ここで東映動画は、一般商品化権の窓口業務を担当しており、その収入配分はフジオ・プロが五五%、東映動画が四五%だった。この時点では、東映動画は商品化権許諾窓口業務を引き受けているが、赤塚側に有利な契約と言える。

『タイガーマスク』(一九六九〜七一)に関する梶原一騎(かじわらいっき)と辻(つじ)なおき、講談社、東映動画の契約では、商品化権は梶原と辻が有し、講談社が代行している。利益配分は梶原と辻が四〇%、講談社が一八%、東映動画が四二%で、講談社の取得分には「商品化権行使に伴う一切の経費を含む」とされている。同じ講談社を含む契約内容でも、『墓場の鬼太郎』時より東映動画の地位は向上していた。

東映動画のオリジナル企画『魔法のマコちゃん』(一九七〇〜七一)の契約では、東映動画の地位はより高いものになった。東映動画は「題名、名称とキャラクターズを含む著作権並びに工業所有権を各種商品に使用させる権利及びプレミアム宣伝に使用させる権利」を有し、また「独占的且つ排他的に行使する」ことが定められた。その利益の配分率は、東映動画が七〇%、NETが三〇%と、漫画家や出版社の関係しないオリジナル企画であることの強みが大きく出たものとなっている。

図表4-3｜「墓場の鬼太郎」アニメ化にあたっての商品化権契約書

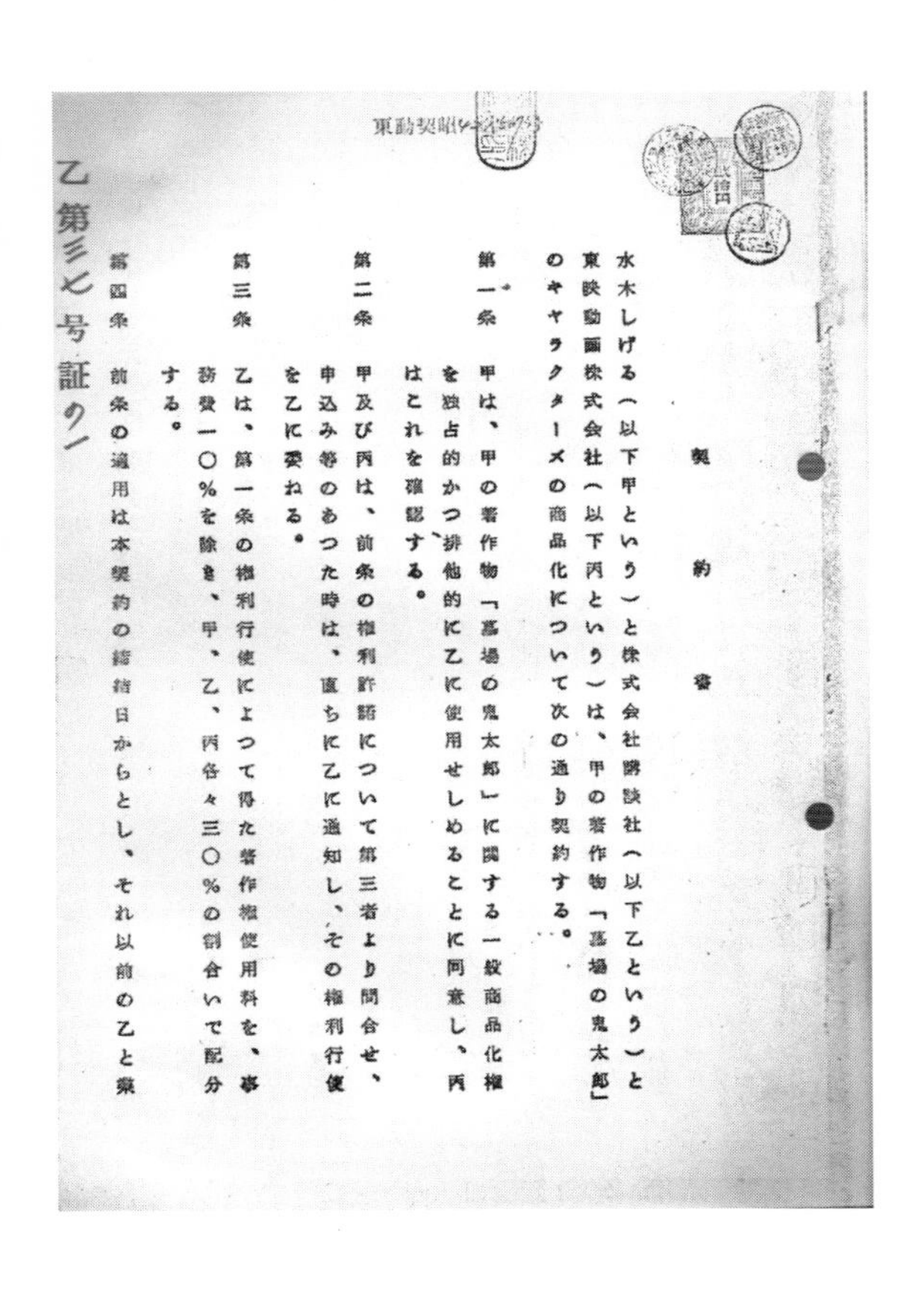
契約書

水木しげる（以下甲という）と株式会社講談社（以下乙という）と東映動画株式会社（以下丙という）は、甲の著作物「墓場の鬼太郎」のキャラクターズの商品化について次の通り契約する。

第一条　甲は、甲の著作物「墓場の鬼太郎」に関する一般商品化権を独占的かつ排他的に乙に使用せしめることに同意し、丙はこれを確認する。

第二条　甲及び丙は、前条の権利許諾について第三者より問合せ、申込み等のあつた時は、直ちに乙に通知し、その権利行使を乙に委ねる。

第三条　乙は、第一条の権利行使によつて得た著作権使用料を、事務費一〇%を除き、甲、乙、丙各々三〇%の割合いで配分する。

第四条　前条の適用は本契約の締結日からとし、それ以前の乙と業

乙第三七号証の一

『アパッチ野球軍』（一九七一～七二）では、商品化権窓口業務の事務費をトップオフする契約となっている。ここで東映動画は「題名、名称、キャラクターズを含む著作権並びに工業所有権を各種商品及び宣伝、サービス等に使用させる権利」を「独占かつ排他的に行使する」ものとされ、利益の中から事務費として一〇%、自社配分として二五%を確保した。以降の番組では、原作・原案者を問わず東映動画が窓口業務を行い、その事務費を優先的に得るとともに、配分率においても優位を得る形式が持続されていった。

版権窓口業務への理解が深まる過程で、一時期とはいえ東映における児童番組全般のそれを東映動画が担ったことは、

版権事業による収益の重要性を、本社よりも早く東映動画が認知していた可能性をうかがわせる[*31]。これは東映動画が版権営業による収入を独自に掌握し、経営状況を改善する前提となったと思われる。

既述のように、東映動画の制作事業はすべて本社を通し受注するもので、基本的に東映側へ諸権利が集約されていた。したがって下請け先にあたる東映動画が版権収入を掌握するあり方は特異に見える。特に七五年一〇月、東映が実写番組の版権管理窓口を引き上げた際には、本社テレビ事業部にも「テレビ版権営業部」が新設されており[*32]、翌年からは同部の企画で、東映動画ではなく創映社へ制作委託を行った『超電磁ロボ コン・バトラーV』など、ロボット路線のアニメ番組が開始された。この時期に東映がグループ内の版権事業を全て掌握してもおかしくはなかった。

七五年九月に行われた東映動画と動画労組の団交では、今田により「岡田社長から東映で版権業務をやりたい」「動画の版権も東映で一括して」との申し出があったが、「それでは動画の自主的な経営がくずれる。動画（フィルム）作って出た赤をうめるものとして版権がある。いわば生命線でまずい」と主張したとの報告が行われている[*33]。この結果、実写番組の版権のみが本社へ引き上げられ、東映動画独自の版権営業が維持されることになった[*34]。

版権事業が東映動画に留められたのは、今田智憲独自の人脈と無関係ではあるまい。岡田茂との交友関係や、渡邊亮徳の上司だった経歴は、今田が本社に対し経営再建のための主要な収入源である版権収入という権益を強く主張しえた背景として考えられる。また、東映動画が版権収入によって制作事業の赤字を補填し、黒字化していくことは、岡田の掲げた独立採算性の発想とも合致していたから、本社は東映動画の経営基盤を回収することはできず、アニメーションに限り版権窓口業務を子会社側に留めたのではないだろうか。

企画の細分化と版権事業

「臨時休業」中に着手されたテレビシリーズ『マジンガーZ』は、紆余曲折を経て玩具メーカーと提携した巨大ロボット路線の嚆矢となり、全九二話が放映された後も続編の『グレートマジンガー』『UFOロボ グレンダイザー』が制作された。

この企画は、漫画家の永井豪およびダイナミックプロダクションとの最初の提携作『デビルマン』に続いて立てられたもので、人が乗り込んで操縦する巨大なロボットという永井のアイディアをきっかけとしていた。永井自身が執筆したマンガは、『週刊少年ジャンプ』でテレビ放映に先行して連載され、永井らダイナミックプロの漫画家はこの後も、他の作品を含めた複数の番組企画に携わった。さらに手塚治虫や松本零士らも、他のテレビシリーズ企画に原作や原案を提供した。

多くの場合、漫画家は主要なアイディアマンとして、基本的な設定やデザイン、ストーリーラインなどを提供し、「原作者」としてクレジットされたが、テレビシリーズの具体的なストーリー展開には、東映動画やマーチャンダイジングを行うスポンサー側の意向も反映された。マンガをもとにテレビシリーズが制作されたというより、アニメーション制作会社が漫画家やスポンサー、テレビ局や代理店などとともに共同で企画を立案し、この無形の企画からテレビアニメ、玩具、マンガが派生したのである。

漫画家側へ企画案が提供されたことすらあった。手塚治虫は『ミクロイドS』について、具体的なアイディアは東映側から持ち込まれ「企画とテレビ化が先行して、雑誌はそのPRのために手がけた」もので、「あくまでも物語がすでにできている中で、手塚カラーに脚色していった」作品だと述べている[*35]。

漫画家との提携は、多様なアイディアを取り入れるとともに、そのネームヴァリューによって企画を実現しやすくし、さらに雑誌展開を通したパブリシティを容易にする手段でもあった。マンガの雑誌連載以外にも、講談社の児童誌『テレビマガジン』や、東映テレビ事業部に新設されたテレビ関連事業室が企画編集に携わった雑誌『テレビランド』などで、特集記事による宣伝が盛んに行われた。これは出版社や漫画家への依存というより、マルチメディア展開を前提として企画・制作業務を捉えなおした事例と言えよう。

『マジンガーZ』の企画には、フジテレビの児童向け番組枠を強化したいと考えた広告代理店の旭通信社から、東映動画のCM部門に在籍経験のあった春日東が加わった[*36]。スポンサーは紆余曲折を経て、株式会社バンダイの子会社で、マスコミ玩具の製造・販売を行っていたポピーと決まった。ポピーからはマジンガーZなど劇中に登場するロボットのソフトビニール製人形を皮切りに、全高約六〇センチの巨大なポリエチレン・塩ビ製人形「ジャンボマシンダー・マジンガーZ」や、メカのミニチュアである「ポピニカ」シリーズ、金属製の「超合金」シリーズなど多彩な商品が発売された。特に「ジャンボマシンダー・マジンガーZ」は、「仮面ライダー変身ベルト」「ポピニカ・仮面ライダーサイクロン号」に続く、ポピー三番目のヒット商品となった*37。

アニメーション制作会社、テレビ局、広告代理店、玩具メーカー、出版社など、各企業がひとつのテレビアニメシリーズ上で提携する事例は、必ずしも『マジンガーZ』から始まったものではない。しかし本作は、全九二話という長い期間の中で、玩具メーカーの新商品展開がストーリー上の起伏と合致するよう調整され、その展開を雑誌メディアがフォローするという、各関連企業の重層的なタイアップ形式の成功事例となった。六〇年代を通して蓄積された企画と営業スタイルの帰結が成功を収めたことで、版権営業を番組制作と一体のものとして捉える方法論が、東映動画で明確に意識化されたと思われる。以降はこの成果を生かし、当初から版権営業を前提としたテレビシリーズが定着していく。そしてこの過程で企画者の職務は、立案した企画をテレビ局や広告代理店へ提案するだけでなく、漫画家や玩具メーカーと折衝しつつ企画を共同開発していくものとなっていった。

それはまた、玩具メーカーがただキャラクターものの玩具を製造・販売するだけでなく、番組企画自体に最初から参画するという変化ももたらした。従来、マスメディア上に登場するキャラクターを用いると、短期的なブームに翻弄されて長期的な生産計画を立てることができず、今井科学のように一度倒産した模型メーカーもあったことから、マスコミ玩具には警戒心を持つ企業も多かった。しかし『マジンガーZ』のヒットにより、玩具メーカーはマスコミ玩具から距離をとるのではなく、むしろ番組作りと深く関わり、それを自社のプロジェクトとして内在化させた。バンダイの社史はこれを「〝受け身のマスコミ玩具〟から〝開発するキャラクター玩具〟へ」と表現している*38。そしてキャラクターもののマスコミ玩具が間断なくヒットを続け、七〇年代後半の全盛期を経て八〇年代に入ると、それは定番商品となり、「流行商品という宿命があることはやむをえないが、最近の動きからは、たんに一時的なものだけではない安定した動きが見られる」と評されるようになった[*39]。個別のキャラクターは移り替わっても、マスコミ玩具自体は、ひとつのジャンルとして市場に根付いたのである。

ただし、この手法がメーカーを通し他の制作会社へも広がり、玩具会社との提携がアニメーション業界に定着すると、類似した番組が増加し、競合によってヒットの規模が抑制され始めた。『マジンガーZ』によるポピーの売上高は、放映が終了する七四年には二一億円超だったのに対し、続編『グレートマジンガー』のそれは一〇億円を割り込んだ。一方で、東映動画が新たに制作した『ゲッターロボ』は一六億円強、東北新社の『ゼロテスター』は一二億円強の年商をあげた[*40]。『グレートマジンガー』は「ジャンボマシンダー」「超合金」の好評によってマスコミ玩具の持続性を認識させたシリーズだったが、新たな競合作品の登場により作品別の市場はむしろ縮小していたのである。この傾向は翌年以降も続き、七五年には東映動画の『ゲッターロボG』と東北新社の『勇者ライディーン』、七六年には『大空魔竜ガイキング』『UFOロボ グレンダイザー』『超電磁ロボ コン・バトラーV』がそれぞれ競合した。

マスコミ玩具の市場拡大により、七五年にはポピーの売上高が、親会社のそれを上回り[*41]、従来リスクを鑑みて、子会社にその製造・販売を担当させていたバンダイの価値観は覆りつつあった。しかしこれは、番組を制作する東映動画側にとって、間断なく一定のペースで新たな企画を実現していかなければ、他社に市場を奪われ、制作赤字を補填する重要な収入源を失いかねない状況でもあった。

番組企画には、その時々の流行にフレキシブルに対応することが、より強く求められるようになった。これは漫画家や玩具メーカーとの提携により企画の微妙な差異を生み出し、作品のヴァリエーションを増やすことによって実現された。マーチャンダイジングのため、視聴者を性別や年齢、嗜好などにより、さらに綿密に分類して捉える必要があることから、テレビアニメの企画が細分化していったのである。

たとえば七七年前後にスーパーカーブームが注目されると、東映動画ではカーレースもののテレビシリーズ『アローエ

ンブレム グランプリの鷹』が制作され、ポピーから関連商品が発売された。

またポピーが、タカラの着せ替え人形「リカちゃん」やサンリオのファンシー雑貨に対抗すべく、女児向けのマーチャンダイジング企画を提案した際には、講談社の少女向け月刊誌『なかよし』掲載のマンガ『キャンディ・キャンディ』を原作としてテレビシリーズが制作された。本作は七〇年代後半のポピーのキャラクター別売上でトップとなる、約一一四億円をあげたヒットシリーズとなり*[42]、それまで男児向け玩具のシェアが大きかった同社のターゲット層を拡大した。さらに衣料や雑貨、文具などの各メーカーを含めると、約一〇〇社が東映動画と使用許諾契約を結んでおり*[43]、多大な版権収入をもたらした*[44]。

この頃玩具メーカー側は、「高い視聴率の番組はそれだけ幅広い層、つまりファミリーに人気があるわけで、マーチャンダイジングからはターゲットを絞りにくい面」があり、逆に視聴率は高くなくとも「ターゲットを絞り込んだ展開ができれば、十分に満足できる商売が可能」だという考え方を示し始めていた*[45]。タカラ子会社の広告代理店ジャパドは、東映動画制作の『鋼鉄ジーグ』について、「ヒト桁の視聴率でありながら、ロボット玩具では業界初の一五〇万個を、一年で達成した」ことをアピールしている*[46]。広範な視聴者を獲得して視聴率を高めるのとは異なる、セグメンテーションに基づいた効率的な宣伝に基づく販売が重視されるようになったと言える。これは児童番組のスポンサード手法自体の変化でもあった*[47]。

企画・制作体制の再編

増減の激しいテレビシリーズの受注はしばしば制作体制を混乱させ、また受注継続のためのコストダウンを制作会社に強いてきた。しかし七〇年代後半の東映動画では、このテレビシリーズ数が概ね週五本で維持されるようになった。

この制作本数は、同業他社に比してかなり多く、その中でひとつでもマーチャンダイジング上のヒット作があれば、それで他の作品の制作差損までを補える*[48]。多彩な作品を同時に制作することは、ヒット作を企画・制作することの不確実性に対処するための、ヴァリエーションの確保によるリスク分散として機能していた。したがってこれを単に、過剰な商業主義に基づいた粗製乱造の結果とみなすことは適切ではあるまい。

この体制はまた、一部のヒット作の利益を他の作品が蕩尽しているように見えるかもしれない。しかしこの構造を史的推移の観点から捉えなおせば、次のように見ることもできる。

ターゲット層別に細分化され、異なる枠で複数の作品を放映する体制を維持していれば、ひとつの路線が流行している間に、他の路線で様々な企画のヴァリエーションを試みて、流行が終息した後の次の路線を探ることができる。東映動画では、七〇年代中庸のロボット路線で成功したマーチャンダイジングの手法が、女児向けの『キャンディ・キャンディ』へと派生し、その放映枠が後続作品を含め八一年まで維持されたように、個別の作品の好調・不調を問わず受注の維持が実現することで、様々な要素の組み合わせによる企画のヴァリエーション性が確保され、次のヒット作を模索できるようになったのである。企画と営業においては、選択と集中より分散と多元化が、経営の安定化をもたらしていたと言える。

フレキシブルに企画を運用して受注本数を維持しつつ版権営業の利益をあげ、経営と制作体制を安定化させるとともに、その根幹となるキャラクターやストーリーを創案する重責は、放送業界から出版社、スポンサー企業まで折衝を行う企画者によって担われた。八五年に東映動画の企画部へ入社した関弘美が、上司である企画部長の有賀健から聞かされたという企画者の心得には、そうした自覚がにじんでいたように思える。関が、自身の入社する前に起こった七二年の労使紛争について尋ねたとき、有賀は、作るだけではアニメーションのビジネスは成立しないこと、二度と「臨時休業」のようなことを起こさないためにはビジネス面をしっかりとしておく必要があること、そしてそうすれば作品を作る場が守れることなどを述べ、プロデューサーとしての仕事の重要性を説いたという*49。

「臨時休業」にあたって企画者たちは、会社側の立場で行動することになった。したがって、仕掛中の仕事をスタジオから持ち出し、他の下請けプロダクションや確保した作業場へ運び管理する仕事にも関わった。作品ごとに編成されたスタッフを、独立性の強いユニットとみなす既述の合理化案に則るならば、企画者はスタッフを選定して作品の方向性を定める文芸上の責任者であるだけでなく、マネジメントの責任をも担っていたからである。この新たな責務によってもたらされた「臨時休業」時の経験は、会社や組合のあり方に対する評価の相違を越えて、制作現場をいかに守り維持するかという手法を真摯に追求することを、彼らに促したのではないだろうか。そして企画者は、六〇年代を通して可能性を垣間見せ始めていた版権営業の手法を企画の中に盛り込むことに、その回答を見出したと言えよう。

しかし一方で、週五本体制の確立と維持は、テレビ番組週二本体制への縮小を想定した人員削減とは相反する結果でもあった。社内人員を縮小した後の増産は、必然的に人手不足を招き、それは外注への過度な依存となって表れた。

六〇年代末から七〇年代初頭は、作画や演出を下請けするプロダクションに続き、背景美術や撮影など各工程を専門的に請け負うプロダクションの草創期でもあった。小山礼司や小林七郎（こばやししちろう）といった背景美術を手がけていた職員は、六八年に独立して現代制作集団を設立した。さらに小林は、翌年独自に小林プロダクションを立ち上げており、長らく背景美術の領域で活動した。

撮影の分野では、フリーランスの下請けグループだった「スガヤ班」がスタジオ珊瑚礁となった。編集・録音部門が独立したタバック含め、アニメーション制作は全工程を社内一貫で行う体制から、各工程を専門のプロダクションへと外注し、元請け企業が管理を行う体制へと移行した。さらに七三年以降は、東映動画でも後述する海外発注が定着した。

作品ごとにユニット化され、ローテーションの中に組み込まれた下請けプロダクションは、経営危機から復興期にかけてのコスト抑制策と相まって、その重要性をより増した。

もともと東映動画のテレビシリーズでは、契約者と外注先を中心に用いる施策があったから、キャラクターデザインも契約者が手がける傾向が強かった。彼らが実際に作画監督としてローテーションに入ることを考えれば、必然的に社員ではなく契約者を用いることになったと思われる。外部化の傾向は七〇年代にさらに強まり、我妻宏（あづまひろし）、荒木伸吾（あらきしんご）、香西隆男（こうざいたかお）、小松原一男（こまつばらかずお）、野田卓雄など、下請けプロダクション側のアニメーターがキャラクターデザインを次々と担当するようになった。

対照的に、作品企画の変化によって、ベテランの社員アニメーターだった森康二は退社を余儀なくされた。『マジンガーZ』のような企画で求められた作画のスタイルや演出に適応しきれなかったのに加え、技術者資格制度における技師一級の部長待遇者にもかかわらず「臨時休業」時に会社側に非協力的だったことから、「格闘やロボットも碌に描けないアニメーターは不要」などの声がささやかれるようになっていたという[*50]。裁判準備書面の附帯資料によれば、技師一級への昇格基準は、「人物優秀、学識豊富で一部門の業務につき責任ある地位においての業務遂行に卓抜な能力を有し、また指揮をなし得る能力ある者」とされており、そのために森は指名解雇者の選定対象からも除かれていたが、新たな企画から導き出された作風の変化は「臨時休業」中の身の処し方とともに、増産に至る過程でさえ、こうした職員を社外へ追いやる根拠になったのである。

一方、残存した社員アニメーターは、以前と同じ劇場用作品制作に従事した。しかし「東映まんがまつり」のプログラムにテレビシリーズの番外編としてのプログラムが増えるにしたがい、そこでも社外のアニメーターが作画監督を務めることが珍しくなくなった。こうした人事政策は、特にテレビシリーズのスタッフに注目する限り、東映動画の社内人員より外部の人員に注目が集まる結果を招いたと思われる。

さらに七〇年代後半には、東映グループ外からの受注や、自主製作による長尺の劇場用作品が登場した。『さらば宇宙戦艦ヤマト』や、『銀河鉄道999』などである。これらはしばしば二時間程度かそれを超える長さの大作であり、高密度の作画内容を問われるカットが多かった。このとき社員アニメーターは、契約者や外注先には敬遠されがちだが、作品全体の質を維持するために必要な、地味でも手間のかかるカットを優先的に担当することで、作業バランスを調整する役割を果たした。社員アニメーターの位置付けは、かつてのような制作の中枢を占める立場から、その底辺を下支えする立場へと変わった。

作品数の増加はまた、それだけの企画者の数を必要とした。企画者もまた七二年に、一部を本社復帰させて削減していたから、その補充は主に演出家の配置転換によって賄われた。「臨時休業」中にはすでに、演出助手から高見義雄(たかみよしお)らの企画部異動が提示されていたが、さらに七〇年代半ば以降、田宮武（たみやたけし）や山口康男（やまぐちやすお）などの演出家が企画者となった。これは配転によって制作部門の人員を削減しつつ、不足する企画者を文芸的素養のある演出経験者によって補う策であろう。

企画者への転出が続いたため、必然的に演出が手薄になった。社内の演出助手の多くは配転や希望退職によって一掃されており、残った数少ない若手には、これが台頭の機会となった。四八年生まれで、七〇年に契約者として演出助手となった森下孝三は、七三年には各話演出を担当しており、さらに七七年放映のテレビシリーズからはオープニングやエンディングの演出も任されるようになった*51。もともと東映動画では、劇映画の撮影所よりもずっと早く演出家デビューが実現しており、テレビアニメ草創期にもベテラン層だけでは賄いきれない各話演出が、若手の躍進の場となっていた。この時期の動向は、そうした事例に類似していよう。

しかしそれだけで人手不足を補うことは難しく、社外の演出家も重用されるようになった。演出までを外注すること自体は「臨時休業」以前にもあったが、りんたろうが手塚治虫原作の『ジェッターマルス』を皮切りに、『アローエンブレムグランプリの鷹』『宇宙海賊キャプテンハーロック』などで、後述するチーフディレクターを務めたように、各話演出に留まらない水準での関与が見られるようになったのである*52。その後りんたろうは、東映動画の自主製作劇場用作品『銀河鉄道999』でも監督を務めた*53。

制作部門の縮小後、キャラクターデザインや作画監督、チーフディレクターといった重要な職務までを社外のスタッフが手がけるようになったことで、創造性を外部依存する傾向が進行した。この変化はやがて、作品の企画・制作のあり方をめぐって、新人の採用再開と育成を東映動画に再考させることになる。

「演出中心主義」の定着

七二年に前後して、幾人かが東映動画の制作現場を離れたとはいえ、撮影所の助監督から転籍してきた人々や、六四年に増員された世代の演出家たちの多くは、引き続き劇場用作品やテレビシリーズを担当し、長らく東映動画が制作する作品の演出を牽引し続けた。

テレビシリーズの開始と制作体制合理化に伴って確立された演出中心主義は、七〇年代から八〇年代にかけて確実な定着を見せた。その具体的な成果は、チーフディレクター制の導入と、作画枚数制限の厳密化に見られる。

チーフディレクター制は東映動画独自のものではなく、虫プロダクションや東京ムービーなど他の制作会社で先に採用されていた。むしろ従来の東映動画では、演出家の仕事内容を別の演出家が管理することはなく、シナリオからキャスティングまで作品全体を統括的に管理するのは企画者の仕事だった。これは東映のテレビ映画制作体制と共通しており、本社の慣行がそのまま導入されたものと思われる。

むろん、制作順での第一回をパイロット版として実績ある演出家が手がけ、これを他の演出家が参照して各話を担当する慣習はあった。しかしそれだけでは細部までの統一性を求めることは難しく、シリーズを通した一貫性や構成は緩やかなものに留まった。

高畑勲は東京ムービーが制作した『ムーミン』を、演出家や作画監督のコンセプトが一貫して示された作品として驚きと感心をもって捉え、チーフディレクター制による効用について「この制度でこそ、テレビシリーズがいいものになりうる」と評価していた[*54]。また、会社側も同社の体制を参照し、チーフディレクターがストーリーボードの監修や、作画とダビングの打ち合わせを行う一方、絵コンテ以降は外注する少数スタッフ制の導入を検討した[*55]。東映動画が検討したチーフディレクター制とは、テレビシリーズ制作における各話演出以降の工程を、全て外注した場合でも番組としての質的統一をはかれる、合理化のための一案だった。

原口正宏の調査によれば、チーフディレクター制が導入された最初の作品は、七三年一〇月から放映が開始された『ドロロンえん魔くん』だった。ここでは東映シーエムに転出した後、七三年に退社してフリーの演出家となった矢吹公郎が[*56]、チーフディレクターを務めた。本作でチーフディレクター制が導入されたのは、状況からして、制作部門縮小後の再度の増産にあたり試みられたひとつの施策ではないかと考えられる。というのも、本作によって登石経営下では最初のテレビシリーズ週四本体制が確立したからである。人員削減は週二本体制を想定したものだったから、制作本数が増えれば先述のような人手不足がもたらされる。しかし減産を理由とした人員削減を実行し、解雇無効確認の裁判が係争中の時期に、社内人員を増強することはできない。この場合のチーフディレクターとは、東京ムービーのように制作工程全体をユニット化した外部のプロダクションへと発注した際、東映動画が質的管理の責任者を明示したものだったのではないだろうか。

その後、チーフディレクター制は七〇年代半ば以降に社内でも定着し、その性格自体を変化させた。チーフディレクターは、作品全体の質と内容に一定の責任を負う一般的な職務となっていったのである。

また、このチーフディレクター制は、アフレコへの演出家の関与の度合いも変化させた。高畑は、東映動画では演出家が「絵コンテ作りから音楽の選定や効果音の入れ方まで、制作のすべてをまるごと経験できた」ため「演出の修行にはちょうどよかった」が、声優への演技指示においては、毎回立ち合う演出家が変わるために指示が徹底されず、声優との間で諍いが起こることもあったと述べている[*57]。

制作部門の縮小により演出助手の数が削減され、場合によっては「演出一員制」さえとられるようになると、各回の演出家の負担はさらに増した。そこでアフレコ時の声優への指示がチーフディレクターの職掌となることは、各話の演出家の負担軽減を意味していた。そしてこれは、新人の演出家にとっては参入障壁を低くする効果をも伴った。森下孝三は、自分の新人時代には演出助手がセカンドまでおり、「音楽から絵コンテ、ダビング、アフレコ、芝居が全部できなきゃ演出になれないシステム」だったが、チーフディレクター制度が導入されたことで「アフレコができない人たちでも感覚があれば演出になれる」ようになったため、「すごく門が広がった」と述べている[*58]。まして東映動画以外のプロダクションでは、アフレコやダビングの経験を積むことは困難だったから、これをベテランの経験者に一括して任せることで、不足する演出家を、外注先を含めて確保しやすくなったのである。

チーフディレクターのクレジット表記は八三年以降、シリーズディレクターへと変化した。当初のシリーズディレクター制は最初の一クールだけ一貫して立ち合い、それ以降は各話の演出に任せるという形式で[*59]、主として経費削減を目的とした変化だった。一クールあれば外注先を含めた各工程のローテーションが十分に一巡することから、その間にシリーズディレクターの基本的な方針を各ユニットに浸透させ、後はそれを半自動的に運用していく制度と思われる。しかしこれはあくまで制度施行期の基本的方針に過ぎず、後に演出家が充実すると、シリーズディレクターも全話のシナリオやアフレコに関わる事例が増えていった。シリーズディレクター制の内実とその変化については、細かな検証の必要性が残されている。

チーフディレクターが映像と音響的な側面の質を管理して、長期にわたるテレビシリーズの統一されたイメージを保持しようとする体制は、作品制作上での演出家の地位を、より高めた。このような変化は「演出中心主義」の強固な定着なしには実現しなかっただろう。演出家が作品イメージを管理しうるという認識の社内への浸透と、演出家自身の統一性を求める志向、そしてこれを利用した制作体制の管理手法が確立されて、初めてテレビシリーズの質的統一を目指すことが可能になったのである。

演出家を通した制作管理の発想は、八〇年代半ばには国内作品のテレビシリーズ一話あたりの作画枚数を三五〇〇枚以内に制限する制度にも表れた。作画枚数制限の目安自体は六〇年代から合理化案に表れていたが、ここではその厳格化がはかられた。自身、その基準をオーバーしたために、より枚数の使えるアメリカからの下請け作品の演出へと回された経験を持つという渡部英雄(わたなべひでお)は、東映動画において「作画枚数制限の責任は、アニメーターではなく、演出に向けられて」いたと述べている[*60]。アニメーターではなく演出家の絵コンテを通して作画枚数を制限する手法もまた、演出中心主義が完全に定着したひとつの証左だろう。

渡部は、自身がこの基準に触れたのは八四年二月に放映開始された『夢戦士ウィングマン』だったと述べているから、その制作スケジュールから推定するに、八三〜八四年頃が厳格化の時期ではなかったかと思われる。この頃はチーフディレクター制からシリーズディレクター制への移行期であるとともに、後述するように版権収入が落ち込みを見せた後でもあった。

森下孝三も、八〇年代半ばの東映動画が「製作体制をよりシステマチックに管理する時代に入りはじめていた」と述べている[61]。そして八七年三月には「管理体制の強化を図るため」に管理部が総務部と経理部に分離された[62]。

六〇年代後半に検討された制作体制の合理化案は、七〇年代を通し実践されて定着を見せ、八〇年代にはより厳密に事業としての体制を整えるに至った。そこにはアニメーターより演出家をアニメーション制作の要と捉えるとともに、これを厳しく管理する認識が根付いていたのである。

市場と経営規模の拡大

劇場用アニメーション映画の大作化

①洋高邦低の中の青年層向けアニメーション

七〇年代に入っても、日本の映画市場は縮小を続けていた。しかしこの間、洋画専門館は六〇〇〜七五〇館程度の間で推移したのに対し、邦洋混映館は一進一退しつつ減少し、邦画専門館は右肩下がりに激減した。七五年と七六年、七八年には洋画の配収が邦画のそれを上回り、「洋高邦低」という言葉が生まれた。

日本に先んじて映画市場の縮小に直面していた北米では、プログラムピクチャーの二本立て興行に代わり、一作の製作と宣伝に莫大な予算を投下するとともに、拡大興行によって大きな収入を得ることを目的とした、ブロックバスター映画が登場した。日本の映画会社はこれに倣い、都市部の館で『日本沈没』や『砂の器』などの大作映画を一本立てで封切って成功を収めたことで、さらに製作本数の抑制を試みるようになった。この結果として不足したプログラムを埋める目的で、独立プロダクションの作品が用いられたため、映画の製作から配給、興行までを大手が垂直統合する寡占体制であるブロックブッキング制は、決定的に弱体化した。これはまた、大手映画会社の傘下にないアニメーション制作会社の作品が興行市場に参入する条件を整えた。

第二次大戦後の邦画市場で全プロ二本立て興行を強力に推進し、定着させたのは東映だった。東映は時代劇映画の衰退後も、任侠路線から実録路線へと力点を移し、一定数の作品を量産しており、七〇年代における一本立て大作への転換には出遅れた。東映が一本立て大作を定期的に扱うようになるのは、「日本の首領」シリーズの第二作目『日本の首領 野望篇』からだった。本作が公開された七七年に、東映は邦画番線で年間五一本、二〇プログラムを配給していたが、翌七八年のそれは二七本一三プログラムへと激減した。

このように七七年は、東映の映画事業にとって、大きな転換の年だった。この年、『仁義なき戦い』以来続けられてきた、実際の暴力団のエピソードに取材する実録路線は、二月封切の『北陸代理戦争』を転換点として、急激な衰退期に入った[*63]。京都撮影所長の高岩淡は「四、五年前から、映画界全体の問題として、洋画のことに話題性の強いものしか入らない」という風潮があり、「特にこの二年間というものは、安定路線でやってきた東映が一番被害を受け」たと発言している[*64]。

劇場版『宇宙戦艦ヤマト』が公開されたのも、この年だった。これは放映済みのテレビシリーズに新作カットを加え、総時間数一三〇分の長編映画として再編集したもので、中高生を中心とした青年層を多数動員して配収九億円を超えるヒット作となり[*65]、いわゆるアニメブームを顕在化させたとともに、日本の映画産業におけるアニメーション映画の位置づけ自体を転換させるきっかけとなった。

劇場版『宇宙戦艦ヤマト』の製作は、独立プロデューサーである西崎義展(にしざきよしのぶ)が、カンヌ映画祭に付随して行われるMIP-TV(カンヌ国際テレビ映画見本市)への出品を前提として行ったもので、国内公開はファン向けの小規模なものが想定されていた。しかし都内数か所の貸館を持ちかけられた東急レクリエーションは、その内容が「中・高・大学まで狙える」ものと考え、東映に東京以外での全国配給の依頼を取り次いだ[*66]。

本作を配給した東映洋画配給部は、発足当初こそ外国製ポルノ映画の買い付けを細々と行う部署だったが、七〇年代半ばには『コーザ・ノストラ』や『ドラゴンへの道』などを配給して注目を集め[*67]、さらに角川映画『人間の証明』や、劇場版『宇宙戦艦ヤマト』の配給以降は、国内の独立プロデューサーによる作品を配給する部門としても機能し始めた。

同部は『宇宙戦艦ヤマト』がアニメーション映画だったため、「東映まんがまつり」と観客層の競合を憂慮し、封切時期を八月第一週の土曜日としたが、実際には西崎や東急側の思惑通り、競合は起こらなかった*68。こうして劇場版『宇宙戦艦ヤマト』のヒットは、洋画に奪われた青年層を集客しうるプログラムとして、大手映画会社に長編アニメーション映画の価値認識を改めさせた。

他方でこれは、アニメーション制作会社が自社の企画で劇場用作品を制作しうる機会をもたらした。タツノコプロダクション制作のテレビシリーズ『科学忍者隊ガッチャマン』を再編集した劇場版は、松竹系列の洋画配給会社富士映画によって七八年夏に公開された。また東京ムービー新社は中高生を中心としたアニメファンの動向を踏まえて*69、新作の劇場版『ルパン三世』を製作し、これを東宝が七八年末に洋画系で公開した。そして『宇宙戦艦ヤマト』も、続編が劇場用の新作として製作された。この『さらば宇宙戦艦ヤマト 愛の戦士たち』は七八年夏に公開され、配収二一億円をあげる大ヒット作となった。

『さらば宇宙戦艦ヤマト 愛の戦士たち』の制作は、東映動画を拠点として進められた。監督には前作から引き続き、日活アクション映画の旗手だった舛田利雄（ますだとしお）が就き、脚本や全体の構成などを担当したが、東映動画側のアニメーション制作の統括は、勝間田具治が務めた。新作の劇場用アニメーション映画を制作した実績のある同業他社自体が希少だった時代に、本作は一五〇分を超える尺からして異例の作品であり、東映動画としても九〇分以上の劇場用作品を制作するのは最初の経験となった。そのためスタッフはテレビシリーズ『宇宙戦艦ヤマト』の主要メンバーに加え、東映動画作品の作画や演出を請けていた各プロダクションから、東映動画社員の作画職までが動員される大規模な体制となった。

本作はまた、東映動画にとっては東映以外から制作を受託した最初の劇場用作品でもあった。以降、西崎のオフィス・アカデミーやウェストケープ・コーポレーションからは、劇場用作品の『ヤマトよ永遠に』『宇宙戦艦ヤマト完結編』『オーディーン 光子帆船スターライト』が受注された。

西崎義展や角川春樹のような、映画産業の外から現れた独立プロデューサーは、既存の映画会社の設備や人員、あるいは配給網を利用することから、疲弊した邦画界が外部資本を導入するための重要な存在だった。部門や傍系子会社ごとの独立採算の原則を敷いた東映グループにおいて、東映動画がこうした外部資本と提携し、しばしば高い興行成績を上げる映画を制作したことは、東映がアニメーション映画の重要性を見直す十分な根拠となっただろう。

②自主製作から提携製作へ

東映動画は受託制作に留まることなく、青年層向け大作アニメーション映画の自主製作へ進出した。劇場版『銀河鉄道999』は、東映の配給・興行政策に従って制作を受託するのではなく、東映動画が自己調達した資金によって製作した最初の作品だった。しかも本作では、従来の「東映まんがまつり」用の作品より格段に高額の四〜五億円の巨費を投下し、高密度の作品として製作することがうたわれていた[*70]。一度は制作部門を縮小した東映動画が大作の劇場用作品を自主製作するには、版権営業の好調がもたらした経営改善による資金力の強化と、外注先のユニット化による一定の制作力の堅持、そして時勢を敏感に捉えるフレキシブルな企画力が寄与しただろう。

本作では、劇場での上映に留まらない、マルチメディア展開が採られたことも特徴的だった。『銀河鉄道999』はテレビシリーズも制作されたが、二つの企画はほぼ同時に開始されており、劇場版はテレビ放映の好評を受けたものではなく、当初から相互に関連して展開することを前提としていた。また、劇場版の公開前に国鉄とのタイアップ事業として「銀河鉄道ロマンの旅」ミステリーツアーが開催され、集客に大きな影響を及ぼした[*71]。ほか、松本零士による原作が連載されていた雑誌『少年キング』の少年画報社とのタイアップも検討され、劇場用作品を映画館で封切ることに留まらない、夏休みに向けた総合的なレジャーイベントとしての仕掛けが施されていた。今田智憲はこうした試みについて、テレビやラジオ、音楽や出版といったメディアを先行させ、映画がその総仕上げとして「大きなひとつの総合作品の発表の場」になると述べている[*72]。この手法は、続いて製作される青年層に向けた長編アニメーション映画にも引き継がれていった。

ミニコミを通した情報発信も積極的に行われた。七七年七月に発足した東映アニメーションファンクラブの会員には『銀鉄NEWS』が発行され、制作中から様々な情報が公表された。こうしたファン向けの媒体は、同誌が全四号で発行を終了した後も『アニメーション・ニュース』『東映アニメーションファンクラブ・ニュース』として続けられ、『宇宙戦艦ヤマト完結編』の公開時まで発行された。こうした媒体の企画や編集を行ったのは、映画前売り券の販売や宣伝などを行う株式会社メイジャーだった。同社の徳山雅也（とくやままさや）は、劇場版『宇宙戦艦ヤマト』以来、青年層向けアニメーション映画に深く関わり、劇場版『銀河鉄道999』でも宣伝を担当した[*73]。従来とは異なる映画宣伝の手法もまた、『宇宙戦艦ヤマト』から『銀河鉄道999』へと流入したものだったと言える。

劇場版『銀河鉄道999』は、こうした積極的なPR活動の末に七九年八月に封切られ、都内や京阪神地区の劇場では二か月を超えるロングランが行われて[*74]、この年の邦画で第一位となる一六億五〇〇〇万円の配収をあげた[*75]。公開時期はやはり「東映まんがまつり」との競合を避けた八月となったが、かえって「後発したことが海や山から帰ってきた子供たちに受け」たと言われた[*76]。

この成功を受けて企画された劇場版の続編『さよなら銀河鉄道999 アンドロメダ終着駅』も、八一年八月に公開されると配収一一億五〇〇〇万円をあげるヒット作となった。ただしこれは、東映動画自主製作作品としては三作目であり、この間の八〇年四月下旬に、二作目にあたる『地球へ…』が公開されている。

『地球へ…』は、東映動画の企画部が先述のファンクラブ会員にアンケートを取り、劇場用アニメーション映画にしてほしい作品として第一位になった竹宮恵子のSFマンガを原作に製作された[*77]。『銀河鉄道999』に比して上映館数は半数強だったが、やはりタイアップイベントの後、ゴールデンウィークに封切られて配収三億八五〇〇万円を稼いだ[*78]。

自主製作作品の興行的成功により、東映動画が製作費を出資するケースが増加した。八二年三月に洋画系で封切られ、一〇億円を超える配収をあげた劇場版『1000年女王』では、フジサンケイグループと東映グループの共同製作プロジェクトとして「1000年女王製作委員会」が組織された。これはフジサンケイグループの各社がマルチメディア展開と宣伝を行い、東映動画は制作を担当して、東映が配給を行ったものと思われる。フジテレビは翌八三年に公開した『南極物語』のヒットにより、テレビ局主導型の映画製作を活発化させたから、劇場版『1000年女王』は同局が映画製作に復帰し始めた初期の作品と言える[*79]。

八〇年代も半ばに差し掛かると、西崎義展との関係の破綻や[*80]、角川映画の自主配給開始を受けて、東映はテレビ局など他企業との共同出資で製作する「提携作品」を重視するようになった[*81]。この提携先には東映動画も含まれた。八八年七月に二本立てで封切られた『魁!!男塾』と『聖闘士星矢 真紅の少年伝説』などが、「東映・東映動画提携作品」だった。自主製作や提携製作は、東映動画の企画・製作上の地位や収益構造をめぐり、東映と東映動画の間で緊張を潜在的にはらむものだった。観客層の競合を避けるため、公開時期が「東映まんがまつり」の後となるのは、その表れでもあった。

仕上課の女性職員による問題提起をきっかけとして動画労組が制作拒否を表明し、やがて全東映労連やメディア関係の団体だけでなく、市民団体も加わる製作反対運動に至った『FUTURE WAR 198X年』をめぐる問題も、この文脈から理解することができる。本件については当時、作品内容をめぐる応酬が多く報道されていた。確かにその議論には、冷戦下における武力衝突の物語を、国土防衛と軍縮平和のどちらの観点から描き、また受容するのかという価値観の相違が表れていよう。しかし作り手側の動きに焦点を当てるならば、そこにはまた、プロデュースを行う東映と、東映動画の職員との間での、六〇年代から続く企画主体や利潤の構造をめぐる対立も潜んでいた。

『FUTURE WAR 198X年』は、製作主体が東映本社と東急エージェンシーであり、製作総指揮に東映常務取締役の渡邊亮徳、プロデューサーに吉田達(よしだとおる)と、本社のスタッフが名を連ねた企画だった。つまり、東映が東急エージェンシーとの提携を前提に企画を考案し、アニメーション制作を東映動画に発注したもので、東映動画は企画主体ではなかった。

監督の舛田利雄によれば、そのアイディアは、自身が手がけた米ソの軍事や防衛体制のテレビドキュメンタリーをきっかけにしており、これに関心を持った吉田が、実写では無理でもアニメならば可能だと考え、架空の第三次世界大戦を描く物語として企画を立ち上げたものだった[*82]。その発想は、かつて長編『安寿と厨子王丸』が、「劇映画の目先のかわった代用品」と手厳しく評価されたのと同様の構造を抱えていた。

当時の動画労組委員長を務めた演出家の笠井由勝が取材に答えた折、「我々の稼いだ利益で、東映本社の破綻した映画部門の赤字を埋めている」と、東映と東映動画の上下関係について批判的に言及していることは興味深い[*83]。動画労組は七八年の段階で、東映に対する東映動画の立場を、「歴史が証明している様に採算点を割れば切り捨て　好転すれば東映の補完的役割を負わされるシステムとなっている」と分析していた[*84]。

動画労組には元々、経験から来る本社への不信感が根強く潜在しており、『FUTURE WAR 198X年』制作拒否運動の背景にも、映画の内容のみならず企画・製作枠組みへの疑念があった。『さらば宇宙戦艦ヤマト 愛の戦士たち』でも、そのラストシーンの描写を特攻の賛美と見た批判が見られたにもかかわらず[*85]、制作協力拒否運動が起こらなかったことと比較すれば、差異は明らかだろう。本作は企画・製作の主体と制作現場とが完全に分離し、現場とのコミュニケーションに欠けた、お仕着せの作品であり、その対立は、東映本社の企画・製作権と、子会社の職員にとっての作品選択の自由やスタッフ編成権とをめぐる争いでもあった。

運動への東映動画の反応は事務的なもので、常務の北島清は「東映と東急エージェンシーの共同製作の作品を東映動画が下請するのは当然のことだ。受注してしまった以上、やらざるを得ない。内容は見解の相違だ」と述べた[*86]。これは企画内容の時事性や映像面での質の高さを積極的に説いたプロデューサーたちの姿勢とは[*87]、対照的だった。

結果として東映動画は、その制作を非組合員と外注の利用によって進めた。公開が遅れたとはいえ本作が完成に至ったのは、「臨時休業」時と同じく社内人員を用いずとも外注先を利用することによって、制作を進められる体制が整備されていたためだった[*88]。

八〇年前後のアニメブームの時期、東映動画はその映画の企画・制作能力を再度発揮するようになった。しかし配給網を本社のそれに依存し、製作出資もごく一部に留まった東映動画の権限は未だ弱いもので、興行市場で生じた利益を十全に還元される立場にもなかった。東映動画は今しばらく、映画製作においては東映に従属する地位に留まることになる。

「東映まんがまつり」の変容

①劇場用作品の役割

七〇年代には、「東映まんがまつり」で上映される劇場用作品の尺が短縮された。七一年までは、基本的に春休みに八〇分程度のA作が、夏休みに五〇～六〇分程度のB作が封切られていたが、七二年には新作アニメーション映画が春・夏ともに五〇分強のものとなった。七五年の『アンデルセン童話 にんぎょ姫』以降は、春のプログラムに再び七〇分前後の作品が含まれるようになるが、かつてのA作のように八〇分を超える作品は見られなくなり、夏には新作でも、三〇分程度の短編になることさえあった。

これは、劇場用作品へ投下する製作費を削減して合理化をはかる本社の意図の実現であると同時に、「東映まんがまつり」という興行形態が持つ時間的な制約にも起因していただろう。アニメーションか実写かを問わず、放映済みのテレビシリーズが三本併映されるだけで、三時間近い「東映まんがまつり」の尺の四割程度が埋まる。さらに人気番組の劇場用作品を四〇～五〇分程度で組み込んだ場合、八〇分を超える長編映画に割ける尺はなくなってしまう。そして、B作が登場したときにそうだったように、こうしたプログラム構成であっても、「東映まんがまつり」の集客には問題がなかった。むしろテレビシリーズを基盤とした劇場用作品の定着は、『仮面ライダー』に奪われた児童向けプログラムとしての存在意義を、東映動画作品が取り戻すきっかけともなった。七三年夏の「東映まんがまつり」では、テレビシリーズの『デビルマン』と『マジンガーZ』のクロスオーバー作品である『マジンガーZ対デビルマン』が封切られたが、これは全国四直営館調査の作品別動員力で三六・三%と、同時上映の『仮面ライダーV3対デストロン怪人』の二倍近い数値を達成し、また満足度でも九六%という高い成果をあげた*89。以降、テレビキャラクターの競演は、数年間継続する路線となった。

七七年に公開された東映作品の封切配収ランキングでは、菅原文太主演の「トラック野郎」二作が配収一〇億円を突破して第一位と二位を占めたのに続き、三位に春の「東映まんがまつり」がランクインした*90。先述のように「東映まんがまつり」は、児童観客層主体の興行で、観客動員数に比して収入額が低くなる特性を持っていたが、それでもこの時期になると、東映の主力作品に比肩する額の配収をあげるようになっていた。これは邦画のヒット作が激減する中で、「東映まんがまつり」の興行価値がより高まったことを意味していた。とはいえテレビ番組をベースとしたキャラクター路線が好調ならば、東映動画の経営が改善された後でも、東映側にはA作規模の製作を再開すべき動機はなかっただろう。

それでも春季には、先述の『アンデルセン童話 にんぎょ姫』のような古典的童話や児童文学を原作とする七〇分前後の新作アニメーション映画が、しばらく公開され続けた。この要因としては、興行・宣伝上の需要と、プロデュース側の事情の二つが考えられよう。

まず前者であるが、従来東映の児童向け映画では、他企業とのタイアップ宣伝として劇場で頒布する景品の無料提供や共同広告作成などが行われていた。しかし七〇年代に入ると配券活動自体がより積極化し、広告や催事で取引のあるメーカーやスーパーマーケットなどへ前売り券を販売するようになった*[91]。これは児童を引率して来場する保護者の生活圏で個別に前売り券をさばく手法と言えよう。しかし一方で、教育機関を通した保護者への宣伝も未だ有効だった。したがって教育界へ強力にアピールできる、文部省推薦などをとりやすい題材の映画が興行プログラムに含まれていることは、市場を維持・拡大する手法であり続けていた。それゆえ「東映まんがまつり」には、引き続き定期的に古典を題材とした作品がブッキングされたのである。

次にプロデュース側の事情である。東映動画にとっては、アクションシーンだけでなく細かな日常芝居を必要とした世界名作童話路線は、残存した社員スタッフの技術を活用し維持するための現場でもあった。作品として見た場合には、七〇分足らずの尺と低廉に抑えられた原価の問題からか、十分に意を尽くしたとは言い兼ねるものが多いが*[92]、この路線の中で様々な試行錯誤が行われていたことには注目する必要がある。

文部省特選をとった、七九年春の『龍の子太郎』は、松谷みよ子が各地の民話をもとに創作した児童文学を原作に、「児童の権利に関する宣言」国連採択二〇周年を記念した「国際児童年」を想定して企画が立案された。本作では実写映画の監督である浦山桐郎の演出指示のもと、シネマスコープの幅広いフレームを効果的に用いた画面構成や、長回しによる細密なアニメート、墨絵風の背景美術などが試みられている。人員削減後の「東映まんがまつり」用作品では最長となる七五分の長編であり、すでに東映動画を退社していた小田部羊一と奥山玲子が作画監督を務めたこと、また『太陽の王子ホルスの大冒険』の企画前にも一案として検討された経緯があったことなどから見て、六〇年代の長編への回帰を志向した作品だったと言えよう。

世界名作童話路線はまた、劇場用作品の国際展開を探る手段でもあった。八〇年春の『世界名作童話 森は生きている』では、ソビンフィルムとソユーズ・ムルトフィルムが「製作協力」としてクレジットされ、劇伴の演奏はレニングラード・シンフォニック・オーケストラが担当した。続く八一年春の『世界名作童話 白鳥の湖』、八二年春の『世界名作童話 アラジンと魔法のランプ』でも、それぞれ海外との提携が行われた。

この路線を生かし、商品化権事業を拡張する構想もあった。『世界名作童話 森は生きている』の好評を受け、東映動画は翌年春の『世界名作童話 白鳥の湖』を機に、「今までのテレビアニメの許諾とは違った〝新しいスタイル〟の商品化権業務」を打ち出した。主たる提携先は玩具メーカーではなく三井物産で、アパレル・繊維雑貨類の取り扱いを主眼としていた。

東映動画では、四〜五年前より商品化権の流れの中で、短期決戦型のいわゆるテレビ登場のキャラクター路線とは一味違ったアニメーション作りを探っていた。この試みの第一段階として、今春「森は生きている」を制作し上映したが、人気テレビアニメの映画化、ロボットもの、奇をてらったSF路線の中で、「森は生きている」は作品自身の評価だけでなく興行面でも成功を修めた。そして、商品化権についても消費者サイドのこの分野への対応も十分可能性があると判断して、ロングライフをもったアニメキャラクターの育成、本格的商品化権の展開に踏み入れることになったものだ[*93]。

当時は日本アニメーションの「世界名作劇場」シリーズのような、海外の文学作品を原作としたテレビシリーズがヒットを続けていた。また、自社製品に用いるキャラクターの独自開発を始めて急速に成長したサンリオは、短期的ヒットに終息しがちなマスコミ宣伝型の商法からは距離をとっていた。東映動画はマスコミ玩具による版権ビジネスへの競合他社の参入や、後述するような青年向け作品との市場の齟齬により、売上高の分散・漸減傾向に直面しており、版権営業の展開期間をより長いものとし、それを劇場用作品と結びつけようと試みたのだった。

なお同時期には、『長靴をはいた猫』の主人公ペロのキャラクター商品化が進められ、また八一年には商品営業部がオリジナルキャラクター「モグラ組」を発表した[*94]。テレビを中心としたキャラクターの運用とは異なる、息の長い版権営業のスタイルを探る試みは、ここから数年間、模索の時期が続いた。

②キャラクター路線への移行

「東映まんがまつり」の興行形態は、八〇年代に入ると揺らぎを見せた。七九年春の段階で「もうまんが映画も、五本も六本もという盛り沢山な番組よりも、一本でいいからじっくり楽しめる映画の方に子供達の関心が変ってきている」との指摘も見られ[*95]、八〇年代には全体の尺が縮むとともに、併映本数も減少し始めた。

八二年には夏の「東映まんがまつり」が中止され、テレビアニメの視聴者層が中高生まで広がっていた『Dr.スランプアラレちゃん』の新作長編『Dr. SLUMP』が、アイドル映画『シブがき隊 ボーイズ&ガールズ』と二本立てで公開された。また八四年には春の「東映まんがまつり」も中断され、角川春樹プロデュースの長編アニメーション映画『少年ケニヤ』が封切られた。後者は山川惣治の絵物語を原作とした回顧的な企画だったが、監督を務めた大林宣彦により、ペン画をアニメートしたシーンや、通常とは異なりセルの表面に彩色を施して輪郭線を消した幻想的な場面などが含まれる、実験的な作品となった。

しかしこれらの作品群は、「東映まんがまつり」のような親子連れを対象としたものとも青年層向けともつかないものと見られ、特に前者は「二本立のねらいが中途半端になってしまっている」と評された[*96]。『銀河鉄道999』のように、一本立てでもターゲットの明瞭な大作の方が観客を呼べる情勢とも合致しておらず、配収こそ「東映まんがまつり」とほぼ同等の六〜七億台を維持したが、長期的には定着しなかった。

「東映まんがまつり」は、八四年夏に再開された。中断前からテレビ番組のブローアップ版が廃止され、プログラムはオール新作で構成されるようになっており、これは再開後にも引き継がれた。テレビシリーズですでに人気を博していた『キン肉マン』の劇場版が中心の四本立てで、テレビキャラクター路線のみで構成されたのが特徴だった。夏とはいえ、世界名作童話路線がないことで、宣伝上ハンディキャップがあるのではと言われたが[*97]、結果的には当時「東映まんがまつり」で最高の配収八億三〇〇〇万円を記録した。

さらに八四年一二月には、全国規模では初となる冬の「東映まんがまつり」公開が実現した。これは本来予定されていた正月作品の企画が中断し、東宝の『ゴジラ』や洋画の『グレムリン』『ゴーストバスターズ』といった、ヒットの見込まれる作品への対抗馬が求められたためだった[*98]。

年末年始に児童向けプログラムを封切ることは、従来はリスクが高いという見方もあった。冬休みは短く、「まんがまつり」の観客層である幼児や小学校低学年の児童を引率する両親が忙しいため、映画館に足を運ばないのではないかと考えられていたからである[*99]。しかしこの冬の「東映まんがまつり」は、配収九億五〇〇〇万円をあげ、翌年春の「東映まんがまつり」も、配収九億四〇〇〇万円を記録した。こうして「東映まんがまつり」からは、世界名作童話路線が姿を消し[*100]、テレビや雑誌で人気を博したキャラクターで統一された形態が定着した。

これは、従来見られた春興行の優位性と、世界名作童話路線による動員策が崩れ、マスコミを通し児童層に浸透した人気キャラクターの映画であれば、長期休みの定番のレジャーとして集客が可能になったことを意味していた。同時期には「ドラえもん」の劇場版が配収一〇億円を超え、「東映まんがまつり」を凌ぐ規模のヒットを記録している。これは七〇年代、特撮映画を中心とした「東宝チャンピオンまつり」より、世界名作童話路線を擁する「東映まんがまつり」が興行成績上で優位にあったのと対照的だった。

児童向け映画の観客動員を左右する要素が、マスコミキャラクターの知名度にかかるようになったことは、映画宣伝にも影響を与えた。東映は長らく幼稚園や団地を回り、予告編等の巡回上映を行うとともに前売り券をさばく形の宣伝を行っていた。しかし劇場版「ドラえもん」では、事前に前売り券が大きく動くことはなく、それでも封切り後には多くの観客が劇場へと足を運んだ[*101]。映画会社が足で稼ぐ形の宣伝手法より、原作マンガやテレビシリーズとの相乗効果で観客動員増をねらう手法の方が、より大きな効果をあげられるようになっていた。「東映まんがまつり」でも、世界名作童話路線の取り止めとテレビキャラクター路線の全面化は、むしろ興収の上昇をもたらした。

もっとも劇場版「ドラえもん」シリーズのヒットが、作品自体の知名度に加え、両親への信用度によるものではないかと分析されていたことは興味深い[*102]。米沢嘉博は、劇場版「ドラえもん」の原作である「大長編」シリーズが、「ロストワールド」や「海底二万マイル」「西遊記」「アラビアンナイト」といった基礎的教養としての名作群を「ドラえもん」のキャラクターたちを利用して「現代的に再演」させた、「パロディの形を借りた教養主義」の側面を持つものだったと位置づけている[*103]。これを踏まえるならば、劇場版「ドラえもん」シリーズは、マスコミキャラクターを用いた世界名作童話路線でもあったことになる。こうした作品のヒットは、世界名作童話路線がマスコミキャラクター路線にとって変わられたというより、児童層になじみ深いキャラクターを用いて保護者層になじみ深い物語を「現代的に再演」した作品こそが求められたことを意味していよう。

劇場版「ドラえもん」は、「東映まんがまつり」より高い配収を常にあげる、春休みの定番のプログラムとなった。「東映まんがまつり」は、世界名作童話路線からマスコミキャラクター路線へと完全に移行したが、劇場版「ドラえもん」は、その二者を融合させたと言える。

マスコミキャラクター路線への完全な移行は、東映動画が「東映まんがまつり」用の作品から、オリジナルのロングライフなキャラクターを開発していくことを困難にした。結果的に「ドラゴンボール」のような、超長期的に展開したシリーズはあったが、これは『週刊少年ジャンプ』連載マンガを原作としており、出版社および原作者に依存する性格を持つものだった。人気マンガ原作のテレビシリーズから劇場版をスピンオフさせる手法は長らく続いたが、それはキャラクターや原作の知名度が「東映まんがまつり」の興行価値を大きく左右する結果を招き、やがて東映の出資能力の漸減とともに、東映動画や出版社などが共同出資するようになる九〇年代の「東映アニメフェア」の時代には、映画会社側のプログラム構成権限自体が低下した。これは観客の一本立て志向の定着とともに、六〇年代から続いた「東映まんがまつり」型の興行形態を解体する遠因となる。

海外展開の本格化

東映動画作品の海外販売は、当初からその成果を嘱望されていたものの、実際には東映の企画方針や営業手腕等の制約などから、長らく継続的な成果を上げえなかった。東映作品の海外展開が一定の成果を上げ始めるのは、六〇年代半ば以降のテレビ映画輸出とアニメーションを含めた合作からだったが、これは岡田茂体制下で、より拡充された。

岡田によれば大川体制では、洋画配給には「うっかり手を出すとヤケドする。だから絶対やるな」「バクチ性がつよいからやめた方がいい」という方針があったが[*104]、岡田体制に移行した七二年、経営改革の一環として設立された洋画部による映画輸入事業が開始され、これが結果として国際部の事業を強化することにも資したという[*105]。

また東映は、東映動画の劇場用作品をソ連へ輸出していたことから、これを足がかりにソ連映画の輸入も始めた。七七年には岡田茂がモスクワ映画祭に出席し、『世界名作童話 白鳥の王子』の販売契約を結んだ一方で、「『モスクワ・オリンピックの記録映画』の東南アジアを含む配給権を獲得した」[*106]。東映とソ連との関係は以降も持続し、『甦れ魔女』『オーロラの下で』などの製作や[*107]、『世界名作童話 森は生きている』などの企画へ結実した。また、七七年夏の「東映まんがまつり」では、ソ連の古典的長編アニメーション映画『せむしの仔馬』が上映された。

東映動画の版権営業部がテレビシリーズの独自海外販売を始めたのは、七〇年代半ばのことだった。まず七五年二月には『魔法使いサリー』『マジンガーZ』などを韓国や香港、東南アジア地域に販売した。東映動画主導の海外販売は、これが最初の事例だった*108。

今田体制下の東映動画では、従来本社が行っていた海外販売のうち、テレビシリーズのそれを独自に手がけるようになった。すでにテレビシリーズについては『狼少年ケン』の時代から本社外国部による海外販売の事例が見られ、『魔法使いサリー』『ひみつのアッコちゃん』なども、丸紅フランスを通してヨーロッパへ販売されていた*109。

今田体制での海外販売は、こうした枠組みを引き継いだもので、当初は独自の出張所もなかったため、実際には本社外国部が改称した国際部の協力を得て販売が行われた*110。やがてMIP-TVなどへ出品が行われるようになり*111、フィルム輸出と海外版権販売の販路拡張が進められていった。本来、本社を通してテレビシリーズの制作を下請けする立場の東映動画が、海外販売を独自に行って収益を得る構造は、商品化権の掌握と同様に、今田体制ならではのものだろう。

フランスへの販売例では『UFOロボ グレンダイザー』が著名である。『ゴールドラック』と改題された同作は、七八年七月三日からフランスで放映された。フランスにおける日本マンガ等の翻訳・紹介を行ってきたトリスタン・ブルネによれば、これは七〇年代に進行したフランスの国営放送局の民営化路線の中で、各局が差異化と競争を行う必要に迫られ、特に小学校が休みになる水曜日の児童番組編成に工夫を施した結果だった*112。また、七月からの放映時期は夏のバカンスへ続く季節で、「子ども番組の編成に関しては谷間」であり「勝負をかける時ではない」とされていた*113。結果として番組自体はヒットしたものの、当初の仏側の意図は、視聴率の落ち込む期間の番組を安く調達することにあったと思われる。

当時のフランスで国産のアニメ番組を制作した場合、一分あたりのコストは三〜四万フランにのぼったという。三〇分の番組であれば一〇〇万フランに達する。大蔵省の統計によれば当時は一フランが約五九円に相当するため、五九〇〇万円ということになるが、対してフランス側のテレビ局がバイヤーから『UFOロボ グレンダイザー』を購入した額は、一話あたり数百万から一〇〇〇万円程度と言われるから、その経済性がうかがい知れる*114。

これは他国においても同様だったろう。古田尚輝は、こうした背景のもとで西欧への大量輸出が実現した理由を、作品内容の「物珍しさ」だけでなく、西欧における民間放送局の開局に伴い、放映権料が廉価でエピソード数の多い日本の番組が、編成上好都合だったのではないかとしている[*115]。ただし『UFOロボ グレンダイザー』や『キャンディ・キャンディ』などの好評は、東映動画作品のフランス輸出を必ずしもただちに拡大していない。東映動画は八一年四月に、パリへ事務所を開設して現地調査を本格化させたが、フランスへの番組輸出が本格化したのは八〇年代後半からだった[*116]。

七〇年代後半、より多くの作品が輸出されたのはイタリアだった。イタリアでも七〇年代半ばには、CM収入によって成り立つ商業ローカル放送局が増加し、多くの外国番組を必要としていた[*117]。七七年から八三年までの間に制作された五〇シリーズ中、フランスへ輸出された作品は前記二シリーズに『宇宙海賊キャプテンハーロック』『キャプテンフューチャー』を加えた四シリーズのみだが、イタリアへは三七シリーズが輸出されている[*118]。

アメリカへもアプローチが行われた。七九年には、三月に劇場用作品『マジンガーZ対デビルマン』などが配給され、五月にロサンゼルスの事務所が開設されて、市場調査やアメリカ企業からの下請け制作の準備が進められた[*119]。八〇年四月には、東映動画の海外販売部門が版権営業部から独立し、国際部となった。同部は海外での版権営業を担い、欧米圏のみならず中国をはじめとしたアジア圏への輸出も本格化させた[*120]。

とはいえ輸出された作品のほとんどは、当初から国際的なマーケットを前提とした企画ではなかった。これは東映動画発足当初に掲げられた、国際市場へ向けた長編アニメーション制作とは、その構想も主体もまったく異なるものだった。その変化が、東映動画発足検討時に慎重論を述べ、さらに東映国際部の部長を務めた今田体制下の東映動画で起こったことは興味深い。今田自身に、かつての東映における国際的な企画・営業の構想と、その力量の限界が自覚されていたのではないだろうか。

当初から輸出を見込んだ企画には、やはり引き続き、国内外におけるストーリーやキャラクターの知名度の差がハンディキャップとして作用した。『UFOロボ グレンダイザー』の高い人気を受け、当初から海外輸出を考えて企画されたテレビシリーズ『円卓の騎士物語 燃えろアーサー』は、日本での放映枠が従来はロボットやSF路線のものだったこともあり、当時日本では馴染みの薄い人物名や地名が難解であるとの意見が聞かれたことから、キャラクターを一新して対象年齢を下げた新シリーズ『燃えろアーサー 白馬の王子』へと仕切り直しがはかられた[*121]。欧米向けを想定した企画が国内におけるヒットを保証するわけではないから、どちらに軸足を置くにせよ、そうした企画は市場の二重性に悩まされたのである。これは欧米側から提案される企画でも同様で、国際部長を務めた唐松善充は、「向こうの出してくる企画というのが日本のマーケットに全然向かない」が、それを「説明しても相手には解ってもらえない」と悩みを吐露している[*132]。

こうした情勢に対し、自主企画に基づいた海外販売への移行も企図された。八六年には製作部内に、海外企画制作室が設けられ、キャラクターの自社開発が試みられたのである[*123]。これは実を結ばなかったが、東映動画創業以来の合作構想から一歩踏み出した動きではあった。

アニメーションの「国際性」という、大川の発言にも見られた前提は、しばしば自明のものとして受け取られ、日本のアニメーションの「無国籍性」なる議論も見られるようになった。しかし企画過程において、視聴者の多国籍化をいかに捉え作品構想につなげるかという問題を見逃すべきではないだろう。これは日本での放映を基盤としながら欧米圏への輸出を意識して企画を行うことの困難さを、東映動画初期の長編とともに示している[*124]。

国際的受発注体制の確立

先述のように七〇年代末の東映動画は、週五本程度のテレビシリーズと従来の「まんがまつり」用の劇場用作品に加え、青年向けの大作アニメーション映画を制作するようになった。さらに八〇年代に入ると合作と呼ばれたアメリカ企業からの下請け制作が再開された。

アメリカのアニメーション業界では七〇年代を通し、アジア圏の企業への発注が活発化した[*125]。人件費がより安く、国内のユニオンと結んだ協約の対象にもならないスタジオを押さえれば、コストダウンと人手不足が同時に解消できた。こ

図表4-4｜合作『G.I.·ジョー』の制作についての明比正行によるレポート

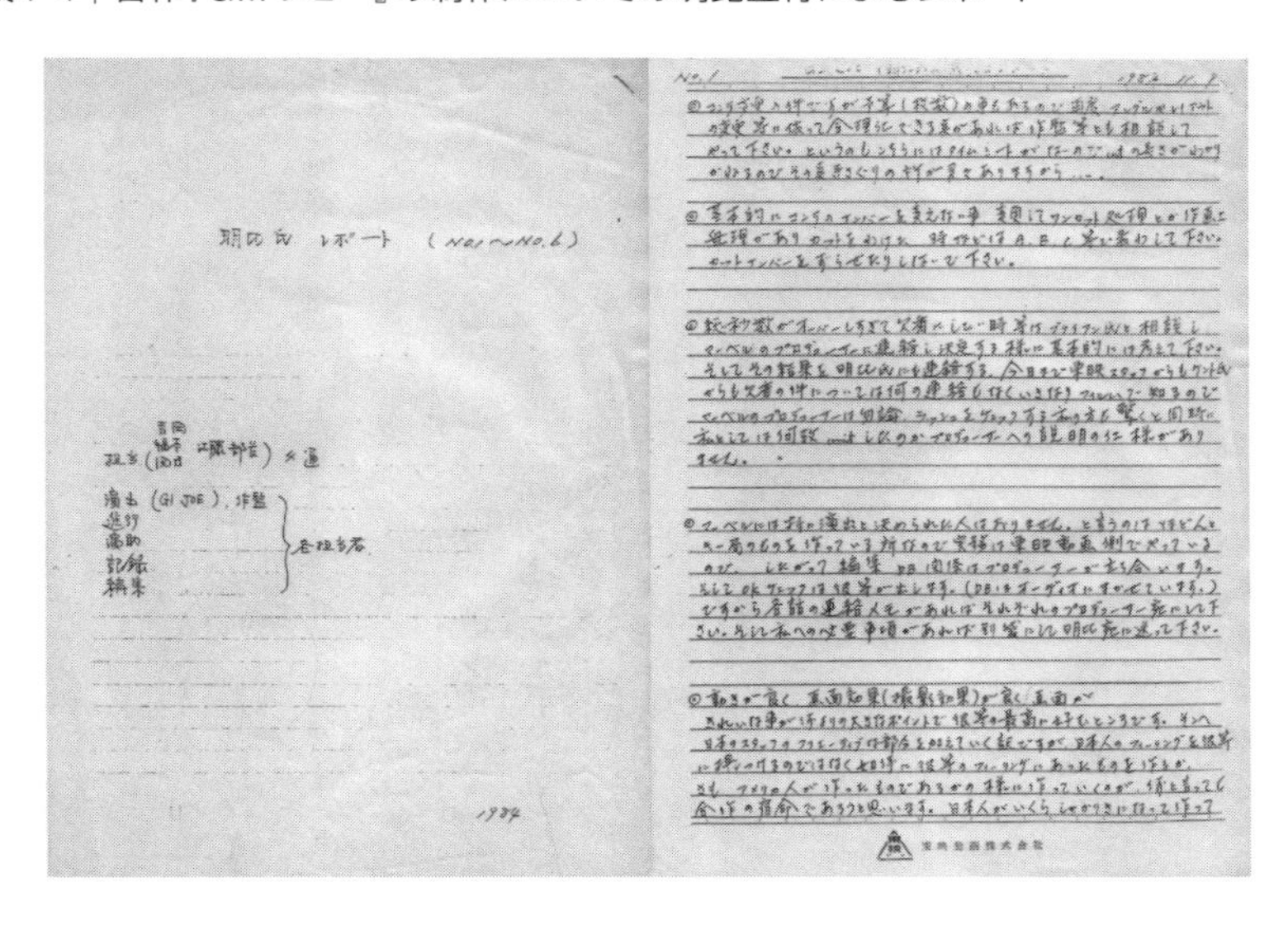

のような制作拠点の移転は、一章ですでに述べたように、アニメーションに限らず「ランナウェイプロダクション」と呼ばれるものである*126。

七九年九月にはムラカミ・スウェンソン社との契約が締結され、『ストロベリー・ショートケーキの世界』が制作された*127。そしてさらに翌年には、マーベル傘下のマーベルプロダクションから受注が始まった。

七七年一一月に、東映はマーベルと、スパイダーマン等の日本における版権業務の契約を締結しており、翌年には東映側のキャラクターをマーベルを通してアメリカへ紹介した*128。将来的には共同での企画・製作・作品販売が構想されており、アメリカ市場をマーベル側、日本と東南アジア市場を東映側が押さえ、さらにヨーロッパ市場には双方が共同で進出する計画だった。東映動画が『スパイダーマン』や『ピンク・パンサー』などのアメリカで放映されるテレビアニメを制作したのは、この契約の延長線上にあった*129。八五年九月のプラザ合意以降、円高ドル安が進行し、合作が縮小し始めても、マーベルは八八年まで多くの作品を東映動画に発注し続けた*130。『G.I.ジョー』などで日本側の演出を務めた明比正行のレポート[図表4-4]によれば、マーベル側には演出家がおらず、制作実務はすべて東映動画へ委託されていた。マーベルのプロデューサーは、シナリオや絵コンテの発注までと、納品されたラッシュフィルムのチェック以降、編集・ダビングなどには参加するが、プロダクション工程には加わらなかった。工程上の微調整は、日本へ派遣されたスーパーバイザーが本国のプロデューサーと相談して決定するため、絵コンテ指示の忠実な実行と、やむをえない改変の情報集約が重要となった。これには演出中心主義の定着が有効に機能した。

アメリカ側からの発注額は、国内のテレビシリーズよりも高水準であり、秒間一二枚の絵を用いる二コマ打ち作画が基本で、作画枚数は三〇分もの一話あたり約一万枚を用いるのが普通だった[*131]。先述のように、国内向け番組では一話あたりの作画枚数制限の基準を三五〇〇枚として厳格化していったことを考えれば、これは単純計算でも約三倍の手間がかかる作品ということになる。このため、かつては劇場用作品を専門的に手がけた社員アニメーターも、合作の現場へ投入された。技術力もさることながら、固定給が保障されているために、作画に時間のかかる密度の高いカットを担当できる社員の必要性が増したのである。

再度拡大していく制作体制に必要な労働力は、国内だけでは賄いきれなくなっていた。東映動画はすでに七三年、東紀製作所と契約を結び[*132]、韓国の世耕プロダクションへと作画作業を発注し始めていた。初期には勝間田具治や蕪木登喜司(かぶらぎときじ)といった東映動画側の演出家が派遣されて整備を行った。

六〇年代には、韓国にもCMなどを手がけるアニメーション制作会社が存在したほか、モノクロ時代の短編アニメーション映画をカラー化する作業を皮切りに、アメリカから作画や彩色の下請けを行うようになった企業もあった[*133]。これは六〇年代における日本と概ね同様の情勢だった。しかし日本のアニメーション産業がテレビ進出を果たし、国産作品の本数を増加させて、業界全体の規模が拡大した一方で、円高への移行により欧米からの下請け制作が一定以上の規模に広がらなかったのに対し、韓国のアニメーション産業は、そうして拡大した日本のアニメーション産業から溢れ出た制作実務を、物量とコストの面から補うようになった。

韓国発注自体は、東映動画より以前に同業他社によって始められたものだった。六五年の日韓基本条約締結後、日本の広告代理店である第一企画と韓国の東洋放送が、第一動画という制作会社を共同設立して、『黄金バット』と『妖怪人間ベム』を制作した。宣政佑はこの提携を、日韓国交樹立の交渉過程で日本側が植民地支配に関する賠償金支払いに応じず、民間企業による「技術協力」路線が採られたことの文脈上に位置づけている[*134]。韓国発注の開始はコスト的な側面より政治的な背景を強く持つものだったと思われる。しかし日本のアニメーション制作会社が経営難に直面する中で広まった韓国への発注は、間もなく政治的な要因よりも経済的な要因に基づくものになっていった。東映動画の韓国発注開始も、この流れの中にあった。

東映動画は七三年に放映が始まった『ミラクル少女リミットちゃん』を皮切りに、韓国へ多くの作品を発注し、後述する世映動画など、複数のプロダクションとの提携が結ばれた[*135]。ただしその体制は、最初から安定的なものではなかった。韓国側のスタジオの整備に関わった蕪木登喜司によれば、韓国国内の作品制作のためにスタッフが引き抜かれて世耕プロダクションの機能が不全に陥ったため、発注を停止したことがあったという[*136]。東紀側のラインの機能不全に対し、東映動画は菊地城二の作画プロダクションを通した韓国への作画発注を続ける一方、大元動画という新たなプロダクションの社長として[*137]、プロデューサーの鄭煜を擁立した。大元動画は作画のみならず、いわゆるグロス請けを行う企業になったほか、後にそこから専務の金大中らが独立し、世映動画を設立して下請け制作を続けた。韓国発注が同国の経済成長に伴うコスト増大によって停止されるようになった後も、大元は東映動画が韓国国内でテレビシリーズ放映などの展開を行う際のビジネスパートナーとなった。

七〇年代半ばからの韓国発注体制の整備、そして八〇年代に入ってからのアメリカからの受注再開は、東映動画を中間点として米・日・韓を通貫する形でアニメーション製作が行われる体制を導いた。アメリカ企業は日本側に制作実務を委託し、東映は工程の一部を大元動画等の韓国企業へ発注した。制作実務の一部がよりコストの低い韓国側へと発注されたことで、東映動画の利益が確保されたのである。

後に製作部長となった吉岡修は、韓国発注開始の理由として、第一に国内アニメ市場の拡大を、第二に経済成長による賃金上昇で「労働集約的な働き手の確保が難しくなった」ことをあげている[*138]。産業全体としては需要が増加しながらも、アニメーション制作会社の受注額は伸び悩み、国内の経済成長に伴って進む人件費高騰を抑制するには限界があることから、まず近隣国である韓国の企業が利用されるようになったというのである[*139]。

一方で、当時の製作部長である江藤昌治は、韓国発注についてのインタビューに対し、「飛行機運賃だって一〇万もかかるし、何人もが毎月、いったりきたりするわけで、滞在費を入れたらいくらかかるかわからない。それを考えただけでも、安いからなどというのは当たりませんね」と答えている[*140]。これはコスト面からの発注であると述べた場合のイメージを考えた回答だった可能性もあるが、製作部長の実感として、コストより技術者不足の補填が喫緊の課題と捉えられていたがゆえの発言ともとれる。制作部門の縮小と外注強化を進める方針のもとで、受注量増は慢性的人手不足をもたらす。製作部長はこの解決を第一と考えたであろうから、コストの抑制より技術者の補充策として、韓国発注を見ていてもおかしくはない。

だが、社内人員の縮小自体が人件費削減によるコスト抑制策だったことを見逃すべきではない。人手不足は制作部門の縮小と外注強化の結果であって要因ではない。アニメーション制作会社は受注量が減少したときの多大な人件費の空費を防ぐため、最小限度の人員を抱えるにとどめ、逆に受注量が増加した際には他のプロダクションへの発注によって人手不足を賄う。編集やダビング、撮影などの部門の外注化や、作画工程の海外発注もまた、その方針上にあった。たとえ現場レベルでは技術者不足への対処と考えられた施策でも、経営レベルではコスト対策として位置づけられるのである。

外注体制の強化による管理会社化に反対する動画労組は、海外発注にも批判的だった。しかし発注の実態は一般職員には不透明で、その把握は遅れがちだった。

海外発注をめぐる議論が、東映動画内部に留まらずクローズアップされたのは七〇年代末である。日朝協会の機関紙である『日本と朝鮮』誌には、動画労組員の発言を引用した記事が掲載された[*141]。また『アニメージュ』誌が、先述の江藤昌治へのインタビューや大元動画のスタッフ紹介などを掲載している。

『日本と朝鮮』誌では、下請け強化により東映動画職員の生活が脅かされること、当時の政情が不安定な韓国への技術指導員出張は危険が伴うこと、海外発注が国内下請け企業の切り捨てにつながっていること[*142]、外注によって動画から原画への昇格という従来の育成ができなくなることなどが問題視された。また同誌の論調として、朴正熙政権と日本企業との癒着や、文化侵略への批判もなされた。ただし七八年三月には、動画労組の組合員が出張に応じた事例も報じられている[*143]。

社内では、すでに定着しつつある韓国発注を撤廃することは現実的ではなく、国内のラインは堅持しつつ並行させる以外の道がないとの声が強かった。八〇年代後半から九〇年代初頭、つまり後述する韓国発注の末期からフィリピンへの発注先移転の時期になると、下請け先の技術水準を確保しないことには、リテイクを行う社内人員の労働強化が生じること、また派遣反対によって組合に現地の情報が入らなくなり、かえって具体的な対策を練りにくくなっていたこと、さらに非組合員や社外スタッフの派遣は継続的に行われていたため、組合員が国内に安住しているとの批判さえ聞こえるようになったことなどから、当人の不利益にならない限り、組合員も派遣に応じる方針が示されるようになった[*144]。

一方で韓国の著しい経済成長が、コスト面での利益を減じさせた。八六年には経済成長率が一二・九％を記録し[*145]、八八年にソウルオリンピックを開催した韓国では、アニメーション制作の人件費も上昇し、「原画クラスでは国内原画より高い」ケースさえ出始めた。加えて韓国には、もともとアメリカ企業から直接に受注していたプロダクションもあり、円高化に伴ってアメリカ側が日本から韓国へ発注先を移転した結果、日本からの発注はアメリカからのより高い予算での発注と価格競争に晒され、スタッフの確保が難しくなった[*146]。人手不足は質の低下に結びついたため、コストパフォーマンスも低下し、別の地域の発注先が必要とされた。

すでに七九年の段階で、東映動画は中国側のスタジオと交渉しており[*147]、続いて八六年にはフィリピンのＥＥＩ社、台湾の大願企業などと提携が行われた。特にフィリピンへの発注は強化され、九二年にはＥＥＩ社との間に合弁会社ＥＥＩ-ＴＯＥＩが設立された[*148]。発注先はより人件費の低い地域へと移動し、アメリカ企業との合作が途絶えた後も堅持されて、国内作品のコスト抑制を下支えし続ける役割を果たした。

アメリカと日本企業の合理化策の影響下に、韓国等アジア圏のアニメーション産業は、海外企業への従属的な立場を担うことになった。アメリカ企業のプレゼンスの影響下に経済的な取引の圏域が整備された地域へ、日本側の企業も入り込んで現地企業をユニット化する経緯は、アニメーション制作事業そのものの政治的含意を物語っていよう。ここで日本企業の位置は、アメリカ企業と他のアジア諸国企業との中間にあって、独自の経済活動により双方と関係性を構築しながら、前者に対して従属性と独自性を並存させた一方、後者に対しては一定の支配性を持ったからである。その見取り図は、冷戦体制下の環太平洋地域における政治的力学の構造と重なって見える。

新人採用の再開へ

「今田路線」の推移

営業の重視と労使協調を基調とした今田智憲の経営方針は、「今田路線」と呼ばれた。その前期を占める七〇年代末から八〇年代初頭にかけて、東映動画が制作する国内向け作品には傾向の分化が見られるようになった。大別すれば、そのひとつは旧来の版権営業を主眼とした児童向け作品であり、いまひとつは自主製作作品を含めた青年層向けの作品である。前者はテレビシリーズを中心とし、後者は劇場用の大作を中心に展開された。

しかし後者の青年層向け企画は、版権営業によって採算性を確保していた東映動画の事業構造と矛盾をきたした。『銀河鉄道９９９』は、自主製作映画とタイアップ企画の成功により、テレビシリーズの視聴率も一五％前後から二〇％以上へと上昇し*149、二年半放映が続いた。しかし版権営業の面では問題が残った。ポピーによる商品売上高は、七八年が二億四〇〇〇万円、七九年が七億三〇〇〇万円と、年間で一〇億円を超えることのあった巨大ロボット路線ほどの規模には至らなかったのである。主要製品が鉄道模型だったこと、作品が「ヤング対象志向の高いスペースファンタジーであり、子供向きのヒーローキャラクターではない」ことから、このシリーズは「専門店志向」であり、「玩具売場の中ではヒーローになり切れな」かったと評価された[*150]。

マスコミ玩具を購入する年齢とは異なる層への浸透とヒットは、版権営業に依存したテレビシリーズには必ずしも大きな利益をもたらさなかった[*151]。結果として、八〇年代に入るころには、版権収入の落ち込みが再び現場への圧迫をもたらすのではないかとの危機感が、労働組合でも語られるようになった。

七九年度の動画労組議案書によれば、東映動画はそれまでの経営路線を修正し、四点の新方針を打ち出した。第一は劇場用作品を春の「東映まんがまつり」用に一本、青年層向けに二本制作すること、第二はテレビシリーズの版権を重視しつつ三ラインを堅持すること、第三は海外進出を志向すること、そして第四は営業・管理部門への配転を進めることだった。ここでは既述の第三点以外の方針に注目したい。全体として青年層向けの劇場用作品の制作を重視し、版権営業は引き続き行うものの、テレビシリーズ自体は減産を試み[*152]、制作部門の縮小を続ける方針が示されている。

七九年初頭に『キャンディ・キャンディ』の放映が終了した後の東映動画は、『銀河鉄道999』『一休さん』とロングシリーズを抱えながらも、収支バランスの動揺期に差し掛かっていた。八一年四月に放映が始まった『Dr．スランプ アラレちゃん』は、先述のように中高生を含んだ大きな市場を獲得し[*153]、最盛期の八二年には東映動画の年商を一四七億円までおしあげたが、「三年目になるとキャラクター商品が出回ってしまい、視聴率はいいけれど製品は売れないという状況」になり[*154]、年商は一転して一〇〇億円を割り込んだ[*155]。こうした乱高下から、版権営業依存の脆弱性が認識され始めた。青年層観客の重視、劇場用の児童向け作品を通した長期的な版権営業の提案、テレビシリーズや劇場用作品に基づかないオリジナルキャラクターの自社開発、アパレル商品や小物類、カレンダーといった玩具とは異なる主力製品の模索などには、この七〇年代型の経営スタイルからの脱却を目指すための試行錯誤が表れていよう。

しかし結果的に東映動画は、児童向けのテレビ番組制作に基づいた版権営業路線へと回帰した。バンダイが自販機用カプセルトイとして発売した『キン肉マン』の関連商品「キン肉マン消しゴム」のヒットがその一因だった。同作の企画を務めた田宮武は、『地球へ…』に続き、『夏への扉』『悪魔と姫ぎみ』と「年齢の高いファン」に向けたホール上映によるオフシアター活動や[156]、アダルト層に向けた劇場用作品である『浮浪雲』をプロデュースした企画者だったから[157]、この企画方針の転換の意味は大きいだろう。

『キン肉マン』の放映が開始された八三年は、劇場用作品『宇宙戦艦ヤマト 完結編』の公開された年でもあり、青年層をターゲットとしたアニメブームの終息が見え始めていた。東映動画では、青年層をターゲットとした一〇〇分を超える劇場用大作の制作が八六年までに途絶え、一方で『Dr．スランプ アラレちゃん』や『キン肉マン』のような『週刊少年ジャンプ』原作路線や、ロッテのチョコレートに封入されたシールがヒットした『ビックリマン』など、児童向けテレビシリーズが再度重点化された。これは児童向け版権営業路線への回帰だが、七〇年代の巨大ロボット路線や女児向け路線での版権商法から直線的につながったものではなく、八〇年代初頭の動揺と模索を経たうえでの移行だった。

こうした模索は一時的なもので、ヒット作中心の視点からは大きな意義を見出し難いだろう。しかし今田体制の基本的経営方針は、ここにこそ顕著に表れた。それは版権営業の収入の増減が経営を揺るがす構造への、根本的懐疑と危機感に支えられていた。

動画労組で経営分析を行っていた吉村次郎(よしむらじろう)は、今田路線について、常務の北島清の分析を回想しつつ、以下のように述べている[158]。

　テレビを外注といっしょになって、数ラインを作っていく。差損は版権で、まずカバーする。そして他の関連部門で出した黒字で、この会社はやって行くというのが今田路線なんだ、というふうに言ってるわけです。要するに、従来の制作という方式はそのまま続けながら、それがまだ力を持っているうちに、新しい営業主導の会社に転換して行こうという段階というのが、北島さんの分析でして。これは労働組合もその通りだということですね。ただ認識が違うのは、やっぱり制作というのは赤字を出す。これをどんどん切り詰めて、できることなら全部外へ出しちゃうんだというのは、労働組合は認められない。他の営業活動はよろしい、というふうに対応したんです。

この把握によるならば、商品化権や海外展開といった版権営業の利益で制作赤字を補塡する体制は、今田路線にとってあくまで過渡期のものであることになる。営業に必要なコンテンツを、従来のテレビシリーズ制作に依存した結果として、そうした構造になっていたのであって、原理的にいえば今田体制の東映動画は企画と製作のみを行い、制作工程は外注する営業主導の企業へと変化を試みていたと言えよう[*159]。つまり、制作差損を営業利益によって補塡する構造の定着は便宜的なもので、それ自体は今田路線の本質ではなかった。

今田路線とはむしろ「事業の多角化と頭脳集約型企業」というスローガンに見られたように、制作部門を縮小してヘッドワークのみを残しつつ、営業部門を拡大する志向を持つ体制として一貫していた。今田体制下では確かに、後述する制作部門の新人採用が再開されたが、一方で管理部門を含めた正規雇用の再開は、その再末期まで行われなかった。また、制作部門から企画・営業職への配転や、テレビシリーズ一話あたりの作画枚数制限の厳格化、海外発注の強化といった制作部門の合理化も継続していた。

作品制作と版権営業を事業の両輪ととらえる視点は、むしろ労働組合側に一貫して見られた。動画労組は初期のテレビシリーズの頃から版権収入に注目しており、制作赤字を掲げた合理化への警戒を呼び掛けていた[*160]。ここには企画者と並んで一定の先見の明を見出せよう。版権営業により制作差損を補塡することで制作現場の合理化を抑制し、労働者の権利を擁護しようとする視点は、七二年の人員削減以降も大きく変わっていない。

今田路線は究極的には、オリジナルの映像作品や商品開発、ビデオやゲームといった当時のニューメディア、そしてイベント事業などをプロデュースするライセンス管理会社への変化を志向するもので、制作実務の大半は外注し、差損の大きいテレビ媒体依存から徐々に脱する企図すらあった。しかし実際にこれを強行すれば、社内制作部門をより縮小させることになり、再度の熾烈な労使対立は必至だったろう。労使間の均衡状態を維持するためには、それは得策ではなかった。

また、労使紛争を経験した後に中間管理職となったベテランの社員世代には、その記憶は未だ新しく、制作部門のさらなる縮小には消極的な者も少なからず存在した。さらには今田自身にも映画人としての経歴があり、これら社内事情を無視して早急な管理会社化に固執するだけの確信を持ちえなかなかったことも、影響を与えていたかもしれない。

加えて管理会社化の過程では、プロデュースの根幹となるキャラクターやストーリー、ディレクションといった文芸的側面を、いかに東映動画が管理するかという問題が生じる。外注の徹底は、これらを生み出す工程を、完全に外部依存することでもある。先述のとおり、七〇年代のテレビシリーズのキャラクターデザインは、主要な下請けプロダクションのアニメーターが担っていたし、劇場版『銀河鉄道９９９』の監督がりんたろうに任されたことも社外依存の表れだった。しかし東映動画発足時の議論に見られたように、企画を東映動画側で掌握しようとすれば、制作部門を完全に外部化した体制では心許ない。りんたろうが、その後まもなくして角川映画を手掛けていくことになったように、ヒットメーカーが外部人員である限りは、一社のカラーを継続的に規定していくスタッフたりうるとは限らないからである。経営合理化のための管理会社化は、文化商品を生産する企業としての根幹そのものを揺るがす矛盾を、あらかじめ抱えていたのである。

今田体制は管理会社への緩やかな移行という理想を抱えながら、この矛盾と社内事情から二重の拘束を受け、結果として制作事業と版権営業を経営の両輪とするスタイルに留まることになったと言えよう。

制作部門の再増強

①スタジオカーペンターの設立

七〇年代半ば以降、増加したテレビシリーズや大作長編映画の制作、アメリカからの下請け再開と、東映動画の制作事業は拡大しつつあった。さらにアニメブームの中で、長尺の特別番組であるテレフィーチャーという新たな放映形態に対応する必要も生じた。東映動画では、七八年の大晦日にＮＨＫで放映された『キャプテンフューチャー 華麗なる太陽系レース』を皮切りに、八〇年代半ばまで、四五分から九〇分程度の単発番組が多数制作された。

単発のテレフィーチャーは、従来のテレビシリーズの生産ラインが利用できないため、スタッフとスケジュールの確保が大きな課題となった。七九年一〇月七日に日本テレビ系列で放映された『大恐竜時代』で制作進行を務めた関口孝治は、「スペシャルものは往々にしてスタッフ編成が難しく、ＴＶのスタッフはいじれないし、かつお金もない時間もないという状態の中で有能なスタッフをつのるのは困難」だが、「一時間半の時間に耐えられるような作品をつくらなければならなかった」と述べている[*161]。またプロデューサーの栗山富郎は、「ＴＶのあと、劇場にかけるかもしれないので、その点も考慮して、なるべく丁寧につくった」と語っている[*162]。これは栗山が先に手がけた『キャプテンフューチャー 華麗なる太陽系レース』の短縮編集版が、「東映まんがまつり」で上映されたことを踏まえたものだろう。

新たな形態であるテレフィーチャーは、従来のスタッフ編成を大きく動かすことなく、しかしテレビシリーズより高い質が求められた。しかも九〇分枠でも制作費はテレビシリーズ三本分程度にすぎず、キャラクターや美術などの各種設定を新たに作成する必要がある作品では、利益率は低かった[*163]。

制作部門の縮小策は、この再度の増産期において、制作管理と深刻な矛盾を引き起こした。従来は社内に抱え込まれていた生産ラインを外部化したことで、制作原価の抑制はある程度実現したが、ブームによる増産時には、外部のプロダクションが元請け企業間で奪い合いになり、慢性的人手不足をもたらしたのである。

制作部門を縮小して外注を増やした場合、発注先をいかにユニット化してローテーションの中に安定的に組み込めるかが、制作管理上の大きな命題となってきた。しかし下請け先の安定的な確保には、優遇策や安定的な発注が必要になる。下請けプロダクションは、より有利な条件を求めて取引先を変えることもあり得るからである。換言するならば、完全に外部化された生産ラインは、もはや調整弁たりえない。元請けの必要なときだけ下請け先やスタッフを確保することは難しい。こうして経営上の合理化策が、制作管理上の非合理性をもたらす構造が顕在化した。そして東映動画は生産量の増大を前に、より確実に押さえられる生産ラインを構築せねばならなくなった。

七二年の人員削減後、人手がまったく補充されていないわけではなかった。欠員が生じれば、適宜それを補う形で人員が充当された。当初、テレビシリーズの作画を請け負うスタジオでアニメーターとなった青山充（あおやまみつる）は、劇場用作品『1000年女王』の制作にあたって東映動画の製作担当から連絡があり、以降は直接に仕事を請けるようになったという[*164]。また、特殊効果を務めた河内正行（かわちまさゆき）は、『さらば宇宙戦艦ヤマト 愛の戦士たち』の制作中にアルバイトに採用され、その後は半年契約・自動延長という形の月極契約者になった。これは同じ契約者でも年間契約を結ぶ専属契約者とは異なる就労形態で、人員削減後の増員が容易ではなかったことをうかがわせる。他にも日給月給制の契約者や、下請けプロダクションからの出向者、フリーランサーなど様々な形態のスタッフが混在しており、会社としては人事を掌握しきれない状況にあった[*165]。

こうした中で、もともと協力関係にあり、しばしば統一要求書を出していた動画労組とスタ労とはより接近し、七六年には合併した。以降の動画労組は、契約者やタバック職員はもちろん、東映動画で恒常的に働く下請けプロダクションの職員も加入できる組合となり、社員世代が管理職への昇進や定年退職の時期を迎えるにつれ、非正規雇用者主体の組織となっていった。その過程で、制度上は個人事業主とみなされる契約者への失業保険や労災、社会保険の適用、社員との賃金格差の是正や実質的な退職金としての解約慰労金の制度化、契約更改の保証や下請けプロダクションから受け入れるスタッフの直傭化による雇用の安定化などが実現された。これらはいずれも、非正規雇用者がアニメーション制作を継続的な職業として生活できるようになるための条件を整えるものだった。

動画労組は契約者やアルバイト、フリーランサーの正規雇用化を要求していたし[*166]、会社としても制作体制とスタッフ管理の安定化をはかるならば、少なくとも新人採用は再開する必要があった。しかし人員削減を行ってから一〇年経たない時期に、再び大規模な増員を行うことは難しかった。そのため東映動画は、七九年に「準専属外注プロダクション」として有限会社スタジオカーペンターを設立した[*167]。このスタジオ名は、東映動画の劇場用作品で多く作画監督を務め、カーペンターの代表に着任した大工原章の姓からとられたとされる。

大工原は七二年の時点ですでに契約者だったが、劇場用大作アニメーション映画が増加する中で東映動画が七八〜七九年にかけて行ったアニメーター養成講座では、主任指導員を務めた。このときの受講者は、大工原や月岡貞夫をはじめ、東映動画の職員やOBから、アニメーション制作の総合的な教育を受けた。養成講座の開講は、それまで適宜補充されるに留まっていた新人が、再度大々的に募集されるようになるのではないかとの職員の期待を高めた。しかし実際には、この講座を終えた五〇名の受講者は、カーペンターをはじめ下請けスタジオへと配属された。

新人採用と育成の再開に期待をかけていた動画労組はこの施策に反対し、会社側の説明を求めた。このときに東映動画が開示したカーペンターの実態は次の通りである[168]。

①アニメ学校の主旨を引継ぎ養成期間の延長という考え方で、外注プロとして設立した。（有限会社、資本金一〇万円、社長、大工原氏、アニメーター二五名がカーペンタープロ契約で所属）

②「カーペンタープロ」の諸経費は東映動画ＫＫが負担しており、設立にあたっての資本金、敷金、毎月の家賃、養成費等が支払われている。

③現在、作業実績との差損として月間二〇〇万余の赤字になっている。

④製作は出来るだけ「仕事」を出す方向、原動消化が願望。

⑤一年半后の独立を目指している

これに対し組合側は、養成や制作実務は本来「原動一体によって成立つもの」で、カーペンター側の原画員が二名の少数配置だったため問題があることなどを指摘し、社内人員とともに長編制作に充てる形で機能させることを提案した。

このとき、会社側でも部署によって思惑の相違があった。管理部では経済的な観点からカーペンターの機能を重視していたのに対し、製作部はカーペンターが結果的に「準専属外注プロダクション」として機能せず、普通の外注プロダクションになるのではないかという恐れを持っていた。また「有能なアニメーターの分散」も懸念された[169]。

カーペンターの設立はアニメブーム下の増産を確かに支えたが、これは施策としては不十分なものとみなされた。東映動画がライセンス管理を主軸とした事業へ移行するにせよ、制作部門を一定程度維持するにせよ、キャラクターデザインを手がける主要なアニメーターや現場の要となる演出家は、一定数を抱え込む必要があった。

加えて八〇年前後に青年向け企画が重視された状況下では、若手の新人が少ないことは同時代感覚をつかむことにおいてもハンディキャップとなることが認識されていた。

劇場用作品作品『地球へ…』は、先述のようにファンクラブを通した情報の収集によって企画・製作されたが、その監督には実写映画畑から恩地日出夫（おんちひでお）が、青春映画の名手として招かれた。これは企画者の田宮武が、原作を「SFの舞台をかりたハードな青春物語」「この時代をひたむきに生きる若者たちの物語」と捉えていたからだった[*170]。

恩地は確かに、『伊豆の踊子』やテレビドラマ『傷だらけの天使』など、青春ものの実績を持つ監督だった。しかし『伊豆の踊子』は六七年公開であり、『傷だらけの天使』の放映も七四〜五年のことだったから、これは八〇年当時の中高生観客とは、少しズレた感覚だっただろう。

一方、恩地の下でアニメーション演出を務めた、東映動画の社員である演出家の笠井由勝は、本作に関わって受けた刺激を、以下のように語っている。

（前略）とにかく、アニメは若い者の世界だな。エネルギッシュでなければいけないし、体力がなければいけないし、若い世界ですよ。だから面白いのは、「地球へ…」の次に誰が何を作るか、です。適当にはできなくなってくる。それが楽しみですね[*171]。

青年向けの作品を企画・製作するにあたって重要なのは、その感覚を敏感に察知して作品に生かすことだろう。しかし社員新卒採用が停止され、七二年以降は契約者であっても未経験の新人採用を行わなくなっていた東映動画では、職員の平均年齢が上昇し、青年層向けのアニメブームという情勢と矛盾をきたし始めていた。今田智憲は当時、青年層に向けた映画製作のために重視すべきことを以下のように述べている。

（前略）やっぱり、若い人の発想、企画力をどう汲み上げるか、その感覚と判断力じゃないでしょうか。（中略）東映動画のプロデューサーも、映画と同様年をとって来てます。しかし幸いなことに、出版界の若い人たちと嫌応（ママ）なく交流がありますし、まだ、ヤングのフィーリングを掴むという点では映画より近いところにいるわけですね。それでも本当の感覚というのはわからないわけで、いま、一〇代後半、二〇代前半の若い人を企画に参画させるようにしているんですが、彼らの書く企画書ひとつ見ても、ぜんぜん、感覚の違うことがわかりますね。われわれにはわからない掴み方、取り上げ方をしてみせますよ*[172]。

ここで今田が言う出版界との交流や、若手の企画への参画といった方針は、おそらく『Dr. スランプ アラレちゃん』の成功を受けたものだろう。

『Dr. スランプ アラレちゃん』の企画者は、本社のテレビ部門から出向してきた七條敬三であり、これはそれまで主たる提携先ではなかった集英社の『週刊少年ジャンプ』との強いつながりを東映動画にもたらした*[173]。そのアニメ化のきっかけは、当時東映動画の企画部に勤務する若手職員だった高橋尚子のリサーチによっていた。高橋は「若者や子どもに受けるトレンドを調べて、作成した人気コミックのリストを社長室に提出」する仕事をしており、本作の企画はその調査結果から立案されたのである*[174]。なお本作終了後、この放映枠は、同じ鳥山明原作の『ドラゴンボール』へ続くこととなった。

アニメブーム以降の青年層をも引きつけうる企画の刷新や、制作体制の安定化という、いわば質と量双方にまたがった企業の命題は、短期的な採算性という管理上の要請を抑え、それまでもあった経験者による欠員補充とは異なる、アニメーション業界を全く経験していない新人を社内に迎え入れる決断を促した。これは必ずしも、動画労組の要求が直接的に主たる影響を与えたものではなかったが、その意思決定は組合側の意図にも、ある程度沿うものだった。

こうして東映動画は八一年四月に、一六名の「研修生」を採用した。

②「研修生」の採用

新人採用を再開するにあたり「研修生」という名称が用いられたのは、人員削減から一〇年を経ていないことに配慮し、社員とも契約者とも異なる体裁を必要としたからのようだ。後述する雇用条件からして、これは契約者に相当する身分であったが、その呼称には、あくまで人材育成を名目とした特殊な採用枠であるというニュアンスが滲んでいよう。

八一年の研修生では、演出家志望者として貝澤幸男、佐藤順一、芝田浩樹、西尾大介など八名が、アニメーター志望者として井出武生、鈴木郁乃、中鶴勝祥、濱洲英喜など八名が採用された[*175]。なお、組合側の記録では、応募者総数を演出志望一二七名、美術志望三一名、アニメーター志望二五九名としているから[*176]、その倍率は極めて高かったと言える。そして、以降も研修生相当の新人に加え、従来の契約者やアルバイトも適宜採用が続き、八五年末までに一三四名が増員された[*177]。

続いて第二期研修生が採用された八六年は、アニメブームの退潮期ではあったが、合作の最後の繁忙期でもあった。テレビシリーズも、なお増加しており、八七年一〇月には最大週九本が制作された。この年に開始された『仮面の忍者赤影』では、企画者以外すべてのスタッフがカーペンターを初めとする外部のスタジオで賄われる体制となっており、明らかな過剰生産と人手不足の状況にあった。

第二期研修生では、演出候補として幾原邦彦や佐々木憲世らが、アニメーター候補として稲上晃、為我井克美、宮原直樹らが採用されたほか、制作進行や美術の候補者なども補充され、各工程の増強がはかられた。

この間、八一年には将来のスタジオ拡充に備えて、大泉のスタジオに隣接する土地が購入され、さらに翌八二年には大泉スタジオの建物と土地自体も東映本社から買い取られて、東映動画の資産となった[*178]。このとき、東映動画は本社への地代家賃支払いから解放された。そして八六年一月には、合作を始めとした作品やスタッフの増加に合わせ、第五期棟が竣工した。東映動画の制作部門は再度、拡大へと向かっていた。

新人採用再開にあたり、動画労組は会社側と、当面は研修生に組合加入の勧誘を行わない合意を締結していた。この労使交渉は、『地球へ…』でアニメーション演出を担当した際に若手の必要性を説いていた、演出家の笠井が委員長であった八〇年度に進行していた。東映動画は直傭の新人採用を再開するという点で、動画労組は当面彼らを組織化しないという点で、それぞれ妥協して研修生の募集が実現したのだった。

東映動画では、制作部門縮小にあたって演出助手を削減していたため、若手の社内演出家が減少し、森下孝三や遠藤勇二(えんどうゆうじ)のような契約者世代が、層として薄くなってもいた。したがって六〇年代入社の社員演出家がシリーズディレクターを務める作品で、第一期研修生が演出助手から演出家への昇格を経験するケースが多かった。八〇年代のテレビシリーズの演出家の陣容は、七〇年前後の大きな欠落を示してもいた。

社員世代のベテラン職員には、新人採用の再開は歓迎すべきものであり、そうした人々の様々な蓄積が、仕事を通して新人たちへ伝達された。この世代は八〇年代には概ね四〇代であり、制作現場で直接に技術継承を行うのは、これが最後の機会だっただろう。いま少し後ならば管理職への昇進に伴う配置転換や、さらに定年退職も視野に入ってくるからである。

この時期にはまた、合作に続き、シナノ企画が三年間をかけて製作した劇場用作品『三国志』三部作などのように、二コマ作画や高密度の画面構成を求められる作品が少なからず存在していた。テレビシリーズより長い期間がかけられる現場で、新人アニメーターたちは、動画を基礎から学ぶことができた。稲上晃は、基本が二コマ作画の合作は、動画時代の「動きの勉強」の場としてよかったと回想している[*179]。

ここで指導的な立場に立ったアニメーターは、角田紘一(つのだこういち)や阿部隆(あべたかし)といった、六〇年代半ばの劇場用作品からキャリアを開始した社員たちだった。その中には的場茂夫のように、かつて指名解雇の対象とされながら復職した者も含まれた。

的場茂夫は研修生世代のアニメーターから、初期の長編で培われた技術を伝えた一人として、記憶されるようになった。宮原直樹は合作に続いて『三国志』の班へ配属され、的場のもとで多くの騎馬による合戦シーンの原画を担当して以降、「どんな複雑で大変なシーンにも驚くことは無くなった」という[180]。宮原がその後テレビシリーズで要求された、メリハリの効いたアクションや説得力のある身体の表現は、それまでの応用によって取り組めたものだった。的場がかつて、指名解雇の対象となったアニメーターであることを鑑みれば、このような事例は企業組織にとって有為の人材とは何かという問いを投げかけるものであろう[181]。

研修生の補充により東映動画には、人員削減後の欠落を埋めるための、世代を超えた協働の場が整備されつつあった。八四年には、スタジオカーペンターに所属した経歴を持つアニメーターの名倉靖博(なくらやすひろ)がキャラクター原案を務めた[182]、オリジナル企画のテレビシリーズ『とんがり帽子のメモル』の放映が始まった。本作ではシリーズディレクターを葛西治が、美術監督を土田勇が務めつつ、第一期研修生とその周辺の世代の演出家やアニメーターたちも参加する作品となった。

先述のように東映動画オリジナルのキャラクターによる作品制作は、ライセンス管理会社への移行構想と、既存の制作体制維持という現実との結節点として必要不可欠のものであり、また新人採用の再開は、そのための一手段でもあったから、本作のような企画が実現したことは、一連の施策の一定の成果と言えよう。

幸いにして、しばらく新人たちを実地で教育する機会には事欠かなかった。八〇年代後半の東映動画は、テレビアニメや劇場用作品のみならず、PR映画や教育用ビデオに至るまで様々な媒体に大量の作品を提供していたから、人手は常に不足していた。しかし八〇年代末にさしかかると、アニメブームの終息による劇場用大作の先細りや合作受注の終了により、生産量が減少し、社内人員を中心としたラインが一時的に動揺した。テレビシリーズは週五～六本程度に鎮静化し、テレフィーチャーが制作されなくなったため、仕事量は減少しはじめた。この頃には『ドラゴンボールZ』の放映も始まっていたが、ここまで論じてきたように、ひとつのヒット作の存在は、必ずしも制作体制やスタッフの雇用の安定化につながるものではない。むしろそのためには、劇場用大作、合作、テレフィーチャーの減産に対し、一定の生産量を維持する必要があった。

結果的には「湘南爆走族」シリーズを始めとしたビデオ作品や[*183]、先述の劇場用長編『三国志』三部作、そしてPR映画の増産などがこれをある程度補ったが、ここで旧来の枠組みが大きく揺らいだことは確かであり、危機感は高まった。

かつてそうだったように、この揺らぎは制作部門へ波及した。八七年には研修生へ一時、社会保障適用外が通告され、さらに八八年には、それまで固定額と出来高から構成された賃金を支給されていた第一期研修生に、完全出来高制が適用された。これは実質的に、フリーランスへの移行を意味していた。

研修生の世代は、アニメーション業界の雇用形態について、ある程度の知識を持って参入してきた層でもあった。そのためフリーランスへの移行自体は予想外というわけではなかった。とはいえ入社五年を過ぎ、年齢が二〇代後半に差し掛かる時期になれば、将来への不安感は醸成された。これは研修生の間で雇用問題をめぐる議論が生じる、ひとつの要因になった。第一期研修生の西尾大介は、当時を次のように回想する。

　フリーが嫌だからとか、社員になりたいとかということでもないんですよね。みんなと言わないまでも、力さえつけば外に飛び出してやってみようという思いは、何人かの中には多少なりともあったでしょうから。でも、まがりなりにも試験をやって採用したのに、そこに雇用した側の責任はないのか、っていうことで、まず盛り上がったんです[*184]。

研修生間での議論が進行するとともに、情勢の変化を受けた動画労組は、研修生への本格的な接近を始めた。組合は、研修生と会社側の懇談にオブザーバーとして参加し、労働者としての観点からの権利擁護を行った。そして八七年には、非公然ながら第一期研修生が組合へ加入した。

一方、未だ技術を習得する過程にあった第二期研修生は、雇用形態やキャリア上の不安を、より強く意識せざるをえなかった。すでに制作現場に定着していた第一期研修生の世代が、すぐ上に層をなしていたことから、即座の昇格は困難なため、アシスタントとして短期的に様々な現場を流動した第二期研修生もおり、人手が余ることで意に沿わない配転や解約に見舞われるのではないかという不安がつのった。このため、東映動画やアニメーション業界に留まった者の多い第一期研修生に比べ、第二期研修生には他業種へ転出したものも少なくなかったようである[*185]。

第二期研修生の労働組合への接近と加入は、生活とキャリアの不安に強く起因しており、第一期研修生の直面した完全出来高制への移行が、近い将来には自分たちの問題となることが意識されていた。

対して第一期研修生の問題意識は、いま少し客観的な視点を伴っていたと思われる。これは研修生の制作現場での処遇や位置づけをめぐる実情とも深く関わっていた。

先述のように研修生採用以前の東映動画でも、欠員補充という形での経験者の採用は行われていた。また、フリーランスや下請けプロダクションからの出向という形式をとりつつ、事実上は東映動画専属に近い形で働く者も多かった。不安定な身分だったこれらの人々からすれば、社員世代はもちろんのこと、東映動画直傭で基本給があり、最初からアニメーターや演出家の候補生として扱われた研修生でさえ、恵まれているように見えた。第一期研修生には、厳しい環境で長らく苦労してキャリアを積んできたすぐ上の世代からは、冷ややかな態度をとられたという人々も少なくない。経営危機による人員削減は、後続世代の育成や新陳代謝、職場の円滑な運営にも長らく影を落としていた。

エリート視されて職場で「浮いている」という感覚を味わっていた第一期研修生の芝田浩樹にとって、第二期研修生の採用は「仲間が増えた」と捉えられた[*186]。しかしそれはおそらく、同じ研修生の先達としての責任を意識させることを意味してもいただろう。

研修生特有の問題は、結局のところ研修生にしか感得できない。第二期研修生に第一期研修生をめぐる処遇が、近い将来の自分たちの姿として映ったように、第一期研修生には第二期研修生が近い将来、自分たちと同じような困難に直面することが予感されたのではないかと思われる。第一期研修生である貝澤幸男が、労働組合加入の頃を回想した次のような発言には、そうした職員としての責任感がにじんでいよう。

やっぱり僕らが入らなければ次の人も（組合に）入らないし、要するに自分たちだけじゃなく、従業員として組合っていう存在をどうするのか、会社の中での立場を考えたときに、そろそろ入らなければ……自分たちで活動して良くしていかなければならないんだと、組合の先輩たちにも教えてもらって、それで（第一期）研修生のほぼ全員が組合に入ったっていう形になりますね*187（括弧内筆者）。

研修生は、東映動画が長いブランクを経て、層として採用した新人たちだった。それだけに、制作体制が再編される過程で生じた様々な不安は、彼らに層たることの意味をより強く自覚させ、やがて職場における相互扶助へと接近させた。研修生世代の組織化はまた、既存の組合員にとっても重要な課題だった。作品数の増加や外注体制の定着により、それぞれが別々の場で別の作品に取り組むことが常態化して、相互交流と意見交換が困難になっており、組織率を強化することで情報の集約を再度はかる必要があった。しかし六〇年代前半以来増員が行われなかった社員世代は高齢化が進んでおり、管理職への昇進により組合を離れる者もいたことから、組織率と闘争力の低下が憂慮され始めていた。研修生世代の組合加入はこれを補い、九〇年代以降の動画労組の活動を維持することを可能とした。

研修生世代の組合加入は、東映動画が置かれた情勢の変化に伴う様々な不安を、動画労組が汲み取っていく機会としても作用した。かつて動画労組が発足時に担った、職種や世代の垣根を越えて交流し合う結節点としての役割が、このときにも再び機能したと言える。

八九年九月の定期大会までには、研修生一九名の組合加入が正式に宣言され、漸減傾向にあった動画労組の構成員が、再び一〇〇名を上回った*188。そして九〇年から九一年にかけ、第一期研修生は契約内容を、作品契約から月額保証料込の業務契約へと改訂する交渉を行った。また第一期研修生に続き、第二期研修生も健康保険と厚生年金への加入を実現させている[189]。

会社側は非公然の時期から、すでに研修生が組合へ加入していたこと自体は、おそらく察知していただろう。しかし組合員の増加が会社側の威嚇を招き、再度の労使紛争に至ることはなかった。会社の経営改善が実質的な新人採用再開を可能にし、その情勢が再度転換しようとした際には労働組合がこの新人たちの権利を擁護し、新人たちは組合加入を通して自分たちの世代の権利を守った。労使の勢力が一定のバランスを保ち、新人の継続的な育成を可能ならしめたのだった。

七二年の人員削減と、それに前後する一部スタッフの退社は、東映動画に不可逆的で致命的な変化をもたらしたものと考えられてきた。しかし実際にはこれは、東映動画のある一側面のみを全体として捉えた見方に過ぎない。実際には、かつての東映動画が育んだ多様なアニメーション制作のための土壌は、その後に引き継がれ、八〇年代以降に形を変えて再び開花した。第一期研修生の佐藤順一は、東映動画と同じ頃に新人を募集していた東京ムービー新社には応募しなかったことについて、次のように述べている。

当時の東京ムービー新社は宮崎〔駿〕さんと出崎〔統〕さんでカラーがはっきりと決まっていて、いけば染められてしまうという感じがしたんです。それに較べると東映動画は混沌としていて、いろんな作品を作っていた。自分のカラーみたいなものを出せる可能性があるように感じたんです[190]（括弧内引用者）。

また、九一年に東映動画へ入社した細田守（ほそだまもる）も、次のように回想している。

東映の良かった点は、たくさんの演出家がいたことですね。

（中略）

たくさんの、いろいろなタイプの演出家がいましたし、演出のやり方も決まっているわけではなくて、けっこう人それぞれなんですよ。各々の監督が思っている世界の見方、世界観、そうしたものの違いも分かって、面白かったんです。

（中略）

一人の偉大な巨匠がいるところにアシスタントとして入ったら、一種類しか学べないじゃないですか。自分的には、たくさんの方法をそれぞれのやり方で実践している人がいる場所が良かったたし、五〇人いたら五〇通りの異なる演出方法があって、それが全て違うことから、演出とは何か、芸術とはどうやって作られるのか、といったことを分かりやすく把握することができた、ということです[*191]。

佐藤や細田による評価は、創業期から六〇年代までの東映動画について、三章末尾で引用した杉山卓の総括と重なって見える。

各時代の職員が、東映動画はまるで学校のようだったと回想する。それは研修生以降の世代もまた同様だった。そこは様々なタイプの先達から新人が技術を習得する場というだけでなく、年齢の近いスタッフ同士が遊びも含め、刺激し合い頼り合いながら自身の位置を見つけて、職業人として定着していく場でもあった。

東映動画はその初期から、しばしば作者不在のスタジオとの評価を下されてきた[*192]。しかしそれは、東映動画が「一人の偉大な巨匠」によって率いられる独立プロダクションではなく、様々な立場や志向を持ったスタッフの「たくさんの方法」の総合によって成り立つ組織だったからだろう。これは本来、互いの価値の軽重を比較する事柄ではない。

様々な職種と世代の人々がひとつの企業を拠点として、その巨大な変化を只中で体験しつつ、後続の世代へと継承していったものは、ただ作品を創造する術に留まらない。それはある共同体に定住し、日々耕し、時に守り、育て、また修める一連の営みだった。この過程は*culture*という言葉の原義と重なる[*193]。本書が東映動画の史的変化を通して記述しようとしてきたのは、そこから生産されるアニメーションという狭義の文化である以前に、実はこの「文化」であった。

*1 「アニメに賭けた創業の初心に立ち返る」『AVジャーナル』七月号、二六頁、一九九六年
*2 山口猛『哀愁の満州映画―満州国に咲いた活動屋たちの世界』三天書房、二六三-二六七頁、二〇〇〇年
*3 「大蔵社長近く召喚? 新東宝事件に新たな〝かくし金〟」『読売新聞』一九五八年一〇月二日朝刊、七面、「大蔵新東宝社長は起訴猶予」『読売新聞』一九五九年一月二五日朝刊、一面
*4 嶋地孝麿「新東宝の十三年 波乱をよんだ合体ご破算と現状をめぐる問題点」『キネマ旬報』二月下旬号、四八-五〇頁、一九六〇年
*5 『合同通信映画特信版』一九六〇年二月四日、六頁
*6 『合同通信』一九六三年八月二九日、二頁
*7 「任侠路線のなかの東映まんが週間を生かして三倍稼ぐ」『映画ジャーナル』六月号、四七-四八頁、一九六七年
*8 岡田茂『波瀾万丈の映画人生―岡田茂自伝』角川書店、一六四頁、二〇〇四年
*9 鵜飼宏明編『東京大学・学生演劇七十五年史―岡田嘉子から野田秀樹まで 1919~1994』清水書院、四五-四八頁、一九九七年
*10 「新進と老練と巧みな取締役登用」『AVジャーナル』一一月号、二三頁、一九七四年
*11 前掲「新進と老練と巧みな取締役登用」
*12 東映東京制作所闘争記録委員会編『映画の労働者たち―写真と証言』東映労働組合、六一-六五頁、一九九〇年
*13 「漫画映画製作研究委員会懇談会報告」一九五六年二月四日
*14 「新展開を迎えるキャラクターライセンス業務」『Merchan reports MD』七月号、二六頁、一九七九年
*15 「再建なった東映動画の現状 座して待つ商売から能動的セールスへ」『AVジャーナル』九月号、一五頁、一九七六年
*16 『東映アニメーション50年史―1956-2006 ~走り出す夢の先に~』東映アニメーション、五一頁、二〇〇六年
*17 前掲「再建なった東映動画の現状」一六頁
*18 前掲「再建なった東映動画の現状」一六頁
*19 「顔 今田智憲氏(東映宣伝部長)」『映画時報』九月号、一三頁、一九六一年
*20 今田はキャラクターの商品化に関する権利者保護を目的として七七年に発足した、「日本商品化権協会」の初代理事長も務めている。
*21 前掲「アニメに賭けた創業の初心に立ち返る」二六頁
*22 渡辺繁信氏からの教示による(二〇一四年七月二五日)。渡辺氏は七二年一月に東映から東映動画へ出向して、当初は労務を担当し、後に版権事業にも携わった。

＊23 『東映動画40年の歩み』東映動画、九頁、一九九七年

＊24 河野詮「新しいキャラクター戦略の理論と実際(二)」『Merchan reports MD』二月号、三三頁、一九七八年

＊25 「新春鼎談 アメリカ動画界の現状と東映動画の将来」『どうが』一月号、五 - 七頁、一九六五年

＊26 前掲「新展開を迎えるキャラクターライセンス業務」二六頁

＊27 登石雋一「動画商売一年半の体験」『AVジャーナル』一月号、六三 - 六四頁、一九七四年

＊28 このとき、従来版権課を擁していた営業部は、版権営業部ほか三つの部署へと分割された(前掲『東映アニメーション50年史』五一頁)。そのひとつが商品営業部で、キャラクターもののカレンダーなどの製造と販売で利益をあげた。いまひとつは事業部で、遊園地でのショーやデパートの催事場、そして後にはミュージカルの開催などを含めたイベントを担当した。これは七二年一月に東映芸能が「仮面ライダー大会」を開催して以来、興行事業として定着していたキャラクターショーを(東映株式会社総務部社史編纂担当編『東映の軌跡―The history of Toei : April 1st 1951-March 31st 2012』東映、一九八 - 一九九頁、二〇一六年)、東映動画でも独自に行うための部署だった。

＊29 『魔女っ子大全集〈東映動画篇〉』バンダイ、一四三頁、一九九三年

＊30 前掲渡辺氏からの教示による(二〇一四年七月二五日)

＊31 しばしば、東映テレビ部の渡邉亮徳は、東映におけるキャラクター路線の主導者として知られ、また実際に多くのマンガを原作とした児童番組制作に携わっているが、版権営業に関する知識は、東映動画や東映東京制作所などの実際の番組制作の成果を吸収することで得られたものだったのではないかと思われる。本社テレビ部が版権営業に最初から可能性を見出していたならば、実写番組を含め東映動画に窓口業務を任せるとは考えにくいからである。

＊32 前掲『東映の軌跡』二四一頁。七二年に本社へ復帰した企画者の飯島敬が、同部の課長に就任した(『合同通信映画特信版』一九七五年一一月一六日、三頁)。

＊33 『第一六回定期大会議案書』映演総連全東映労連東映動画労働組合、一九七五年九月二七日、B - 八 - 九頁

＊34 このとき東映側は、本社で独自に「アニメの仕事をとり東映動画以外のプロダクションに仕事を流すこともある」と述べている。創映社の事例に見られる、東映外への委託制作体制が、すでに検討されていたことが分かる。

＊35 『手塚治虫文庫全集 ミクロイドS②』講談社、二〇三 - 二〇四頁、二〇一二年

＊36 赤星政尚編『鉄の城―マジンガーZ解体新書』講談社、六六頁、一九九八年

＊37 バンダイグループ三十年史編纂委員会編『萬代不易―バンダイグループ三十年のあゆみ』バンダイ、一八一頁、一九八〇年

＊38 前掲『萬代不易』一八〇 - 一八一頁

*39 「明るさ見えるプラモデル市場 店舗御間の格差が増大する傾向に」『トイジャーナル』一〇月号、一三頁、一九八〇年

*40 前掲『萬代不易』二八七頁

*41 前掲『萬代不易』二八五－二八六頁

*42 前掲『萬代不易』二八七頁

*43 原哲男「商品化権の使用許諾契約の実務(二)」『NBL』九月一五日号、一五頁、一九七九年

*44 本作では、許諾を得ない業者がTシャツにキャラクターを使用したことについて、東映動画が刑事告訴を行っている。ここで東映動画は、原著作物を翻案して制作した二次的著作物としてのアニメーションの著作権者たることを認める判決を得ている（牛木理一『キャラクター戦略と商品化権』発明協会、一六七－一六九頁、二〇〇〇年）

*45 「おもちゃとTVの接点をさぐる〈総論〉望まれる、より効果的な展開 両者の結びつきを再検討」『トイジャーナル』四月号、一〇頁、一九七七年

*46 高橋正倫「マーケティング・オリエンテッドな広告代理店によるキャラクター戦略」『宣伝会議』四月臨時増刊号、一七〇頁、一九七七年

*47 なお、動画労組の議案書には、経営分析の項にバンダイの「製作協力金」なる記述が見られる。これは窓口手数料や分配金とは異なるもののようだが、時期によって額面の変動があり、歩合制のような形で支払われていたようである。商品化の許諾契約に基づいた支払いとは別に、バンダイ側がヒットの規模に応じて、利益還元のように制作資金の一部を提供していたものともとれるが、その実態は判然としない。

*48 岡田美弥子「マンガビジネスの生成と発展―事業をつなぐビジネスシステムの解明」『經濟學研究』六三巻二号、二四〇頁、二〇一四年

*49 関弘美氏へのインタビュー、二〇一四年一〇月二四日、於中野区

*50 池田宏「もう一つの『どうぶつ宝島』」『アニメーション研究』一三巻一号A、三九頁、二〇一二年

*51 森下孝三『東映アニメーション演出家40年奮闘史―アニメ『ドラゴンボールZ』『聖闘士星矢』『トランスフォーマー』を手がけた男』一迅社、九二頁、二〇一〇年

*52 りんたろうが東映動画のチーフディレクターを最初に務めた『ジェッターマルス』の企画者は、スタジオ・ゼロ、虫プロダクション、東映動画が各話を分担して制作したテレビシリーズ『佐武と市捕物控』の演出に加わった経験を持つ田宮武だった。『ジェッターマルス』の放映枠は、有限会社マッドハウスのスタッフが参加した『大空魔竜ガイキング』から引き継がれたもので、田宮はこの後も『浮浪雲』など同社を利用した企画を担当した。ただし、りんたろうには一二〇分の長編映画を演出した経験がなく、市川崑が監修に招かれて、全体の構成へのサジェスチョンなどを行った。この

*53 時期、東映動画に限らず急増した長編アニメーション映画に、しばしば劇映画の監督が招かれていた。こうした事例では、長編映画制作の経験を持たないために構成や編集に力を借りたケースや、興行側の信頼を得て上映館数を確保するために著名な実績ある人物に監修を依頼したケ

ースなど、さまざまな関与が見られた。
＊54 高畑勲、宮崎駿、小田部羊一『幻の「長くつ下のピッピ」』岩波書店、一三七頁、二〇一四年
＊55 『TVマンガ製作再検討重要事項』四 - 五頁
＊56 「アニメ人間インタビュー！ 矢吹公郎」『ジ・アニメ』二月号、一四七頁、一九八〇年
＊57 高畑、宮崎、小田部前掲書一三九頁
＊58 「PROFESSIONAL INTERVIEW Vol.5 演出家 森下孝三（東映動画）」『アニメージュ』一〇月号、八四頁、一九八七年
＊59 「佐藤順一監督がたどったアニメの歴史！ 前編」『オトナアニメ』三二号、一七五頁、二〇一三年
＊60 渡部英雄「研究ノート 東映動画TVアニメ作画枚数三五〇〇枚制限による演出表現に関する—考察（パート1）—作画枚数制限の責任は、アニメーターではなく演出家にある」『アニメーション研究』一六巻二号A、二九 - 三〇頁、二〇一五年
＊61 森下前掲書、一三九頁
＊62 前掲『東映アニメーション50年史』八一頁
＊63 伊藤彰彦『映画の奈落—北陸代理戦争事件』国書刊行会、二四〇 - 二四一頁、二〇一四年
＊64 『合同通信映画特信版』一九七七年九月一八日、二頁
＊65 木崎徹郎「興行価値」『キネマ旬報』七月下旬号、一九四頁、一九七八年
＊66 「ヤングのハートを燃やす『宇宙戦艦ヤマト』興行プラス物販で収益力二倍」『AVジャーナル』六月号、一六 - 一七頁、一九七八年
＊67 岡田敬三「東映洋画部—興行に携わる映画人魂」『シナリオ』二月号、一五八 - 一六一頁、一九七九年
＊68 前掲「ヤングのハートを燃やす『宇宙戦艦ヤマト』」一七頁
＊69 「アニメに賭けた夢を大画面に託す」『AVジャーナル』七月号、三八 - 四二頁、一九七八年
＊70 「記者会見 銀河鉄道999」『キネマ旬報』五月下旬号、一七五頁、一九七九年
＊71 『合同通信映画特信版』一九七九年七月一五日、三頁頁
＊72 今田智憲「『銀河鉄道』の成功と大衆ロマン 映画は芸術総合の結晶体に」『月刊アドバタイジング』一〇月号、三三頁、一九七九年
＊73 スタジオジブリ責任編集『ナウシカの「新聞広告」って見たことありますか。—ジブリの新聞広告一八年史』徳間書店、一一一 - 一一三頁、二〇〇二年
＊74 『映画年鑑 一九八一年版』映画時事通信社、四九頁、一九八〇年、『合同通信映画特信版』一九八〇年六月八日、二頁
＊75 『合同通信映画特信版』一九八〇年一月二七日、一頁

*76 『合同通信映画特信版』一九七九年八月二六日、一頁

*77 「一七歳女子二〇〇万をうごかす「地球へ…」」『AVジャーナル』二月号、三九頁、一九八〇年

*78 前掲『映画年鑑一九八一年版』一一六－一一七頁

*79 フジテレビは六九年には、すでに『御用金』や『人斬り』といった実写映画の製作に出資している。これは旧作劇場用映画のテレビ放映権料が高騰したことから、マルチユース可能なコンテンツの製作に乗り出したものだったが、第三作『暁の挑戦』以降は映画製作そのものは控えられ、企画段階で放映権の契約を結ぶ方式に転換していた。劇場版『1000年女王』もこのひとつであった（角谷優『映画の神さまありがとう―テレビ局映画開拓史』扶桑社、二七八－二八五頁、二〇一二年）。

*80 これは主として、八五年八月一〇日に封切られた『オーディーン 光子帆船スターライト』が、初日は未完成のまま封切られたうえ、配収一億三〇〇〇万円（『キネマ旬報』二月下旬号、一二七頁、一九八六年）と不入りに終わったことによっていた（牧村康正、山田哲久『「宇宙戦艦ヤマト」をつくった男 西崎義展の狂気』講談社、一九六－一九七頁、二〇一五年）。

*81 『映画年鑑 一九八六年版』時事映画通信社、一二四頁、一九八五年

*82 『映画監督 舛田利雄―アクション映画の巨星舛田利雄のすべて』ウルトラ・ヴァイヴ、三四三－三四五頁、二〇〇七年

*83 「労組の〝戦争アニメ〟製作拒否で噴出した東映の恥部」『実業界』五月一日号、四一頁、一九八一年

*84 『第三回定期大会議案書』映演総連全東映労連東映動画労働組合、一九七八年九月一九日、八四頁

*85 中谷達也「ヤマト・フィーバー、甦る宇宙戦艦ヤマト」『アニメ大好き！―ヤマトからガンダムへ』徳間書店、一一四－一一六頁、一九八二年

*86 前掲「労組の〝戦争アニメ〟製作拒否で噴出した東映の恥部」四一頁

*87 「FUTURE WAR 198X年をきみたちはどう見るか!?」『アニメージュ』四月号、一二三－一二五頁、一九八二年

*88 実際に社会的広がりを持つ運動となった「198X闘争」では、作品内容やその政治的意味への批判が主たる論点となった。実際にはスタッフの作品選択の自由の問題は、作品内容の問題と不可分のものであったはずだが、これは後から加わった支援団体には理解しにくいものだったと思われる。しかし社内の異論をよそに、外注によって制作が粛々として進行するありようは、七二年の「臨時休業」と同じ問題を伴っていたことも確かである。そこには社会運動の側が、いかに文化産業の構造的問題を理解し受け止めるのかという、未解決の問題が残されたと言えよう。

*89 『とうえい』七月号、一一二頁、一九七三年

*90 『キネマ旬報』二月下旬号、一二四頁、一九七八年

*91 「商機を逃がさぬ宣伝機能の生かし方」『AVジャーナル』八月号、二四頁、一九七三年

＊92　七六年春の『長靴をはいた猫　80日間世界一周』の演出を担当した設楽博や、七七年春の『世界名作童話　白鳥の王子』の脚本を手がけた隆巴は、いずれも短い尺にまとめることが困難だったと述べている（東映動画編『東映動画長編アニメ大全集　下巻』徳間書店、二五六頁、二八〇頁、一九七八年）。

＊93　「東映動画の新しい波　来春公開の劇場アニメ「白鳥の湖」を機に商品化権業務に〝新しいスタイル〟本格化」『Merchan reports MD』一〇月号、一六－一七頁、一九八〇年

＊94　前掲『東映動画40年の歩み』一五頁

＊95　『合同通信映画特信版』一九七九年五月六日、一一頁

＊96　『合同通信映画特信版』一九八二年九月二六日、一一頁

＊97　立川健二郎「興行価値」『キネマ旬報』七月下旬号、一七二－一七三頁、一九八四年

＊98　「映画・トピック・ジャーナル」『キネマ旬報』九月下旬号、一六九頁、一九八四年

＊99　立川健二郎「興行価値」『キネマ旬報』一二月下旬号、一六八頁、一九八四年

＊100　八七年春には『グリム童話　金の鳥』が公開されているが、これは制作から興行まで変則的なものだった。本作はマッドハウスが受託制作した作品で、本来は八五年春の公開予定作品として報じられていたが、『キン肉マン』等テレビキャラクター路線の拡大傾向の中で非公開のままになっていた。本作公開時の「東映まんがまつり」は、新宿東映では従来の邦画系ではなく邦洋混映のスクリーンで興行されており、このとき邦画番線では二月一四日に『スケバン刑事』ほか一作が、三月二一日には『ビー・バップ・ハイスクール　高校与太郎行進曲』が封切られていた。また洋画系でも三月一四日から『死霊のしたたり　ゾンバイオ』ほかが公開されており、「東映まんがまつり」は限られたスクリーンでしか上映されていない。加えて『グリム童話　金の鳥』の併映作が、いずれもテレビ放映済の再編集版であることも、オール新作が定着していた当時の「東映まんがまつり」としては異例である。八七年春の「東映まんがまつり」は、邦洋両系統が青年層向けの作品で固められた一方で、一部の館へ従来の客層も取り込むため、新作を制作せずとも済むプログラムで構成されたものではないかと思われる。

＊101　「映画・トピック・ジャーナル」『キネマ旬報』四月下旬号、一六八頁、一九八七年

＊102　松下高志「興行価値」『キネマ旬報』三月下旬号、一六八頁、一九八〇年

＊103　米沢嘉博『藤子不二雄論―FとⒶの方程式』河出書房新社、二四五－二四六頁、二〇一四年

＊104　「'76年洋画界の地図を大きくかえる東映・岡田社長の野心と情熱　B・リー　A・ドロンで洋画界に殴り込み！」『ロードショー』三月号、一九六頁、一九七六年

＊105　「岡田東映社長の5カ年　東映を安定さすものは商魂だ」『AVジャーナル』一二月号、一二頁、一九七六年。なお洋画部は、七六年三月に洋画配給

部と改称している（東映株式会社総務部社史編纂担当編『東映の軌跡―The history of Toei : April 1st 1951-March 31st 2012』東映、二〇四頁、二〇一六年）。

＊106 「岡田東映社長モスクワより帰国」『キネマ旬報』九月下旬号、一八六頁、一九七七年

＊107 『オーロラの下で』の製作を務めた矢部恒は、日本映画界斜陽期に、その活路のひとつとして共産圏との合作が見出されたと説明している（『クロニクル東映―1947-1991［I］』東映、三五〇頁、一九九二年）。

＊108 前掲『東映アニメーション50年史』五二頁

＊109 前掲『東映の軌跡』二一一頁

＊110 前掲『東映の軌跡』二一一頁。また、東映動画で国際部長と商品営業部長を務めた唐松善充は、テレビ朝日を経由してハワイのＫＩＫＵ-ＴＶが放映した『人造人間キカイダー』の情報が入り、七六年頃にマーチャンダイジングを含めた現地調査を行ったとも回想している（「和製アニメの海外進出について語る」『Merchan reports MD』八月号、三七頁、一九八二年）。

＊111 前掲『東映アニメーション50年史』五九頁

＊112 ブルネ、トリスタン『水曜日のアニメが待ち遠しい―フランス人から見た日本サブカルチャーの魅力を解き明かす』誠文堂新光社、二八-四三頁、二〇一五年

＊113 橋本勝典「世界へとびたつ 日本アニメのヒーローたち テレビ番組の国際化を考える」『ＮＨＫ放送研究と調査』三月号、三頁、一九八三年

＊114 橋本前掲稿、三-六頁

＊115 古田尚輝『『鉄腕アトム』の時代―映像産業の攻防』世界思想社、二五八-二五九頁、二〇〇九年

＊116 前掲『東映動画40年の歩み』一五頁、古田前掲書、二五八頁

＊117 橋本前掲稿、一二頁

＊118 古田前掲書、二五五頁

＊119 前掲『東映アニメーション50年史』五二頁

＊120 前掲『東映アニメーション50年史』五二頁

＊121 『アニメージュ』五月号、四二-四三頁、一九八〇年

＊122 前掲「和製アニメの海外進出について語る」四二頁

＊123 前掲『東映アニメーション50年史』七二頁。ここにはアメリカでのアニメーター経験を持つ宮本貞雄などが参加した。

＊124 アニメーションという文化商品が、その原価解消のため、より広い市場を求めて海外へ展開していくことで、それが波及した地域で、独特かつ多彩

な受容を生み出すことがある。ブルネが自身の経験をもとにフランスにおける需要を論じた際、社会的な不満や不安を抱える中間階層特有の、エリート文化への距離感を前提としたのはその一例だろう（ブルネ前掲書、二二一-二八頁）。これは日本のアニメーションの「多様性」によるものというより、地域ごとの社会的な文脈がもたらす、解釈の多義性の産物である。つまり、日本の制作者側が多様な要素を盛り込んだことが、市場の拡大と受容事例の多彩さをもたらしたというより、むしろ各地における独自のデコーディングが、結果としてそれをもたらしたと言えよう。

＊125　アメリカでは七九年に、技術者の不足している場合を除き、ロサンゼルス外への発注を禁ずる協約案が、ユニオン側のストライキによって実現していた。これは事実上の国外発注の規制を意味した。しかし八二年には、この協約案破棄に対し行われた再度のストライキが、ユニオン構成員の職種や世代間認識の違いから瓦解することになった。これは国外発注の大々的な再開とともに、ユニオンの勢力とユニオニズム自体の凋落をもたらした（Tom Sito: *Drawing the line: the untold story of the animation unions from Bosko to Bart Simpson*, University Press of Kentucky, 258-277, 2006.）

＊126　Allen J Scott, Naomi E Pope: Hollywood, Vancouver, and the world: Employment relocation and the emergence of satellite production centers in the motionpicture industry. *Environment and Planning A* 39(6), 1364, 2007.

＊127　同社は『スノーマン』や『風が吹くとき』などを手がけたジミー村上のプロダクションである。

＊128　『クロニクル東映―1947-1991〔Ⅱ〕』東映、六六頁、一九九二年、『合同通信映画特信版』一九七八年六月二五日号、一頁

＊129　ほか、合作ではなく東映動画の国内向けテレフィーチャーとして、マーベルコミックスに原作をとった『闇の帝王 吸血鬼ドラキュラ』が制作された。

＊130　八四年には五月までに七〇本を約二〇〇万ドルで受注したと報じられている（「東映動画、米からアニメ受注 ＴＶ用七〇本、二〇〇万ドル」『日本経済新聞』一九八四年五月二八日朝刊、七面）。これは一本当たり約三万ドルであり、日本円で七〇〇万円程度となるから、このときにはすでに、円高の進行により、国内作品と同程度まで利鞘が減少していたことが分かる。

＊131　『Toei Animation News』一九八五年一一月一日、一頁

＊132　前掲『東映アニメーション50年史』五〇頁

＊133　ラッド、フレッド、デネロフ、ハーヴィー『アニメが「ANIME」になるまで―鉄腕アトム、アメリカを行く』ＮＴＴ出版、一一〇-一一二頁、二〇一〇年

＊134　宣政佑「日韓国交正常化とアニメーション合作」『TOBIO Critiques―東アジアまんがアニメーション研究』一号、三八-四八頁、二〇一五年

＊135　前掲『東映アニメーション50年史』五〇頁

＊136　蕪木登喜司氏へのインタビュー、二〇一五年一一月一五日、於練馬区

＊137　現在の大元メディアの沿革には、大元動画設立以前の七三年、すでにWon Productionという企業が設立されており、これが七四年に大元プロダクションに改称したとある。大元動画はこの企業の機構を引き継ぎ、アニメーション製作会社となったものと思われる。（http://daewonmedia.

com/eng/?page_id=12658、二〇二〇年六月二一日最終閲覧)

*138 白盛琇「アジアにおける日本のアニメーション産業の展開—アニメーションの国際共同制作からみえてくるもの」『神田外語大学紀要』二二号、一〇二頁、二〇一〇年

*139 発注先が近隣国であることは、日本側のスタッフの視察や駐在による制作体制整備のための派遣、現地スタッフの研修受け入れ、実際の制作中間物のやり取りなどの移動・物流コスト抑制、タイトな製作スケジュールへの対応が容易であることを意味した。

*140 「韓国のアニメ制作の現状」『アニメージュ』一月号、一六-一八頁、一九七九年

*141 「人気テレビまんがキャプテンハーロックはなんと、韓国生まれ アニメ界にみる日韓ゆ着」『日本と朝鮮』一九七八年一二月一〇日、二-三面

*142 『組合ニュース』映演総連全東映労連東映動画労働組合、三月二日、八-九頁(発行年が記載されていないが、同号に七七年の制作状況の総括があるため、七八年のものと思われる)

*143 前掲「人気テレビまんがキャプテンハーロックはなんと、韓国生まれ」二-三面

*144 『第二回定期大会議案書』映演総連全東映労連東映動画労働組合、一九八七年九月一六日、一四七、二二九頁

*145 文京洙『韓国現代史』岩波書店、一五五頁、二〇〇五年

*146 「春闘情勢及び海外下請問題を考える討議資料」全東映・東映動画労働組合、一九八七年二月二五日、四頁

*147 「東映動画、中国で動画下請け製作—コスト高で韓国から切り替え」『日経産業新聞』一九七九年一月二七日、九面

*148 前掲『東映アニメーション50年史』七三頁

*149 「長寿命をもったライセンス目指して走り続けるか…『銀河鉄道999』」『Merchan reports MD』一月号、四四-四五頁、一九八一年

*150 前掲『萬代不易』三二一-三二四頁

*151 SF路線の視聴者層の年齢上昇による、物語上のターゲットと版権営業上のターゲットの乖離は、すでに『UFOロボ グレンダイザー』の後半には見られたとの指摘がある(『魔神全書 マジンガー・バイブル』双葉社、一七三頁、二〇〇二年)。

*152 ただし国内外で下請けを行ってきたプロダクションをつなぎとめておくため、東映や国際映画社が製作するテレビアニメが適宜受注されていた。

*153 「〝魅力〟〝可能性〟を秘めたDr.スランプ アラレちゃん」『Merchan reports MD』一〇月号、一四-一七頁、一九八一年

*154 「パネルディスカッション アニメーションが開拓した知的空間」『放送批評』一二月号、一〇頁、一九八三年

*155 「漫画(アニメ) 恐るべし! メディア・ミックス時代の先兵たち」『週刊東洋経済』三月一日号、一三二頁、一九八六年

*156 「アニメ・ニューウェーブ〝東映オフシアター〟活動初回作に少女マンガパワー爆発!!」『アニメージュ』一月号、四二頁、一九八一年。田宮はここで「地方

では既成映画館にアニメファンの足が向かない傾向が見られる」が「近代的設備の整ったホール上映では多数の参加が実証されている」として、この試みの意義を訴えている。

*157 「劇場用制作開始!! 上映は今秋か来春!? 浮浪雲」『アニメージュ』六月号、九七頁、一九八一年。本作へは『夏への扉』からマッドハウスの制作陣がスライドしている。

*158 吉村次郎氏へのインタビュー、二〇一六年一〇月七日、於練馬区

*159 八六年から九三年にかけて行われた、任天堂のゲーム機であるファミリーコンピュータ用ゲームソフトの自主製作と販売は、アニメーション制作とは異なる領域を設ける多角経営作の一環と言えよう。

*160 「赤字ニュース」映演総連全東映連合東映動画労組執行部、一九六四年一〇月二一日

*161 『アニメージュ・スペシャル ロマンアルバム㉘ 大恐竜時代』徳間書店、六一頁、一九八〇年

*162 前掲『大恐竜時代』六〇頁

*163 『第六回定期大会議案書』映演総連全東映学（ママ）連東映動画労働組合、九六頁、一九八一年。なお同時期に、東京ムービーの藤岡豊も、関連営業利益のないテレフィーチャーは、製作費の額面が高くとも利益が少ないことを指摘している（「座談会 オレたちが作る新・アニメ元年'80年」『アニメージュ』一二月号、四二-四三頁、一九八〇年）

*164 『Febri 特別号 プリキュア一五周年アニバーサリーブック』一迅社、一四〇頁、二〇一八年

*165 河内正行氏へのインタビュー、二〇一五年一月二五日、於練馬区

*166 このため、契約者に続き研修生の加入が見られ始めた八〇年代の議案書には、形式としてのフリーランサーを指して「不安定雇用」という語句が用いられている。

*167 前掲『東映動画40年の歩み』七〇頁

*168 『第四回定期大会議案書』映演総連全東映学（ママ）連東映動画労働組合、一九七九年九月二五日、一三頁

*169 前掲『第四回定期大会議案書』一三-一四頁

*170 「自由な発想と熱気の中でアニメ史に新たな一頁を」『キネマ旬報』五月上旬号、七二-七三頁、一九八〇年

*171 前掲「自由な発想と熱気の中でアニメ史に新たな一頁を」七九頁

*172 「アニメブームは何時まで続くか」『AVジャーナル』一〇月号、一七頁、一九八〇年

*173 前掲『東映の軌跡』二九七頁

＊174　『週刊少年ジャンプ』との提携は、後述するような出版社側の権限の強化をもたらした。同誌編集長であった西村繁男は、従来のようなテレビ局や制作会社主導のアニメ化に「強い不信感」を持っており、また青田買いによって作品の人気が乱高下することを警戒していたため、その意を汲んだ『Dr.スランプ』の編集者である鳥嶋和彦が、契約内容からシナリオやキャラクターにまで詳細なチェックを行う体制を敷いたという（西村繁男『さらば わが青春の『少年ジャンプ』』飛鳥新社、二四三-二四六頁、一九九四年）。

＊175　このとき、島田満も演出候補の試験を通っていたが、東映動画では女性演出家の前例がなかったため、企画者の七條のもとで『Dr.スランプ アラレちゃん』を皮切りに、脚本家としてデビューすることになった（「特集 島田満」『アニメック』九月号、七〇-七二頁、一九八五年）。

＊176　前掲『第六回定期大会議案書』六頁

＊177　前掲『東映アニメーション50年史』七二頁。後の演出家では、アニメーション自主制作グループえびせんのメンバーであった角銅博之などが、この間に採用されている。また色彩設計の辻田邦夫は、それ以前に東映動画から発注を請ける仕上のプロダクションで、すでにアニメーションの仕事をしていたが、八五年に東映動画の契約者となったという（「色彩設計おぼえがき 第3回」http://style.fm/as/05_column/tsujita/tsujita03.shtml 二〇一九年五月二四日最終閲覧）。

＊178　前掲『東映アニメーション50年史』七二頁

＊179　『稲上晃 東映アニメーションワークス』一迅社、一九六-一九七頁、二〇一六年

＊180　宮原直樹氏へのインタビュー、二〇一五年一二月一八日、於練馬区

＊181　的場についてある制作進行は、仕事が丁寧で巧いが、その分速度はないため、じっくりと手間をかけるカットを担当してもらったと述べた。一方である アニメーターは、高密度の作画を担当していたことからして、鉛筆を走らせるスピードは相当に早かったはずだと述べた。ここでは制作進行とアニメーターの視点で、作画作業の速度をめぐる評価基準が異なっていることが興味深い。前者はカットが仕上がるまでの時間を、後者は描画自体の速度を基準にしているからである。

＊182　「プロフェッショナル探訪 Vol.44〈アニメーター〉名倉靖博」『アニメージュ』七月号、七九頁、一九八四年

＊183　『湘南爆走族』は、東映ビデオ製作のビデオ作品で、八六年から九九年まで全一二巻が発売される長期シリーズとなった。東映ビデオは八九年に『クライムハンター 怒りの銃弾』から、レンタルビデオ市場に向けたビデオ映画「東映Vシネマ」のブランドを立ち上げたが、『湘南爆走族』や『Cryingフリーマン』など、東映ビデオが製作し、東映動画が受託したオリジナル・ビデオ・アニメーション（OVA）は、これよりも早く開始されており、後に「東映Vアニメ」というブランド名が登場した。こうしたビデオ作品は基本的に、東映ビデオの企画・製作となるため、本書では深く立ち入らないが、アニメブームで顕在化したファン層とは異なる、東映Vシネマと同じレンタル店の客層を主たるターゲットとした作品群として検証さ

れる必要があるだろう。なお、「東映Ⅴアニメ」のプロデューサーは、東映ビデオへ移籍した高橋尚子が務めている（「アニメビデオ制作のトッププロデューサー高橋尚子氏」『日経流通新聞』一九九〇年二月一日、二七面）。

＊184 西尾大介氏へのインタビュー、二〇一四年九月二四日、於練馬区

＊185 八〇年代後半から九〇年代初頭は、ゲーム産業の中でも家庭用ゲーム機を中心とした市場の拡大期にあたっていた。任天堂は八三年にファミリーコンピュータを、八九年には携帯型機器ゲームボーイを、九〇年にはファミリーコンピュータの後継機種スーパーファミコンを発売している。さらに任天堂の管理のもとでソフト生産に参入したサードパーティのメーカーには、株式上場を果たす会社も現れた（日経BP社ゲーム産業取材班『日本ゲーム産業史―ゲームソフトの巨人たち』日経BP社、二六一二九頁、二〇一六年）。こうしたアニメーション業界と対照的な好景気は、人材流出を促す要因のひとつとなったと思われる。

＊186 芝田浩樹氏へのインタビュー、二〇一四年九月二四日、於練馬区

＊187 貝澤幸男氏へのインタビュー、二〇一五年二月一八日、於練馬区

＊188 『第一四回定期大会議案書』映演総連全東映労連東映動画労働組合、一九八九年九月二〇日、一七八―一七九頁

＊189 『第一六回定期大会議案書』映演総連全東映労連東映動画労働組合、一九九一年九月二四日、八八―九〇頁

＊190 「シリーズ17年目のアニメクリエーターたち1「美少女戦士セーラームーン」と佐藤順一の世界」『アニメージュ』四月号、六〇頁、一九九五年

＊191 日経エンタテインメント！編『細田守とスタジオ地図の仕事』日経BP社、二〇六―二〇八頁、二〇一五年

＊192 森卓也『アニメーション入門』美術出版社、二七五頁、一九六六年

＊193 ウィリアムズ、レイモンド『完訳 キーワード辞典』平凡社、八三―八九頁、二〇〇二年

補　東映アニメーションへ

本書は東映動画の創業からおよそ三〇年余りを対象に、その変化のダイナミズムを捉えようとしてきた。その記述は、初期の研修生が東映動画に定着した八〇年代末をもって、ひとまず終えるのが適切だろう。

九〇年代半ば以降は、ビデオのパッケージ販売を含めてテレビシリーズ製作のコストを解消する手法が広がり、青年層向けのテレビシリーズを深夜枠で放映する事例が増加した。全日帯に比して電波料の安い深夜枠を、映像や音楽ソフトの販売メーカーを含む複数企業によって組織された製作委員会が、一クールないし二クールごとに買い取って番組を放映し、そこから派生した映像ソフトなどの関連商品で投資の回収をはかるこの手法は、製作リスクの分散にも適しており、短いサイクルで様々に作品を入れ替えていくケースが普及していった。

対照的に東映動画は、主として児童層に向けた、一年以上継続するテレビシリーズを制作し続けてきた。深夜枠での放映作品がないわけではないが、長期継続している児童向けの放映枠での作品に較べれば、あくまで散発的である。パッケージ販売を主体とした製作委員会方式の中で、実質的な制作下請けに回るのではなく、従来のキャラクター商品展開主体の製作枠組みを堅持し、種々の版権収入によって業績を向上させていった東映動画の存在は、今や特殊なものであり、ここにアニメーション産業が推移していくモデルを見ることは難しい。

とはいえ、新人の育成やデジタル技術の導入、フィリピンへの海外発注や資金調達など、東映動画を対象に制作事業を論じられる点が、まったく消失するわけではない。

東映動画は九八年に「東映アニメーション株式会社」と改称し、続いて株式上場を果たして、現在に至るまでアニメーション制作会社として存続している企業でもある。ゆえにここでは、その後の流れをごく簡単に記述しておきたい。ただし、この時期のトピックは、未だその結果の見られないものも多く、したがって記述も分析的であるより、現象そのものを列記し、作業仮説を提示するものになることに注意されたい。

九〇年代以降の作品群

九〇年代の東映動画は、作品とそれに関わったスタッフの陣容からすると、企画・制作ともに、七〇年代末から九〇年代初頭までに入社した研修生や、それと同世代のスタッフたちが、実際に当該部門の主力として頭角を現した時期だった。特にその後半は、六〇年代以来のベテラン職員が、制作現場を離れて上級管理職となった者を除けば定年退職を迎える時期であり、企画者、製作担当、演出家、作画監督といった作品制作を率いるスタッフが、完全な世代交代の時期を迎えた。

テレビシリーズ

まず八〇年代から続く『週刊少年ジャンプ』連載マンガを原作とする路線では、『ドラゴンボール』が『ドラゴンボールZ』と改題して長期シリーズ化したことを筆頭に、後述する『スラムダンク』など、複数の作品がアニメ化された。また、『なかよし』にマンガが連載された『美少女戦士セーラームーン』とその後続シリーズは、九二年三月から九七年二月まで放映が続き、この間に劇場版も制作された。玩具など関連商品のヒットに加え、事業部によるミュージカルも多大な利益をもたらし、その版権の売上高は一二年間放映が続いた「ドラゴンボール」シリーズと同程度の、三〇〇〇億円に達した*1。

本作のシリーズディレクターは、当初は第一期研修生の佐藤順一が務め、その後は幾原邦彦、五十嵐卓也が順にこれを引き継いだ。企画者も、第二期研修生として八六年に入社した東伊里弥が*2、初めて単独で務めており*3、主要なスタッフが八〇年代入社の世代で統一された。

一方、八四年秋に『とんがり帽子のメモル』の時間帯移動によって設けられた日曜朝の放映枠では、九四年三月開始の『ママレード・ボーイ』以降、しばらく一〇代の少女向け路線が継続した。この立ち上げに携わった企画者の関弘美によれば、『ママレード・ボーイ』のターゲットは、「セーラームーン」シリーズの放映開始から二年を経た当時、従来はアニメ番組から離れてトレンディドラマを視聴するようになる小学校高学年以降の年齢層だった[*4]。本作は約一年半放映された後、同様の路線として『ご近所物語』『花より男子』が継続した。

しかし、こうした層をターゲットとした少女マンガ原作のアニメ番組の増加に加え、九五年に『新世紀エヴァンゲリオン』が放映されて、九七年にはその劇場版がヒットしたこと、また九六年以降、テレビ東京系列から深夜帯でのテレビアニメ放映が拡大して行ったことなどから、業界内では青年層向けの企画が飽和しつつあった。これに対し東映動画は、日曜朝の放映枠がターゲットとする視聴者の年齢層を児童に戻し、またマンガ以外の原作を求めるとともに、スタッフのオリジナリティを生かせる企画として、『夢のクレヨン王国』の企画を立ち上げた[*5]。

制作会社側のオリジナリティの重視は、九九年に始まる『おジャ魔女どれみ』の企画につながった。東映動画において『おジャ魔女どれみ』は、『とんがり帽子のメモル』以来、一五年ぶりのオリジナル企画とされている[*6]。以降この枠では、『明日のナージャ』を経て、現在まで続く「プリキュア」シリーズが登場し、一貫して原作となるマンガなどを持たない東映アニメーションのオリジナル作品が放映されている。

九〇年代末は、他のテレビシリーズの転換期でもあった。「セーラームーン」「ドラゴンボール」に『スラムダンク』を加えた三番組は、九〇年代半ばの東映動画に「過去最高」とされる版権収入をもたらしていたが[*7]、これらの番組は九六年から九七年にかけて、相次いで終了した。また二〇〇〇年には、『週刊少年マガジン』の連載マンガを原作とした『金田一少年の事件簿』も放映が終了している。

これらと切り替わるように九九年からは、バンダイから発売された携帯型モンスター育成ゲーム「デジタルモンスター」を原案とした『デジモンアドベンチャー』、『週刊少年ジャンプ』連載マンガを原作とした『ONE PIECE』が開始された。「デジモン」シリーズは、当初から劇場用作品と同時並行で放映が開始され、近年まで断続的に新作が制作されている。本シリーズでは、後述するデジタル技術が活用されており、デジモンが姿を変えて強化される「進化」のシーンでは、九九年四月に新設されたCG映像製作部と外部スタッフの連携による3DCGが用いられた[8]。『ONE PIECE』は「ドラゴンボール」シリーズを超える長期番組として、現在まで放映が続いており、劇場用作品やテレフィーチャーも数多く制作されている。近年では劇場用作品が大作化して青年・成人層を集客し、特に一二年末に封切られた『ONE PIECE FILM Z』が、六八億七〇〇〇万円の興行収入をあげたことは記憶に新しい。

一方で、そのテレビシリーズの放映枠は、『ドラゴンボール』などと同じフジテレビの水曜日一九時台から日曜日一九時台へと移り、さらに〇六年一〇月にはローカル枠へと移動した。以降、関東地方では現在に至るまで、日曜朝九時半の放映が定着している。こうした変化は、東映アニメーションやフジテレビだけのものではなく、少子化に伴い二〇〇〇年代を通して進行した、児童向けアニメのゴールデンタイム撤退とローカル枠への移行の文脈上にあったものと思われる。

このほか二〇〇〇年代には深夜枠で放映されるテレビシリーズもいくつか制作されたが、これはいずれも恒常的かつ継続的に生産されるものではなく、同業他社のそれと同じく三か月ないし半年で終了するもので、本章冒頭で述べたように、東映アニメーションが制作するテレビシリーズの基軸は、今なお児童向けの長期シリーズに置かれている。

劇場用作品

劇場用作品の興行形態や製作の枠組みも変化した。九〇年三月には「東映まんがまつり」が「東映アニメまつり」と改称され、さらに七月からは「東映アニメフェア」となった。

「東映アニメフェア」第一回のプログラムは、六〇分超の『ドラゴンボールZ 地球まるごと超決戦』と二作の短編により約一一〇分で構成された。この製作にあたっては、東映が東映動画へ発注するという従来の「まんがまつり」の形態が変更され、東映、東映動画、集英社の三社による共同出資と、それによる配給収入按分の形態がとられるようになった[9]。この改変により東映動画は、「東映アニメフェア」の興行成績に応じた利益配分を得られるようになった。

「東映アニメフェア」は、基本的には鳥山明(とりやまあきら)原作の『ドラゴンボール』『ドラゴンボールZ』を中心に、集英社の『週刊少年ジャンプ』連載マンガの劇場版を基盤とした構成となり[*10]、春と夏の年中行事としての地位を維持して、九〇年代を通し東映を支える大きな配収をもたらした。九一年以降、安定した配収をあげるシリーズを失った東映作品の中で、『ドラゴンボールZ』を中心とした「東映アニメフェア」は、例外的に配収一〇億円を突破する定番のプログラムだった。東映配給作品が大きな落ち込みを見せた九二年には、春・夏の「アニメフェア」がともに一五億円を超える配収を記録しており、年間の総配収中に占めるその割合は四七%に達した[*11]。

さらに九三年一二月には、「東映アニメフェア」は冠されなかったものの、劇場版『美少女戦士セーラームーンR』に、同テレビシリーズを再編集した短編と、他社制作の『ツヨシしっかりしなさい』による三本立てが封切られた。これは先年に東宝系で公開された『ゴジラVSモスラ』が、約二二億円と当時シリーズ最高額の配収をあげていたことから、正月映画としての対抗馬が求められたためと思われる。

正月映画のプログラム発表報道は七月に行われており[*12]、その選定は難航していた形跡がある。このため、劇場版『美少女戦士セーラームーンR』の制作は、かなり短いスケジュールで行われた。『美少女戦士セーラームーンR』ほかのプログラムは、一三億円の配収を記録し、九四年春および夏の「アニメフェア」と合計した配収は、同年の東映の総配収中で五五%強を占めた[*13]。当初、東映社長となった高岩淡は「正月映画を恒常的にアニメ映画にする考えはない」と述べていたが[*14]、実際には九六年の劇場版『金田一少年の事件簿』まで四年間、講談社のマンガを原作としたアニメーション映画の正月興行が続いた。

この時期、春と夏の「東映アニメフェア」は集英社のマンガ原作を中心に構成されており、こうした出版社との強い提携は、共同出資による劇場用作品の製作を行う形式の定着とともに、東映本社の配給方針や東映動画作品の企画にも、より強い影響を与え始めた。複数の出版社やテレビ局にまたがった形でプログラムを構成する場合、その配収按分の比率構成に関わる協議が煩雑化し、特に大きなヒット作品を提供する出版社は、他社に利益が流れることを、当然ながら忌避する。これは東映側の意向通りのプログラムが組みづらくなる結果を招き、後に「東映アニメフェア」自体が終了する要因の一つとなっていった。

九七年には「ドラゴンボール」「セーラームーン」の二シリーズがテレビシリーズ、劇場版ともに終了したのに前後して、「東映アニメフェア」などアニメーション映画の配収は一〇億円を割り込み、五～六億円台の配収に留まるようになった。そして九八年には、「東映アニメフェア」の公開自体が途切れた。東映動画が制作を手掛けた劇場用作品としては、団体動員を狙った『蓮如物語』が配収四億をあげたものの、『銀河鉄道999 エターナルファンタジー』と『長靴をはいた猫』リバイバル上映との二本立ては低調だった[15]。

こうした成績の推移は、その興行価値が、長く人気を維持し放映されるテレビシリーズに強く依存していたことを示していよう。それは九〇年代末に再びテレビ媒体でのロングシリーズが登場すると、「アニメフェア」の興行成績が上昇したことにも表れている。

二〇〇〇年春の「東映アニメフェア」は、『ONE PIECE』と『デジモンアドベンチャー ぼくらのウォーゲーム！』の二本立てとなり、興行収入二一億六六〇〇万円を記録した。続く二〇〇〇年夏にも、『デジモンアドベンチャー02』と『おジャ魔女どれみ＃』の二本立てが、興収一二億七〇〇〇万円をあげた[16]。『ONE PIECE』と「デジモン」「おジャ魔女どれみ」シリーズは、劇場用作品においても二〇〇〇年代初頭の興行を支えるプログラムとなった。

しかし「東映アニメフェア」の名称は、〇二年夏をもって冠されなくなった。このときの興行では、興収が四億五〇〇〇万円と落ち込んでおり、それが「東映アニメフェア」という興行形態を東映に再考させる契機となった。「東映アニメフェア」低迷の要因のひとつには、ハリウッド映画のファンタジー作品に観客が流れたことがあると見られた。〇二年の洋画興収ランキングでは、『ハリー・ポッターと賢者の石』『ロード・オブ・ザ・リング』などがランクインしており、「子供から大人まで楽しめる大作」のなかで「アニメフェアが選ばれにくくなった」との観測があった[17]。加えて洋画では、ピクサー製作の『モンスターズ・インク』など3DCGアニメーション映画がヒットしており、国産作品でも東宝が配給するジブリ作品はもちろんのこと、「ドラえもん」「名探偵コナン」「ポケットモンスター」などのシリーズが好調だった。CGか手描きかを問わず、アニメーション映画自体の興行価値が下がっていたわけではないが、東宝配給のアニメーション映画は多くが長編一本立てか、同シリーズの短編を付随させるものになっており、複数のシリーズ作品を組み合わせる形式は「ゴジラ」と「とっとこハム太郎」の同時上映などに限られた。

ここで顕在化したのはおそらく、観客の嗜好のさらなる変化だろう。観客を多彩なプログラム構成によって映画館に呼び込むのではなく、むしろ統一された作品やキャラクターのイメージを牽引力として利用する手法が定着したと思われる。この変化と、先述した共同出資における利益分配の煩雑化とが、三〇年以上継続してきた「東映まんがまつり」形式の興行形態を解消させた。

〇三年三月に東映配給で公開された『ONE PIECE THE MOVIE デッドエンドの冒険』は、九〇分一本立ての長編作品となり、二〇億円の興収をあげた*18。これは〇二年春の「東映アニメフェア」と同等の興収だったから、一本立ての長編であっても集客に影響がないことは明らかだった。

劇場版『ONE PIECE』は、続く〇四年春公開の『ONE PIECE 呪われた聖剣』でも一八億円の興収をあげたが、その後は一度、退潮期を迎えた。テレビシリーズも視聴率の低下から放映枠の移動を繰り返しており、プロデューサーの清水慎治は「映画は一〇作目でとりあえず中断して、状況が良くなったら再開する」ことも考えたという*19。

しかしこの一〇作目で、製作総指揮に原作者の尾田栄一郎を迎え、そのオリジナルプロットによる長編の企画・製作が実現したことで、興行成績は一転して上昇した。劇場版としては、先行した八作目が原作エピソードを基盤に映画化を試みており、さらに九作目『ONE PIECE THE MOVIE エピソードオブチョッパー+冬に咲く、奇跡の桜』では、すでに尾田が「企画協力」に迎えられていたから、一本立てないし同シリーズの短編との併映形態への変化の延長線上に、より原作イメージを重視した大作映画への移行があったと思われる。

第一〇作目となった『ONE PIECE FILM STRONG WORLD』は、〇九年に公開されて興収四八億円の大ヒット作品となり、以降、一一年に『トリコ3D』と同時上映された、3DCG版の『ONE PIECE 麦わらチェイス』を除いては、尾田栄一郎が企画に深く関与する形態が続いた。

再び清水によれば、コミックスの読者であっても「『STRONG WORLD』で初めてアニメを見た人がたくさん」おり、尾田の参加が契機となって「劇場版は子供向き」と思っていた大人の読者をして劇場へ足を運ばせたという。こうした再編による入場料金の高額な観客層の来場は、興収を底上げしたであろうし、さらに映画のヒットによりマーチャンダイジングの伸長にも貢献した。『ONE PIECE』とそのキャラクタービジネスは、児童層だけでなく、原作を購読する青年層・成人層にも波及するものとなったのである[*20]。

二〇〇〇年代後半には、東映アニメーションのオリジナル作品である「プリキュアオールスターズ」シリーズも、五作連続で興収一〇億を突破しており、児童向け作品の興行においても、一つのシリーズでイメージを統一したプログラム構成が、様々な作品を混在させたバラエティ性より価値を持つ状態が完全に定着した。ただし一九年には、幼児向けのプログラムとして、「東映まんがまつり」を冠したオムニバス型の興行形態が復活している。

なお九〇年代以降、劇場用作品のスタッフ編成は、研修生世代の定着と社員世代の高齢化により、かつてのような制作部門の人員の使い分けが、ほぼ見られなくなった。社員アニメーターは引き続き劇場用作品に携わっていたが、研修生世代のアニメーターは、劇場用作品とテレビシリーズ双方に関わったのである。したがってテレビシリーズの番外編として劇場版が作られる際には、そのスタッフもテレビシリーズ内から選定して構成されるようになった。そのメリットとデメリットを、演出家と企画者の双方を経験した西沢信孝は、以下のように述べている。

例えばＴＶを五班体制で組んでいるとして、そのうちの一班を映画に持って来て、プラスアルファの何人かを残り四班からお借りするというやり方なんです。だから、映画が入るとどうしても、ＴＶの方が大変になってしまう。でもそうなると映画とＴＶ、双方のスタッフやディレクター同士が競争し合うこともあって、お互いクォリティが高くなり、いい結果に終わることの方が多いですね[*21]。

これはかつてのアニメブーム下におけるテレフィーチャー制作と同様の問題である。「東映アニメフェア」期の劇場版は制作体制から見ても、テレビシリーズの拡大版として、そのスタッフに基盤を置いていたと言えよう。

雇用と教育

専属性の強化

九三年四月、一八年以上にわたって社長職を務めた今田智憲が会長に退き、東映でテレビ番組の企画に携わってきた泊懋が社長に就任した。また副社長には、泊と東映の同期生であり、七〇年代から東映動画の企画部門を牽引してきた、有賀健が着任した。

泊体制ではまず、社内人員の拡大と、その定期的で安定的な補充への移行が行われた。今田体制が、経営を再建しつつ東映本社からの一定の独立性を確立した一方で、その再末期まで決して社員採用再開には踏み込まなかったのに対し、泊体制は再開された定期採用を持続し、さらに制作部門の人員の供給源としての教育機関を置いて、その安定した補充をはかる体制を築いた。

すでに今田体制最終年度となった九二年四月には、六五年を最後に停止されていた新卒社員採用が再開した*[22]。そして泊体制になると、契約者から社員採用される者も見られるようになった。たとえば九五年七月には、企画部から森下孝三が社員に採用されている*[23]。

今田が人員削減から間もない時期に社長に就任し、指名解雇撤回裁判を和解で終えて、営業拡大により経営を立て直すところから、その仕事をはじめたのに対し、泊が社長に就任した時期には、すでに僅かならず東映動画が余力を持ち始めていた。七〇年代末以来、組合側も要求していたように、その余力を生み出す利益を、東映動画独自の基盤を形成するために用いる必要があった。

ただし、職員の専属制の強化は、すでに流動性を前提とした業界となっていた情勢下では、むしろ演出家やアニメーターなどが社外へ流出するきっかけとしても機能した。

演出家の佐藤順一や細田守には、東映動画在籍時から出向という形で、公式に社外の仕事を行った経歴があった。しかし彼らを含めた現場職員が、非公式に社外の仕事を請けることも珍しくなかった。若手として業界内で注目を集め、様々な仕事を経験して関係性を構築しておくことは、今後のキャリア継続のためにも資するから、これは社内業務に支障をきたさない限り、しばしば黙認されていた。しかし九〇年代半ばには一度、こうした敢行が見直され、拘束が強化された形跡が見られる。これは研修生や同世代の下請けプロダクションからの出向者たちに、実質的な専属者として東映動画の作品だけを請け負うか、フリーとなるかを選択させることになったと思われる。

〇一年には契約者の賃金の給与所得化が実現した。これは東映全体で、九〇年代半ばにはベテランの契約者が定年退職の時期を迎えることから、全東映労連が退職者の税金対策のため、慣行としてあった解約慰労金について正式に協定を結び、さらにこれを正規の退職金として支給するよう要求していたことがきっかけだった。この結果、九五年から東映グループで定年を迎えた契約者は、事業所得として支給される平時の賃金とは異なり、解約慰労金のみを「退職金」として支給されていた。加えて社会保険加入が実現していたこともあり、税務署側は契約者を個人事業主ではなく給与所得者ではないかと見て、調査を実施した。動画労組も会社側と団交を持ち、裁判闘争も構えて給与所得化を求めた結果、東映アニメーションの契約者は、本数契約の者を除いて〇一年の所得から給与としての支給が実現した。給与所得化は、契約者の労働者性を補強する根拠ともなった[*24]。

一六年には、長らく継続して来た労使の協議の結果として、労働基準法の完全適用と退職金制度、無期限の雇用などを定めた契約社員制度が実現し、個人事業主として扱われる契約者は、希望すれば契約社員へ身分を切り替えることができるようになった。東映動画に契約者制度が本格的に導入されて半世紀以上が経過した後での、雇用政策の大きな転換だった。

この転換の要因としては、労働組合側の継続的な活動も無視できないが、近年の東映アニメーションの良好な業績や、後述する株式上場による東映からの自立性の強化が、大きな影響を与えていよう。東映アニメーション独自の労務政策が、東映グループ内の他の企業に波及しない限りにおいて、もはや東映側の政策に拘束されずともよくなったと思われる[*25]。

なお、こうした情勢下で二〇〇〇年代半ば以降、動画労組の組織率は、その成果とは裏腹に、緩やかに下降している。有価証券報告書によれば、〇一年の給与所得化の前後で、東映アニメーションおよび傘下の関連会社における総従業員数中での組織率は、一七〜一八%程度を示していたが、一二年以降は一桁台まで落ち込んだ。

組織率の低下自体は動画労組特有のものというより、グローバルな現象でもあるとされているから、この現象を分析することは本書では難しい。ここでは、未組織労働者による組合の必要性認識自体は二〇〇〇年代初頭まで低下していないとしてフリーライダー志向の高まりを示唆した久米郁男の指摘を挙げるに留める[*26]。制作部門の労働者の契約社員への転換を実施するほど業績の良好な東映アニメーションにおいては、当面の雇用への不安感は希薄であろうから、組合活動に参加することは、仕事に関連した負担が増えることと捉えられているのではないだろうか。この場合、組合が一定の成果をあげていれば、加入せずとも職員はその利益を得られるのであり、逆に組織率低下により成果が見られなくなれば、やはり加入する動機もなくなるから、現状でこうした傾向の改善は、極めて困難な課題となるだろう。

一三年に新宿および周辺の事業所を、中野の新オフィスへと集約した東映アニメーションは、翌年八月には本社機能を、長らくそれが置かれてきた大泉学園のスタジオから移転した。経営や企画などのヘッドワークとスタジオ機能とが、地理的に隔てられた状況は、東映動画発足当初の、中央区に置かれた本社動画部と、練馬区に置かれた東映動画スタジオとのそれに相似しても見える。当時は労働組合が、スタジオ側の職員の要求をとりまとめて経営側に提示する役割を担ったが、労働組合の組織率が低下した現在、こうした機能を何が代補しうるのか、今後の情勢が注目されよう。

教育機関の設置

九五年には、人材育成機関である東映アニメーション研究所が開設された。開校当初の校舎は神田駿河台に置かれたが[27]、〇六年四月には大泉学園のスタジオ近隣に新たなビルが竣工し[28]、翌年度から移転した。

九五年当時の東映動画は、制作体制が激変する時期を迎えていた。まず、後述するフィリピンのＥＥＩ社への動画・仕上発注の本格化により、国内では動画からのアニメーター育成が困難になりつつあったのである。

一方で六〇年代以来のベテラン職員には、定年退職の時期が近付いてもいた。七〇年代にキャリアを開始した世代の定着率は相対的に低く、さらにコンピュータ利用が本格的に導入され、アニメーション制作のデジタル化が進むことを考えれば、近い将来それまでのＯＪＴ方式では、本格的な新人育成が立ち行かなくなると予想された[29]。こうして東映アニメーション研究所は、制作現場での実地研修や現役職員による講師の担当が可能な私塾として設置された。

当初の教育組織は、アニメーション研究科とデジタル映像研究科からなり、それぞれ四五名と二一名が入所した。そのカリキュラムは後に、アニメーション、ＣＧ、ゲーム、コミックアート、テレビ・シネマ映像、声優タレントと、アニメーションを中心として展開する多彩な領域へと広がった[30]。

しかしその事業には、アニメーションの実技教育をめぐる様々な矛盾が伴った。研究所の教育カリキュラムは、東映動画の制作現場での実地研修や、ＯＢないし現役のベテランによる講義によって、専門学校や大学でのアニメーション教育よりも、業界内の人材育成に近い形で構想されていた。これを教育事業として拡大し、東映動画のノウハウを普遍的なものとして教育した新人を業界内に放出することで、「リーディング・カンパニー」としてのブランド性を確立・維持するためには、学校法人化して生徒数を増やすという選択肢もあり得た。とはいえ将来の東映動画スタッフ育成という枠組みを外して普遍的な教育を志向した場合、社内の制作現場との密接な連携は遠のくことになる。一方で私塾である限り、研究所のカリキュラムを構成する講師陣や設備など教育事業の基盤は、東映動画本体の資金力に依存せざるをえない。

加えて３ＤＣＧ制作のような先端的カリキュラムの場合、初期の卒業生には未だ国内のアニメーション業界に技術者としての受け皿がなく、ゲーム業界へと就職していく者も多かったことから、将来の自社スタッフの増強はもとより、アニメーション業界全体の人材育成という目的にさえ、背反する事例もあった[*31]。

最終的に東映アニメーション研究所は、「当初の目的を達成した」として、一一年三月をもって閉所した[*32]。卒業生の総数は一二三〇名で[*33]、東映アニメーションでも演出家やアニメーター、制作進行などの多くの新人を、この卒業生から採用しており、二〇〇〇年代以降の演出家やアニメーターなどの、巨大な人材供給源となった。

産業構造の中に制作実務と密接な提携を行う教育機関を設ける試みは、困難なものだった。しかし本来、アニメーションの実技教育の位置づけをめぐる課題は、広義のアニメーション業界全体が共有する課題であることは付言しておくべきだろう。

フィリピン発注の開始と定着

九〇年代には海外の発注先が、段階的にフィリピンへ固定されていった。八六年八月には、フィリピンの大手建設土木会社、EEI社と提携が成立した[*34]。EEI社は中東へ人材派遣を行う部門の事業を、国際情勢の変化により転換し、アニメーション制作の仕上げ工程を東映動画から受注するようになった[*35]。これは東映動画にとって、人件費の高騰しつつあった韓国からの発注先移転の主要な候補となった。

九二年には東映動画との合弁会社EEI‐TOEIが発足し[*36]、さらに九九年にはEEI社の再度の事業転換により、東映アニメーションがフィリピンのスタジオを一〇〇％子会社化して、TOEI ANIMATION PHILS.,INC（TAP）が発足した[*37]。

TAPの初代代表は、六〇年代から制作進行として東映動画に務め、製作部長としてフィリピン側のスタジオ整備などにも携わった、吉岡修が就任した[*38]。フィリピンの企業を主たる発注先とした理由として吉岡は、「かなり先までコスト安が続くと見られ、教育水準が高く英語圏であるため意思疎通がはかり易い」点を挙げている[*39]。

EEI-TOEIが発足した九〇年代初頭は、アニメーション制作受注額の低廉さが業界内のみならず社会的にも注目された、何度目かの時期でもあった。九一年には、日本俳優連合（日俳連）による声優出演料の値上げ要求が行われ、平均一・七倍の増額で妥結された[*40]。これは七三年に日俳連が、再放映時等に関するルールの取り決めを求め、最終的に出演料の平均三・一四倍の増額を実現させて以来の大規模な運動であり、社会的注目を集めた。また日本脚本家連盟も、脚本家の著作権確立に関する要求を行っており、制作会社は権利や報酬をめぐる交渉の矢面に立った。こうした権利の承認の結果、伸び悩む受注額の中で、制作会社はさらなる合理化を迫られた[*41]。

東映動画ではスタジオ機能の海外移転がより強化された結果、急な制作本数の増加に対応しうる社内人員の不足が生じた。加えて受注額の伸び悩みが下請け会社の離脱を招き、八〇年代までに構築された国内での外注体制も動揺していた。八七年から製作部長を務めた吉岡修は、元請け企業の立場からアニメーション産業の現状について危惧を表明したことがあった。

> 製作費の平均は三〇分もの一本で六七〇万円くらい。膨大にかかる人手に対し、ノーマルな額とはいえない。今、一週間に放映される中の五本がうちの作品だが、版権収入として悪くないのは、『ドラゴンボール』と『魔法使いサリー』の二本だけ。それで製作費の赤字を埋めているのが現状です[*42]。

このことから吉岡は、日本のテレビアニメーション制作が北米のように、その工程のほとんどを他国へ発注し、プリプロダクションおよびポストプロダクションのみをこなす空洞化に至るのではないかとして[*43]、「作画の中でもせめて原画の部分は堅持したい」と述べた。これはEEIとの提携成立を踏まえた発言であろう。

九〇年代に入ると、一時的に吉岡はタバックの専務取締役へ異動し、代わってタバックから千蔵豊（ちくらゆたか）が製作部長に招かれた。千蔵によればこれは、従来の撮影の下請けプロダクションが東映動画との関係を解消したため、その修復と他のプロダクションの開拓や調整が必要になったからだった[44]。

同時期、社内では仕上課の組合員から、劇場用作品『三国志 第三部 遥かなる大地』の制作にあたり、人員増強を含んだ要求書が提出されている[45]。これは社内外のプロダクションの経営難や労働人口の減少により、社内に大量に仕事が滞留した結果、他の作品の応援に回る必要が生じ、同作品の制作がたびたび中断していたためだった。

九一年に放映開始されたテレビシリーズ『ゲッターロボ號』についても、東映動画のプロデューサーである吉田竜也(よしだたつや)と、シリーズディレクターである芝田浩樹がともに、スケジュールやスタッフ編成の厳しさについて言及している。直接の原因は、あくまで放映開始期間が早まったことや、芝田が担当してきた『ひみつのアッコちゃん』『かりあげクン』から引き継いだスタッフが、作風のギャップに苦しんだ結果だったが、他の作品のチームからスタッフを借りたり、新たなスタジオへ発注したりと、苦慮した時期だったという[46]。慢性的な人手不足が、外注か内製かを問わず、適正なスタッフ構成を行うことを困難にしていたと思われる[47]。

したがって、九〇年代を通して進められたフィリピンへのプロダクション機能の定着は、国内人件費の高騰や受注額の伸び悩みと、制作体制の安定化という二つの課題への、経営側のひとつの回答だったと言えよう。特にＥＥＩ-ＴＯＥＩの一〇〇％子会社化は、従来の海外発注ラインを、それまでのように流動的なものではなく固定的なものとし、さらに半内部化する動きだった。

ＥＥＩを完全子会社化する直前には、すでに現場作業の八割以上をフィリピン側へと発注していたが、それでも当時、テレビシリーズ一話あたり三〇〇万円の差損があった[48]。これを恒常的なものとして抱え込むのは、社員採用も再開して再度経営規模の拡大期に入った東映動画にとって、小さくないリスクだったであろう。

フィリピン側への発注は、動画、仕上げ、背景を中心として始められたが、徐々に原画や作画監督まで含め、プロダクション機能のほとんどを発注するケースも出始めた。先述のようにこうした変化は、国内における技術者の育成を難しくする危険性があると見られた。動画や仕上げは原画に比して下部工程とみなされ、結果的に賃金も低くなりがちだったため、そうした工程が、よりコストを抑制できる海外へ固定的に発注されるようになったことで、国内で動仕を担うことは、職業として成り立ちにくくなったと思われる。

かつての東映動画では、劇場用作品で動画を長年にわたって務めるスタッフが見られた。これはアニメーターのキャリアコースが複線的だったことを意味していよう。固定給で密度が高いカットの動仕や急ぎの修正などを担当し、制作体制のバランスを保つ働き方があれば、専門職としての動画や仕上げが職業として成り立つ。しかしこうした働き方は、コスト抑制のため海外発注が定着していく過程で、ごく一部の人々に受け継がれるに留まり、原画の下部工程としての動仕が一般化した。コスト抑制の論理によって、アニメーターの働き方や制作工程そのものの位置づけが再編させられていった事例と言えよう。

デジタル技術の開発と導入

東映動画においてデジタル技術の開発は、外注の強化とともに、コスト削減のための施策として検討され始めた。コンピュータ利用の模索過程は長く、その始まりは七三年二月のコンピュータ研究開発室設置による勉強会の開始にさかのぼる。そして翌七四年二月には、各種の新たな映像効果の研究と開発を行う研究開発室が設置され[*49]、先行して研究開発が進められていた北米などの事例を踏まえて、様々な検討が行われた。

先述のように研究開発室の責任者には、製作部から異動した池田宏が着任した。ただし研究開発室が開設された当初の専任者は池田一人で[*50]、これが制作部門縮小のための人事政策の一環だったことは否めまい。

七七年には、コンピュータによるアニメーション制作の可能性を検討するため、技術開発委員会が発足し[*51]、コンピュータキットが購入された[*52]。そして八〇年三月に第二次研究開発室が設立され、本格的な研究が開始された。

七〇年代後半以降の研究開発は、新技術の開発に関心の強い今田智憲を代表にしつつ、多くの人員は撮影や演出、アニメーターなど別の仕事を持つスタッフを適宜召集して行われた[53]。当時北米では、後にピクサー共同創設者の一人となるエド・キャットムルがユタ大学大学院を修了し、ニューヨーク工科大学ＣＧ研究所（ＮＹＩＴ／ＣＧＬ）の所長を務めるなど、デジタル映像技術の商業映画利用が本格的に検討され始めており、東映動画にはロサンゼルスの駐在事務所を通して、様々な情報が寄せられた。これを受けて研究開発室は、ユタ大学をはじめとする諸研究機関やディズニーなどのアニメーションスタジオ、アメリカにおけるコンピュータ学会のＣＧ分科会SIGGRAPHなどへ関係者を派遣した[54]。

しかしこうした研究開発が、即座に商業利用の道を開いたわけではなかった。七〇年代末から八〇年代を通して、様々な企業が東映動画と協議・実験を進め、いくつかのシステムが生み出されたが、アニメーション制作の実用に耐えるものは完成しなかった。

八〇年代は、日本におけるＣＧの本格的な導入時期でもあった。日本において、六六年に草月実験映画祭で『風雅の技法』が上映されて以来、長らく大学や企業の研究室における研究開発の対象だったＣＧ映像は、八〇年代に入るとＣＭや映画の一部で用いられるようになった。ＣＧ専門のプロダクションとしては、ＪＣＧＬ（JAPAN COMPUTER GRAPHICS LAB.）やトーヨーリンクス、ＳＥＤＩＣ（西武デジタルコミュニケーションズ）やポリゴン・ピクチュアズなどが相次いで設立され、コンペティションへの出品を行うとともに、ＣＭやタイトルなどの仕事を通してＣＧの開発と普及に務めた。また、アニメーションスタッフルームや白組なども、随時ＣＧを導入し始めた。しかし、初期のＣＧプロダクションは、日進月歩で更新されていく高額なハードやソフトを更新して、常に斬新な映像を制作することを求められたため、しばしば経営難に見舞われ、八七年頃には淘汰の時期に入った[55]。

東映動画では八三年二月に、コンピュータ事業部が開設された。しかし同部は、同年中に映像事業部として改組され、テレビと劇場以外の媒体でのアニメーション作品の企画・製作と、家庭用ゲーム機向けのソフトの企画・販売を行うようになった[56]。

また八五年には、年間一〇〇本のアニメーションを製作することを想定したシステムという東映動画側の条件をもとに、

ＩＢＭがそのコストを試算したところ、ソフトとハードの総額で、三八億円もの巨費が必要との結論が得られた。このときのシステムの仕様書には「現行の製作システムより、コストダウンが達成されるものであること」との項目があったが[*57]、これが達成できるだけの費用対効果を見込めないことが分かり、今田は導入には時期尚早との判断を下した[*58]。この過程で池田は東映動画を退社して任天堂へ移籍し、以降は撮影部出身の吉村次郎らが、コンピュータ導入の研究開発を担った。

八九年から富士通の協力を受け、九一年に完成したシステム「ＣＡＴＡＳ」(Computer Aided TOEI Animation System)は、制作工程の「七〇％の合理化に成功」したとうたわれ[*59]、総費用も八億円とＩＢＭの試算したシステムよりはコストダウンに成功していたが、ユニット化された下請けプロダクションを含めた普及が可能なほど低価格ではなかったため、これも実用化は見送られた[*60]。

その後、ゲームハードの開発が業界内で進行し、グラフィックや処理能力の向上が実現すると、コンピュータ利用も息を吹き返した。そして全七作が販売された家庭用ゲームソフト「北斗の拳」シリーズの最後期に、「RETAS! PRO」などが利用された。このソフトはMacおよびWindows上で稼働し、さらにスキャニング、彩色、コンポジットそれぞれの機能を分散させるという、分業化に適したシステムだった[*61]。

九三年にはテレビシリーズ『ゴーストスイーパーＧＳ美神』の一部でＣＧが用いられ、さらに九六年八月に完成したＰＲ映画『ゲゲゲの鬼太郎　コピー妖怪対鬼太郎』では、彩色以降の工程でコンピュータが利用された。これを応用し、テレビシリーズ『ゲゲゲの鬼太郎』(第四期)の第六四話からは、デジタル仕上げへの移行が実現された。

九五年一一月には、先述の東映アニメーション研究所の中にデジタル映像製作室が設けられ、これが九九年四月に、東映アニメーション社内に設けられたＣＧ映像製作部へと発展解消した[*62]。

デジタル技術の導入は、高騰を続ける制作原価の抑制・削減に効果的だった。デジタル制作では紙に描かれた原動画をスキャンしてデータ化し、それに彩色を行う形がとられたから、セルや絵の具、フィルムなど、それまで必要不可欠だった消耗品のコストが大幅に削減されたのである。テレビシリーズ『金田一少年の事件簿』を事例とした報告によれば、彩色やフィルム費を中心に大幅にコストが圧縮され、導入時ですでに、一話平均で一一七万の削減が実現していた*63。東映アニメーションは平均で週に五シリーズ程度を抱えていたから、年間の放映話数は約二五〇話を数える。したがってデジタル化による直接制作費の削減は、テレビシリーズだけで年間で三億円近い金額にのぼったと考えられる。この負担減は、新たにハードとソフトを大量に導入し、システムを管理・維持していくのに、十分な資金源たりえただろう。

ただし、巨大なスクリーンに投影されるため、テレビシリーズより高精細の画質が要求される劇場用作品では、外注先も含め膨大なデータ処理が実現可能との確信が得られるまで控えられ、デジタル仕上げへの移行は、二〇〇〇年春公開の『デジモンアドベンチャー　ぼくらのウォーゲーム！』でようやく実現した。ただしこの段階ではデジタル上映設備を持つ劇場は稀少だったため、上映はフィルムで行われた。本作の監督を務めた細田守によれば、これは東映化工が導入したばかりのフィルムレコーダーを使用した、最初の作品だったという*64。

デジタル化は物流コストの削減にも寄与した。国内の各プロダクションと専用ネットワークを開設することで、素材運搬のコストが削減されたのである*65。またEEIとの専用回線による画像データ送受診が可能になったことで、物流コストだけでなく輸送のタイムラグも削減された。

一方で人員や機材上での合理化も進んだ。それまで長らく用いられた、フィルムベースでの撮影・編集機材は段階的に不要になり、一方でコンピュータ機材と各種のソフトが下請けプロダクションも含めて普及していく過程で、かつてのようなマルチプレーンを含め大掛かりな機材を取り揃えた元請けプロダクションとしての優位性は消失していったと思われる。これは二〇〇〇年代に入って、東映アニメーションが社内の撮影部を廃止した決定にもつながっていよう。またEEI側でも、デジタル化によって彩色部門の人員は九九人から三三人へと、三分の一に削減された*66。

各工程で必要な時間が、デジタル化によって削減されたことも指摘できる。中間素材のやり取りにかかる時間はもちろん、彩色工程における絵の具の乾き待ちや、撮影後の現像待ちなどの時間も不要になり、また修正やリテイクも容易になったため、制作日数の割り振りが変化した。しかしこれは、各工程で納品寸前までの作業を可能にしたため、結果的には必ずしもスケジュール改善に利さない側面もあったようだ。

なお近年では、手描きのアニメーション作品でのCG利用に加えて、フル3DCG作品の制作も行われている。イベント用の短編映像制作は二〇世紀末から見られたが、一〇年代に入ると『聖闘士星矢 LEGEND of SANCTUARY』のような立体性のある、いわゆるフォトリアル形式の長編フル3DCG映画が公開された。また、外観を手描きアニメーションに近づけた、いわゆるセルルック形式の作品としては、CGプロダクションであるグラフィニカとの提携作品『楽園追放 Expelled from Paradise』の劇場公開を経て、テレビシリーズ『正解するカド』が放映された。

株式上場

東映動画の株式上場は、九七年から準備が進められ、二〇〇〇年一二月に実現した。その目的は「資金調達力の拡大による企業体力の強化と、親会社依存体質からの脱却」に置かれ、デジタル化とネットワーク化、旧作の活用とオリジナル作品の製作、海外向け作品への投資などに、調達した資金を運用することがうたわれた*[67]。

本書で論じてきたように、東映動画は東映のグループ企業として、基本的には別会社でありながらも、株式の保有や役員人事などを通し、本社の資本と意思決定に従属する地位にとどまってきた。四章で述べた「採算点を割れば切り捨て好転すれば東映の補完的役割を負わされる」という労働組合が指摘する性格は、東映グループ内における東映動画の重要性が向上したことで、より顕著になった。

これに対し独自の資金調達力を強化することは、東映動画の利潤をより効率的に、自社の設備投資や人材育成に回すことを可能にしたと思われる。つまり株式上場は、独立性を強めることで、企業の持続性をより堅固なものにするための施策だった。加えて衛星デジタル放送開始によりアニメの需要が増えるであろうことから、これを機に親会社のみならず、テレビ局への依存を解消したいとの思惑もあった[*68]。

この株式上場に先んじて東映動画は、資本金を九六年六月には一億円に、続く九七年三月には九億六〇〇〇万円に増資した。さらに上場後の二〇〇〇年には、第三者割当増資と公募増資が相次いで行われ、同年末には資本金が二八億六七五七万円となった。

前後して九九年四月には、東映との間でテレビシリーズの放映権および再放映権、ビデオ化権の販売業務委託契約が締結された。契約にあたっては東映へ約三億円が支払われたが[*70]、結果的にこれは、旧作のソフト販売などから得られる多大な利益を東映アニメーションにもたらした。

上場後の〇一年には東映アニメーション音楽出版株式会社が、翌〇二年には企画・製作を行う株式会社ラテルナが設立された。これは経営多角化を目的とした施策とされる[*71]。その企図が十全に機能したわけではないが、九九年に一〇〇％子会社となったタバックをふくめ、東映アニメーションがグループ内で一貫して総合的なコンテンツ製作と運用を行えるようになったことは、制作規模を縮小した時期を思うと隔世の感がある。

株式上場に関する評価は様々である。資金力の強化やテレビシリーズ諸販売権の掌握を通して、東映アニメーションが東映からの独立性を高め、一定程度の独自の利益構造を確立することに寄与したという評価がある一方で、上場により株主に対し短期的な利益を保証しなくてはならなくなり、以前より守旧的な姿勢が見られるようになったと危ぶむ声もある。また、株式保有を通して他社の意志が直接的に経営方針を拘束するため、労使慣行を含め、従来のあり方が流動しやすくなったことなどのデメリットを指摘する声も聴かれる。

これは泊体制の史的位置づけにもつながるものだろう。筆者には、良きにせよ悪しきにせよワンマンで、独自のアイディアに依存する傾向が強かった今田体制に比して、泊体制は東映内における本社の利益を一定程度保証することで、逆に東映動画の独立性を高めようとした、より巧妙で面従腹背的なものに見える。しかしそうした評価は、以降の経営者に関するそれを含めて、今後の研究を待ちたい。

小括

九〇年代の東映動画は、経営規模の拡大とその維持を恒常的な命題として、それを担う制作体制と技術、人員の補強を行い、さらに東映本社からの独立性を高めた。これがその後の躍進の基盤になったことは確かだろう。一方で現在のヒットコンテンツの大半は、一〇年以上続く長寿のものか、リメイクないし続編の作品となっている。長期シリーズに依存する傾向は、東映アニメーションだけでなく老舗の制作会社に共通して表れている問題ではあるが、力量ある制作スタッフが東映アニメーション研究所を通して定期的に補充されてきたのに対し、実現する企画が硬直化の傾向を見せていることには、一抹の危うさを覚える。

これは株式配当を保証する版権収入の維持拡大という命題が、創造性の抑制としても作用するようになったことを意味してはいまいか。近年の東映アニメーションは、なお版権事業が好調であり、一九年三月の決算では、全体の売上高に占める版権事業実績の割合が五四%に達している。一方、映像製作・販売のそれは三五%であり、これに携さわる従業員数が全体の約九割を占める人員構成と、大きなギャップがある。こうした現況は、先述した今田路線、すなわち制作部門の力を担保として営業主導型の会社への転換を試みる方針が、より極端な形で実体化したもののようにも見える。新たにオリジナルのヒット作を模索することよりも、自社で掌握したコンテンツの陳腐化を防いで長期的に運用するため、定期的に旧作の内容を刷新する作品制作を行うことが求められるようになった結果ではないだろうか。

とはいえこれらの動向には、未だ終着点の見えないところが多い。九〇年代以降の東映動画／東映アニメーションを、いかに史的に整理して評価するかは、やはり今後の研究に委ねたい。幸いにして、株式上場を行って以降の東映アニメーションについては有価証券報告書が公開されているから、より具体的なデータに基づいた分析が可能になるだろう。

*1 電子学園総合研究所編『アニメの未来を知る―ポスト・ジャパニメーション キーワードは「世界観+デジタル」』テン・ブックス、六四頁、一九九八年

*2 『魔女っ子大全集〈東映動画篇〉』バンダイ、一四三頁、一九九三年

*3 「『セーラームーン』の基本はあくまで〝少女もの〟です」『キネマ旬報』二月下旬号、一三〇-一三二頁、一九九三年

*4 『タイムスリップ! 東映アニメーション80S~90S GIRLS』メディアパル、五八-五九頁、二〇一六年

*5 『NETWORKぺロ』一一号、一二頁、一九九七年

*6 『とんがり帽子のメモル』自体が、『海賊王子』以来の東映動画オリジナル企画とされている(『東映動画40年の歩み』東映動画、一六頁、一九九七年)。ただし『海賊王子』の企画には石森章太郎が参画し、「原案」としてクレジットされているから、社内制作部門に基盤を置いた企画としては、さらに前の『ハッスルパンチ』まで遡ることもできよう。一方で既述のように、実質的には社内の企画者や演出家によって原案を構成した『魔法のマコちゃん』のような作品も存在する。

*7 『東映アニメーション50年史―1956-2006~走り出す夢の先に~』東映アニメーション、九〇頁、二〇〇六年

*8 『NETWORKぺロ』一八号、一六頁、一九九九年。なお、劇場版の最初の二作と、イベント用映像のフル3DCG短編『デジモングランプリ』を、細田守が演出している。特に『デジモンアドベンチャー ぼくらのウォーゲーム!』は、細田守が独立後に監督した劇場用作品『サマーウォーズ』と、様々な共通点が見られることが指摘されている(山嵜高裕「サマーウォーズ「Wars」の「s」をぼくも担っている…!!」『映画芸術』夏号、一〇-一一頁、二〇〇九年)

*9 前掲『東映動画40年の歩み』二〇頁

*10 九三年には特撮テレビ番組の劇場版興行が「東映スーパーヒーローフェア」として分離されている。

*11 『キネマ旬報』二月下旬号、一四七-一四八頁、一九九三年

*12 「東映、正月映画にアニメ、観客総低年齢化に対応。」『日経流通新聞』一九九三年七月二〇日、五面

*13 『キネマ旬報』二月下旬号、一五五-一五六頁、一九九五年

*14 前掲「東映、正月映画にアニメ、観客総低年齢化に対応」

*15 『キネマ旬報』二月下旬号、一七五-一七六頁、一九九九年

*16 『キネマ旬報』二月下旬号、一五〇頁、二〇〇一年。なお、二〇〇〇年代から日本映画製作者連盟は、配給収入ではなく興行収入を発表しているため、本書でも興収を記載した。

*17 「東映、「アニメフェア」曲がり角、作品絞り、期間を延長、外国映画・東宝に客流れる」『日本経済新聞』二〇〇二年二月一三日朝刊、一三面

*18 『キネマ旬報』二月下旬号、一六〇頁、二〇〇四年

＊19 「初代プロデューサー清水慎治が語る『ONE PIECE』の道程」『キネマ旬報』夏の増刊号、六八頁、二〇一六年

＊20 前掲「初代プロデューサー清水慎治が語る『ONE PIECE』の道程」六九頁

＊21 「東映動画の方針と今後の動向 西沢信孝インタビュー」『キネマ旬報』八月上旬号、五一頁、一九九七年

＊22 前掲『東映アニメーション50年史』八五頁

＊23 『NETWORKペロ』二号、一九頁、一九九五年

＊24 『動画労組ニュース』全東映労連東映動画労組、二〇〇一年二月二日

＊25 一二年から社長を務める高木勝裕が、八〇年以来、東映動画に勤続してきた経歴を持っていることも見過ごせまい。同じく一二年から二〇年まで会長を務めた森下孝三の経歴と合わせてみれば、一〇年代の東映アニメーションは、自社内でキャリアを蓄積してきた経営者によって率いられるようになったと言える。

＊26 久米郁男『労働政治―戦後政治のなかの労働組合』中央公論新社、二四－三〇頁、二〇〇五年

＊27 前掲『東映アニメーション50年史』一四〇頁

＊28 前掲『東映アニメーション50年史』一四一頁

＊29 日経BP社技術研究部編『進化するアニメ・ビジネス―世界に羽ばたく日本のアニメとキャラクター』日経BP社、一二〇頁、二〇〇〇年

＊30 前掲『進化するアニメ・ビジネス』一一八頁

＊31 前掲『進化するアニメ・ビジネス』一二一－一二二頁

＊32 閉所に伴い、研究所講師だった千田国広が、東映アニメーションとの契約終了を告げられ、雇い止め無効の訴訟が行われたことは記憶に新しい。千田は『ママレード・ボーイ』の美術デザインなどを手がけた東映動画の契約者であり、二六年間継続して口頭契約が更新されていた。動画労組によれば、千田の「入社」した八四年は、未だ美術課が適宜欠員を補充していた時期で、契約形態が不透明であり、さらに二〇〇一年、東映アニメーションが多くの非正規労働者の直庸化を行った際には、フィリピンへの技術指導派遣中で手続きをとれなかったため年次更新の契約者のままに留まっており、結果として解約の対象となったものだった。これは七〇年代における雇用政策の遺制と言えよう。

＊33 「東映アニメーション研究所の閉所について」 http://www.toei-anim.co.jp/toei_110322.html（二〇一九年九月一七日最終確認）

＊34 前掲『東映アニメーション50年史』七三頁

＊35 白盛琇「アジアにおける日本のアニメーション産業の展開―アニメーションの国際共同制作からみえてくるもの」『神田外語大学紀要』二二号、一〇九頁、二〇一〇年

＊36　前掲『東映アニメーション50年史』七三頁
＊37　前掲『東映アニメーション50年史』九五頁
＊38　前掲『東映アニメーション50年史』二三九頁
＊39　「アニメがあぶない、人手不足深刻　頼みの綱は東南アの下請け」『日本経済新聞』一九九〇年一月二三日夕刊、一五面
＊40　「日本俳優連合30年史」https://www.nippairen.com/progress/30his/30his024.html#i-2（二〇一九年九月一七日最終確認）
＊41　前掲『東映動画40年の歩み』二〇頁
＊42　「アニメーション業界裏方の悲惨」『AERA』二月四日号、二八頁、一九九〇年
＊43　空洞化に関する危惧は元請け企業に限ったものではなく、下請けプロダクションが結成した団体である「アニメ事業者協会」の副会長を務めた野田拓実も、海外発注体制の問題点を指摘している（「深刻、アニメ業界　綱渡りの現場環境　国会でも待遇問題」『朝日新聞』一九九一年六月二六日朝刊、二九面）。
＊44　千蔵豊氏へのインタビュー、二〇一六年六月八日、於東村山市
＊45　『第一六回定期大会議案書』映演総連全東映労連東映動画労働組合、一九九一年九月二四日、一三八頁
＊46　岩佐陽一編『ゲッターロボ大全G』双葉社、一三五-一四〇頁、一九九九年
＊47　九〇年の春闘時、動画労組がマネジメントスタッフを対象に実施したアンケート中の海外下請けに関する項目では、「①会社が生き残るためには、もっと強化すべき」への回答者が〇名なのに対し、「④海外下請けはやめるべき」が二名おり、また「②やむを得ない」が六名、「③国内の体制は、しっかり確保すべき」が一〇名と、消極的な妥協策として見る傾向が強く出ている（『第一五回定期大会議案書』映演総連全東映労連東映動画労働組合、一九九〇年九月二六日、二二〇-二二二頁）。このアンケートの回答率は七八名中一四名、約一八％と高いものではなく、また中間管理職が労働組合に直接回答をしていることから、現状を問題視する傾向の強い答えが集まっている可能性は高いが、特に③を選んだ回答者から、「現在はやむを得ないと思う。ただ先に相手国の力が上ってどこにも出せなくなった時のことを考えて国内の体制を考えよ」「国内の体制のメイン部分は確保すべき」との声が寄せられていることは注目に値する。ここには人件費上昇によって韓国からフィリピンへの移転が行われた過程での、生産ラインの動揺の経験が反映されているように思われる。
＊48　前掲『アニメの未来を知る』六五頁
＊49　前掲『東映アニメーション50年史』五三頁
＊50　池田自身、「演出担当をしていた者の配属先として当人の提案で決まったものであって、会社自体が研究開発を組織的に行うために設置したものではなかった」と回想している（池田宏「日本アニメーション学会・前史」『アニメーション研究』一一巻一号A、五一頁、二〇一〇年。「もう一つの『どうぶつ宝島』」『アニメーション

*51 研究』一三巻一号A、三九頁、二〇一二年)。
七〇年代半ばには日本の商業アニメーションでも、テレビシリーズで電子技術が使用されるようになっていた。タツノコプロダクションの『宇宙の騎士テッカマン』『タイムボカン』では、ビデオ撮影した画像をコンピュータによって加工するスキャニメイトが用いられた。一方、東映動画の作品では、『ゲッターロボG』のオープニング終盤に、ワイヤーフレームのモーフィングのような手描き作画が見られ、当時のデジタル技術への関心がうかがい知れる。

*52 前掲『東映アニメーション50年史』五三頁

*53 前掲『アニメの未来を知る』三三頁

*54 前掲「日本アニメーション学会・前史」五三頁

*55 上原弘子「コンピュータ・グラフィックスを使ったCM制作」『放送技術』一一月臨時増刊号、一二六頁、一九九二年

*56 前掲『東映アニメーション50年史』六七頁

*57 前掲『日本アニメーション学会・前史』五三頁

*58 前掲『アニメの未来を知る』三五頁

*59 前掲『東映動画40年の歩み』一九頁

*60 前掲『アニメの未来を知る』三六-三八頁

*61 大口孝之『コンピュータ・グラフィックスの歴史―3DCGというイマジネーション』フィルムアート社、一八八頁、二〇〇九年

*62 前掲『東映アニメーション50年史』九七頁

*63 前掲『進化するアニメ・ビジネス』九八-一〇六頁

*64 「MAMORU HOSODA SPEAKS FOR HIMSELF」『フリースタイル』七号、四七頁、二〇〇七年

*65 二〇〇〇年頃の東映動画では、素材運搬用に八台の車両をリース契約で使用していたが、契約期間である四年間に、近場のみの利用にもかかわらず一〇万キロを超える走行距離が記録されており、ガソリン代も含めて大きな負担になっていたと思われる(前掲『進化するアニメ・ビジネス』一〇三-一〇四頁)。

*66 前掲『進化するアニメ・ビジネス』一〇〇頁

*67 前掲『東映アニメーション50年史』九三頁。『NETWORKぺロ』二〇号、四頁、二〇〇〇年

*68 「東映動画、アニメ専門初の株公開へ TV局の下請け脱皮、コンテンツ資金調達。」『日経産業新聞』一九九七年一月一日、一面。ただしテレビ局との関係性が弱められたわけではなく、むしろ二〇〇三年には新社長として、高橋浩がテレビ朝日から招かれている。

*69 『有価証券報告書』東映アニメーション、一六頁、二〇〇一年三月三一日。同時期から、テレビシリーズの「制作」にクレジットされる企業名が「東映」から「東映アニメーション」になり、東映は「制作協力」と表示されるようになった。

*70 「東映アニメーション、版権供与 異業種にも的―キン肉マンなど127作品」『日経産業新聞』一九九九年八月一八日、三面

*71 前掲『東映アニメーション50年史』九三頁。ラテルナはその後、東映の関連会社としてシネマコンプレックス運営や配給事業を行うティ・ジョイのグループ企業時代を経て、一〇年に映像企画製作会社であるアマゾンと合併し、アマゾンラテルナとなった。

終

理論との架橋

本書は、東映動画の事業の史的変遷を記述することによって、市場と企業の論理のもとに、アニメーションの制作される場が変化していくダイナミズムを素描しようとしてきた。最後に本書の成果と、こうした文化生産の場に内在する構造を分析する理論との架橋を試みたい。

ピエール・ブルデューは、「文学」や「芸術」という社会的に自律した〈場〉が一九世紀のヨーロッパで形成された過程について考察している。ブルデューによれば、とりわけフランスにおけるこの自律的な〈場〉の発生は、二月革命から第二帝政に至る政治的・社会的な挫折と幻滅の経験が、そうした情勢への従属の拒否を望む文化人たちに、彼ら特有の〈場〉の「独立」を正当化する傾向を醸成し、「芸術のための芸術」という考えが生じた結果とされている。ここでは「経済的・政治的条件が文学や芸術を直接的に決定するという考え」は退けられ、文化人たちは彼らの所属するミクロコスモスの中で「自分が占めている非常に特殊な位置」から「彼らの性向に内在する知覚カテゴリーを通し」て政治情勢を把握する存在として描かれる*1。彼らは、職業人としての自身に内在する独自の偏光板を通して社会的諸条件を捉え、また自身が持つ表現上の資源を駆使して、社会的応答を行うのである。

東映動画においては当初、アニメーションの同時代性を獲得するための表現上の思考錯誤と、企画権やスタッフ編成権を含め会社側と対等な立場で権利を要求する労働運動の試みとが同時に表れ出た。『こねこのスタジオ』に見られたスタジオ観や、『太陽の王子ホルスの大冒険』に表れた共同性をめぐる思想は、企業組織の問題や労働運動の論理を作品によって表現したものではなく、もともと制作者たちに内在した問題意識が、あるときは労働運動への参加によって追求されたのと同じように、作品の創造過程を通して吟味されたものと言える。

見方を変えるならば、労働運動はスタッフたちの問題意識が表れる場のひとつであった。ここでその構成員たちは、まさに自身に内在した知覚カテゴリーを通して企業組織の情勢を捉えるとともに、それへの応答として、あるときは労働運動に携わり、またあるときは作品の内容や制作体制を問い直した。文化生産と労働運動の、どちらかがどちらかを一方的に規定していたのではなく、二者の共通した基盤に、企業組織の一員としての創造過程への能動的な関与へ向けた企図が存在し、その実践が複数の形態をとって表れたと言える。そして創造と労働とが相互に絡み合うこの実践は、企業の論理の中で作品を制作することについての思考を蓄積させていった。

東映本社の経営方針によって左右される、非常に不確かな東映動画の経営基盤のもとで、現場の職員たちは「一品製品としての作品の質を守ろうと」した。これは「映像という商品の価値を落としては、視聴者から見捨てられ、かえって問題を増幅するだけ」になると考えられたからだった[2]。このとき掲げられた「いい作品を作ろう」というスローガンは、作品の質を高めることのみに専心して労働条件や情勢を等閑視するような、表現のみにすべてを賭した論理ではなく、むしろどの程度の規模と質の作品を、どのようなスタッフ編成で制作するかを、経営側の論理とは異なる、労働者側の論理を提示する過程を通して構成されたものだった。この論理の妥当性は、作品の制作規模を企業側が縮小することによって経営の合理化をはかり、これを人員削減という手段によって実現しようとした実例によって、皮肉にも裏付けられた。

歴史的に見れば長らく東映動画は、受注事業ゆえの構造的な脆弱性を抱え、企業としての存続を職員の労働条件の抑制によって贖うほかない地位に置かれてきた。これは受注額の減少ないし伸び悩みに対応するための経営合理化が、制作原価とスケジュールの圧縮を目的とした技術的制限だけでなく、人員削減や外注の更なる強化といった施策をも導いたことに顕著に表れている。そこで作品の質を問い、あるいはその維持や向上を訴えることは、商品としての価値を守るのみならず、既存の制作体制と深く結びついた労働環境を保全し、あるいは改善しようとする意味を持つことになる。文化生産のあり方に向き合うことは、相互に絡み合った創造と労働の双方の質を問うことにつながらざるをえなかったのである。

こうした思索は個々人の思想によって紡がれたものではなく、むしろ集合的心性の産物というべきものである。したがってその実践は、東映動画という企業体の幾度かの転機を経ても、潰えることなく継続した。

本書では企画や制作体制の変遷と並んで、労働運動を長期的な変動を捉える際の定点観測のひとつの対象としてきた。これは運動が生起する場や条件を、思想やイデオロギーからではなく、日常的にその構成員が所属する職場から内在的に記述する試みともなった。

分業に基づく商業アニメーション制作という、あらかじめ強い集団性を帯びた職場において、そこで起こった事件や問題への対処は、やはり集団的な連帯によって解決がはかられた。資本の運動体である企業に対抗する労働組合という運動体の活動理念は、日々の職業生活と密接に絡み合い隣接して存在してきたと言える。ジョルジュ・ルフェーブルが述べたように、人々の間にあらかじめ相応しい集合心性が醸成されていて初めて結集はなしうる*3。理念も運動もこの心性に合致して初めて意義を認められるものであり、思想が先行していたのではないのである。

普遍性と特殊性

続いて、本書で記述してきた事象のうち、どれがアニメーション制作事業にとって普遍的な要素であり、またどれが東映動画に特殊なものかを検討したい。ただし、もとより複雑に絡み合った諸事象を、くっきりと普遍か特殊かに区分することは不可能であり、あくまで要素の濃淡を便宜的に区分しているものであることには留意されたい。

企画の経路依存性

まず、普遍的と考えられる事象について述べたい。

本書では東映動画の制作した劇場用作品やテレビシリーズについて、特に企画者の世代に着目して記述を行った。初期の劇場用長編の企画は、大正期に少年時代を過ごした映画人たちによって決定されており、立川文庫や「講談社の絵本」に見られた題材が採用されていた。東映動画の発足時、すでに拡大を見せていたマンガ文化に原作を求めた企画は、一九三〇年代に生まれ、学生時代に戦後の出版文化と接した世代の企画者たちが発言権を得るまで実現しなかった。後に東映動画が新人採用を停止すると、企画者は演出家からの異動や本社からの出向によって補われるようになった。しかし同時代性を捉えたアイディアの必要性から、契約者のような形であっても、若手の企画部員は必要とされた。

東映動画の企画は、このように企画者の世代が持つ発想や感覚、人脈などに拘束されていた。したがって企画者の世代交代は、アイディアや原作の供給源となる媒体を変化させた。作品内容の傾向を規定する最終的な権限が企画者に置かれた場においては、その経歴や発想にこそ、コンテンツ生産の経路依存性の根拠を見ることができるのである。

生産ラインの維持

生産ライン維持の発想にも、普遍的な構造を見ることができよう。

アニメーション制作事業では受注の増減がつきものである。東映動画の場合、テレビシリーズについては、その初期から制作本数の増減があった。受注が減少したときに、固定費の負担が経営を圧迫することを避けるため、テレビシリーズのアニメーターには、作業量によって報酬を算定できる契約者を充当する方針が根付いていった。

劇場用作品については東映からある程度、安定した受注を維持できていたが、それでも七二年の合理化時には、その規模が縮小されたことで、社員や契約者の削減がはかられた。このように、労働集約的なアニメーション制作事業では、生産量と人員数が密接な連動性をもたざるを得ない。こうした受注の不安定性と雇用の不安定性の関係は、アニメーションに限らずコンテンツ生産に関わる制作会社に普遍的な現象ではないだろうか。

生産ラインを安定的に維持するためには、企画を継続的に実現させ、制作本数を一定に保つ必要がある。企画者と製作担当の双方を務めた原徹の発言には、この二つの職務の間にある葛藤が表れていた。

逆に、企画がスムーズに実現し、複数の路線が維持されることで生産ラインの安定に資した時期には、その葛藤は潜在的なものに留まる*4。企画の確実な実現により受注を安定させるためには、企画者が提携先との日々のやり取りを通して、その時々の流行を敏感に察知し、フレキシブルに対応していく必要がある。ただし作品の傾向と制作スタッフの適性が連動している以上、このフレキシビリティは完全には雇用を安定させないから、そこには一定の矛盾が残るのである。

冗長性の確保

複数の傾向の作品を同時に制作しているからといって、すべての作品がヒットし、会社に利益をもたらすわけではない。しかしこれは、版権収入上のヒット作が生み出した利潤を他の作品が蕩尽しているのではなく、複数の枠を維持して路線を多様化することで、リスクヘッジをはかっているものと考えられる。企画の内容や、それを実現させるための提携先企業との関係を一元化せず、常にヴァリエーションを持たせ、生産ラインを維持しながら路線の検証を行うことが、イノベーションをはかるための「冗長性」*5を確保することにつながる。これが長期的には事業の存続に資するのである。

ホルクハイマーとアドルノは、この商業上の拘束の効用をすでに提示していた。二人によれば、全てを図式化する文化産業の手法は、「教養豊かな文人たちが資本主義以前の過去を有機的なものとして聖化する場合に引き合いに出す様式という概念の、どんな現実形態と比べても、はるかにきびしく、はるかに高い妥当性を持っている」という*6。ここで彼らは、資本の論理のもとで形成された文化生産のプロセスに極めて洗練された機能が伴われていることをシニカルに認めていよう。

大量の描画から生成されるアニメーションという表現形態は、経済的条件によって確実に拘束される。ここでその制作過程は、文化生産が経済的な諸制度と折衝する場の、ひとつのモデルケースとみなせるのである。

演出中心主義

本書で論じたように、演出家が作品の質的側面を統括する制作体制は歴史的には自明のものではなく、東映動画では六〇年代から七〇年代初頭までに、アニメーター主導のそれから徐々に転換していったものと言える。

この転換の要因としては、まずアニメーションの演出家たることを志望して入社した世代の顕在化や、撮影所の助監督からの移籍者の存在、そしてヌーヴェルヴァーグに代表される同時代の監督主義的な映画の捉え方の影響などが、作り手側の内在的かつ能動的な要因として指摘できる。他方で経営面からは、テレビシリーズの開始に伴う制作スケジュールの圧縮が、合議制の簡易化と、絵コンテによる集中的な視聴覚表現の管理を徹底せしめ、これが演出家の地位を引き上げた。演出中心主義とは、この二つの危ういバランスの上に成立したのであった。

東映動画を退社した高畑勲が、間もなくこれをレイアウトによる質と量の集中的管理の手法へと発展させたように、東映動画における演出中心主義の成立は、ある程度その後のアニメーション制作の体制に影響を与えた側面があったと言えよう。ただし、高畑自身が東京ムービーのチーフディレクター制を参照していたように、そこには他社からの影響もまた見られるものである。作画工程を外注しつつ、演出家を押さえることで一定の管理を実現していた東京ムービーの事例は、東映動画の事例との比較検討が可能であろうし、またそれら様々な制度の総合化によって、たくまずしてある体制が醸成される過程の検証が、今後は必要だろう。

労働条件

対照的に労務政策は、東映動画に顕著な特殊性が強く見いだせる側面である。

東映動画をアニメーション産業の源流とみなす視点からは、その初期からの賃金抑制策が、今なお続くアニメーション業界の低賃金を規定した要因のように見えるかもしれない。しかし、こうした見方には慎重であった方がよい。

東映動画の発足当初から、その賃金の基準は、東映の子会社ゆえに親会社より低いものとして定められた。また、急な増員によって学歴不問の不定期採用者もいたことから、社員の中でも大幅な給与格差があった。これは一義的には東映の労務政策の結果であり、同業他社とはまったく異なる要因と言える。

むろん東映動画の賃金体系が、同業他社の報酬額の基準に影響を与えた可能性は残されている。

アニメーション制作会社が増加する国産テレビシリーズの草創期には、虫プロダクションにせよＡプロダクションにせよ、東映動画の一部のアニメーターを、高い報酬額で引き抜いていた。しかし、この施策は間もなく、契約者やフリーランサーの利用[*7]、工程別の下請けプロダクションへの発注といった合理化策へと転換していく。こうした過程の分析については、受注不安定性を抱えた産業構造に、労働集約的なアニメーション制作事業がいかに対応したかという微視的な事例検証を、高度経済成長期における人件費の急速な上昇という巨視的条件についての研究成果も踏まえながら進めるほかないだろう。

版権事業

本書では、短編から長編へ、映画からテレビへ、そしてプロダクションからライセンス管理へとその事業を拡大・移行してきた東映動画の史的推移を、映像産業のあり方が変遷していくモデルケースのひとつとすべく記述してきた。現在では、いわゆるキャラクタービジネスによって利益をあげる手法は、ごく一般的なものと捉えられるかもしれない。しかし、そもそも東映の一傍系企業であり、長らくアニメーション制作を本社から受注する構造の中に置かれていた東映動画が、商品化やイベント事業などのライセンスを独自に掌握し、制作事業の赤字を補填するようになる経緯は、東映グループ全体の経営方針の史的変動という特殊な条件下で実現したものであることに注意を払う必要がある。

営業部門を含めた東映動画の事業の史的変遷自体を、アニメーション産業の代表的モデルとしてみなすことには、なお慎重でありたい。この点については、たとえば当初、テレビ局からプロダクション工程を受注するにとどまり、また版権掌握には積極的ではなかったとの証言のある[*8]、ＴＣＪなどとの比較検討を行う必要があると思われる。

今後の課題

まず今後のアニメーション史研究では、本書で素描した東映動画というモデルケースとの実証的な比較検討による、さらなる相対化が必要である。従来、東映動画と対比される老舗の制作会社では虫プロダクションが一般的だったが、これは作品論やスタッフ論の観点からの枠組であり、またそもそも本書でも見てきたように、東映動画自体が一つの作法に帰することのできない多元性を伴ったスタジオである。産業史的な観点からはむしろ、戦前に主として教育映画市場へ向けて短編アニメーションを量産した横浜シネマ商会[*9]、戦後にＣＭ制作の一環としてアニメーション制作をはじめ、短編映画からテレビシリーズの制作へ至ったＴＣＪ、後発企業として初期からテレビシリーズ制作の社外発注やフリーランサーの使用を行っていた、東京ムービーやサンライズなどとの比較が行われるべきだろう。

国際比較の観点も重要である。大手映画会社の下請けとして長編アニメーション映画を制作するリスクは、現象としてはフライシャー兄弟の顛末と重なるところがあるし、ディズニーやハンナ・バーベラが経験したそれぞれの労使紛争を、日本の事例と比較することもできよう。また、海外発注の構造や輸出入の枠組みについての研究は、元より一国内の視点から行いうるものではない。

労働という観点から、アニメーションをはじめとしたコンテンツ産業の従事者たちを見ていくことも重要である。本書で取り扱った事例は、構造的にはアニメーションだけに限られた問題ではなく、序章で触れたように、映画人やテレビマン、デザイナーやＩＴ技術者、研究・教育関係者まで共通する、現代社会に普遍的な側面を持っていよう[*10]。特に本書では、仕上課を中心とした女性労働者の問題を、限定的にしか取り上げることができなかった。ジェンダー論の観点から、この点をより掘り下げていく必要がある。

筆者は調査を進める過程で、アニメーション業界で長く労働運動を担ってきた人々から、労働条件の規制緩和を進める論理は、よく自分たちが言われてきたことだと聞いた。この意味でアニメーション業界の労働問題は特殊なものではなく、現在の日本社会が抱えるそれと共通する側面を持つように思える。

＊1　ブルデュー、ピエール『芸術の規則Ⅰ』藤原書店、一〇二頁、一九九五年

＊2　吉村次郎「東映、アニメの技術史—東映アニメの撮影から見た戦後アニメ制作の変遷」『日本アニメーション大全』世界文化社、三一九頁、二〇一四年

＊3　ルフェーブル、G『革命的群衆』岩波書店、三二一-三三頁、二〇〇七年

＊4　制作を務めた関口孝治氏は筆者のインタビューに対し、七〇年代後半の有賀企画部長の元ではテレビシリーズ週五本が維持されたことで、制作体制も安定したと評価した（二〇一五年一二月一九日、於所沢市）。

＊5　半澤誠司「文化産業の創造性を昂進する集積利益に関する一考察」『人文地理』六二巻四号、二九-三一頁、二〇一〇年

＊6　ホルクハイマー、M、アドルノ、T『啓蒙の弁証法—哲学的断想』岩波書店、一九六頁、一九九〇年

＊7　ただし東映動画の場合、契約者制度の拡大とは別に、正規雇用を長らく停止した判断には、東映側の労務政策からの影響という特殊な条件を見ないわけにはいかない。

＊8　小野耕世「高橋茂人，日本におけるテレビCMとTVアニメの草創期を語る（TCJからズイヨーへの歴史）」『京都精華大学紀要』二六号、一九六-一九七頁、二〇〇四年

＊9　東映動画が発足する以前は、少人数制と徒弟制に基づいた家内制手工業的な制作体制しか存在せず、産業は確立していなかったとみなす傾向は根強い。しかしある程度の規模の市場を前提として企業が資本を投下し、人員と設備をそろえて一定のサイクルで生産を行っていれば、そこには独自の産業構造を見ることができるのであり、東映動画を産業化の源流として自明視することは注意深く避けられるべきだろう。

＊10　吉澤弥生『芸術は社会を変えるか?—文化生産の社会学からの接近』青弓社、九頁、二〇一一年

おわりに

東映動画を対象に本研究を始めてから、気がつけば一〇年以上が経過していた。必ずしも本研究だけに取り組んできたわけではないが、それでもこのテーマは筆者にとって、最も重要なものであり続けてきた。

東映動画の一次史料に最初に触れたのは、二〇〇八年のことだった。作品分析に飽き足らなくなり、より実証的な歴史記述を目指して、半ば伝説化されていた東映動画の六〇年代、とりわけても労働組合についての調査を思い立ち、様々な伝手を頼って調査を申し込んだ。幸い快諾していただき、事務所へ調査に入った初日、未整理の段ボール箱の中から「冬をひかえてオーバーのない人が四一人」云々という、『日本アニメーション映画史』にも記された、組合によるガリ版刷りのビラを発見した。膨大な史料が眠っていると思しきことを確信した筆者は、以後、在住している千葉県から東京都内を横断して、練馬区大泉学園のスタジオまで幾度も通い、ビラや議案書などの整理を行いつつ閲覧していった。副本が確認できたもの以外は基本的に借り出すことをせず、その場で撮影するようにしたのは、史学科で受けた教育の影響だった。なかには組合側の発行物だけでなく、労使間裁判準備書面のように会社側のものを含む文書も現存しており、これが本書の研究における最も重要な史料となった。

その後、この史料は様々な形で活用された。大塚康生氏のドキュメンタリー『飄々～拝啓、大塚康生様～』に組合ニュースが登場したり、また他の研究を志す人がこれを利用して論考を著したりしたことを考えると、みだりに持ち出さず元ある場所に留め置いたことは、適切だったと思う。

調査の成果を論文として発表し、博士課程を修了した後も、任期付きの助手や日本学術振興会特別研究員などを務める傍らで、公私ともに様々な枠組みでオーラルヒストリーに関わることになり、筆者の関心と視点は繰り返し研磨されていった。とりわけ七〇年代半ば以降の東映動画の動きに関心を抱いたのは、調査の過程で行ったインタビューによるところが大きい。特定の著名人や経営者だけに功績を帰するのではなく、経営危機を現場で経験し、なおそこに留まって、それぞれの職掌と立場のもとで復興に携わった一人ひとりの営みにこそ、貴ぶべき意義があると考えるようになった。

*

本書の草稿を準備し始めてから、かなりの時間が経ってしまい、博士課程の頃にお話をうかがった中には、すでに鬼籍に入られた方もいる。また、近年には東映アニメーションの社屋が建て直され、発足以来のスタジオが姿を消した。時代区分とは分析と論述上の便宜的な手段に過ぎず、歴史が常に流動していることを実感せざるをえない。

執筆に思いのほか時間がかかってしまったのは、生来の優柔不断さによるところが大きく、様々な形でご協力くださった方には申し訳なく思っている。特に気長にお待ちいただいた編集者の小川敏明氏には、大変ご迷惑をおかけした。この場を借りてお詫び申し上げる。ただ、本書が研究者としての遺著になっても悔いのないよう意を尽くしたいという想いが強くあったことも確かである。

人文・社会科学系の研究者をめぐる情勢は日に日に厳しくなっており、筆者自身もいつまで研究を続けられるかわからない。本研究を進める過程で、いくつかの任期付きの職を渡り歩きつつ、母校を初めとして非常勤講師の雇い止めも繰り返し経験した。研究の質もまた、安定した生活によって成り立つものであり、その点では研究対象から学ばされることが数多くあった。

本書のように学術的な枠組みが確立していない対象を扱う研究を賄うだけの余裕は、いまや日本の学界にはほとんど残されていないように見える。願わくは本書が、いずれいずこかの近接した関心を持つ人の元へ届き、批判的発展がなされることがあれば、喜ばしい限りである。

本書には二〇一一年に千葉大学へ提出した博士論文および、左記の論文やエッセイの一部を再構成して利用している。より正確に言えば、二〇一五年以降に発表した論考は、本書に用いるため準備していたメモから必要な部分を切り出し、再構成したものである。ただし、各論稿にはそれぞれ独自のテーマが設定されているため、本書では割愛した部分もあることをお断りしておく。

*

「初期東映動画における映像表現と製作体制の変革」『同時代史研究』三号、一九-三四頁、二〇一〇年
「一九六〇年前後の日本におけるアニメーション表現の変革」『美学』六一巻二号、四九-六〇頁、二〇一〇年
「東映動画株式会社の発足と同社アニメーション映画の輸出に関する一考察」『演劇映像学―演劇博物館グローバルCOE紀要』二〇一一年一集、一四七-一六八頁、二〇一二年
「テレビアニメーションの国産化と初期事業の形成―一九六〇年代日本のアニメーション制作会社とテレビ局を例に」谷川建司、須藤遙子、王向華編『東アジアのクリエイティヴ産業―文化のポリティクス』森話社、二三九-二五七頁、二〇一五年
「東映動画の輸出と合作―大川博時代の構想と実態」岩本憲児編『日本映画の海外進出　文化戦略の歴史』森話社、二二五-二四八頁、二〇一五年
「東映動画株式会社における映画製作事業とその縮小」谷川建司編『戦後映画の産業空間―資本・娯楽・興行』森話社、八五-一一三頁、二〇一六年
「商業アニメーション制作における「創造」と「労働」―東映動画株式会社の労使紛争から」『社会文化研究』一八号、

一〇三-一二五頁、二〇一六年
「残された人びと―「それ以降」の東映動画」『歴史＝表象の現在Ⅲ――記す／編む／現す――（千葉大学大学院 人文社会科学研究科 研究プロジェクト論集）』三〇五集、一五四-一六五頁、二〇一六年
「卵の殻のなか―東映動画の幾原邦彦」『ユリイカ 詩と批評』九月臨時増刊号、九〇-一〇一頁、二〇一七年
「五九年世代と演出中心主義―高畑勲と東映動画の〈長い六〇年代〉」『ユリイカ 詩と批評』七月臨時増刊号、四八-五五頁、二〇一八年
「アニメ表現」「アニメ制作の現場」『学生と市民のための社会文化研究ハンドブック』晃洋書房、六二-六三、六八頁、二〇二〇年

＊

本書の成立にあたっては、先述のように大変多くの方にお世話になった。

まずはまったく畑違いの無謀な筆者の研究を、その将来性を危ぶみながらも受け入れ、見捨てることなくご指導くださった千葉大学の池田忍先生には、たびたびご迷惑をおかけした。また、千葉大学でご指導いただいた先生方ならびにゼミの諸先輩、同輩、後輩の皆さま、そしてやはり畑違いでありながら日本学術振興会特別研究員の受け入れ教員となってくださった中西新太郎先生、荒川章二先生にも、様々なご助言をいただいた。

早稲田大学演劇博物館の皆さまにも御礼申し上げたい。学外者でも自由に無料で利用できる同館の図書室には、大学院生の時代から一方ならぬ恩義があるが、のみならず博士課程修了後には研究助手として採用していただき、職業研究者としてのスタートを切ることができた。

現・国立映画アーカイブにも、二〇〇四年の企画上映「日本アニメーション映画史」以来、様々な形でお世話になった。

日常的には目にすることのできない映像作品や資料に触れる貴重な機会は、アーカイブなくしてあり得ないものだった。また、米沢嘉博記念図書館の皆さまにも、他館には収蔵の少ないアニメ専門雑誌をはじめ様々な資料の閲覧の際、たいへん親切にご対応いただいた。

本書を完成させるうえで、岩本憲児先生、板倉史明先生、小山昌宏先生、須藤遙子先生、谷川建司先生には、それぞれから論集への執筆や共同研究へのお誘い、ご助言、資料提供などをいただき、それが大きな助けになった。ジャンルや出自を問わず声をかけてくださる方々の力なくして、筆者の研究はここまで継続できなかっただろう。

本書の完成を待たずして逝去された井上雅雄先生には、最後までご心配をおかけし、申し訳なく思う。井上先生の『文化と闘争―東宝争議1946-1948』は、筆者のこれまでの人生で最も影響を受けた研究書であり、晩年の数年間とはいえ同じ共同研究のチームに加われたことは、この上ない光栄だった。

日本アニメーション学会の皆さま、とりわけ、たつざわさとし氏、津堅信之氏、原田央男氏、原口正宏氏、渡部英雄氏、そして故・渡辺泰氏には、様々な局面で史料提供やご協力をいただいた。また、都内で自主的に運営されている「アニメーションに関する学術研究の会」の皆さまには、本書の草稿にコメントをいただき、大変参考になった。

そして何より、現・東映アニメーションならびに東映動画関係者の皆さま、一介の大学院生に過ぎない筆者の資料調査に応じてくださり、その後も様々に協力をしてくださった東映動画労働組合ならびに映演労連の皆さまには、どんなに感謝をしてもしきれない。証言を用いた方々はもちろん、直接には発言を引用していない方々や、様々な事情からインタビューを実施できなかった方々とのやり取りを含む成果によって、本書はこのような形で完成を見た。もちろん本書の論旨の責はすべて筆者自身にあるが、筆者の観点を何よりも深く彫琢したのは、ほかでもない一人ひとりの言葉であった。

＊

本書はときに、個々人の人生の選択に関わるような、デリケートな事象を取り扱うことになった。ほぼすべてを実名で扱ったのは、本書が歴史的経緯を重視し、誰がどのような立場と考えに基づいて個々の事象に向き合ったかを明らかにする必要があったからで、いかなる場合であっても特定の個人を非難する意図はない。

筆者はどのようにしても当事者たりえない。好意も嫌悪も憧憬も侮蔑も、すべては当事者のものであって筆者のものにはなりえない。歴史家の吉沢南は、自身の聞き取り調査方法の再検討を通し、事実探求が露悪趣味に走らないよう戒めているが*1、その姿勢は歴史著述一般についての普遍的原則と言うべきだろう。筆者も、これを旨としたつもりである。

また、野口雄一郎と佐藤忠男は、かつて『映画評論』誌に掲載した東映動画についてのルポルタージュで、一度結成された労働組合が解散に至る経緯について詳述した後に、経営陣から「従業員の一部不平分子の不平不満ばかり反映している」と抗議を受けたことに対して、「一人や二人の従業員の述べたことをそのまままうのみにして書いたわけでない」と弁明している*2。これも同様である。社史の記述と労働組合の所蔵する史料とを対照させ、さらにそこで浮き上がった歴史像を、インタビュー調査や他の史料によって相対化していく作業は、筆者にとって複雑かつ厳しい過程となったが、同時に心楽しいものでもあった。

ただ、そのため筆者は、対象への敬意だけは完全に捨て去ることができなかった。それが研究上の論旨を歪め、あるいは分析を鈍磨させていることはあるかもしれない。これについては今後の評価を待ちたい。

最後に、本書の難渋な記述に最後までお付き合いいただいた読者の皆さまにも御礼申し上げて、結びの言葉としたい。

*1　吉沢南『私たちの中のアジアの戦争―仏領インドシナの「日本人」』有志舎、二五二頁、二〇一〇年

*2　野口雄一郎、佐藤忠男「激動する日本の撮影所―撮影所研究・総括」『映画評論』二月号、三九頁、一九六二年

本書の成果の一部は、平成二五～二七年度科学研究費補助金（特別研究員奨励費、課題番号25・9020）による助成を受けたものである。

木村圭市郎　099
楠部大吉郎　112, 116
栗山富郎　072, 291
黒田昌郎　058, 122, 123, 124, 222
小田部羊一　058, 132, 141, 222, 225, 273
五島慶太　030, 201
五島昇　201
小西昌三　186
小山礼司　066, 074, 075, 166
渾大防五郎　045, 047, 048

さ

佐藤順一　296, 302, 319, 327
芝田浩樹　296, 300, 332
島村達雄　074, 137
白川大作　047, 048, 099, 102, 122
杉井ギサブロー　071, 078
杉山卓　071, 225
芹川有吾　066, 067, 068, 099, 122, 126, 184

た

大工原章　059, 060, 076, 096, 128, 292
高岩淡　075
高橋勇　029, 044, 048, 063, 159, 204, 241
高橋信也　217
高畑勲　058, 060, 068, 112, 122, 123, 124, 126, 129, 132 168, 222
田坂具隆　127
田宮武　260, 288, 294
月岡貞夫　066, 107
手塚治虫　046, 047, 048, 061, 062, 104, 113, 116, 157, 253
登石雋一　130, 207, 242
戸上光男　117
泊懋　326

な

永井豪　253
永沢詢　041, 062, 064, 069, 073, 074, 079, 219
西尾大介　296, 299
西崎義展　265
西沢信孝　107, 325

は

橋本潔　039, 043
籏野義文　163, 183, 212
原徹　045, 048, 058, 080, 122, 123, 142, 164, 184,199, 247
ハーマン、ヒュー　056
久岡敬史　144, 214
福永邦昭　051, 161
古沢日出夫　113
細田守　302, 327, 336

ま

マキノ光雄　029
的場茂夫　213, 297
松本零士　253
宮崎慎一　106, 119
宮崎駿　111, 129, 171, 222, 225
宮原直樹　296, 298
宮本信太郎　060
森下孝三　221, 262, 264, 297, 326
森康二　028, 048, 059, 060, 064, 066, 076, 128, 129, 142, 259

や・ら・わ

矢吹公郎　105, 122, 261
藪下泰司（泰次）　028, 043, 047, 128
山口康男　260
山崎季四郎　027, 094
山崎眞一郎　029, 070, 072, 073
山梨稔　029, 094, 096, 098, 169, 179, 180, 239
山根章弘（上原信）　037, 039, 043
山本善次郎（早苗）　026, 044, 113
山本寛巳　213, 216
横山賢二　164
吉岡修　283, 330
吉田信　107
吉村次郎　288, 335
ランキン、アーサー　196
りんたろう　260
渡邊亮徳　183, 244, 252, 269

ひょっこりひょうたん島　165, 166, 176
ピュンピュン丸　187
福島東映閉館問題　144, 243
フジテレビ　105, 247, 269, 321
褒賞制度　110, 112, 118, 133, 138
ポピニカ　254
ポピー　254

ま
魔犬ライナー0011変身せよ!　181
マジンガーZ　252, 253, 271, 278
マシントレース　185
マスコミ玩具　254
魔法使いサリー　183, 278, 331
魔法のマコちゃん　184, 250
ママレード・ボーイ　319
マルチプレーン　028, 067, 336
まんが週間　158, 241
まんが大行進　103
満州映画協会（満映）　029, 036
マーチャンダイジング　191, 247, 325
マーベル・プロダクション　281
ミラクル少女リミットちゃん　184, 283
虫プロダクション　116, 157
メイフラワー号の鼠　196, 197
メトロ・ゴールドウィン・メイヤー（MGM）　055
モグラ組　274
もぐらのモトロ　122
文部省推薦　162, 166, 203, 272
もーれつア太郎　188

や・ら・わ
やぶにらみの暴君　038, 123
輸出　025, 032, 033, 195
ユナイテッド・プロダクション・オブ・アメリカ（UPA）　037, 062
百合若大将海へ行く　045, 048
夜の虹　043, 046
ランナウェイ・プロダクション　057, 197
臨時休業　211, 212, 216, 238, 257, 270
レインボー戦隊ロビン　099, 119
労働委員会　129
ロックアウト　075, 216
わんぱく王子の大蛇退治　047, 053, 066, 079, 080, 101
わんわん忠臣蔵　048, 096, 102

人名索引

あ
赤川孝一　025, 028, 029, 036, 040
有賀健　163, 183, 212, 257, 326
飯島敬　164, 212, ,247
池田宏　028, 058, 122, 124, 127, 129, 131, 165, 220, 222, 333
石森章太郎　099, 165, 183
市野正二　076, 137
稲上晃　296, 297
今田智憲　027, 033, 105, 203, 243, 252, 267, 295, 326
上原信→山根章弘
内田吐夢　127
宇野誠一郎　166
大川毅　201, 202, 242
大川博　025, 031, 035, 042, 053, 094, 096, 098, 120, 138, 156, 170, 180, 195, 200, 204
大塚康生　036, 041, 046, 059, 063, 072, 121, 128, 129, 142, 222
岡田茂　156, 200, 203, 204, 210, 219, 241, 252, 277
奥山玲子　074, 142, 223, 273
小田克也　069, 110

か
貝澤幸男　296, 300
葛西治　107, 125
笠井由勝　270, 294, 297
勝間田具治　126, 180, 266, 282
蕪木登喜司　282
北島清　241, 270, 288

指名解雇・解約　213, 215
社員アニメーター　108, 110, 120, 142, 181, 182, 213, 214, 259, 282, 325
ジャンボマシンダー　254, 255
週刊少年ジャンプ　277, 288, 319, 320
一八人闘争　216
就労継続　142, 210
冗長性　350
少年猿飛佐助　044, 052, 055, 060
少年ジャックと魔法使い　098, 160, 165, 167
少年忍者 風のフジ丸　103, 108, 119, 185
ショウ・ブラザーズ　042, 057
職級制　060
シリーズディレクター　262
人員削減　182, 204, 207, 211, 212, 215, 216, 221
新体制確立運動　125, 170
新東宝　066, 125, 240
水滸伝　042, 048
スタジオカーペンター　292, 298
頭脳集約型企業 244, 246, 289
スモーキー・ザ・ベア　196, 198
スラムダンク　319, 320
生向労（動画新労）→東映動画従業員生活向上組合
製作担当　188, 319
世界名作童話 白鳥の王子　277
世界名作童話 白鳥の湖　273
世界名作童話 森は生きている　273, 277
001／7親指トム　196
全東映労働組合連絡協議会（全東映労連）　076, 144
1000年女王　268, 292
空飛ぶゆうれい船　124, 132, 165, 206

た

大映　032, 035
タイガーマスク　162, 185, 248, 250
太陽の王子ホルスの大冒険　098, 124, 129, 160, 165, 167, 168, 175, 179, 225, 346
龍の子太郎　168, 272
タバック　194, 292, 331, 338
春楡の上に太陽　165, 168
地代家賃　207, 297
ちびっ子レミと名犬カピ　101, 162
超合金　254, 255
チーフディレクター　261
ディズニー　028, 031, 035, 038, 054, 056,103, 162
大元動画　283
提携製作　269
デジモンアドベンチャー　320, 323, 336
鉄腕アトム　046, 103, 104, 113
デビルマン　216, 253, 271
地球へ…　268, 294
テレフィーチャー　291, 298
東映アニメフェア　277, 321
東映アニメーション研究所　329, 339
東映化工　031, 243, 336
東映娯楽版　030, 044, 052, 098
東映商事　075, 137
東映新労働組合連合（新労連）　139, 202, 203, 242
東映シーエム　140
東映動画契約者集団（東映動画スタジオ労組＝スタ労）　208, 292
東映動画従業員生活向上組合（生向労）　139
東映動画労働組合（動画労組）　074, 133, 144, 181, 222, 284, 292, 297, 299, 301, 328
東映まんがまつり　158, 171, 176, 177, 178, 271, 274, 275, 287, 321
東映労働組合（東映労組）　202
東急　026, 029, 094, 201
東京制作所　202, 208
東京ムービー　112, 157, 222, 261
どうぶつ宝島　124, 129, 132, 165
東宝チャンピオンまつり 163, 275
ドラえもん　276
ドラゴンボール　295, 298, 319, 321, 331
とんがり帽子のメモル　298, 319

な

ながぐつ三銃士　180
長靴をはいた猫　162, 165, 167, 178, 206, 323
なかよし　256
日動映画　024, 026, 028, 206
日本教育テレビ（NET）　026, 058, 106, 113, 119, 195, 201
日本テレビジョン（TCJ）　105, 156

は

白蛇伝　037, 042, 050, 055, 059, 070
ハッスルパンチ　119, 120
はばたき　143
版権事業　244, 246, 252, 286, 339, 352
バンダイ　253
パンダの大冒険　216
美少女戦士セーラームーン　319, 322
ヒッツ・インコーポレイテッド　056, 073
ビデオ・クラフト・インターナショナル　187, 196
ひみつのアッコちゃん　162, 183, 248, 250, 278

事項索引

ABC

AIP → アメリカン・インターナショナル・ピクチャーズ
A作　099, 161, 177, 180, 206
Aプロダクション　112
B作　099, 160, 161, 163, 165, 177, 180, 181, 206
CATAS　335
CM　031, 095, 137, 205
Dr.スランプ アラレちゃん　274, 287, 295
EEI　285, 330, 336
FUTURE WAR 198X年　269
KIKU-TV　195
MGM → メトロ・ゴールドウィン・メイヤー
MIP-TV → カンヌ国際テレビ見本市
NET → 日本教育テレビ
ONE PIECE　320, 323, 324
TCJ → 日本テレビジョン
UFOロボ グレンダイザー　278
UPA → ユナイテッド・プロダクション・オブ・アメリカ

あ

アメリカン・インターナショナル・ピクチャーズ（AIP）　055, 056
アラビアンナイト シンドバッドの冒険　052, 056, 116
アリババと40匹の盗賊　165, 167
アローエンブレム グランプリの鷹　255, 260
安寿と厨子王丸　047, 052, 053, 063,064, 066, 116
アンデルセン童話 にんぎょ姫　271
アンデルセン物語　166
いずみ会　247
一休さん　287
今田路線　243, 286, 289
うかれバイオリン　027
宇宙海賊キャプテンハーロック　260, 279
宇宙戦艦ヤマト　259, 265, 288, 292
宇宙パトロールホッパ　103, 108, 119
映像文化関連産業労働組合（映産労）　210
演出中心主義　127, 129, 132, 174, 190, 263, 282, 351
円卓の騎士物語 燃えろアーサー　280
狼少年ケン　096, 102, 105, 107, 113, 117
おジャ魔女どれみ　320, 323
オーディーン 光子帆船スターライト　266

か

海底3万マイル　165
株式上場　337, 339
合作　033, 042, 056, 057, 194, 239, 280, 296
仮面ライダー　181, 211, 248, 271
ガリバーの宇宙旅行　048, 096, 124
間接費　206
カンヌ国際テレビ見本市　265, 278
企画者　040, 045, 047, 048, 049, 051, 054, 129, 164, 167, 183, 184, 212, 245, 247, 254, 257, 259, 261, 319, 349
技術者資格制度　060, 224
キャプテンフューチャー　279, 291
キャンディ・キャンディ　256, 257, 279
教育映画部　024, 025, 027, 037, 039, 040, 043
銀河鉄道999　259, 267, 268, 286, 323
キングコング　187, 196
キングマンモス　096
金田一少年の事件簿　320, 322, 336
キン肉マン　275, 287
グレートマジンガー　255
契約者　108, 118, 134, 135, 136, 141, 145, 192, 208, 210, 218, 258, 260, 292, 327, 349
経路依存性　349
ゲゲゲの鬼太郎　105, 161, 187, 247, 250, 335
ゲッターロボ　255
原画監督 → 作画監督
研究開発室　333
研修生　296, 299, 319
兼用　100, 101, 131
鋼鉄ジーグ　256
こねこのスタジオ　064, 346
雇用の不安定性　118, 349

さ

サイボーグ009　099, 100, 101, 160, 167, 176, 187
西遊記　042, 047, 052, 056, 061, 062, 162, 246
作画監督（原画監督）　066, 129, 258
作画枚数制限　190, 263, 282
撮影所　028, 061, 072, 075, 105, 125, 139, 202, 208
三国志　297, 299, 332
下請け　112, 191, 192, 212, 217, 257, 292, 300, 331
自主製作　267
実力主義　133, 224

木村智哉（きむら ともや）

1980年、千葉県に生まれる。2011年、千葉大学大学院社会文化科学研究科修了。博士（文学）。

早稲田大学演劇博物館演劇映像学連携研究拠点研究助手、日本学術振興会特別研究員、東京国立近代美術館フィルムセンターBDCプロジェクト客員研究員を経て、現在は玉川大学芸術学部ほかで非常勤講師を勤める。専門はアニメーション史、映像産業史。近年の論説に「中村錦之助の『祇園祭』前夜—五社協定下におけるスター俳優の躍進と抵抗」（谷川建司編『映画産業史の転換点—経営・継承・メディア戦略』森話社、2020年）。本書が初の単著となる。

東映動画史論（とうえいどうがしろん）　経営と創造の底流（けいえいとそうぞうのていりゅう）

2020年9月20日　第1版第1刷発行

著者　木村智哉　きむらともや
発行所　株式会社 日本評論社
〒170-8474 東京都豊島区南大塚3-12-4
電話：03-3987-8621［販売］　03-3987-8601［編集］
振替：00100-3-16
印刷　精文堂印刷株式会社
製本　井上製本所
カバー＋本文デザイン　粕谷浩義

検印省略
©T. Kimura 2020 Printed in Japan ISBN978-4-535-55963-9

JCOPY 〈(社)出版者著作権管理機構 委託出版物〉
本書の無断複写は著作権法上での例外を除き禁じられています。複写される場合は、そのつど事前に(社)出版者著作権管理機構(電話03-5244-5088、FAX03-5244-5089、e-mail:info@jcopy.or.jp)の許諾を得てください。また、本書を代行業者等の第三者に依頼してスキャニング等の行為によりデジタル化することは、個人の家庭内の利用であっても一切認められておりません。

ディズニーを目指した男 大川博

忘れられた創業者

津堅信之｜著

東映の初代社長・大川博。映画、テレビ、プロ野球、アニメの総合エンタテイメント企業を夢見た男は、なぜ忘れ去られてしまったか。

●四六判　●本体2200円　●ISBN 978-4-535-58695-6

1面トップはロボットアニメ

小原篤のアニマゲ丼

小原篤｜著

朝日新聞デジタルで連載中の話題のコラムがついに単行本に。新聞記者がガンダムからワンピースまでアニメ・マンガ界を取材する!

●四六判　●本体1600円　●ISBN 978-4-535-56316-2

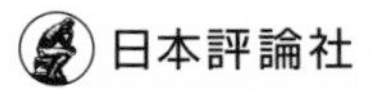

https://www.nippyo.co.jp